Os trechos de poesia foram traduzidos
por **J. Herculano Pires.**
Cada coleção anual traz o *fac-símile* do frontispício do
primeiro número da edição original francesa
correspondente ao ano. Reservados todos os direitos
de reprodução de acordo com a legislação vigente pela
Editora Cultural Espírita Ltda. – EDICEL.

3ª edição
2.000 exemplares
Do 4º ao 6º milheiro
Abril/2021

© 2018-2021 by Boa Nova Editora

Capa
Éclat! Comunicação Ltda

Projeto gráfico e diagramação
Juliana Mollinari

Tradução do francês
Julio Abreu Filho

Revisão, inclusive da tradução
João Sergio Boschiroli

Assistente editorial
Ana Maria Rael Gambarini

Coordenação Editorial
Ronaldo A. Sperdutti

Impressão
Plenaprint Gráfica

Todos os direitos reservados.
Nenhuma parte desta obra pode ser
reproduzida ou transmitida por qualquer
forma e/ou quaisquer meios (eletrônico ou
mecânico, incluindo fotocópia e gravação) ou
arquivada em qualquer sistema ou banco de
dados sem permissão escrita da Editora.

O produto da venda desta obra é
destinado à manutenção das
atividades assistenciais da Sociedade
Espírita Boa Nova, de Catanduva, SP.

1ª edição: Junho de 2018 - 2.000 exemplares

REVISTA ESPÍRITA
JORNAL
DE ESTUDOS PSICOLÓGICOS

Contendo:
O relato das manifestações materiais ou inteligentes dos Espíritos, aparições, evocações etc., bem como todas as notícias relativas ao Espiritismo. – O ensino dos Espíritos sobre as coisas do mundo visível e do invisível; sobre as ciências, a moral, a imortalidade da alma, a natureza do homem e o seu futuro. – A história do Espiritismo na Antiguidade; suas relações com o magnetismo e com o sonambulismo; a explicação das lendas e das crenças populares, da mitologia de todos os povos etc.

FUNDADA POR
ALLAN KARDEC

Todo efeito tem uma causa. Todo efeito inteligente tem uma causa inteligente. O poder da causa inteligente está na razão da grandeza do efeito.

NONO ANO – 1866

Tradução do francês *por*
JULIO ABREU FILHO

Revisada e rigorosamente conferida
com o texto original pela
EQUIPE REVISORA EDICEL

REVISADA, INCLUSIVE A TRADUÇÃO, POR
JOÃO SERGIO BOSCHIROLI

Dados Internacionais de Catalogação na Publicação (CIP)
(Câmara Brasileira do Livro, SP, Brasil)

Kardec, Allan, 1804-1869
 Revista Espírita : jornal de estudos psicológicos, ano IX : 1866 / fundada por Allan Kardec ; tradução do francês por Julio Abreu Filho ; [trechos de poesia traduzidos por J. Herculano Pires]. -- Catanduva, SP : Editora Cultural Espírita Edicel, 2018.

 Título original: Revue Spirite : journal d'études psychologiques.
 Bibliografia.
 "Revisada, inclusive a tradução, por João Sergio Boschiroli".
 ISBN 978-85-92793-26-5

 1. Espiritismo 2. Kardec, Allan, 1804-1869 3. Revista Espírita de Allan Kardec I. Título.

18-16336   CDD-133.901

Índices para catálogo sistemático:

1. Artigos espíritas : Filosofia espírita   133.901
2. Doutrina espírita : Artigos   133.901

Iolanda Rodrigues Biode - Bibliotecária - CRB-8/10014

REVISTA ESPÍRITA

JORNAL DE ESTUDOS PSICOLÓGICOS

NONO ANO – 1866

Editora Cultural Espírita Edicel
Instituto Beneficente Boa Nova
Entidade coligada à Sociedade Espírita Boa Nova
Av. Porto Ferreira, 1.031 | Parque Iracema
Catanduva/SP | CEP 15809-020
www.boanova.net | boanova@boanova.net
Fone 17.3531-4444

REVISTA ESPÍRITA

| ANO IX | JANEIRO DE 1866 | VOL. 1 |

AS MULHERES TÊM ALMA?

As mulheres têm alma? Sabe-se que a coisa nem sempre foi tida como certa, pois, ao que se diz, foi posta em deliberação num concílio. A negação ainda é um princípio de fé em certos povos. Sabe-se a que grau de aviltamento essa crença as reduziu na maior parte das regiões do Oriente. Mesmo que hoje, nos povos civilizados, a questão seja resolvida em seu favor, o preconceito de sua inferioridade moral perpetuou-se a tal ponto que um escritor do século passado, cujo nome me foge, assim definia a mulher: "Instrumento de prazeres do homem", definição mais muçulmana que cristã. Desse preconceito nasceu sua inferioridade legal, ainda não apagada de nossos códigos. Por muito tempo elas aceitaram essa escravização como uma coisa natural, tão poderosa é a força do hábito. É assim que acontece com aqueles que são submetidos à servidão de pai para filho, que acabam por se julgarem de natureza diversa da dos seus senhores.

Contudo, o progresso das luzes elevou o conceito da mulher. Muitas vezes ela se afirmou pela inteligência e pelo gênio, e a lei, conquanto ainda a considere inferior, pouco a pouco afrouxou os laços da tutela. Pode-se considerá-la como emancipada moralmente, se não o é legalmente. É a este último resultado que ela chegará um dia, pela força das coisas.

Há pouco tempo lia-se nos jornais que uma jovem de vinte anos acabara de defender o bacharelado com pleno sucesso perante a faculdade de Montpellier. Dizia-se que era o quarto diploma de bacharel concedido a uma mulher. Não faz muito tempo foi aventada a questão de saber se o grau de bacharel podia ser conferido a uma mulher. Ainda que para alguns isto parecesse uma anomalia monstruosa, reconheceu-se que os regulamentos sobre a matéria não mencionavam as mulheres, portanto, elas não se achavam legalmente excluídas. Depois de terem reconhecido que elas têm alma, reconheceram-lhes o direito à conquista de graus da Ciência, o que já é alguma coisa. Mas a sua libertação parcial é apenas resultado do desenvolvimento da urbanidade, do abrandamento dos costumes ou, se quiserem, de um senso mais apurado da justiça. É uma espécie de concessão que lhes fazem, e é preciso dizer que regateiam o máximo possível.

Pôr em dúvida hoje a alma da mulher seria ridículo, mas outra questão muito séria, sob outro aspecto, aqui se apresenta, e cuja solução só será estabelecida se a igualdade de posição social entre o homem e a mulher for definida como um direito natural ou como uma concessão feita pelo homem. Notemos, de passagem, que se esta igualdade não for senão uma concessão do homem por condescendência, aquilo que ele dá hoje pode retirar amanhã, e que tendo ele a força física, salvo algumas exceções individuais, no conjunto ele sempre levará vantagem, ao passo que se essa igualdade estiver na Natureza, seu reconhecimento será resultado do progresso e, uma vez reconhecida, será imprescritível.

Criou Deus as almas masculinas e femininas, e fez estas inferiores àquelas? Eis toda a questão. Se assim é, a inferioridade da mulher está nos desígnios divinos, e nenhuma lei humana poderia nisso interferir. Se, ao contrário, ele as criou iguais e semelhantes, as desigualdades baseadas na ignorância e na força bruta desaparecerão com o progresso e o reinado da justiça.

Entregue a si mesmo, o homem não podia estabelecer a respeito senão hipóteses mais ou menos racionais, mas sempre controvertidas. Nada no mundo visível poderia dar-lhe a prova material do erro ou do acerto de suas opiniões. Para se esclarecer, seria preciso remontar à fonte, escavar os arcanos do mundo extracorporal que ele não conhecia. Estava reservado ao Espiritismo resolver a questão, não mais pelo raciocínio, mas pelos fatos, quer pelas revelações de Além-Túmulo, quer pelo estudo que diariamente deve fazer sobre o estado das almas após a morte. E, coisa fundamental, esses estudos não são a criação de um só homem, nem as revelações de um só Espírito, mas o produto de inúmeras observações idênticas, feitas diariamente por milhares de pessoas, em todos os países, e que assim receberam a sanção poderosa do controle universal, sobre o qual se apoiam todas as teorias da Ciência Espírita.

Ora, eis o que resulta destas observações:

As almas ou Espíritos não têm sexo. As afeições que os unem nada têm de carnal e, por isto mesmo, são mais duráveis, porque são fundadas numa simpatia real e não são subordinadas às vicissitudes da matéria.

As almas se encarnam, isto é, revestem temporariamente um envoltório carnal, para elas semelhante a uma pesada vestimenta, de que a morte as desembaraça. Pondo-as, esse envoltório, em contato com o mundo material, nesse estado elas concorrem ao progresso do mundo que habitam; a atividade que são obrigadas a desenvolver, quer para a conservação da vida, quer à procura do bem-estar, auxilia-lhes o avanço intelectual e moral. A cada encarnação a alma chega mais desenvolvida; traz novas ideias e os conhecimentos adquiridos nas existências anteriores. Assim se efetua o progresso dos povos. Os homens civilizados de hoje são os mesmos que viveram na Idade Média e nos tempos de barbárie, e que progrediram; os que viverão os séculos futuros são os que vivem hoje, porém ainda mais adiantados intelectual e moralmente.

Os órgãos sexuais só existem no organismo. Eles são necessários à reprodução dos seres materiais. Mas os Espíritos, sendo criação de Deus, não se reproduzem uns pelos outros, razão pela qual os órgãos sexuais seriam inúteis no mundo espiritual.

Os Espíritos progridem pelos trabalhos que realizam e pelas provas que têm a suportar, como o operário se aperfeiçoa em sua arte pelo trabalho que faz. Essas provas e esses trabalhos variam conforme a sua posição social. Devendo os Espíritos progredir em tudo e adquirir todos os conhecimentos, cada um é chamado a concorrer aos diversos trabalhos e a passar por diferentes gêneros de provas. É por isso que eles renascem alternativamente ricos ou pobres, senhores ou servos, profissionais do pensamento ou da matéria.

Assim se acha fundado, sobre as próprias leis da Natureza, o princípio da igualdade, pois o grande da véspera pode ser o pequeno do dia seguinte, e vice-versa. Desse princípio decorre o da fraternidade, porquanto, nas relações sociais, encontramos antigos conhecidos e no infeliz que nos estende a mão pode encontrar-se um parente ou um amigo.

É com o mesmo objetivo que os Espíritos se encarnam nos diferentes sexos. Aquele que foi homem poderá renascer mulher, e aquele que foi mulher poderá renascer homem, a fim de realizar os deveres de cada uma dessas posições, e de submeter-se às provas respectivas.

A Natureza fez o sexo feminino mais fraco que o outro, porque os deveres que lhe incumbem não exigem uma igual força muscular e seriam até incompatíveis com a rudeza masculina. Nele a delicadeza das formas e das sensações são admiravelmente apropriadas aos cuidados da maternidade. Aos homens e às mulheres são, assim, atribuídos deveres especiais igualmente importantes na ordem das coisas; são dois elementos que se completam um pelo outro.

Sofrendo o Espírito encarnado a influência do organismo, seu caráter se modifica conforme as circunstâncias e se dobra às necessidades e às exigências impostas por esse mesmo organismo. Essa influência não se apaga imediatamente após a destruição do envoltório material, da mesma forma que ele não perde instantaneamente os gostos e hábitos terrenos. Depois, pode acontecer que o Espírito percorra uma série de existências no mesmo sexo, o que faz com que durante muito tempo ele possa conservar, na condição de Espírito, o caráter de homem ou de mulher, cuja marca nele ficou impressa. Somente quando chegado a um certo grau de adiantamento e de desmaterialização é que a influência da matéria se apaga completamente e, com ela, o caráter dos sexos. Os que se nos apresentam como homens ou como mulheres assim o fazem para nos lembrarmos da existência em que os conhecemos.

Se essa influência da vida corporal repercute na vida espiritual, o mesmo se dá quando o Espírito passa da vida espiritual para a corporal. Numa nova encarnação, ele trará o caráter e as inclinações que tinha como Espírito; se ele for avançado, será um homem avançado; se for atrasado, será um homem atrasado. Mudando de sexo ele poderá, portanto, sob essa impressão e em sua nova encarnação, conservar os gostos, as inclinações e o caráter inerentes ao sexo que acaba de deixar. Assim se explicam certas anomalias aparentes, notadas no caráter de certos homens e de certas mulheres.

Portanto, só existe diferença entre o homem e a mulher em relação ao organismo material, que se aniquila com a morte do corpo. Mas, quanto ao Espírito, à alma, ao ser essencial, imperecível, ela não existe, porque não há duas espécies de almas. Assim quis Deus, em sua justiça para com todas as suas criaturas. Dando a todas um mesmo princípio, estabeleceu a verdadeira igualdade. A desigualdade só existe temporariamente, no grau de adiantamento; mas todos têm direito ao mesmo destino, ao qual cada um chega por seu trabalho, porque Deus não favoreceu ninguém às custas dos outros.

A doutrina materialista coloca a mulher numa inferioridade natural, da qual só é elevada pela boa vontade do homem. Com efeito, segundo essa doutrina, a alma não existe ou, se existe, extingue-se com a vida ou se perde no todo universal, o que dá no mesmo. Assim, só resta à mulher a sua fraqueza corporal, que a coloca sob a dependência do mais forte. A superioridade de algumas é simples exceção, uma bizarria da Natureza, um jogo dos órgãos e não faria lei. A doutrina espiritualista vulgar reconhece a existência da alma individual e imortal, mas é impotente para provar que não há diferença entre a do homem e a da mulher, e, portanto, uma superioridade natural de uma sobre a outra.

Com a Doutrina Espírita, a igualdade da mulher não é mais uma simples teoria especulativa; não é mais uma concessão da força à fraqueza, mas é um direito alicerçado nas próprias leis da Natureza. Dando a conhecer estas leis, o Espiritismo abre a era da emancipação legal da mulher, assim como abre a da igualdade e da fraternidade.

CONSIDERAÇÕES SOBRE A PRECE NO ESPIRITISMO

Cada um é livre de encarar as coisas à sua maneira, e nós, que reclamamos essa liberdade para nós, não podemos recusá-la aos outros. Mas, porque uma opinião é livre, não se segue que não se possa discuti-la, examinar o seu lado forte e o fraco, pesar suas vantagens e inconvenientes.

Dizemos isto a propósito da negação da utilidade da prece, que algumas pessoas gostariam de erigir em sistema, para transformá-lo em bandeira de uma escola dissidente. Essa opinião pode assim resumir-se:

"Deus estabeleceu leis eternas, às quais todos os seres estão submetidos; nada podemos pedir-lhe e não temos que lhe agradecer nenhum favor especial, portanto, é inútil orar.

"A sorte dos Espíritos está traçada, portanto, é inútil orar por eles. Eles não podem mudar a ordem imutável das coisas, portanto, é inútil pedir-lhes.

"O Espiritismo é uma ciência puramente filosófica; não só não é uma religião, mas não deve ter qualquer caráter religioso. Toda prece dita nas reuniões tende a manter a superstição e a beatice."

A questão da prece foi suficientemente discutida, motivo pelo qual consideramos inútil repetir aqui o que já se sabe a respeito. Se o Espiritismo proclama a sua utilidade, não é por espírito de sistema, mas porque a observação permitiu constatar sua eficácia e seu modo de ação. Desde que, pelas leis dos fluidos, compreendemos o poder do pensamento, também compreendemos o da prece, que é, também ela, um pensamento dirigido para um fim determinado.

Para algumas pessoas, a palavra prece só desperta a ideia de pedido. É um grave erro. Em relação à Divindade, a prece é um ato de adoração, de humildade e de submissão que não se pode refutar sem subestimar o poder e a bondade do Criador. Negar a prece a Deus é reconhecer Deus como um fato, mas é recusar-se a prestar-lhe homenagem; é, ainda, uma revolta do orgulho humano.

A respeito dos Espíritos, que não passam de almas dos nossos irmãos, a prece é uma identificação de pensamentos, um testemunho de simpatia. Repeli-la é repelir a lembrança dos seres que nos são caros, porque essa lembrança simpática e benevolente é, por si mesma, uma prece. Aliás, sabemos que aqueles que sofrem a reclamam com instância, como um alívio às suas penas. Se eles a pedem, é porque dela necessitam. Recusá-la é recusar um copo d'água ao infeliz que tem sede.

Além da ação puramente moral, o Espiritismo nos mostra, na prece, um efeito de certo modo material, resultante da transmissão fluídica. Em certas moléstias, sua eficácia é constatada pela experiência, como demonstrado pela teoria. Rejeitar a prece é, pois, privar-se de poderoso auxiliar para alívio dos males corporais.

Vejamos agora qual seria o resultado dessa doutrina, e se ela tem alguma chance de prevalecer.

Todos os povos oram, do selvagem ao civilizado. Eles são levados a isso pelo instinto, e é isso que os distingue dos animais. Sem dúvida eles oram de maneira mais ou menos racional, mas, enfim, oram. Aqueles que, por ignorância ou presunção, não praticam a prece, formam, no mundo, insignificante minoria.

A prece é, pois, uma necessidade universal, independente das seitas e das nacionalidades. Depois da prece, se a pessoa é fraca, sente-se mais forte; se está triste, sente-se consolada. Tirar a prece é privar o homem de seu mais poderoso suporte moral na adversidade. Pela prece ele eleva sua alma, entra em comunhão com Deus, identifica-se com o mundo espiritual, *desmaterializa-se,* condição essencial de sua felicidade futura. Sem a prece, seus pensamentos permanecem na Terra e se ligam cada vez mais às coisas materiais. Daí um atraso no seu adiantamento.

Contestando um dogma, a gente não se põe em oposição senão com a seita que o professa. Negando a eficácia da prece, fere-se o sentimento íntimo da quase unanimidade dos homens. O Espiritismo deve as numerosas simpatias que encontra às aspirações do coração, nas quais as consolações obtidas na prece têm grande participação. Uma seita que se fundasse na negação da prece, privar-se-ia do principal elemento de sucesso, a simpatia geral, porque em vez de aquecer a alma, ela rebaixá-la-ia. Se o Espiritismo deve ganhar em influência, é aumentando a soma de satisfações morais que proporciona. Que aqueles que a todo custo querem novidades no Espiritismo para ligar o seu nome a uma bandeira, se esforcem para dar mais do que ele. Mas não é dando menos que o suplantarão. A árvore despojada de seus frutos saborosos e nutritivos será sempre menos atraente do que a que deles está carregada. É em virtude do mesmo princípio que sempre temos dito aos adversários do Espiritismo: O único meio de matá-lo é dar algo de melhor, mais consolador, que explique mais e mais satisfaça. É o que ninguém ainda fez.

Podemos, portanto, considerar a rejeição da prece por parte de alguns crentes nas manifestações espíritas como uma opinião isolada que pode atrair algumas individualidades, mas que jamais reunirá a maioria. Seria erro imputar tal doutrina ao Espiritismo, porquanto ele ensina positivamente o contrário.

Nas reuniões espíritas, a prece predispõe ao recolhimento, à seriedade, condição indispensável, como se sabe, para as comunicações sérias. É dizer que devam ser transformadas em assembleias religiosas? De modo algum. O sentimento religioso não é sinônimo de profissionalismo religioso; deve-se mesmo evitar o que poderia dar às reuniões este último caráter. É com este último objetivo que temos desaprovado constantemente as preces e os símbolos litúrgicos de um culto qualquer. Não se deve esquecer que o Espiritismo deve tender à aproximação das diversas comunhões; já não é raro ver nessas reuniões se confraternizarem representantes de diferentes cultos, razão pela qual ninguém deve arrogar-se a supremacia. Que cada um em particular ore como entender, é um direito de consciência; mas em uma assembleia fundada sobre o princípio da caridade, devemos abster-nos de tudo o que poderia ferir suscetibilidades e tendesse a manter um antagonismo que, ao contrário, devemos esforçar-nos por fazer desaparecer. Preces especiais no Espiritismo não constituem um culto distinto, porque elas não são impostas, e porque cada um é livre para fazer as que lhe convêm, mas elas têm a vantagem de servir para todos e de não chocar ninguém.

O próprio princípio de tolerância e respeito pelas convicções alheias nos leva a dizer que toda pessoa razoável que uma circunstância leva ao templo de um culto de cujas crenças não partilha, deve abster-se de qualquer sinal exterior que possa escandalizar os assistentes; que ela deve, se necessário, renunciar aos usos de pura forma, que em nada podem comprometer a sua consciência. Que Deus seja adorado em um templo de uma maneira mais ou menos lógica, não é motivo para chocar os que não acham boa essa maneira.

Dando o Espiritismo ao homem uma certa soma de satisfações e provando um certo número de verdades, dissemos que ele não poderia ser substituído senão por qualquer coisa que desse mais e provasse mais que ele. Vejamos se isto é possível.

O que faz a principal autoridade da Doutrina é que não há um só de seus princípios que seja produto de uma ideia preconcebida ou de uma opinião pessoal; todos, sem exceção, são resultado da observação dos fatos; só pelos fatos é que o Espiritismo chegou a conhecer a situação e as atribuições dos Espíritos, assim como as leis, ou melhor, uma parte das leis que regem as suas relações com o mundo visível. Isto é um ponto capital. Continuando a apoiar-nos na observação, fazemos filosofia experimental e não especulativa. Para combater as teorias do Espiritismo, não basta, pois, dizer que são falsas: é preciso opor-lhes fatos cuja solução elas são impotentes para dar.

E mesmo nesse caso ele manter-se-á sempre à altura, porque seria contrário à sua essência obstinar-se numa falsa ideia, e esforçar-se-á sempre por preencher as lacunas que possam apresentar-se, pois não tem a pretensão de ter chegado ao apogeu da verdade absoluta. Esta maneira de encarar o Espiritismo não é nova; pode-se vê-la em todos os tempos, formulada em nossas obras. Considerando-se que o Espiritismo não se declara estacionário nem imutável, ele assimilará todas as verdades que forem demonstradas, venham de onde vierem, ainda que de seus antagonistas, e jamais ficará na retaguarda do progresso real. Assimilará essas verdades, dizemos nós, mas apenas quando forem claramente demonstradas, e não porque agradaria a alguém apresentá-las como seus desejos pessoais ou o produto de sua imaginação. Estabelecido este ponto, o Espiritismo não poderia perder, a não ser que se deixasse ultrapassar por uma doutrina que desse mais do que ele. Nada tem a temer das que dessem menos e subtraíssem o que constitui a sua força e a sua principal atração.

Se o Espiritismo ainda não disse tudo, há, entretanto, uma certa soma de verdades constatadas pela observação e que constituem a opinião da maioria imensa dos seus adeptos; e se essas verdades hoje conquistaram o status de artigos de fé, para nos servirmos de uma expressão por alguns empregada ironicamente, não foi nem por nós nem por ninguém, nem mesmo por nossos Espíritos instrutores que elas assim foram postas, e menos ainda impostas, mas pela adesão de todo mundo, porquanto todos podem constatá-las.

Se, pois, se formasse uma seita em oposição às ideias consagradas pela experiência, e geralmente admitidas em princípio, ela não poderia conquistar simpatias da maioria, cujas convicções ela chocaria. Sua existência efêmera extinguir-se-ia com seu fundador, talvez mesmo antes, ou, pelo menos, com os poucos adeptos que tivesse conseguido reunir. Suponhamos o Espiritismo dividido em dez ou vinte seitas. A que terá a supremacia e mais vitalidade será naturalmente a que der maior soma a de satisfações morais; a que encher o maior número de vazios da alma; a que se basear nas provas mais positivas, e que melhor se posicionar em uníssono com a opinião geral.

Ora, tomando como ponto de partida de todos esses princípios a observação dos fatos, o Espiritismo não pode ser derrubado por uma teoria; mantendo-se constantemente no nível das ideias progressistas, ele não poderá ser superado; apoiando-se no sentimento da maioria, ele satisfaz às aspirações do maior número; fundado sobre essas bases, ele é imperecível, porque aí está a sua força.

Também aí está a causa do insucesso das tentativas feitas para obstaculizá-lo. No caso do Espiritismo, há ideias profundamente antipáticas à opinião geral, e que ela rechaça instintivamente. Construir sobre tais ideias, como ponto de apoio, um edifício ou esperanças quaisquer, é pendurar-se desastradamente em galhos podres. Eis a que estão reduzidos aqueles que, não tendo podido derrubar o Espiritismo pela força, tentam derrubá-lo por ele mesmo.

NECROLOGIA

MORTE DO SR. DIDIER, LIVREIRO – EDITOR

O Espiritismo acaba de perder um de seus adeptos mais sinceros e dedicados, na pessoa do Sr. Didier, falecido sábado, 2 de dezembro de 1865. Ele era membro da Sociedade Espírita de Paris desde a sua fundação, em 1858 e, como se sabe, editor de nossas obras sobre a Doutrina. Na véspera, assistia à sessão da Sociedade e, no dia seguinte, às seis da tarde, morria subitamente numa estação de ônibus; a alguns passos de sua residência, onde, felizmente, se achava um de seus amigos, que fez transportá-lo para casa. Suas exéquias foram feitas terça-feira, 5 de dezembro.

O *Petit Journal*, ao anunciar a sua morte, acrescentou: "Nestes últimos tempos o Sr. Didier tinha editado o Sr. Allan Kardec e tinha se tornado, *por polidez de editor*, ou por convicção, um adepto do Espiritismo."

Não pensamos que a mais esquisita polidez obrigue um editor a esposar as opiniões de seus clientes nem que deve tornar-se judeu, por exemplo, porque edita as obras de um rabino. Tais restrições não são dignas de um escritor sério. O Espiritismo é uma crença, como qualquer outra, que conta com mais de um livreiro em suas fileiras. Por que seria mais estranho que um livreiro fosse espírita do que ser católico, protestante, judeu, sansimonista, fourierista ou materialista? Quando, pois, os senhores livres pensadores admitirão a liberdade de consciência para todo mundo? Por acaso teriam eles a singular pretensão de explorar a intolerância em proveito próprio, depois de havê-la combatido nos outros? As opiniões espíritas do Sr. Didier eram conhecidas e ele jamais delas fez mistério, pois muitas vezes discutia com os incrédulos. Sua convicção era profunda e antiga, e não, como supõe o autor do artigo, uma questão de circunstância ou uma polidez de editor. Mas é tão difícil a esses senhores para quem a Doutrina Espírita está inteirinha no armário dos irmãos Davenport, conceber que um homem de notório valor intelectual creia nos Espíritos! Entretanto, será preciso que se acostumem a essa ideia, pois há mais do que eles pensam, do que não tardarão a ter a prova.

O *Grand Journal* o registra nestes termos:

"Falecido também o Sr. Didier, editor que lançou muitos livros bonitos e bons, na sua modesta loja do *Quai des Grands-Augustins*. Nestes últimos tempos o Sr. Didier era adepto – e o que mais vale ainda – um fervoroso editor dos livros espíritas. O pobre homem deve saber agora a que se ater sobre as doutrinas do Sr. Allan Kardec."

É triste ver que nem mesmo a morte é respeitada pelos senhores incrédulos e que eles perseguem com suas troças os mais honrados adeptos, até no Além-Túmulo. O que, em vida, pensava o Sr. Didier da Doutrina? Um fato lhe prova a impotência dos ataques de que ela é objeto: é que no momento de sua morte ele imprimia a 14ª edição do *Livro dos Espíritos*. O que pensa ele agora? É que haverá grandes desapontamentos e mais de uma defecção entre os seus antagonistas!

O que poderíamos dizer nesta circunstância está resumido na alocução seguinte, pronunciada na Sociedade de Paris, em sua sessão de 8 de dezembro.

Senhores e caros colegas,

Mais um dos nossos acaba de partir para a Pátria celeste! Nosso colega, o Sr. Didier, deixou na Terra seus despojos mortais para revestir o envoltório dos Espíritos.

Embora há muito tempo sua saúde vacilante por diversas vezes tenha colocado sua vida em perigo, e conquanto a ideia da morte para nós, espíritas, nada tinha de apavorante, seu fim, que chegou tão inopinadamente no dia imediato ao em que assistia à nossa sessão, causou entre todos nós uma profunda emoção.

Há, nesta morte, por assim dizer fulminante, um grande ensinamento, ou melhor, uma grande advertência: é que nossa vida se mantém por um fio que pode romper-se quando menos esperamos, porque muitas vezes a morte vem sem aviso. Assim ela adverte os sobreviventes para que estejamos sempre preparados para respondermos ao chamado do Senhor, para darmos conta do emprego da vida que ele nos deu.

Embora o Sr. Didier pessoalmente não tomasse parte muito ativa nos trabalhos da Sociedade, onde raramente tomava a palavra, não deixava de ser um dos membros mais considerados por sua ancianidade como membro fundador, por sua assiduidade e sobretudo por sua posição, sua influência e os incontestáveis serviços prestados à causa do Espiritismo, como propagador e como editor. As relações que com ele tive durante sete anos permitiram-me apreciar a sua correção, a sua lealdade e as suas capacidades especiais. Sem dúvida, como cada um de nós, ele tinha suas pequenas particularidades que não agradavam a todos, por vezes mesmo um gesto brusco, com o qual era preciso familiarizar-se, mas que nada tirava de suas eminentes qualidades; e o mais belo elogio que lhe poderiam fazer é dizer que se podia fazer negócios com ele de olhos fechados.

Comerciante, ele deveria encarar as coisas comercialmente, mas não o fazia com mesquinhez e parcimônia. Ele era grande, generoso, sem mesquinharia nas suas operações; a atração do ganho não o teria levado a empreender uma publicação que não lhe conviesse, por mais vantajosa que fosse. Numa palavra, o Sr. Didier não era o negociante de livros que calculava seu lucro vintém a vintém, mas o editor inteligente, justo apreciador, consciencioso e prudente, como era preciso para fundar uma casa séria como a sua. Suas relações com o mundo culto, pelo qual era amado e estimado, haviam desenvolvido suas ideias e contribuído para dar à sua livraria acadêmica o caráter sério que dela fez uma casa de primeira ordem, menos pela cifra dos negócios do que pela especialidade das obras que ela explorava e a consideração comercial de que, a justo título, desfrutava há longos anos.

No que me concerne, felicito-me por tê-lo encontrado em meu caminho, o que devo, sem dúvida, à assistência dos bons Espíritos, e é com toda a sinceridade que digo que nele o Espiritismo perde um apoio e eu um editor tanto mais precioso quanto, entrando perfeitamente no espírito da doutrina, tinha verdadeira satisfação em propagá-la.

Algumas pessoas se surpreenderam que eu não tivesse tomado a palavra em seu enterro. Os motivos de minha abstenção são muito simples.

Para começar, direi que não tendo sua família manifestado o desejo, eu não sabia se isto lhe seria ou não agradável. O Espiritismo, que censura aos outros impor-se, não deve incorrer na mesma censura. Ele jamais se impõe; espera que venham a ele.

Ademais, eu previa que a assistência seria numerosa e que entre essas pessoas encontrar-se-iam muitas pouco simpáticas ou mesmo hostis às nossas crenças. Além de que poderia ter sido pouco conveniente vir nesse momento solene chocar publicamente convicções contrárias, isso poderia fornecer aos nossos adversários um pretexto para novas agressões. Neste tempo de controvérsias, talvez tivesse sido uma ocasião de dar a conhecer o que é a Doutrina, mas não teria sido esquecer o piedoso motivo que nos reunia, e faltar ao respeito devido à memória daquele que acabávamos de saudar à sua partida? Era sobre um túmulo aberto que convinha contraditar aqueles que nos desafiam? Concordareis, senhores, que o momento teria sido mal escolhido. O Espiritismo ganhará sempre mais com a estrita observação das conveniências do que perderá em deixar escapar uma ocasião de se mostrar. Ele sabe que não precisa de violência; visa ao coração: seus meios de sedução são a doçura, a consolação e a esperança; é por isto que encontra cúmplices até nas fileiras inimigas. Sua moderação e seu espírito conciliador nos põem em relevo *pelo contraste*. Não percamos essa preciosa vantagem. Procuremos os corações aflitos, as almas atormentadas pela dúvida, cujo número é grande. Aí teremos nossos mais úteis auxiliares; com eles faremos mais prosélitos do que com propaganda ou exibição.

Sem dúvida eu poderia ter-me limitado a generalidades, abstração feita do Espiritismo, mas tal reticência de minha parte poderia ter sido interpretada como medo ou uma espécie de negação dos nossos princípios. Em semelhante circunstância só posso falar abertamente ou calar-me. Foi este último partido que tomei. Se se tivesse tratado de um discurso comum e sobre um assunto banal, a coisa teria sido outra. Mas aqui o que eu poderia ter dito deveria ter um caráter especial.

Eu poderia ainda ter-me limitado à prece que se acha em *O Evangelho segundo o Espiritismo* pelos que acabam de deixar a Terra e que, em semelhantes casos, produz sempre uma impressão profunda. Mas aqui se apresentava outro inconveniente. O eclesiástico que acompanhou o corpo ao cemitério ficou até o fim da cerimônia, contrariando os hábitos ordinários; escutou com atenção firme o discurso do Sr. Flammarion e talvez esperasse, em razão das opiniões muito conhecidas do Sr. Didier e de suas relações com os espíritas, por alguma manifestação mais explícita. Depois das preces que ele acabava de dizer e que, em sua alma e consciência são suficientes, vir em sua presença dizer outras que são toda uma profissão de fé, um resumo de princípios que não são os seus, teria parecido uma bravata que não está no espírito do Espiritismo. Talvez algumas pessoas não tivessem ficado zangadas vendo o efeito do conflito tácito que poderia daí resultar. É o que as simples conveniências mandavam evitar. As preces que cada um de nós disse em particular, e que podemos dizer entre nós, serão tão proveitosas ao Sr. Didier, se ele as necessitar, quanto se tivessem sido feitas com ostentação.

Acreditai, senhores, que eu tenho no coração, tanto quanto qualquer outro, os interesses da Doutrina e que, quando faço ou não faço uma coisa, é com madura reflexão e depois de ter bem pesado suas consequências.

Nossa colega, Sra. R..., veio, da parte de alguns assistentes, solicitar-me tomasse a palavra. Pessoas que ela não conhecia, acrescentou, acabavam de dizer-lhe que de propósito tinham vindo ao cemitério na esperança de me ouvir. Sem dúvida isto era lisonjeiro para mim, mas, da parte dessas pessoas, era enganar-se redondamente quanto ao meu caráter pensar que um estimulante do amor-próprio pudesse excitar-me a falar para satisfazer a curiosidade dos que tinham vindo por outro motivo que não o de render homenagem à memória do Sr. Didier. Essas pessoas ignoram, sem dúvida, que se me repugna impor-me, também não gosto de me exibir. É o que a Sra. R... lhes poderia ter respondido, acrescentando que me conhecia e me estimava bastante para estar certa de que o desejo de me pôr em evidência nenhuma influência teria sobre mim.

Em outras circunstâncias, senhores, eu o teria considerado um dever, teria ficado feliz ao prestar ao nosso colega um público testemunho de afeição em nome da Sociedade, representada nas exéquias por um grande número de seus membros. Mas, como os sentimentos estão mais no coração que na demonstração, sem dúvida cada um de nós já lho havia prestado do foro íntimo. Neste momento em que estamos reunidos, paguemos-lhe entre nós o tributo da saudade, da estima e da simpatia que ele merece, e esperemos que ele queira voltar para o nosso meio, como no passado, e continuar, como Espírito, a tarefa espírita que havia empreendido como homem.

CORRESPONDÊNCIA

CARTA DO SR. JAUBERT

"Rogo-vos, meu caro Sr. Kardec, inserir a carta seguinte no mais próximo número da vossa Revista. Certamente sou pouca coisa, mas, enfim, tenho a minha apreciação e a imponho à vossa modéstia. Por outro lado, quando se trava a batalha, quero provar que estou sempre na ativa, com minhas dragonas de lã."

JAUBERT

Sem a obrigação que nos é imposta, em termos tão precisos, compreender-se-ão os motivos que nos teriam impedido de publicar esta carta. Nós nos teríamos contentado em conservá-la como um honroso e precioso documento e juntá-la às numerosas causas de satisfação moral que nos vêm sustentar e encorajar em nosso rude labor e compensar as tribulações inseparáveis de nossa tarefa. Mas, por outro lado, deixando de lado a questão pessoal, neste tempo de violências contra o Espiritismo, os exemplos de coragem de opinião são tanto mais influentes quanto de mais alto eles partem. E útil que a voz dos homens de coração, daqueles que, por seu caráter, suas luzes e sua posição impõem o respeito e a confiança, se faça ouvir; e se ela não puder dominar os clamores, tais protestos não ficarão perdidos nem no presente, nem no futuro.

Carcassone, 12 de dezembro de 1865.
Senhor e caro mestre,
Não quero deixar morrer o ano de 1865 sem lhe dar graça por todo o bem que ele fez ao Espiritismo. Nós lhe devemos a *Pluralidade das Existências da Alma,* por André Pezzani; a *Pluralidade dos Mundos Habitados,* por Camille Flammarion, dois gêmeos que apenas nascem e marcham em passos tão grandes no mundo filosófico.

Nós lhe devemos um livro, pequeno em páginas, grande nos pensamentos; a simplicidade nervosa de seu estilo disputa com a severidade de sua lógica. Ele contém em germe a teologia do futuro; tem a calma da força e a força da verdade. Eu queria que o volume com o título *O Céu e Inferno* fosse editado aos milhões de exemplares. Perdoai-me este elogio: eu vivi muito para ser entusiasta e aborreço a adulação.

O ano de 1865 nos dá *Espírita,* novela fantástica. A literatura se decide a fazer uma invasão em nosso domínio. O autor não tirou do Espiritismo todos os ensinamentos que ele encerra. Põe em destaque a ideia capital, essencial: a demonstração da alma imortal pelos fenômenos. Os quadros do pintor me pareceram deslumbrantes. Não posso resistir ao prazer de uma citação.

"*Espírita*, a amante ignorada, na Terra, de *Guy de Malivert*, acaba de morrer. Ela mesma descreve suas primeiras sensações.

"O instinto da Natureza ainda lutava contra a destruição, logo, porém, cessou essa luta inútil, e, num fraco suspiro, minha alma exalou-se de meus lábios.

"Palavras humanas não podem descrever a sensação de uma alma que, liberta de sua prisão corporal, passa desta vida à outra, do tempo à eternidade e do finito ao infinito. Meu corpo imóvel e já revestido dessa brancura sem brilho, entregue à morte, pairava sobre seu caixão fúnebre, cercado de religiosas em prece, e dele eu estava tão destacada quanto pode estar a borboleta da crisálida, casca vazia, despojo informe, para abrir suas jovens asas à luz desconhecida e subitamente revelada. A uma intermitência de sombra profunda havia sucedido um deslumbramento de esplendor, um alargamento de horizonte, um desaparecimento de todo limite e de todo obstáculo, que me embriagava de um júbilo indizível. Explosões de sentidos novos me faziam compreender os mistérios impenetráveis ao pensamento e aos órgãos terrenos. Desembaraçada dessa argila submetida às leis da gravidade, que me tornavam pesada pouco antes, eu me lançava com uma celeridade louca no éter insondável. As distâncias não existiam mais para mim e meu simples desejo me tornava presente onde eu queria estar. Eu traçava grandes círculos, num voo mais rápido que a luz, através do azul vago do espaço, como para tomar posse da imensidade, cruzando-me com enxames de almas e de Espíritos."

E a tela se desenrola sempre mais esplêndida. Ignoro se, no fundo da alma, o Sr. Théophile Gautier é espírita; mas, com certeza, ele serve aos materialistas, aos descrentes, a bebida salutar em taças de ouro magnificamente cinzeladas.

Eu bendigo ainda o ano de 1865 pelas grossas cóleras que ele encerrava em seus flancos. Ninguém se engane com isto: Os Irmãos Davenport são menos causa do que pretexto para a cruzada. Soldados todos uniformes contra nós apontaram os seus canhões raiados. Então o que provaram? A força e a resistência da cidade sitiada. Conheço um jornal do Sul, muito difundido, muito estimado, e a justo título, que há muito tempo enterra pobremente o Espiritismo uma vez por mês. Consequentemente, o Espiritismo ressuscita pelo menos doze vezes por ano. Vereis que eles o tornarão imortal à força de matá-lo.

Agora não tenho mais senão os meus augúrios de ano novo. Meus primeiros votos são para vós, senhor e caro mestre, pela vossa felicidade, pela vossa obra tão valentemente empreendida e tão dignamente continuada.

Faço votos pela união íntima de todos os espíritas. Vi, com pesar, algumas nuvens leves caindo em nosso horizonte. Quem nos amará se não nos sabemos amar? Como dizeis muito bem no último número de vossa Revista: "Quem quer que creia na existência e na sobrevivência das almas, ou na possibilidade de relações entre os homens e o mundo espiritual, é espírita." Que esta definição fique, e sobre este terreno sólido estaremos sempre de acordo. E agora, se detalhes da doutrina, mesmo importantes, por vezes nos dividem, discutamo-los, não como fratricidas, mas como homens que só têm um objetivo: o triunfo da razão e, pela razão, a busca do verdadeiro e do belo, o progresso da ciência, a felicidade da Humanidade.

Ficam os meus mais ardentes votos, os mais sinceros. Eu os dirijo a todos aqueles que se dizem nossos inimigos: Que Deus os ilumine!

Adeus, senhor. Recebei, para vós e para todos os nossos irmãos de Paris, a renovada certeza de meus sentimentos afetuosos e de minha distinta consideração.

T. JAUBERT
Vice-Presidente do Tribunal.

Qualquer comentário sobre esta carta seria supérfluo. Acrescentaremos apenas uma palavra, é que homens como o Sr. Jaubert honram a bandeira que carregam. Sua apreciação tão judiciosa sobre a obra do Sr. Théophile Gautier nos dispensa do relato que nos propúnhamos dela fazer este mês. Voltaremos a falar sobre ela no próximo número.

A JOVEM CATALÉPTICA DA SUÁBIA

ESTUDO PSICOLÓGICO

Sob o título de *Segunda vista*, vários jornais reproduziram o seguinte fato, entre outros *la Patrie*, de 26 e *l'Evénement*, de 28 de novembro.

"Espera-se em Paris a chegada próxima de uma jovem, originária da Suábia, cujo estado mental apresenta fenômenos que deixam muito longe as charlatanices dos Irmãos Davenport e outros espíritas.

"Com dezesseis anos e meio, Luísa B... mora com seus pais, proprietários plantadores no lugar chamado le Bondru (Seine-et-Marne), onde se estabeleceram depois de haver deixado a Alemanha.

"Em consequência de violento pesar causado pela morte de sua irmã, Luísa caiu num sono letárgico que durou cinquenta e seis horas. Após esse lapso de tempo, despertou, não para a vida real e normal, mas para uma existência estranha que se resume nos fenômenos seguintes:

"Luísa perdeu subitamente sua vivacidade e sua alegria, sem contudo sofrer, mas caindo numa espécie de beatitude que se alia à mais profunda calma. Durante o dia inteiro ela fica imóvel em uma cadeira e só responde por monossílabos às perguntas que lhe fazem. Chegada a noite, cai num estado cataléptico caracterizado pela rigidez dos membros e pela fixidez do olhar.

"Nesse momento, as faculdades e os sentidos da jovem adquirem uma sensibilidade e um alcance que ultrapassam os limites assinalados ao poder humano. Ela possui não só o dom da segunda vista, mas ainda o da segunda audição, isto é, ouve palavras proferidas perto de si, bem como as proferidas num ponto mais ou menos afastado, para o qual concentra sua atenção.

"Nas mãos da cataléptica, cada objeto toma, para ela, uma imagem dupla. Como todo mundo, ela tem sentimento da forma e da aparência exterior desse objeto; além disso, vê distintamente a representação de seu interior, isto é, o conjunto das propriedades que ele possui e os usos a que se destina na ordem da criação.

"Numa porção de plantas, de amostras metálicas e mineralógicas submetidas à sua inconsciente apreciação, ela assinalou virtudes latentes e inexploradas que transportam o pensamento às descobertas dos alquimistas da Idade Média.

"Luísa experimenta um efeito análogo em relação ao aspecto das pessoas com quem entra em comunicação pelo contato das mãos. Ela os vê, ao mesmo tempo, tais quais são e tais quais foram numa idade menos avançada. As devastações do tempo e da doença desaparecem aos seus olhos, e se a pessoa perdeu algum membro, para ela ele ainda subsiste.

"A jovem camponesa afirma que, ao abrigo de todas as modificações da ação vital exterior, *a forma corporal continua integralmente reproduzida pelo fluido nervoso.*

"Transportada a lugares onde há túmulos, Luísa vê e descreve da maneira que acabamos de referir, as pessoas cujos despojos foram confiados à terra. Então sofre espasmos e crises nervosas, do mesmo modo que quando se aproxima dos lugares onde, não importa a que profundidade, existe água e metais.

"Quando a jovem Luísa passa da vida ordinária a esse modo de vida que se pode chamar superior, parece-lhe que um véu espesso lhe cai dos olhos.

"A criação, explicada por ela de uma nova maneira, constitui-lhe objeto de perene admiração e, apesar de iletrada, ela encontra, para exprimir seu entusiasmo, comparações e imagens verdadeiramente poéticas.

"Nenhuma preocupação religiosa se mistura a essas impressões. Os pais, longe de ver nesses fenômenos insólitos um assunto de especulação, ocultam-nos com o maior cuidado. Se se decidem a trazer, sem alarde, a jovem a Paris, é porque essa superexcitação constante do sistema nervoso exerce sobre os órgãos uma influência destrutiva, e porque ela deperece a olhos vistos. Os médicos que dela cuidam recomendaram levá-la à capital, tanto para pedir o auxílio dos mestres na arte de curar quanto para submeter à Ciência esses fatos que transcendem o círculo ordinário das investigações, e cuja explicação ainda não foi encontrada."

Os fenômenos apresentados por essa jovem, diz o autor do artigo, deixam muito longe as charlatanices dos irmãos Davenport de outros espíritas. Se esses fenômenos são reais, que relação podem ter com passes de mágica? Por que essa comparação entre coisas dessemelhantes, e dizer que uma ultrapassa a outra? Com a intenção de lançar uma pequena maldade contra o Espiritismo, o autor anuncia, sem querer, uma grande verdade em apoio do que quer denegrir. Ele proclama um fato essencialmente espírita, que o Espiritismo reconhece e aceita como tal, ao passo que jamais tomou os Srs.

Davenport sob seu patrocínio, e ainda menos os apresentou como adeptos e apóstolos. É isto que os senhores jornalistas saberiam se tivessem levado em conta os inúmeros protestos que lhes chegaram de todos os lados contra a assimilação que pretenderam estabelecer entre uma doutrina essencialmente moral e filosófica e exibições teatrais.

Diz-se que a explicação desses fenômenos ainda não foi dada. Pela ciência oficial, é certo, mas para a ciência espírita há muito tempo isso não é mais um mistério. Entretanto, não são os meios de esclarecer-se que faltam. Os casos de catalepsia, de dupla vista, de sonambulismo natural, com as estranhas faculdades que se desenvolvem nesses diversos estados, não são raros. Por que a Ciência ainda está à procura de sua explicação? É que a Ciência se obstina em buscá-la onde ela não está, onde jamais a encontrará: nas propriedades da matéria.

Eis um homem que vive: ele pensa, raciocina; um segundo depois, ele morre e não dá mais nenhum sinal de inteligência. Então havia nele, quando pensava, algo que não existe mais, porquanto ele não mais pensa. O que pensava, nesse homem? Dizeis que era a matéria. Mas a matéria continua lá, intacta, sem uma parcela a menos. Por que, então, ela pensava há poucos instantes e já não pensa mais? – É porque está desorganizada; sem dúvida as moléculas se desagregaram; talvez se tenha rompido uma fibra; um nada desarranjou-se e o movimento intelectual parou. – Assim, eis o gênio, as maiores concepções humanas à mercê de uma fibra, de um átomo imperceptível, e os esforços de toda uma vida de labor estão perdidos! De toda essa bagagem intelectual adquirida com grande esforço, nada resta; a mais vasta inteligência não passa de um relógio bem montado que, uma vez deslocado, só serve como ferro velho! É pouco lógico e pouco encorajador. Com tal perspectiva, sem dúvida seria melhor só cuidar de comer e beber. Mas, enfim, é um sistema.

Segundo vós, a alma não passa de uma hipótese. Mas essa hipótese não se torna realidade em casos análogos ao da jovem em questão? Aqui a alma se mostra a descoberto; não a vedes, mas a vedes pensar e agir isoladamente do envoltório material. Ela se transporta para longe. Ela vê e ouve a despeito do estado de insensibilidade dos órgãos. Podem explicar-se apenas pelos órgãos, fenômenos que se passam fora da sua esfera de atividades, e isto não é uma prova de que a alma é independente deles? Como, pois, não a reconhecem por esses sinais tão evidentes? É que preciso, para tanto, admitir a intervenção da alma nos fenômenos patológicos e fisiológicos, que assim deixariam de ser exclusivamente materiais. Ora, como reconhecer um elemento espiritual nos fenômenos da vida, quando constantemente se tem dito o contrário? É isto que não podem decidir, pois teriam que concordar que estavam enganados, e é duro, para certos amores-próprios, receber um desmentido da própria alma que eles negaram. Assim, considerando-se que ela se mostra em qualquer parte com muita evidência, logo se apressam em cobri-la com um alqueire, e não se ouve mais falar. Assim foi com o hipnotismo e tantas outras coisas. Deus quer que assim não seja com Luísa B... Para cortar cerce, dizem que esses fenômenos são ilusões, e que seus promotores são loucos ou charlatões.

Tais são as razões que fizeram negligenciar o estudo tão interessante e tão fecundo em resultados morais dos fenômenos psicológicos; tal é, também, a causa da repulsa do materialismo pelo Espiritismo, que repousa inteiramente nas manifestações ostensivas da alma, durante a vida e após a morte.

Mas, dirão, o partido religioso, batido pelo materialismo, deve acolher com interesse os fenômenos que vêm derrubar a incredulidade pela evidência. Por que, pois, em vez de transformá-los em arma, ele os repele? É que a alma é uma indiscreta que vem apresentar-se em condições muito diversas do estado em que no-la mostram, e sobre o qual construíram todo um sistema; seria necessário voltar a crenças que dizem imutáveis; depois ela vê bem claro; então, seria preciso interditar-lhe a palavra. Mas não contaram com essa sutileza; não a encerram como um pássaro na gaiola; se lhe fecham uma porta, ela abre mil outras. Hoje ela se faz ouvir por toda parte, para dizer de um a outro extremo do mundo: eis o que somos. Muito hábeis serão os que a impedirem.

Voltemos ao nosso assunto. A jovem em questão oferece o fenômeno, muito comum em casos semelhantes, da extensão das faculdades. Essa extensão, diz o artigo, atinge uma dimensão que ultrapassa os limites assinalados ao poder humano. Há que distinguir aqui duas ordens de faculdades: as faculdades perceptivas, isto é, a visão e a audição, e as faculdades intelectuais. As primeiras são postas em atividade pelos agentes exteriores, cuja ação repercute no interior; as últimas constituem o pensamento que irradia do interior para o exterior. Falemos inicialmente das primeiras.

No estado normal, a alma percebe por meio dos sentidos. Aqui, a jovem percebe o que está fora do alcance da vista e do ouvido. Ela vê no interior das coisas, penetra os corpos opacos, descreve o que se passa longe, portanto, ela vê diferentemente do que veria pelos olhos e ouve diferentemente do que ouviria pelos ouvidos, e isto num estado em que o organismo é atingido pela insensibilidade. Se se tratasse de um fato único, excepcional, poder-se-ia atribuí-lo a uma originalidade da Natureza, a uma espécie de monstruosidade, mas ele é muito comum; mostra-se de maneira idêntica, embora em graus diferentes, na maioria dos casos de catalepsia, na letargia, no sonambulismo natural e artificial, e mesmo em numerosos indivíduos que têm todas as aparências do estado normal. Produz-se, pois, em virtude de uma lei. Como a Ciência, que leva suas investigações sobre o movimento de atração do menor grão de areia, negligenciou um fato tão importante?

O desenvolvimento das faculdades intelectuais é ainda mais extraordinário. Eis uma jovem, uma camponesa iletrada que não só se exprimiu com elegância, com poesia, mas em quem se revelam conhecimentos científicos sobre coisas que não aprendeu e, circunstância não menos singular, isto ocorre num estado particular, ao sair do qual tudo é esquecido: ela volta a ser tão ignorante quanto era antes. Entretanto, no estado extático, a lembrança lhe volta com as mesmas faculdades e os mesmos conhecimentos. São para ela duas existências distintas.

Se, conforme a escola materialista, as faculdades são produto direto dos órgãos; se, para nos servirmos da expressão dessa escola, "o cérebro secreta o pensamento, como o fígado secreta a bile", então ele secreta *conhecimentos acabados,* sem o concurso de um professor. É uma propriedade que não se conhecia ainda nesse órgão. Nessa mesma hipótese, como explicar esse desenvolvimento intelectual extraordinário, essas faculdades transcendentais possuídas alternativamente, perdidas e recuperadas quase que instantaneamente, quando o cérebro é sempre o mesmo? Não é a prova patente da dualidade do homem, da separação do princípio material e do princípio espiritual?

Aí, nada ainda de excepcional: esse fenômeno é tão comum quanto o da extensão da visão e da audição. Como este último, ele depende, pois, de uma lei. São essas leis que o Espiritismo procurou e que a observação lhe deu a conhecer.

A alma é o ser inteligente; nela está a sede de todas as percepções e de todas as sensações; ela sente e pensa por si mesma; é individual, distinta, perfectível, preexistente e sobrevivente ao corpo. O corpo é o seu envoltório material, é o instrumento de suas relações com o mundo visível. Durante a sua união com o corpo, ela percebe por meio dos sentidos, transmite o pensamento com a ajuda do cérebro. Separada do corpo, ela percebe diretamente e pensa mais livremente. Tendo os sentidos um alcance circunscrito, as percepções recebidas por seu intermédio são limitadas e de certo modo amortecidas; recebidas sem intermediário, elas são indefinidas e de uma admirável sutileza, porque ultrapassam, não a força humana, mas todos os produtos de nossos meios materiais. Pela mesma razão, o pensamento, transmitido pelo cérebro, é peneirado, por assim dizer, através desse órgão. A grosseria e os defeitos do instrumento paralisam-no e em parte o abafam, como certos corpos transparentes absorvem uma parte da luz que os atravessa. Obrigada a servir-se do cérebro, a alma é como um músico muito bom, diante de um instrumento imperfeito. Livre desse auxiliar penoso, desdobra todas as suas faculdades.

Tal é a alma durante a vida e após a morte. Há, para ela, portanto, dois estados, o de encarnação ou constrangimento e o de desencarnação ou liberdade. Em outras palavras, o da vida corporal e o da vida espiritual. A vida espiritual é a vida normal, permanente, da alma; a vida corporal é transitória e passageira.

Durante a vida corporal, a alma não sofre constantemente o constrangimento do corpo e aí está a chave desses fenômenos físicos que parecem tão estranhos, porque nos transportam para fora da esfera habitual de nossas observações. Qualificaram-nos de sobrenaturais, embora, na realidade, estejam submetidos a leis perfeitamente naturais, mas porque essas leis nos eram desconhecidas. Hoje, graças ao Espiritismo, que deu a conhecer essas leis, desapareceu o maravilhoso.

Durante a vida exterior de relação, o corpo necessita de sua alma ou Espírito por guia, a fim de dirigi-lo no mundo, mas nos momentos de inatividade do corpo, a presença da alma não é mais necessária; dele se desprende, sem contudo deixar de prender-se a ele por um laço fluídico que a ele a chama se a sua presença se fizer necessária. Nesses momentos ela recobra parcialmente a liberdade de agir e de pensar, de que não gozará completamente senão depois da morte do corpo, quando deste estará completamente separada. Essa situação foi espiritualmente e muito veridicamente descrita pelo Espírito de uma pessoa viva, que se comparava a um balão cativo, e por outra, o Espírito de um idiota vivo, que dizia ser como um pássaro amarrado pela pata (*Revista Espírita*, junho de 1860).

Esse estado, que chamamos *emancipação da alma*, ocorre normalmente e periodicamente durante o sono. Só o corpo repousa para recuperar as perdas materiais; o Espírito, que nada perdeu, aproveita esse período para se transportar para onde quiser. Além disto, a emancipação ocorre, excepcionalmente, todas as vezes que uma causa patológica, ou simplesmente fisiológica, produz a inatividade total ou parcial dos órgãos da sensação ou da locomoção. É o que acontece na catalepsia, na letargia, no sonambulismo. O desprendimento ou, se quiserem, a liberdade da alma, é tanto maior quanto mais absoluta for a inércia do corpo. É por esta razão que o fenômeno adquire seu maior desenvolvimento na catalepsia e na letargia. Nesse estado, a alma não mais percebe pelos sentidos materiais, mas, se assim nos podemos exprimir, pelo *sentido psíquico*; eis por que suas percepções ultrapassam os limites ordinários. Seu pensamento age sem a intermediação do cérebro, e por essa razão ela manifesta faculdades mais transcendentes que no estado normal. Tal é a situação da jovem B...; assim, diz ela com razão que "quando passa da vida ordinária a esse modo de vida superior, parece que um véu espesso lhe cai dos os olhos." Tal é, também, a causa do fenômeno da segunda vista, que não é senão a visão direta pela alma; da visão à distância, que resulta do transporte da alma ao lugar que ela descreve; da lucidez sonambúlica etc.

"Quando Luísa B... vê pessoas vivas, desaparecem as devastações do tempo, e se a pessoa perdeu algum membro, para ela ele ainda subsiste; a forma corpórea permanece integralmente *reproduzida pelo fluido nervoso*." Se ela visse simplesmente o corpo, vê-lo-ia tal qual é; o que ela vê é o envoltório fluídico. O corpo material pode ser amputado; o perispírito não. O que aqui se designa por *fluido nervoso* não é senão o *fluido perispiritual*.

Ela vê também os que estão mortos. Deles resta, portanto, alguma coisa. O que vê ela? Não pode ser o corpo, que não mais existe; contudo, ela os vê com uma forma humana, a forma que eles tinham em vida. O que ela vê é a alma revestida de seu corpo fluídico ou perispírito. Assim, as almas sobrevivem ao corpo; elas não são, portanto, seres abstratos, centelhas, chamas, sopros perdidos na imensidade do reservatório comum, mas seres reais, distintos, circunscritos, individuais. Se ela vê os mortos como os vivos, então é que os vivos, como os mortos, têm o mesmo corpo fluídico imperecível, ao passo que o grosseiro envoltório material se dissolve com a morte. Ela não vê almas perdidas nas infinitas profundezas do espaço, mas em meio a nós, o que prova a existência do mundo invisível que nos cerca, e em cujo meio vivemos sem o suspeitar.

Tais revelações não levam a refletir seriamente? Quem pôde dar tais ideias a essa moça? A leitura de obras espíritas? Mas ela não sabe ler. – A convivência com os espíritas? Ela não ouviu falar deles. É, pois, espontaneamente que ela descreve todas essas coisas. É produto de sua imaginação? Mas ela não é a única. Milhares de videntes disseram e dizem a mesma coisa todos os dias, e a Ciência não se dá conta disso. Ora, é desse concurso universal de observações que o Espiritismo deduziu a sua teoria.

Em vão a Ciência procurará a solução desses fenômenos, enquanto fizer abstração do elemento espiritual, pois nele está a chave de todos esses supostos mistérios. Que ela o admita, ainda que a título de hipótese, e tudo se explicará sem dificuldade.

Observações desta natureza, sobre pacientes como Luísa B..., exigem muito tato e prudência. É preciso não perder de vista que, nesse estado de excessiva susceptibilidade, a menor comoção pode ser funesta; a alma, feliz por estar desprendida do corpo, a este se liga por um fio, que um nada pode romper irremediavelmente. Em casos semelhantes, experiências feitas sem cuidado podem *matar*.

POESIAS ESPÍRITAS

ALFRED DE MUSSET

O Sr. Timothée Trimm publicou, no *Petit Journal* de 23 de outubro de 1865, estrofes que um de seus amigos lhe havia dado, como tendo sido ditadas mediunicamente por Alfred de Musset a uma senhora de seu conhecimento, porque a loucura do Espiritismo ganha até os amigos desses senhores, que não ousam publicamente mandá-los para o hospício, sobretudo quando esses amigos são, como no caso, homens de notória inteligência, postos à testa da alta indústria artística. Sem dúvida, em consideração a esse amigo, ele não tripudiou muito sobre a procedência desses versos; ele contentou-se em enquadrá-los num ambiente de fantasia meio-burlesca. Ele dizia, entre outras coisas:

"Nada invento, constato. Em um castelo dos arredores de Paris mandaram vir o autor de *Rolla* e de *A Taça e os Lábios*... a uma mesa. Pediram versos!!!... inéditos. Um secretário espírita sentou-se na carteira encantada; ele disse que escreveu o ditado de um imortal... e eis o que mostrou à assistência."

A verdade é que os versos não foram obtidos em um castelo nos arredores de Paris, nem por uma mesa, mas pela escrita comum, e que não haviam chamado Alfred de Musset. Aos olhos do escritor, a ideia de chamar o poeta a uma mesa é, sem dúvida, alguma coisa muito trivial, em se tratando do Espiritismo. Eis como as coisas se passaram:

A Sra. X... é uma dama da Sociedade, instruída como todas as que receberam educação, mas absolutamente não é poetisa. Ela é dotada de uma poderosa faculdade mediúnica psicográfica e vidente, e em muitas ocasiões deu provas irrefutáveis da identidade dos Espíritos que se manifestam por seu intermédio. Tendo ido passar a bela estação com o marido, como ela fervoroso espírita, num chalezinho entre as dunas do departamento do Nord, uma noite se achava em sua varanda, sob magnífico luar, contemplando a abóbada azulada e a vasta extensão das dunas, num solene silêncio que só era interrompido pelos uivos do cão de guarda, circunstâncias que devem ser levadas em consideração, porque dão aos versos um cunho de atualidade. De repente sentiu-se agitada e como que envolvida por um fluido e, sem desígnio premeditado, foi levada a tomar de uma pena; escreveu de um jato, sem rasura nem hesitação, em alguns minutos, os versos em questão, com a assinatura de Alfred de Musset, em quem absolutamente não pensava. Nós os reproduzimos na íntegra. Foi a 1º de setembro de 1865.

Assim, eis-te aí, pobre Espírito,
Contemplando o dia e a noite,
A triste duna,
Sem ter, para te distraíres,
Senão o cão que vem uivar
Ao clarão da lua.

Quando te vejo, só e perturbada,
Erguer para a abóbada estrelada
O olhar úmido
Recordo-me dos tristes dias
Em que sempre maldizia
A terra árida.

Outro tanto quanto tu, eu sofria,
Ao sentir neste grande deserto
Meu coração em fogo;
Como pérola no fundo do mar
Procurei em todo o mundo
Um grito da alma.

Para acalmar o cérebro em fogo,
Viajei sob o céu azul
Da Itália;
Florença e Veneza me viram,
Entre moças de colo nu,
A arrastar a vida.

Por vezes o pescador indolente
Me viu chorar, qual uma criança,
Junto à praia,
Parando, cheio de piedade,
Deixar as redes que à metade
O mar arrasta.

Pobrezinho, vem pra junto de nós;
Como se embala aos joelhos
O bebê que chora,
Nós te levaremos em um giro
Às terras cheias de amor
Onde eu moro.

Se nestes versos, para ti escritos,
Ainda dei, malgrado meu,
Esta feitura,
Foi para afirmar aos sábios
Que zombam dos que voltam,
Minha assinatura.

A. DE MUSSET

Publicando estes versos, o *Petit Journal* fez várias alterações, que desnaturam o sentido e se prestam ao ridículo.

Na primeira estrofe, 6º verso, em vez de *Au clair de lune,* pôs: *Au clair de la lune*, o que estropia o verso, tornando-o grosseiro.

A segunda estrofe foi suprimida, o que rompe o encadeamento da ideia.

Na terceira estrofe, 2º verso, em vez de *ce grand désert*, que pinta a localidade, ele pôs: *Le grand désert.*

Na sexta, 5º verso, em vez de *Dans les terres pleines d'amour,* que tem sentido, pôs: *Dans les serres pleines d'amour,* que não o tem.

Tendo sido pedidas essas retificações ao *Petit Journal*, é lamentável que se tenha recusado a inseri-las. Contudo, o autor do artigo disse: "Nada invento; constato."

A propósito do romance do Sr. Théophile Gautier, intitulado *Espírita*, o mesmo Espírito ditou ao médium as estrofes seguintes, a 2 de dezembro de 1865:

Eis-me de volta. Embora eu tivesse, Senhora,
Jurado aos grandes deuses, que jamais rimaria.
É tristíssimo ofício o de mandar imprimir
As obras de um autor reduzido ao estado de alma.

Tinha ido pra longe de vós, mas um Espírito encantador,
Falando de nós se arrisca a excitar o sorriso.
Penso que ele sabe mais do que deixa supor
E que algures tenha encontrado sua alma que volta.

Uma aparição! Realmente, isto parece estranho;
Disso eu mesmo ri, quando aqui me achava;
Mas quando afirmava não acreditar,
Como um salvador tinha acolhido o meu anjo.

Como teria gostado quando, de fronte pálida,
Apoiada na mão, à noite, na janela,
O Espírito, a chorar, sondava o *grande-talvez*,
Percorrendo de longe os campos do infinito!

Amigos, que esperais de um século sem crença?
Quando tiverdes espremido vosso mais belo fruto,
O homem estrebuchará sempre sob um túmulo
Se, para o sustentar, não tem mais esperança.

Mas estes versos, dirão, não podem ser dele.
Que me importa, afinal, a crítica do vulgo!
Quando eu era vivo, dela não me ocupava;
Com mais forte razão disso hoje eu riria.

A. DE MUSSET

Eis a opinião sobre estes versos, de um dos redatores do *Monde Illustré*, Sr. Junior, que não é espírita. (*Monde Illustré* de 16 de dezembro de 1865).

"O Sr. T. Gautier recebeu de uma senhora uma poesia assinada por Alfred de Musset, que poderia ter como título: *A uma dama espírita que me havia pedido versos para o seu álbum*. Fica entendido, desde que se trata do Espiritismo, que a dama pretende ter sido intermediária, o médium obediente cuja mão traçou os versos ditados por Alfred de Musset, falecido já há alguns anos.

"Até aí, nada mais simples, porque, desde que se cava no Infinito, todos os que acreditam no Espiritismo se voltam para vós e vos inundam de comunicações mais ou menos interessantes. Mas os versos assinados por Musset são tais, que aquele ou aquela que os traçou é um poeta ou poetisa de primeira ordem. É o estilo de Musset, sua linguagem encantadora, sua desenvoltura de cavalheiro, seu encanto e sua graciosa atitude. Não é excessivo como o pastiche, não é pretensioso nem forçado, e a gente pensa que se um mestre como T. Gautier se engana, é preciso que o quadro seja admiravelmente imitado. O lado curioso é que o honrado Sr. Charpentier, editor das obras completas de Musset, para o qual leram esses versos encantadores, que espero em breve vos dar a conhecer, pôs-se a gritar: 'Pega o ladrão!'

"Supondes com acerto que não acredito numa só palavra do que contam os Allan Kardec e os Delaage, mas isto me perturba e me agasta, pois devo supor que estes versos são inéditos e que pertencem ao poeta de *Noites*, – o que é perfeitamente admissível, por que, enfim, sob que pretexto a senhora em questão teria estes versos em sua gaveta? – Ou então um autêntico poeta teria inventado essa mistificação, e os poetas não perdem assim as suas cópias. Qual é, pois, a solução possível? – Ouço daqui um homem *prático* dizer-me: 'Meu caro senhor, quereis uma solução? Ela está em vossa imaginação, que exagera a importância e a excelência desses versos; eles são delicados e nada mais, e o primeiro médium um pouco sabichão, que sabe um pouco o seu Musset, fará outro tanto.'

"Senhor homem prático, tendes razão. Isto acontece noventa e nove vezes em cem. Mas se soubésseis a que ponto tenho o sangue-frio! Eu li esses versos, que não tenho ainda o direito de vos mostrar, eu os li, reli ainda, e sustento que o próprio Gautier, o grande linguista, o grande cinzelador do *Poema da Mulher*, não fará melhor Musset do que este."

OBSERVAÇÃO: Há uma circunstância que o autor não leva em conta, e que tira toda a possibilidade de que esses versos tenham sido feitos por Musset em vida: são as atualidades e as alusões às coisas presentes. Quanto à médium, ela não é nem poetisa nem sabichona, isto é certo, e, além disso, sua posição na Sociedade afasta qualquer suspeita de embuste.

O ESPIRITISMO TOMA POSIÇÃO NA FILOSOFIA E NOS CONHECIMENTOS USUAIS

Neste momento publica-se importante obra que interessa à Doutrina Espírita no mais alto grau, e que só nos é dado fazê-la mais bem conhecida pela análise do prospecto.

"*Novo Dicionário Universal*, panteão literário e enciclopédia ilustrada, por *Maurice Lachâtre* com o concurso de cientistas, artistas e homens de letras, conforme os trabalhos de: *Allan Kardec, Ampère, Andral, Arago, Audouin, Balbi, Becquerel, Berzelius, Biot, Brongnard, Burnouf, Chateubriand, Cuvier, Flourens, Gay-Lussac, Guizot, Humboldt, Lamartine, Lamennais, Laplace, Magendie, Michelet, Ch. Nodier, Orfila, Payen, Raspail, de Sacy, J. B. Say, Thiers* etc., etc.

"Dois magníficos volumes in-4º grande, de três colunas, ilustrados com vinte mil figuras gravadas em madeira, intercaladas no texto. Dois fascículos semanais de 10 centavos cada. Cada fascículo contém 95.768 letras, isto é, metade da matéria de um volume in-8º A obra contém 200 fascículos por volume e não custará mais que 40 francos. Essa obra, o mais gigantesco dos empreendimentos literários de nossa época, encerra a análise de mais de 400.000 obras, e pode ser considerada, sem sombra de dúvida, como o mais vasto repertório de conhecimentos humanos. *O Novo Dicionário Universal* é o mais exato, o mais completo e o mais progressista de todos os dicionários, o único que abarca em seus desenvolvimentos todos os dicionários especiais da língua usual, da linguagem poética, dos sinônimos, da linguagem antiga, das dificuldades gramaticais, da Teologia, das religiões, seitas e heresias, das festas e cerimônias de todos os povos, da Mitologia, do magnetismo, do Espiritismo, das doutrinas filosóficas e sociais, da História, das biografias, das ciências, da Física, da Química, da História Natural, da Astronomia, das invenções, da Medicina, da Geografia, da marinha, da jurisprudência, da Economia Política, da franco maçonaria, da agricultura, do comércio, da economia doméstica, do dia a dia etc., etc. – *Docks de la librairie, Boulevard Sébastopol, 38 - Paris."*

Esta obra conta no momento com vinte mil assinantes.

Devemos, em primeiro lugar, fazer notar que se o nosso nome se acha em primeiro lugar na lista dos autores cujas obras foram consultadas, foi a ordem alfabética que assim o quis, e não a preeminência.

Todos os termos especiais do vocabulário espírita se acham nesse vasto repertório, não com uma simples definição, mas com todos os desenvolvimentos que comportam, de sorte que seu conjunto formará um verdadeiro tratado do Espiritismo. Além disso, todas as vezes que uma palavra pode dar lugar a uma dedução filosófica, a ideia espírita é posta em paralelo, como ponto de comparação. Concebida num espírito de imparcialidade, a obra não apresenta menos a ideia espírita do que qualquer outra como a verdade absoluta. Deixa o leitor livre para aceitá-la ou rejeitá-la, mas dá a este os meios de apreciá-la, apresentando-a com escrupulosa exatidão e não truncada, alterada ou prejulgada. Limita-se a dizer: sobre tal ponto, uns pensam assim; o Espiritismo o explica de tal outro modo.

Um dicionário não é um tratado especial sobre uma matéria, no qual o autor desenvolve sua opinião pessoal; é uma obra de pesquisas, destinada a ser consultada, e que se dirige a todas as opiniões. Se aí se procura uma palavra, é para saber o que realmente significa e não para ter a apreciação do redator, que pode ser justa ou falsa. Um judeu, um muçulmano, devem nele encontrar a ideia hebraica ou muçulmana reproduzida exatamente, o que não obriga a esposar essa ideia. O dicionário não tem que decidir se ela é boa ou má, absurda ou racional, porque o que é aprovado por uns, pode ser condenado por outros; apresentando-a na sua integridade, não lhe assume a responsabilidade. Se se tratar de uma questão científica que divide os sábios, da homeopatia e da alopatia, por exemplo, ele tem por missão dar a conhecer os dois sistemas, mas não preconizar um em detrimento do outro. Tal deve ser o caráter de um dicionário *enciclopédico*; só nesta condição pode ser consultado com proveito, em todos os tempos e por qualquer pessoa. Com a universalidade ele adquire a perpetuidade.

Este é, e este deveria ser o sentimento que presidiu a parte que concerne ao Espiritismo. Que os críticos emitam sua opinião em obras especiais, nada de melhor, é seu direito. Mas um dicionário é um terreno neutro, onde cada coisa deve ser apresentada sob suas verdadeiras cores, e onde se deve poder colher toda espécie de ensinamentos, com certeza de aí encontrar a verdade.

Em tais condições, o Espiritismo, tendo achado lugar numa obra tão importante e tão popular quanto o *Novo Dicionário Universal,* tomou posição entre as doutrinas filosóficas e os conhecimentos usuais; seu vocabulário, já aceito pelo uso, recebeu sua consagração, e, de agora em diante, nenhuma obra do mesmo gênero poderá omiti-lo sem ser incompleta. Aí está mais uma das produções do ano de 1865, que o Sr. Vice-Presidente Jaubert deixou de mencionar na lista dos resultados deste ano.

Em apoio às observações acima, e como amostra da maneira pela qual as questões espíritas são tratadas nessa obra, citaremos a explicação que se acha no verbete *alma*. Depois de haver longa e imparcialmente desenvolvido as diversas teorias da alma segundo Aristóteles, Platão, Leibnitz, Descartes e outros filósofos, que não podemos reproduzir devido a sua extensão, o artigo termina assim:

"SEGUNDO A DOUTRINA ESPÍRITA, a alma é o princípio inteligente que anima os seres da criação e lhes dá o pensamento, a vontade e a liberdade de agir. Ela é imaterial, individual e imortal, mas a sua essência íntima é desconhecida; não podemos concebê-la isolada absolutamente da matéria, senão como uma abstração. Unida ao envoltório fluídico etéreo ou *perispírito*, ela constitui o *ser espiritual* concreto, definido e circunscrito chamado *Espírito* (Vide ESPÍRITO, PERISPÍRITO). Por metonímia, muitas vezes são empregadas as palavras *alma* e *espírito* uma pela outra; diz-se: as almas sofredoras e os espíritos sofredores; as almas felizes e os espíritos felizes; evocar a alma ou o espírito de alguém; mas a palavra *alma* desperta antes a ideia de um princípio, de uma coisa abstrata, e a palavra *espírito* a de uma individualidade.

"Unido ao corpo material pela encarnação, o espírito constitui o *homem*, de sorte que no homem há três coisas: a *alma* propriamente dita, ou princípio inteligente; o *perispírito*, ou envoltório fluídico da alma; o *corpo*, ou envoltório material. Assim, a alma é um ser simples; o espírito um ser duplo, composto da alma e do perispírito; o homem, um ser triplo, composto da alma, do perispírito e do corpo. O corpo, separado do espírito, é uma matéria inerte; o perispírito, separado da alma, é uma matéria fluídica, sem vida e sem inteligência. A alma é o princípio da vida e da inteligência; é pois um erro das pessoas que pretenderam que, dando à alma um envoltório fluídico semimaterial, o Espiritismo dela faz um ser material.

"A origem primeira da alma é desconhecida, porque o princípio das coisas está nos segredos de Deus, e porque ao homem não é dado, no seu atual estado de inferioridade, tudo compreender. Sobre este ponto, só se podem formular sistemas. Segundo uns, a alma é uma criação espontânea da Divindade; segundo outros, é uma emanação, uma porção, uma centelha do fluido divino. Eis um problema sobre o qual só se podem estabelecer hipóteses, porque há razões pró e contra. À segunda opinião opõe-se, entretanto, uma objeção fundada: Sendo Deus perfeito, se as almas são porções da Divindade, deveriam ser perfeitas, em virtude do axioma que a parte é da mesma natureza que o todo. Assim, não se compreenderia que as almas fossem imperfeitas e tivessem necessidade de se aperfeiçoar. Sem se deter nos diversos sistemas tocantes à natureza íntima e à origem da alma, o Espiritismo a considera na espécie humana; ele constata, pelo fato de seu isolamento e de sua ação independente da matéria, durante a vida e após a morte, a sua existência, os seus atributos, a sua sobrevivência e a sua individualidade. Sua individualidade ressalta da diversidade existente entre as ideias e as qualidades de cada uma nos fenômenos das manifestações, diversidade que para cada uma acusa uma existência própria.

"Um fato não menos capital ressalta igualmente da observação: é que a alma é essencialmente progressiva e progride incessantemente, em saber e em moralidade, pois que isso se observa em todos os graus de desenvolvimento. Segundo o ensino unânime dos Espíritos, ela é criada *simples e ignorante*, isto é, sem conhecimentos, sem consciência do bem e do mal, com igual aptidão para um e para o outro e para tudo adquirir. Sendo a criação incessante e para toda a eternidade, há almas chegadas ao topo da escada, enquanto outras surgem para a vida. Mas, tendo todas o mesmo ponto de partida, Deus não cria umas mais bem-dotadas que outras, o que está em conformidade com a soberana justiça. Como uma perfeita igualdade preside à sua formação, elas progridem mais ou menos rapidamente, em virtude de seu livre-arbítrio e conforme o seu trabalho. Assim, Deus deixa a cada uma o mérito ou o demérito de seus atos, e a responsabilidade cresce à medida que se desenvolve o senso moral, de sorte que de duas almas criadas ao mesmo tempo, uma pode chegar ao objetivo mais depressa que a outra se trabalhar mais ativamente o seu melhoramento. Mas, as que ficaram na retaguarda chegarão igualmente, embora mais tarde e através de rudes provas, porque Deus não veda o futuro a nenhum de seus filhos.

"A encarnação da alma num corpo material é necessária ao seu aperfeiçoamento; pelo trabalho necessário à existência corporal, desenvolve-se a inteligência. Não podendo adquirir, numa única existência, todas as qualidades morais e intelectuais que devem conduzi-la ao objetivo, ela o atinge passando por uma série ilimitada de existências, quer na Terra, quer em outros mundos, em cada uma das quais dá um passo na via do progresso e se despoja de algumas imperfeições. Em cada existência traz a alma o que adquiriu em existências precedentes. Assim se explica a diferença que existe nas aptidões inatas e no grau de adiantamento das raças e dos povos." (Vide ESPÍRITO, REENCARNAÇÃO)

ALLAN KARDEC

REVISTA ESPÍRITA

JORNAL DE ESTUDOS PSICOLÓGICOS

| ANO IX | FEVEREIRO DE 1866 | VOL. 2 |

O ESPIRITISMO SEGUNDO OS ESPÍRITAS

EXTRAÍDO DO JORNAL *LA DISCUSSION*

La Discussion, jornal hebdomadário político e financeiro impresso em Bruxelas, não é uma dessas folhas levianas que visam, pelo fundo e pela forma, ao divertimento do público frívolo. É um jornal sério, acreditado sobretudo no mundo financeiro e que se acha no seu undécimo ano[1]. Sob o título de *O Espiritismo segundo os espíritas,* o número de 31 de dezembro de 1865 traz o artigo seguinte:

"*Espíritas* e *Espiritismo* são agora dois vocábulos muito conhecidos e frequentemente empregados, embora fossem ignorados há poucos meses. Contudo, a maioria das pessoas que deles se servem estão a perguntar o que exatamente significam, e embora cada um faça essa pergunta a si mesmo, ninguém a expressa, pois todos querem passar por conhecedores da chave que mata a charada.

"Algumas vezes, entretanto, a curiosidade embaraça a ponto de trazer a pergunta aos lábios e, satisfazendo ao vosso desejo, cada um vos explica.

"Alguns pretendem que o Espiritismo é o truque do armário dos irmãos Davenport; outros afirmam que não passa da magia e da feitiçaria de outrora, que querem reconduzir ao prestígio, sob um novo nome. Segundo as comadres de todos os bairros,

---

[1]Redação em Bruxelas, Montagne de Sion, 17; Paris, Rua Bergère, 31. Preço para a França: 12 francos por ano; 7 francos por semestre; cada número de 8 páginas, grande in-folio: 25 centavos.

os espíritas têm conversas misteriosas com o diabo, com o qual fizeram um compromisso prévio. Enfim, lendo-se os jornais, fica-se sabendo que os espíritas são todos uns loucos ou, pelo menos, vítimas de certos charlatões chamados médiuns. Esses charlatões vêm, com ou sem armários, dar representações a quem lhas queira pagar, e para mais valorizar suas trapaças, dizem operar sob a influência oculta dos Espíritos de Além-Túmulo.

"Eis o que eu tinha aprendido nestes últimos tempos. Tendo em vista o desacordo dessas respostas, resolvi, para me esclarecer, ir ver o diabo, ainda que me vencesse, ou me deixar enganar por um médium, ainda que tivesse de perder a razão. Lembrei-me, então, muito a propósito, de um amigo que suspeitava fosse espírita, e fui procurá-lo, a fim de que ele me proporcionasse meios de satisfazer a minha curiosidade.

"Comuniquei-lhe as diversas opiniões que havia recolhido, e expus o objetivo da minha visita. Mas o amigo riu-se muito do que chamava a minha ingenuidade e me deu, mais ou menos, a seguinte explicação:

'O Espiritismo não é, como creem vulgarmente, uma receita para fazer as mesas dançarem ou para executar truques de escamoteação, e é um erro que todos cometem querendo nele encontrar o maravilhoso.

'O Espiritismo é uma ciência, ou melhor, uma filosofia espiritualista, que ensina a moral.

'Não é uma religião, porque que não tem dogmas nem culto, nem sacerdotes nem artigos de fé. É mais que uma filosofia, porque sua doutrina é estabelecida sobre a prova *certa* da imortalidade da alma. É para fornecer essa prova que os espíritas evocam os Espíritos de Além-Túmulo.

'Os médiuns são dotados de uma faculdade natural que os torna aptos a servir de intermediários aos Espíritos e a produzir com eles os fenômenos que passam por milagres ou por prestidigitação aos olhos de quem quer que ignore a sua explicação. Mas a faculdade mediúnica não é privilégio exclusivo de certos indivíduos. Ela é inerente à espécie humana, embora cada um a possua em graus diversos, ou sob formas diferentes.

'Assim, para quem conhece o Espiritismo, todas as maravilhas de que acusam essa doutrina não passam de fenômenos de ordem física, isto é, de efeitos cuja causa reside nas leis da Natureza.

'Os Espíritos, entretanto, não se comunicam com os vivos com o único objetivo de lhes provar a sua existência: Foram eles que ditaram e desenvolvem diariamente a filosofia espiritualista.

'Como toda filosofia, esta tem o seu sistema, que consiste na revelação das leis que regem o Universo e na solução de um grande número de problemas filosóficos ante os quais, até aqui, a Humanidade impotente foi constrangida a inclinar-se.

'É assim que o Espiritismo demonstra, entre outras coisas, a natureza da alma, seu destino e a causa de nossa existência aqui na Terra. Ele desvenda o mistério da morte; dá a razão dos vícios e virtudes do homem; diz o que são o homem, o mundo, o Universo. Enfim, faz o quadro da harmonia universal etc.

'Este sistema repousa em provas lógicas e irrefutáveis que têm, elas próprias, por árbitro de sua verdade, fatos palpáveis e a mais pura razão. Assim, em todas as teorias que ele expõe, age como a Ciência e não adianta um ponto senão quando o precedente esteja completamente certificado. Assim, o Espiritismo não impõe a confiança, porque, para ser aceito, não precisa senão da autoridade do bom senso.

'Este sistema, uma vez estabelecido, dele deduz, como consequência imediata, um ensinamento moral.

'Essa moral não é senão a moral cristã, a moral que está escrita no coração de todo ser humano; e é a de todas as religiões e de todas as filosofias, porque pertence a todos os homens. Mas, desvinculada de todo fanatismo, de toda superstição, de todo espírito de seita ou de escola, resplandece em toda a sua pureza.

'E é nessa pureza que ela haure toda a sua grandeza e toda a sua beleza, de sorte que é a primeira vez que a moral nos aparece revestida de um brilho tão majestoso e tão esplêndido.

'O objetivo de toda moral é ser praticada; mas esta, sobretudo, tem essa condição como absoluta, porque ela denomina espíritas não os que aceitam os seus preceitos, mas apenas os que põem os seus preceitos em ação.

'Direi quais são as suas doutrinas? Aqui não pretendo ensinar, e o enunciado das máximas conduzir-me-ia, necessariamente, ao seu desenvolvimento.

'Direi apenas que a moral espírita nos ensina a suportar a desgraça sem desprezá-la; a gozar a felicidade sem a ela nos apegarmos. Direi que ela nos rebaixa sem nos humilhar, como nos eleva sem nos ensoberbecer; coloca-nos acima dos interesses materiais, sem por isto estigmatizá-los com o aviltamento, porque nos ensina, ao contrário, que todas as vantagens com que somos favorecidos são outras tantas forças que nos são confiadas e por cujo emprego somos responsáveis para conosco e para com os outros.

'Vem, então, a necessidade de especificar essa responsabilidade, as penas ligadas à infração do dever e as recompensas de que desfrutam os que o cumprem. Mas também aí, as asserções não são tiradas senão dos fatos e podem verificar-se até a perfeita convicção.

'Tal é esta filosofia, onde tudo é grande porque tudo é simples; onde nada é obscuro, porque tudo é provado; onde tudo é simpático, porque cada questão interessa a cada um de nós.

'Tal é esta ciência que, projetando uma viva luz sobre as trevas da razão, de repente desvenda os mistérios que julgávamos impenetráveis e recua até o infinito o horizonte da inteligência.

'Tal é esta doutrina que pretende tornar felizes, melhorando-os, todos os que concordam em segui-la, e que, enfim, abre à Humanidade uma via segura para o progresso moral.

'Tal é, finalmente, a loucura que contagiou os espíritas e a feitiçaria que eles praticam.'

"Assim, sorrindo, terminou o meu amigo, que, a meu pedido, permitiu-me com ele visitar algumas reuniões espíritas, onde as experiências se aliam aos ensinamentos.

"Voltando para casa, recordei o que eu havia dito, em concerto com todo mundo, contra o Espiritismo, antes de pelo menos conhecer o significado desse vocábulo, e essa lembrança encheu-me de amarga confusão.

"Então pensei que, a despeito dos severos desmentidos infringidos ao orgulho humano pelas descobertas da Ciência moderna, quase não sonhamos, na época de progresso em que nos encontramos, em tirar proveito dos ensinamentos da experiência; e que estas palavras escritas por Pascal há duzentos anos, ainda por muitos séculos serão de rigorosa exatidão: 'É uma doença peculiar ao homem crer que possui a verdade diretamente; e é por isto que ele está sempre disposto a negar aquilo que para ele é incompreensível."

A. BRIQUEL

Como se vê, o autor deste artigo quis apresentar o Espiritismo sob sua verdadeira luz, despido das fantasias com que o veste a crítica, numa palavra, tal qual o admitem os espíritas, e sentimo-nos feliz ao dizer que o conseguiu perfeitamente. Com efeito, é impossível resumir a questão de maneira mais clara e precisa. Devemos, também, felicitar a direção do jornal que, com aquele espírito de imparcialidade que gostaríamos de encontrar em todos aqueles que fazem profissão de liberalismo e posam como apóstolos da liberdade de pensar, acolheu uma profissão de fé tão explícita.

Ademais, suas intenções em relação ao Espiritismo estão nitidamente formuladas no artigo seguinte, publicado no número de 28 de janeiro:

COMO OUVIMOS FALAR DO ESPIRITISMO

"O artigo publicado em nosso número de 31 de dezembro, sobre o Espiritismo, provocou numerosas perguntas, querendo saber se nos propomos tratar posteriormente deste assunto e se nos transformamos em seu órgão. A fim de evitar equívocos, torna-se necessária uma resposta categórica. Ei-la:

"O *Discussion* é um jornal aberto a todas as ideias progressistas. Ora, o progresso não pode ser feito senão por ideias novas que de vez em quando vêm mudar o curso das ideias estabelecidas. Repeli-las porque destroem as que foram acalentadas, é, aos nossos olhos, faltar à lógica. Sem nos tornarmos apologistas de todas as elucubrações do espírito humano, o que também não seria mais racional, consideramos como um dever de imparcialidade pôr o público em condições de julgá-las. Para tanto, basta apresentá-las tais quais são, sem tomar, prematuramente, partido pró ou contra, porque, se forem falsas, não será a nossa adesão que as tornará justas, e se forem justas, nossa desaprovação não as tornará falsas. Em tudo, é a opinião pública e o futuro que pronunciam a última sentença. Mas, para apreciar o lado forte e o fraco de uma ideia, é preciso conhecê-la em sua essência, e não tal qual a apresentam os interessados em combatê-la, isto é, o mais das vezes truncada e desfigurada. Se, pois, expomos os princípios de uma teoria nova, não queremos que seus autores ou seus partidários possam censurar-nos por lhes fazer dizer o contrário do que dizem. Agir assim não é assumir a sua responsabilidade: é dizer o que é e reservar a opinião de todo mundo. Nós colocamos a ideia em evidência em toda a sua verdade. Se ela for boa, fará o seu caminho e nós lhe teremos aberto a porta; se for má, teremos fornecido o meio de ser julgada com conhecimento de causa.

"É assim que procederemos em relação ao Espiritismo. Seja qual for a maneira de ver a seu respeito, ninguém pode dissimular a extensão que ele tomou em poucas anos. Pelo número e pela qualidade de seus partidários, ele conquistou uma posição entre as opiniões aceitas. As tempestades que ele desencadeia, o encarniçamento com que o combatem em certo meio, são, para os menos clarividentes, o indício de que ele encerra algo de sério, porque emociona tanta gente. Pensem dele o que quiserem pensar, é incontestavelmente uma das grandes questões na ordem do dia. Assim, não seríamos consequentes com o nosso programa se o deixássemos passar em silêncio. Nossos leitores têm direito de pedir que lhes demos a conhecer o que é essa doutrina que provoca tão grande ruído. Nosso interesse está em satisfazê-los, e nosso dever é fazê-lo com imparcialidade. Pouco lhes importa nossa opinião pessoal sobre a coisa; o que esperam de nós é um relato exato dos fatos e das atitudes de seus partidários para que possam formar sua própria opinião.

"Como nos conduziremos no caso? É muito simples: iremos à própria fonte; faremos pelo Espiritismo o que fazemos pelas questões de política, de finanças, de ciência, de arte ou de literatura, isto é, disto encarregaremos homens especiais. As questões de Espiritismo serão, pois, tratadas por espíritas, como as de arquitetura por arquitetos, a fim de que não nos qualifiquem de cegos raciocinando sobre as cores e que não nos apliquem as palavras de Fígaro: 'Precisavam de um calculista e tomaram um dançarino.'

"Em suma, o *Discussion* não se apresenta como órgão nem apóstolo do Espiritismo; abre-lhe suas colunas, como a todas as ideias novas, sem pretender impor essa opinião aos seus leitores, sempre livres de a controlar, aceitar ou rejeitar. Ele deixa aos seus redatores especiais toda liberdade de discutir os princípios, pelo que eles assumem pessoalmente a responsabilidade. Mas o que, no interesse de sua própria dignidade, ele repelirá sempre, é a polêmica agressiva e pessoal."

CURAS DE OBSESSÕES

Escreveram-nos de Cazères, a 7 de janeiro de 1866:

"Eis um segundo caso de obsessão que assumimos e levamos a bom termo no mês de julho último. A obsedada tinha vinte e dois anos; gozava de saúde perfeita; apesar disso, de repente foi acometida de um acesso de loucura. Seus pais a trataram com médicos, mas inutilmente, pois o mal, em vez de desaparecer, tornava-se cada vez mais intenso, a ponto de, durante as crises, ser impossível contê-la. Vendo isso, os pais, a conselho dos médicos, obtiveram sua internação num hospício, onde seu estado não apresentou qualquer melhora. Nem eles nem a doente jamais haviam cogitado do Espiritismo, que nem mesmo conheciam; mas, tendo ouvido falar na cura de Jeanne R..., de que vos falei, eles vieram procurar-nos e saber se poderíamos fazer alguma coisa por sua filha infeliz. Respondemos nada poder garantir antes de conhecer a verdadeira causa do mal. Consultados em nossa primeira sessão, os guias disseram que a jovem era subjugada por um Espírito muito rebelde, mas que acabaríamos trazendo-o ao bom caminho e que a cura consequente nos daria a prova dessa afirmação. Assim, escrevi aos pais, residentes a 35 quilômetros de nossa cidade, dizendo que a moça seria curada e que a cura não demoraria muito, sem, contudo, precisarmos a época.

"Evocamos o Espírito obsessor durante oito dias seguidos e fomos bastante felizes para mudar suas más disposições e fazê-lo renunciar a seu propósito de atormentar a vítima. Com efeito, a doente ficou curada, como nossos guias haviam anunciado.

"Os adversários do Espiritismo repetem incessantemente que a prática desta doutrina conduz ao hospício. Ora! Nós lhes podemos dizer, nesta circunstância, que o Espiritismo dele faz sair aqueles que lá haviam entrado."

Entre mil outros, este fato é uma nova prova da existência da *loucura obsessional*, cuja causa é totalmente diferente da causa da loucura patológica, e ante a qual a Ciência falhará enquanto se obstinar em negar o elemento espiritual e sua influência sobre a organização fisiológica. Aqui o caso é bem evidente: Eis uma jovem, de tal modo apresentando os caracteres da loucura, a ponto de se enganarem os médicos, que é curada a léguas de distância por pessoas que jamais a viram, sem nenhum medicamento ou tratamento médico, apenas pela moralização do Espírito obsessor.

Há, pois, Espíritos obsessores cuja ação pode ser perniciosa à razão e à saúde. Não é certo que se a loucura tivesse sido ocasionada por uma lesão orgânica qualquer, esse meio teria sido impotente? Se objetassem que essa cura espontânea pode ser devida a uma causa fortuita, responderíamos que se tivéssemos somente um fato para citar, sem dúvida seria temerário daí deduzir a afirmação de um princípio tão importante, mas os exemplos de curas semelhantes são muito numerosos. Eles não são privilégio de um indivíduo e se repetem todos os dias em diversos lugares, sinais indubitáveis de que repousam sobre uma lei da Natureza.

Citamos várias curas do mesmo gênero, notadamente em fevereiro de 1864 e janeiro de 1865, que contêm dois relatos completos eminentemente instrutivos.

Eis outro fato, não menos característico, obtido no grupo de Marmande:

Numa aldeia a algumas léguas desta cidade, havia um camponês atingido por uma loucura tão furiosa, que perseguia as pessoas a golpes de forcado para matá-las, e que, na falta de pessoas, atacava os animais no pátio. Corria incessantemente pelos campos e não voltava mais para casa. Sua presença era perigosa; assim, foi fácil obter autorização para interná-lo no hospício de Cadilac. Não foi sem vivo pesar que sua família se viu obrigada a tomar essa atitude. Antes de levá-lo, tendo um dos parentes ouvido falar das curas obtidas em Marmande, em casos semelhantes, foi procurar o Sr. Dombre e lhe disse:

"– Senhor, disseram-me que curais os loucos, por isso vim vos procurar.

"Depois contou-lhe de que se tratava, acrescentando:

"– Como vedes, dá tanta pena separarmo-nos desse pobre J..., que antes eu quis ver se não havia um meio de evitar essa separação.

"– Meu bravo homem, disse-lhe o Sr. Dombre, não sei quem me dá esta reputação; é verdade que algumas vezes consegui dar a razão a pobres insensatos, mas isto depende da causa da loucura. Embora não vos conheça, não obstante verei se vos posso ser útil.

"Tendo ido imediatamente com o indivíduo à casa do seu médium habitual, obteve do guia a certeza de que se tratava de uma obsessão grave, mas que com perseverança ela chegaria a termo. Então disse ao camponês:

"– Esperai ainda alguns dias, antes de levar o vosso parente a Cadilac; vamos ocupar-nos do caso; voltai de dois em dois dias para dizer-nos como ele se acha.

No mesmo dia puseram-se em ação. A princípio, como em casos semelhantes, o Espírito mostrou-se pouco tratável; pouco a pouco acabou por humanizar-se e finalmente renunciou ao propósito de atormentar aquele infeliz. Um fato muito particular é que declarou não ter qualquer motivo de ódio contra aquele homem; que, atormentado pela necessidade de fazer o mal, havia se agarrado a ele como a qualquer outro; que agora reconhecia estar errado, pelo que pedia perdão a Deus.

O camponês voltou depois de dois dias, e disse que o parente estava mais calmo, mas ainda não tinha voltado para casa e se ocultava nas sebes.

Na visita seguinte, ele tinha voltado para casa, mas estava sombrio e mantinha-se afastado; já não procurava bater em ninguém.

Alguns dias depois ia à feira e fazia seus negócios, como de hábito. Assim, oito dias haviam bastado para trazê-lo ao estado normal, e sem nenhum tratamento físico.

É mais que provável que se o tivessem encerrado com os loucos ele teria perdido a razão completamente.

Os casos de obsessão são tão frequentes que não é exagero dizer que nos hospícios de alienados mais da metade apenas têm a aparência de loucura e que, por isto mesmo, a medicação vulgar não faz efeito.

O Espiritismo nos mostra na obsessão uma das causas perturbadoras da saúde física, e, ao mesmo tempo, nos dá o meio de remediá-la; é um de seus benefícios. Mas, como foi reconhecida essa causa, senão pelas evocações? Assim, as evocações servem para alguma coisa, digam o que disserem os seus detratores.

É evidente que os que não admitem nem a alma individual nem a sua sobrevivência, ou que, admitindo-a, não se dão conta do estado do Espírito após a morte, devem olhar a intervenção de seres invisíveis em tais circunstâncias como uma quimera; mas o fato brutal dos males e das curas aí está.

Não poderiam ser levadas à conta da imaginação as curas operadas à distância, em pessoas que jamais foram vistas, sem o emprego de qualquer agente material. A doença não pode ser atribuída ao Espiritismo, porque ela atinge também os que nele não acreditam, bem como crianças que dele não têm qualquer ideia. Entretanto, aqui nada há de maravilhoso, mas efeitos naturais que existiram em todos os tempos, que então não eram compreendidos, e que se explicam do modo mais simples, agora que se conhecem as leis em virtude das quais se produzem.

Não se veem, entre os vivos, seres maus atormentando outros mais fracos, até deixá-los doentes e mesmo até matá-los, e isto sem outro motivo senão o desejo de fazer o mal?

Há dois meios de levar paz à vítima: subtraí-la à autoridade de sua brutalidade, ou neles desenvolver o sentimento do bem. O conhecimento que agora temos do mundo invisível no-lo mostra povoado dos mesmos seres que viveram na Terra, uns bons, outros maus. Entre estes últimos, uns há que se comprazem ainda no mal, em consequência de sua inferioridade moral e ainda não se despojaram de seus instintos perversos; eles estão em nosso meio, como quando vivos, com a única diferença que em vez de terem um corpo material visível, eles têm um corpo fluídico invisível; mas não deixam de ser os mesmos homens, com o senso moral pouco desenvolvido, buscando sempre ocasiões de fazer o mal, encarniçando-se sobre os que lhes são presa e que conseguem submeter à sua influência. Obsessores encarnados que eram, são obsessores desencarnados, tanto mais perigosos quanto agem sem ser vistos. Afastá-los pela força não é fácil, visto que não se pode apreender-lhes o corpo. O único meio de dominá-los é o ascendente moral, com cuja ajuda, pelo raciocínio e sábios conselhos, chega-se a torná-los melhores, ao que são mais acessíveis no estado de Espírito do que no estado corporal. A partir do instante em que são convencidos a voluntariamente deixar de atormentar, o mal desaparece, quando causado pela obsessão. Ora, compreende-se que não são as duchas nem os remédios administrados ao doente que podem agir sobre o Espírito obsessor. Eis todo o segredo dessas curas, para as quais não há palavras sacramentais nem fórmulas cabalísticas: conversamos com o Espírito desencarnado, moralizamo-lo, educamo-lo, como teríamos feito enquanto ele era vivo. A habilidade consiste em saber tomá-lo pelo seu caráter, em dirigir com tato as instruções que lhe são dadas, como o faria um instrutor experimentado. Toda a questão se reduz a isto: Há ou não Espíritos obsessores? A isto respondemos o que dissemos acima: Os fatos materiais aí estão.

Por vezes perguntam por que Deus permite que os maus Espíritos atormentem os vivos. Poderíamos igualmente perguntar por que ele permite que os vivos se atormentem entre si. Perdemos muito de vista a analogia, as relações e a conexão que existem entre o mundo corporal e o mundo espiritual, que se compõem dos mesmos seres em dois estados diferentes. Aí está a chave de todos esses fenômenos considerados sobrenaturais.

Não nos devemos admirar mais das obsessões do que das doenças e outros males que afligem a Humanidade. Eles fazem parte das provas e das misérias devidas à inferioridade do meio onde nossas imperfeições nos condenam a viver, até que estejamos suficientemente melhorados para merecer dele sair. Os homens sofrem aqui as consequências de suas imperfeições, porque se fossem mais perfeitos, aqui não estariam.

O NAUFRÁGIO DO *BORYSTHÈNE*

Sem dúvida a maioria dos nossos leitores leu nos jornais o comovente relato do naufrágio do *Borysthène*, na costa da Argélia, a l5 de dezembro de 1865. Extraímos a passagem seguinte do relato de um passageiro salvo do desastre, publicado no *Siècle* de 26 de janeiro:

"...No mesmo instante, um estalo terrível, indefinível, se fez ouvir, acompanhado de abalos tão violentos que eu caí por terra.

Depois ouvi um marinheiro gritar: 'Meu Deus! Estamos perdidos! Orai por nós!' Acabávamos de bater num rochedo e o navio abriu-se; a água entrava no porão, aos borbotões. Os soldados que estavam deitados na ponte tentavam safar-se de qualquer jeito, soltando gritos horríveis; os passageiros, seminus, atiravam-se para fora das cabines; as pobres mulheres se agarravam a todo mundo, suplicando que as salvassem. Rogavam a Deus aos gritos; despediam-se. Um negociante engatilhou a pistola e queria estourar o cérebro; arrancaram-lhe a arma.

"Os abalos continuaram; o sino de bordo tocava o alarme, mas o vento rugia tão furioso que o sino não era ouvido a cinquenta metros. Eram gritos, urros, preces; era não sei que de horroroso, de lúgubre, de espantoso. Jamais li, jamais vi cena tão horrível, tão pungente. Estar ali, cheio de vida e de saúde, em face de uma morte que se julga certa, é uma situação horrível!

"Naquele momento supremo e indescritível, o vigário, Sr. Moisset, a todos deu a sua bênção. A voz cheia de lágrimas desse pobre padre, recomendando a Deus duzentos e cinquenta infelizes que o mar ia tragar, revolvia todas as entranhas."

Não há um grande ensinamento nessa espontaneidade da prece, em face de um perigo iminente? No meio dessa multidão apertada no navio, certamente havia incrédulos, que antes nem pensavam em Deus nem em sua alma, e eis que, em presença de uma morte que julgam certa, volvem o olhar para o Ser Supremo, como para a única tábua de salvação. É que no momento em que se ouve soar a última hora, involuntariamente o mais endurecido coração se pergunta o que vai ser dele. O doente, em seu leito, espera até o último momento, por isso desafia todo poder sobre-humano; e quando a morte o fere, na maioria das vezes já perdeu a consciência de si mesmo. Num campo de batalha há uma superexcitação que faz esquecer o perigo; e depois, nem todos são atingidos e todos têm alguma chance de escapar. Mas no meio do oceano, quando o seu navio está sendo tragado, nada mais se espera além do socorro dessa Providência que se havia esquecido, e à qual o ateu está pronto para pedir um milagre. Mas ah! Passado o perigo, quantos não dão graças ao acaso e à sua boa sorte, ingratidão pela qual mais cedo ou mais tarde pagarão caro. (*O Evangelho segundo o Espiritismo*, Cap.XXVII, item 8).

Em semelhante circunstância, qual o pensamento do espírita sincero? "Eu sei, diz ele, que me devo esforçar por conservar a vida corporal; farei, portanto, tudo quanto estiver ao meu alcance para escapar do perigo porque, se me abandonasse voluntariamente, seria um suicídio; mas se a Deus apraz ma retirar, que importa que seja de um modo ou de outro, um pouco mais cedo ou um pouco mais tarde? A morte não me traz qualquer apreensão, porque sei que apenas o corpo morre e que é a entrada na verdadeira vida, a do Espírito livre, onde encontrarei todos os que me são caros." Ele entrevê, pelo pensamento, o mundo espiritual, objetivo de suas aspirações, das quais só alguns instantes ainda o separam, e do qual a morte do corpo, que o retinha na Terra, vai enfim lhe dar acesso; alegra-se, em vez de afligir-se, como o prisioneiro que vê se abrirem as portas da sua prisão. Só uma coisa o entristece: deixar aqueles que ele ama. Mas consola-o a certeza de que não os abandonará; que estará mais vezes e mais facilmente junto deles do que em vida; que poderá vê-los e protegê-los. Se, ao contrário, escapou do perigo, dirá: "Já que Deus ainda me deixa viver na Terra, é que minha tarefa e minhas provas ainda não acabaram. O perigo que corri é um aviso que Deus me dá, para manter-me pronto para partir no primeiro momento e proceder de maneira que isso aconteça nas melhores condições possíveis." Depois lhe agradecerá o *sursis* concedido, e esforçar-se-á para dele tirar proveito para o seu progresso.

Um dos mais curiosos episódios desse drama é o fato daquele passageiro que queria estourar os miolos, dando-se morte certa, ao passo que, correndo o risco do naufrágio, podia surgir um socorro inesperado. Que móvel podia levá-lo àquele ato insensato? Muitos dirão que tinha perdido a cabeça, o que é possível; mas talvez se tivesse emocionado, malgrado seu, por uma intuição da qual não se dava conta. Embora não tenhamos nenhuma prova material da verdadeira explicação que é dada a seguir, o conhecimento das relações que subsistem entre as diversas existências, pelo menos lhe dá um alto grau de probabilidade.

As duas comunicações seguintes foram dadas na sessão da Sociedade de Paris de 12 de janeiro.

A prece é o veículo dos mais poderosos fluidos espirituais, que são como um bálsamo salutar para as feridas da alma e do corpo. Ela atrai todos os seres para Deus, e de certo modo faz a alma sair da espécie de letargia em que se acha mergulhada quando esquece os deveres para com o seu Criador. Dita com fé, provoca nos que a ouvem o desejo de imitar aqueles que oram, porque o exemplo e a palavra também levam fluidos magnéticos de grande força. As que foram ditas no navio naufragado, pelo padre, com o acento da convicção mais tocante e da mais santa resignação, tocaram o coração de todos aqueles infelizes que julgavam chegada sua última hora.

Quanto àquele homem que queria suicidar-se em face de uma morte certa, a ideia lhe veio de uma instintiva repulsa pela água, porque seria a terceira vez que ele morreria dessa maneira, e ele passou por alguns momentos de angústias terríveis. Naquele momento, ele teve a intuição de todas as suas misérias passadas, que se ergueram vagamente em seu espírito, por isso ele queria acabar diferentemente. Duas vezes afogou-se voluntariamente, e tinha arrastado consigo toda a família. A impressão confusa que lhe tinha ficado dos sofrimentos suportados lhe davam a apreensão desse gênero de morte.

Orai por aqueles infelizes, meus bons amigos. A prece de várias pessoas forma um feixe que sustenta e fortalece a alma pela qual é feita. Ela lhe dá força e resignação.

SÃO BENTO
(Médium: Sra. Dellane)

II

Não é raro ver pessoas que há muito tempo não pensavam em orar, fazê-lo quando ameaçadas de um perigo iminente e terrível. De onde vem essa instintiva propensão a aproximar-se de Deus nos momentos críticos? Do mesmo impulso que leva a nos aproximarmos de alguém que sabemos poder defender-nos quando estamos num grande perigo. Então as suaves crenças dos primeiros anos, as sábias instruções, os piedosos conselhos dos pais, vêm como um sonho à memória desses homens trêmulos que pouco antes imaginavam Deus muito longe deles, ou negavam a utilidade de sua existência. Esses espíritos fortes, tornados pusilânimes, sentem tanto mais as angústias da morte quanto maior o tempo em que em nada acreditavam. Pensavam não ter necessidade de Deus e que podiam bastar-se. Para lhes fazer sentir a *utilidade* de sua existência, Deus permitiu fossem expostos a um fim terrível, sem esperança de ajuda por nenhum socorro humano. Então, eles se lembram de que outrora rezaram e que a prece dissipa a tristeza, faz suportar os sofrimentos com coragem e suaviza os últimos momentos do agonizante.

Tudo isto aparece a esse homem em perigo; tudo isto o incita a orar de novo àquele a quem orou na infância. Então ele se submete e ora a Deus do mais íntimo do coração, com uma fé viva que toca as raias do desespero, para que lhe perdoe os erros passados. Nessa hora suprema, não mais pensa em todas as vãs dissertações sobre a existência de Deus, pois não mais duvida. Nesse momento, ele crê, e aí está uma prova que a prece é uma necessidade da alma; que se ela não tivesse resultado, a aliviaria menos e deveria, por isto mesmo, ser repetida mais vezes; mas felizmente ela tem uma ação mais positiva e é reconhecido, como vos foi demonstrado, que a prece tem para todos uma imensa utilidade, para aqueles que a fazem, como para aqueles para os quais ela se aplica.

O que eu disse só é verdadeiro para o maior número, porque, ah! há alguns que nem mesmo recuperam a fé na hora derradeira; que, com o vazio na alma, pensam que vão abismar-se no nada e, por uma espécie de frenesi, eles próprios querem precipitar-se no nada. Esses são os mais infelizes, e vós, que sabeis toda a utilidade e todos os efeitos da prece, orai sobretudo por eles.

ANDRÉ
(Médium: Sr. Charles B.)

ANTROPOFAGIA

Lê-se no *Siècle* de 26 de dezembro de 1865:

O almirantado inglês acaba de dirigir às cidades marítimas que fazem armamentos para a Oceania uma circular, na qual anuncia que, desde algum tempo, nota-se entre os habitantes das ilhas do Grande Oceano um redobramento da antropofagia. Nessa circular, aconselha os capitães de navios mercantes a tomar todas as precauções necessárias para evitar que sua equipagem seja vítima desse horroroso costume.

"Há cerca de um ano as equipagens de quatro navios foram devoradas pelos antropófagos das Novas Hébridas da baía de Jervis ou da Nova Caledônia, e todas as medidas devem ser tomadas para evitar a repetição de tão cruéis desgraças."

Eis como o jornal *le Monde* explica essa recrudescência da antropofagia:

"Tivemos o cólera, a epizootia, a catapora; os legumes e os animais estão doentes. Eis uma epidemia mais dolorosa ainda, que o almirantado inglês nos dá a conhecer: os selvagens da Oceania, ao que se diz, redobram na antropofagia. Vários casos horríveis chegaram ao conhecimento dos lordes do almirantado. As equipagens de vários navios ingleses desapareceram. Ninguém duvida que nossas autoridades marítimas também tomem medidas, porque dois navios franceses foram atacados, as equipagens tomadas e devoradas pelos selvagens. O espírito se detém ante esses horrores, dos quais não puderam triunfar todos os esforços de nossa civilização. Quem sabe de onde vêm essas criminosas inspirações?

"Que palavra de ordem foi dada a todos esses pagãos, disseminados em centenas e milhares de ilhas nas imensidades dos mares do Sul? Sua paixão monstruosa, apaziguada por um momento, reaparece a ponto de chamar a repressão e inquietar as forças da Terra. É um desses problemas cuja solução só o dogma católico pode dar. O espírito das trevas em certos momentos age com toda a liberdade. Antes dos acontecimentos graves, agita-se, impele suas criaturas, sustenta-as e as inspira. Grandes acontecimentos se preparam. A revolução julga chegada a hora de proceder ao coroamento do edifício; recolhe-se para a luta suprema; investe contra a chave da abóbada da sociedade cristã. A hora é grave e parece que a Natureza inteira pressente e prevê a sua gravidade."

Admiramos de não ver, entre as causas do redobramento da ferocidade nos selvagens, figurar o Espiritismo, este bode expiatório de todos os males da Humanidade, como foi outrora o Cristianismo em Roma. Talvez aí esteja implicitamente compreendido, como sendo, segundo uns, obra do Espírito das trevas. "Só o dogma católico, diz *le Monde*, pode dar a explicação desse problema." Não vemos que a explicação seja muito clara, nem o que o espírito revolucionário da Europa tem de comum com esses bárbaros. Até achamos nesse dogma uma complicação da dificuldade.

Os antropófagos são homens: ninguém jamais o pôs em dúvida. Ora, o dogma católico não admite a preexistência da alma, mas a criação de uma alma nova ao nascimento de cada corpo. Daí resulta que Deus cria lá almas de comedores de homens e aqui almas capazes de se tornarem santos. Por que essa diferença? É um problema cuja solução a Igreja jamais deu, entretanto, é uma pedra angular essencial. Conforme sua doutrina, a recrudescência da antropofagia não se pode explicar senão assim: É que neste momento a Deus apraz criar um maior número de almas antropófagas. A solução é pouco satisfatória e sobretudo pouco consequente com a bondade de Deus.

A dificuldade aumenta se considerarmos o futuro dessas almas. Em que se tornam após a morte? São tratadas do mesmo modo que as que têm consciência do bem e do mal? Isto não seria nem justo nem racional. Com o seu dogma, a Igreja, em vez de explicar, fica num impasse, do qual não pode sair senão apelando para o mistério, que não se pode tentar compreender, espécie de *non possumus* que corta cerce as questões embaraçosas.

Ora! Para esse problema que a Igreja não pode resolver, o Espiritismo encontra a mais simples solução e mais racional, na lei da pluralidade das existências, a que todos os seres estão submetidos, e em virtude da qual progridem. Assim, as almas dos antropófagos ainda estão próximas de sua origem. Suas faculdades intelectuais e morais ainda são obtusas e pouco desenvolvidas e nelas, por isso mesmo, dominam os instintos animais.

Mas essas almas não estão destinadas a ficar perpetuamente nesse estado inferior, que as privaria para sempre da felicidade das almas mais adiantadas. Elas crescem em raciocínio, esclarecem-se, depuram-se, melhoram-se, instruem-se em existências sucessivas. Revivem nas raças selvagens, enquanto não ultrapassarem os limites da selvageria. Chegadas a um certo grau, deixam esse meio para encarnar-se numa raça um pouco mais adiantada; dessa a uma outra, e assim sucessivamente, sobem em grau, em razão dos méritos que adquirem e das imperfeições de que se despojam, até atingirem o grau de perfeição de que é susceptível a criatura. A via do progresso a nenhuma está fechada, de tal sorte que a mais atrasada das almas pode pretender a suprema felicidade. Mas umas, em virtude do seu livre-arbítrio, que é o apanágio da Humanidade, trabalham com ardor por sua depuração e sua instrução, em se despojar dos instintos materiais e dos cueiros da origem, porque, a cada passo que dão para a perfeição, veem mais claro, compreendem melhor e são mais felizes. Essas avançam mais prontamente, gozam mais cedo: eis a sua recompensa. Outras, sempre em virtude de seu livre-arbítrio, demoram-se no caminho, como estudantes preguiçosos e de má vontade, ou como operários negligentes, chegam mais tarde, sofrem mais tempo: eis a punição ou, se quiserdes, o seu inferno. Assim se confirma, pela pluralidade das existências progressivas, a admirável lei de equidade e de justiça que caracteriza todas as obras da criação. Comparai esta doutrina com a da Igreja, sobre o passado e o futuro das almas e vede qual a mais racional, mais conforme à justiça divina e que melhor explica as desigualdades sociais.

Seguramente a antropofagia é um dos mais baixos degraus da escala humana na Terra, porque o selvagem que não mais come o seu semelhante já está em progresso. Mas de onde vem a recrudescência desse instinto bestial? Nota-se, de saída, que ela é apenas local e que, em suma, o canibalismo desapareceu em grande parte da Terra. É inexplicável sem o conhecimento do mundo invisível e de suas relações com o mundo visível. Pelas mortes e nascimentos, alimentam-se um do outro, se derramam um no outro. Ora, os homens imperfeitos não podem fornecer ao mundo invisível almas perfeitas e as almas perversas, encarnando-se, não podem fazer senão homens maus. Quando as catástrofes, os flagelos, atingem ao mesmo tempo um grande número de homens, há uma chegada em massa de almas no mundo dos Espíritos. Devendo essas almas reviver, em virtude da lei da Natureza, e para o seu adiantamento, as circunstâncias podem igualmente reconduzi-las em massa para a Terra.

O fenômeno de que se trata depende, pois, simplesmente, da encarnação acidental, nos meios ínfimos, de um maior número de almas atrasadas, e não da malícia de Satã, nem da palavra de ordem dada ao povo da Oceania. Ajudando no desenvolvimento do senso moral dessas almas durante a sua vida na Terra, o que é a missão dos homens civilizados, elas melhoram. E quando retomarem uma existência corpórea para continuar a progredir, elas farão homens menos maus do que foram, mais esclarecidos, de instintos menos ferozes, porque o progresso realizado não se perde nunca. É assim que gradualmente se realiza o progresso da Humanidade.

O jornal *le Monde* está certo, dizendo que grandes acontecimentos se preparam. Sim, uma transformação se elabora na Humanidade. Já se fazem sentir os primeiros abalos do parto; o mundo corporal e o mundo espiritual se agitam, porque é a luta entre o que acaba e o que começa. Em proveito de quem será essa transformação? Sendo o progresso a lei providencial da Humanidade, não se pode dar senão em proveito do progresso. Mas os grandes partos são laboriosos; não é sem abalos e sem grandes destruições no solo que se extirpam dos terrenos a limpar as ervas daninhas, que têm longas e profundas raízes.

A ESPINETA DE HENRIQUE III

O fato seguinte é a continuação da interessante história da *Música e letra do rei Henrique III*, relatada na *Revista* de julho de 1865. Desde então, o Sr. Bach tornou-se médium escrevente, mas ele pratica pouco, devido à fadiga resultante. Só o faz quando incitado por uma força invisível, que se traduz por uma viva agitação e um tremor da mão, porque, então, a resistência é mais penosa que o exercício. Ele é mecânico, no mais absoluto sentido do vocábulo, e não tem consciência nem lembrança do que escreve.

Um dia em que se achava nessa disposição, escreveu esta quadra:

Le roy Henry donne cette grande espinette
A Baldazzarini, très-bon musicien.
Si elle n'est bonne ou pas assez coquette
Pour souvenir, du moins, qu'il la conserve bien.

O rei Henrique dá esta grande espineta
A Baldazzarini, muito bom músico.
Se não for boa ou bastante elegante
Como lembrança, que ao menos a conserve.

A explicação destes versos, que para o Sr. Bach não tinham sentido, lhe foi dada em prosa.

"O rei Henrique, meu senhor, que me deu a espineta que possuís, tinha escrito uma quadra num pedaço de pergaminho que tinha mandado pregar no estojo e mandou-ma uma manhã. Alguns anos mais tarde, tendo que fazer uma viagem, e como eu levava minha espineta para fazer música, temendo que o pergaminho fosse arrancado e se perdesse, tirei-o, e para não perdê-lo, coloquei num pequeno nicho, à esquerda do teclado, onde ainda se encontra."

A espineta é a origem dos pianos atuais, na sua maior simplicidade. Era tocada da mesma maneira. Era um pequeno cravo de quatro oitavas, de cerca de um metro e meio de comprimento por quarenta centímetros de largura, e sem pés. As cordas, no interior, eram dispostas como nos pianos, e tocadas por meio de teclas. Era transportada à vontade, num estojo, como os contrabaixos e os violoncelos. Para utilizá-la, era colocada sobre uma mesa ou sobre um cavalete.

O instrumento estava então em exposição no museu retrospectivo, nos Champs-Élysées, onde não era possível fazer a busca indicada. Quando ela lhe foi feita, o Sr. Bach, juntamente com o filho, apressou-se em examinar todos os cantos, mas inutilmente, de sorte que a princípio pensou tratar-se de uma mistificação. Não obstante, para nada ter a censurar-se, desmontou-a completamente e descobriu, à esquerda do teclado, entre duas tabuinhas, uma fresta tão estreita que não cabia a mão. Examinou esse recanto, cheio de poeira e de teias de aranha, e daí retirou um pedaço de pergaminho dobrado, enegrecido pelo tempo, com trinta e um centímetros por sete e meio, sobre o qual estava escrita a quadra seguinte, em caracteres da época, bastante grandes:

Moy le Roy Henry trois octroys cette espinette
A Baltasarini, mon gay musicien,
Mais sis dit mal soñe, ou bien ma moult simplette
Lors pour mon souvenir dans lestuy garde bien.

HENRY.

Eu, o Rei Henrique III, dou esta espineta
A Baltazzarini, meu alegre músico,
Se soa mal ou bem, mas muito simplesmente
Como lembrança minha guarde-a no estojo.

HENRIQUE

Esse pergaminho tem furos nos quatro cantos, que são, evidentemente os dos pregos que o fixaram na caixa. Além disto, tem nas bordas uma porção de furos alinhados e regularmente espaçados, que parecem ter sido feitos por preguinhos. Foi exposto na sala de sessões da Sociedade, e todos tivemos o prazer de examiná-lo, bem como a espineta, na qual o Sr. Bach tocou e cantou a ária a que nos referimos, e que lhe foi revelada em sonho.

Os primeiros versos ditados, como se vê, reproduziam o mesmo pensamento que os do pergaminho, dos quais são a tradução em linguagem moderna, e isto antes que estes últimos fossem descobertos.

O terceiro verso é obscuro e contém, sobretudo, o vocábulo ma, que parece não ter qualquer sentido e não se ligar à ideia principal e que, no original, está enquadrado num filete. Inutilmente procuramos a sua explicação, e o Sr. Bach também não o sabia. Estando um dia em casa dele, espontaneamente e em minha presença, teve ele uma comunicação de Baldazarini, dada em nossa intenção, nestes termos.

"*Amico mio*,

"Estou contente contigo; escreveste esses versos na minha espineta; minha promessa está cumprida e agora estou tranquilo. (Alusão a outros versos ditados ao Sr. Bach e que Baldazarini lhe tinha dito que escrevesse no instrumento). Quero dizer uma palavra ao sábio presidente que te vem visitar.

O toi Allan Kardec, dont les travaux utiles
Instruisent chaque jour des spirites nouveaux,
Tu ne nous fais jamais des questions futiles;
Aussi les bons Esprits éclairent tes travraux.
Mais il te faut lutter contre les ignorants
Qui, sur notre terre, se croyeyen des savants.
Ne te rebute pas; la fâche est dificile;
Pour tout propagateur fût-ce jamais facile?

O tu, Allan Kardec, cujos trabalhos úteis
Instruem cada dia novos espíritas,
Jamais nos diriges perguntas fúteis;
Assim, os bons Espíritos iluminem teus trabalhos.
Mas é preciso lutar contra os ignorantes
Que, na Terra, se acreditam sábios.
Não desanimes; a tarefa é difícil;
E algum dia foi fácil para os propagadores?

"O rei troçava de minha pronúncia em seus versos; eu sempre dizia *ma* em vez de *mas*. *Addio, amico.*"

BALDAZZARINI

Assim foi dada, sem pergunta prévia, a explicação da palavra *ma*. É o vocábulo italiano que significa *mas*, intercalado por brincadeira, e pelo qual o rei designava Baldazzarini que, como muitos de sua nação, o pronunciavam muitas vezes. Assim, o rei, dando aquela espineta ao seu músico, lhe diz: "Se ela não é boa, se *soa mal* ou si *ma* (Baltazzarini) a julga muito simples, de bem pouco valor, que ele a guarde em seu estojo, como lembrança minha."

A palavra *ma* está enquadrada num filete, como uma palavra entre parênteses. Certamente por muito tempo teríamos procurado esta explicação, que não podia ser reflexo do pensamento do Sr. Bach, porque ele próprio não a compreendia. Mas o Espírito percebeu que precisávamos dessa explicação para completar o nosso relato, e aproveitou a ocasião para no-la dar, sem que nos tivesse ocorrido solicitar-lha, porque, quando o Sr. Bach se pôs a escrever, nós ignorávamos, bem como ele, qual era o Espírito que se comunicava.

Restava uma importante questão a resolver, a de saber se a escrita do pergaminho era realmente de próprio punho de Henrique III. O Sr. Bach foi à Biblioteca Imperial, para compará-la com a dos manuscritos originais. Encontraram, a princípio, alguns que não tinham perfeita similitude, mas apenas um mesmo tipo de letra. Com outras peças, a identidade era absoluta, tanto para o corpo da escrita quanto para a assinatura. Essa diferença provinha de que a caligrafia do rei era variável, circunstância que logo mais será explicada.

Não poderia haver dúvida quanto à autenticidade dessa peça, embora certas pessoas, que professam uma incredulidade radical em relação às coisas ditas sobrenaturais, tenham pretendido que não passava de uma imitação muito exata. Ora, observaremos que aqui não se trata de uma escrita mediúnica dada pelo Espírito do rei, mas de um manuscrito original escrito pelo próprio rei, em vida, e que nada tem de mais maravilhoso do que aqueles que circunstâncias fortuitas permitem descobrir diariamente. O maravilhoso, se maravilhoso existe, não está senão na maneira pela qual sua existência foi revelada. É bem certo que se o Sr. Bach se tivesse contentado em dizer que o tinha encontrado *por acaso* em seu instrumento, não teriam levantado qualquer objeção.

Estes fatos tinham sido relatados na sessão da Sociedade de 19 de janeiro de 1866, à qual estava presente o Sr. Bach. O Sr. Morin, membro da Sociedade, médium sonâmbulo muito lúcido, e que, em seu sono magnético, vê perfeitamente os Espíritos e com eles se entretém, assistia a essa sessão em estado de sonambulismo. Durante a primeira parte da sessão, consagrada a leituras diversas, à correspondência e ao relato de fatos, o Sr. Morin, com quem não se ocupavam, parecia em conversa mental com seres invisíveis. Ele lhes sorria e trocava apertos de mão em eles. Quando chegou sua vez de falar, pediram-lhe que designasse os Espíritos que ele via e que lhes pedisse para nos transmitirem, por seu intermédio, o que nos quisessem dizer para nossa instrução. Não lhe foi dirigida uma única pergunta direta. Só mencionamos sumariamente alguns dos fatos passados, para dar uma ideia do desenvolvimento da sessão e para chegar ao assunto principal de que nos ocupávamos.

Nomeá-los todos, disse ele, seria impossível, pois o número é muito grande; aliás, há muitos que não conheceis, e que vêm para se instruir. A maioria deles queria falar, mas cedem o lugar aos que no momento têm coisas mais importantes a dizer.

Para começar, está ao nosso lado o nosso colega Sr. Didier, o último que partiu para o mundo dos Espíritos, que não falta a nenhuma das nossas sessões e que vejo exatamente como em vida, com a mesma fisionomia; dir-se-ia que está aí com o seu corpo material; apenas ele não tosse mais. Ele me transmite as suas impressões, sua opinião sobre as coisas atuais, e me encarrega de vos transmitir as suas palavras.

Vem a seguir um homem moço que se suicidou recentemente em circunstâncias especiais e cuja situação descreve, o qual apresenta uma fase, de certo modo nova, do estado de certos suicidas após a morte, em razão das causas determinantes do suicídio e da natureza de seus pensamentos.

Depois vem o Sr. B..., espírita fervoroso falecido há alguns dias, em consequência de uma operação cirúrgica, e que tinha bebido em sua crença e na prece a força para suportar corajosamente e com resignação seus longos sofrimentos. "Que reconhecimento", diz ele, "devo eu ao Espiritismo! Sem ele eu certamente teria posto fim às minhas torturas e seria como esse jovem infeliz que acabais de ver. A ideia do suicídio me veio mais de uma vez, mas sempre a repeli. Sem isso, como teria sido triste a minha sorte! Hoje sou feliz, oh! muito feliz, e agradeço aos nossos irmãos, que me assistiram com suas preces cheias de caridade. Ah! Se soubessem que suaves e salutares eflúvios a prece de coração derrama sobre os sofrimentos!"

"Mas, então, para onde me conduzem?" continua o sonâmbulo; "A um abrigo miserável! Lá está um homem ainda moço, que morre de dor no peito... a miséria é completa: nada para se aquecer, nada para comer! Sua mulher, esgotada pela fadiga e pelas privações, não pode mais trabalhar... Ah! Último e triste recurso!... Ela não tem mais cabelos... ela os cortou e vendeu por alguns cêntimos!... Quantos dias isto lhes permitirá viver?... É horroroso!"

Solicitado a indicar o domicílio dessa pobre gente, ele disse: "Esperai!" Depois parece escutar o que lhe dizem; toma um lápis e escreve um nome, com indicação da rua e número. Feita a verificação na manhã seguinte, tudo foi achado perfeitamente exato.

Refeito da emoção e voltando o seu Espírito ao local da sessão, ele falou ainda de várias outras pessoas e de diversas coisas que foram para os nossos guias espirituais assunto de instrução de alto significado, e que teremos ocasião de relatar em outra oportunidade.

De repente ele exclamou: "Mas há aqui Espíritos de todas as sortes! Uns foram príncipes, reis! Aqui está um que avança; tem o rosto longo e pálido, uma barbicha pontiaguda, uma espécie do gorro encimado por uma faísca. Ele me pede que vos diga:

"O pergaminho de que falastes e que tendes aos vossos olhos foi mesmo escrito por minha mão e, a respeito, eu vos devo uma explicação.

"Em meu tempo não se escrevia com tanta facilidade quanto hoje, sobretudo os homens de minha posição. Os materiais eram menos cômodos e menos aperfeiçoados; a escrita era mais lenta, mais grossa, mais pesada; assim, refletia melhor as impressões da alma. Como sabeis, eu não era de humor estável, e conforme estivesse com boa ou má disposição, minha escrita mudava de caráter. É o que explica a diferença que se nota nos meus manuscritos que restam. Quando escrevi esse pergaminho para o meu músico, enviando-lhe a espineta, estava num dos meus momentos de satisfação. Se procurardes em meus manuscritos aqueles cuja letra se assemelha à deste, reconhecereis, pelos assuntos tratados, que eu devia estar num desses bons momentos, e aí tereis outra prova de identidade."

Por ocasião da descoberta desse escrito, do qual o *Grand Journal* falou no número de 14 de janeiro, o mesmo jornal contém, no número de 21 de janeiro, o artigo seguinte:

"Aprofundemos a questão da correspondência, mencionando a carta da senhora condessa de Martino, relativa à espineta do Sr. Bach. A senhora condessa de Martino está persuadida que o correspondente sobrenatural do Sr. Bach é um impostor, visto que deveria assinar *Baldazzarini* e não *Baltazzarini*, que é italiano de cozinha."

De começo faremos notar que essa chicana a propósito de ortografia de um nome próprio é sofrivelmente pueril, e que o epíteto de *impostor*, na ausência do correspondente invisível no qual a senhora condessa não acredita, cai sobre um homem honrado, o que não é de muito bom gosto. Em segundo lugar, Baldazzarini, simples músico, espécie de trovador, bem podia não dominar a língua italiana na sua pureza, numa época em que não se gabavam de instrução. Contestariam a identidade de um francês que escrevesse em francês de cozinha, e não se vê gente que não é capaz de escrever corretamente o próprio nome? Por sua origem, Baldazzarini não deveria estar muito acima da cozinha. Mas essa crítica cai diante de um fato: é que os franceses, pouco familiarizados com as nuanças da ortografia italiana, ouvindo pronunciar esse nome, naturalmente o escrevem à francesa. O próprio rei Henrique III, na quadra encontrada e citada acima, o escreve simplesmente *Baltasarini*, embora ele não fosse cozinheiro. Assim foi com os que mandaram ao *Grand Journal* o relato do fato. Quanto ao músico, nas diversas comunicações que ditou ao Sr. Bach, e das quais temos em mãos vários originais, assinou Baldazzarini e às vezes *Baldazzarrini*, como se pode verificar. A falta não é dele, mas daqueles que por ignorância afrancesaram o nome, nós em primeiro lugar.

É verdadeiramente curioso ver as puerilidades a que se apegam os adversários do Espiritismo, prova evidente da penúria de boas razões.

OS RATOS DE ÉQUIHEN

Um dos nossos assinantes de Boulogne-sur-Mer manda-nos o seguinte, em data de 24 de dezembro de 1865:

"Há alguns dias soube que em Équihen, aldeia de pescadores perto de Boulogne, em casa de um tal L..., fazendeiro muito rico, passavam-se coisas com o caráter de manifestações físicas espontâneas, e que lembram as de Grandes-Ventes, perto de Dieppe, de Poitiers, de Marselha etc. Todos os dias, pelas sete horas da noite, se ouvem pancadas e muito barulho de objetos rolando no soalho. Um armário fechado à chave se abre de repente e as roupas que ele contém são lançadas no meio do quarto; as camas, sobretudo a da filha da casa, são bruscamente desfeitas por várias vezes.

"Embora a população estivesse longe de se ocupar de Espiritismo, e mesmo de saber o que é isto, pensaram que o autor dessa desordem, cuja causa todas as pesquisas e vigilância muito minuciosa não tinham podido descobrir, bem poderia ser um irmão do tal L..., antigo militar, falecido há dois anos na Argélia. Parece que ele tinha recebido dos parentes a promessa que, se morresse em serviço, mandariam trazer o corpo para Équihen. Essa promessa não foi cumprida, por isso supunham que era o Espírito desse irmão que vinha diariamente, há seis semanas, comover a casa e, em consequência, toda a aldeia.

"O clero abalou-se com os fenômenos. Quatro curas da localidade e dos arredores, depois cinco redentoristas e três ou quatro religiosas vieram e exorcizaram o Espírito, mas inutilmente. Vendo que não conseguiam fazer cessar o barulho, aconselharam o tal L... a partir para a Argélia à procura do corpo de seu irmão, o que ele fez sem delongas. Antes da partida, esses senhores fizeram com que toda a família se confessasse e comungasse; depois disseram que havia necessidade de rezar missas, sobretudo uma missa cantada, depois missas rezadas diariamente. Houve a primeira e os redentoristas foram encarregados das outras. Recomendaram às senhoras L..., expressamente, que abafassem os ruídos e dissessem a quem viesse indagar se a coisa continuava, que todo o barulho era produzido *pelos ratos*. E acrescentavam que elas deveriam abster-se de divulgar esses rumores, pois isso seria uma grave ofensa a Deus, porque existe uma seita que procura destruir a religião; que se ela soubesse o que se passa, não deixaria de prevalecer-se, a fim de prejudicá-la, pelo que a família seria responsável perante Deus; que era uma infelicidade que a coisa já se tivesse espalhado.

A partir desse momento, as portas foram trancadas com barricadas, a entrada do pátio cuidadosamente fechada a chave e a entrada interdita a todos aqueles que vinham todas as noites ouvir o barulho.

Mas, se puseram chave em todas as portas, não puderam trancar todas as línguas, e *os ratos* agiram tão bem que eram ouvidos num raio de dez léguas. Piadistas disseram ter visto os ratos roendo as roupas íntimas, mas não atirá-las para fora dos quartos, nem abrir portas fechadas a chave. É que, diziam eles, provavelmente são ratos de uma nova espécie, importados por algum navio estrangeiro. Esperamos com impaciência que os mostrem ao público."

O mesmo fato nos é relatado por dois outros correspondentes.

Disso tudo ressalta uma primeira consideração, é que esses senhores do clero, que eram numerosos e interessados em descobrir uma causa vulgar, não teriam deixado de revelá-la, caso existisse, e sobretudo não teriam prescrito a pequena mentira dos *ratos*, sob pena de incorrer no desagrado de Deus. Então reconheceram a intervenção de um poder oculto. Mas, por que o exorcismo é sempre impotente em semelhantes casos? Para isto há, de saída, uma primeira razão peremptória: é que o exorcismo se dirige aos *demônios*; ora, os Espíritos obsessores e batedores não são demônios, mas seres humanos; assim, o exorcismo não os atinge. Em segundo lugar, o exorcismo é um anátema e uma ameaça que irrita o Espírito malfeitor, e não uma instrução capaz de tocá-lo e conduzi-lo ao bem.

Na circunstância presente, aqueles senhores reconheceram que podia ser o Espírito do irmão morto em Argélia, do contrário não teriam aconselhado que fossem buscar o seu corpo, a fim de cumprir a promessa que lhe fora feita; não teriam recomendado missas, que não poderiam ser ditas em favor dos demônios. O que se torna, pois, a doutrina dos que pretendem que *somente* os demônios se manifestam e que tal poder é negado às almas dos homens? Se um Espírito humano pôde fazê-lo no caso de que se trata, por que não poderia fazê-lo em outros? Por que um Espírito bom e benevolente não se comunicaria por outros meios além da violência, para ser lembrado por aqueles que ele amou e lhes dar sábios conselhos?

É preciso ser consequente consigo mesmo. Dizei com todas as letras, de uma vez por todas, que são sempre os demônios, sem exceção: a gente acreditará no que quiser. Ou então reconhecei que os Espíritos são as almas dos homens, e que, entre eles, há Espíritos bons e maus que podem manifestar-se.

Aqui se apresenta uma questão especial, do ponto de vista espírita. Como Espíritos podem importar-se com o fato de seus corpos estarem num lugar e não em outro? Os Espíritos de uma certa elevação a isso não ligam absolutamente, mas os menos avançados não são tão desprendidos da matéria, a ponto de não ligarem importância às coisas terrestres, de que o Espiritismo oferece numerosos exemplos.

Mas aqui o Espírito pode ser solicitado por outro motivo, o de lembrar ao irmão que ele faltou à sua promessa, negligência que este não podia desculpar por falta de recursos, pois ele era rico. Talvez ele tivesse pensado com seus botões: "Bah! Meu irmão está morto, ele não virá fazer a sua reclamação, e será uma grande despesa a menos." Ou, suponhamos que o irmão, fiel à palavra, logo tivesse ido à Argélia, mas não tivesse encontrado o corpo, ou que, dada a confusão da guerra, tivesse trazido outro corpo, que não o do irmão; este último não teria ficado menos satisfeito, porque o dever moral teria sido cumprido. Os Espíritos nos dizem sem cessar: "O pensamento é tudo. A forma nada é. Não nos prendamos a ela."

NOVO E INFINITO ENTERRO DO ESPIRITISMO

Quantas vezes já disseram que o Espiritismo está morto e enterrado! Quantos escritores já se gabaram de lhe haver dado o golpe de misericórdia, uns porque tinham dito palavrões temperados com sal grosso, outros porque haviam descoberto um charlatão enfeitado com o nome de espírita, ou alguma imitação grosseira de um fenômeno! Sem falar de todos os sermões, ordenações e brochuras da mesma fonte de onde o menor julgava ter lançado o raio, o aparecimento dos espectros no teatro foi saudado por um hurrah! em toda a linha. "Temos o segredo desses espíritas – diziam os jornais à porfia, grandes e pequenos, desde Perpignan até Dunkerque – jamais eles se erguerão desta cacetada!" Os espectros passaram e o Espiritismo ficou de pé. Depois vieram os irmãos Davenport, apóstolos e sumo sacerdotes do Espiritismo que eles não conheciam, e que nenhum espírita conhecia. Aí, ainda, o Sr. Robin teve a glória de salvar a França e a Humanidade pela segunda vez, tocando muito bem os negócios de seu teatro. A imprensa teceu uma coroa a esse corajoso defensor do bom senso, a esse sábio que havia descoberto os fios do Espiritismo, como o Sr. Dr. Jobert (de Lamballe) tinha descoberto o fio do músculo que range. Entretanto, os irmãos Davenport partiram sem as honras da guerra; o músculo que range afogou-se e o Espiritismo continua passando muito bem. Evidentemente isto prova uma coisa, é que ele não consiste nem nos espectros do Sr. Robin, nem nas cordas e nos pandeiros dos Srs. Davenport, nem no músculo curto perônio[2]. É, pois, mais um golpe que falha.

Mas desta vez, eis o bom, o verdadeiro, e é impossível que o Espiritismo se reerga. São o *Événement*, o *Opinion nationale* e o *Grand Journal* que nos informam e o *afirmam*. Uma coisa muito original é que ao Espiritismo apraz reproduzir todos os fatos que lhe opõem e que, segundo seus adversários, devem matá-lo. Se ele os julgasse muito perigosos, se calaria. Eis pois, de que se trata:

"O célebre ator inglês Sothem acaba de escrever a um jornal de Glasgow uma carta que dá o último golpe no Espiritismo. Esse jornal o censurava por atacar sem quartel os irmãos Davenport e os adeptos das influências ocultas, depois que ele próprio deu sessões de Espiritismo na América, sob o nome de Sticart, que agora era o seu pseudônimo de teatro. O Sr. Sothem confessa muito bem ter frequentemente mostrado aos seus amigos que era capaz de executar todas as trapaças dos espíritas, e mesmo ter dado golpes ainda mais maravilhosos, mas nunca suas experiências foram executadas fora de um pequeno círculo de amigos e conhecidos. Jamais pediu que alguém desembolsasse um vintém, pois ele próprio cobria as despesas de suas experiências, depois das quais ele e os amigos se reuniam num alegre jantar.

"Com o concurso de um americano muito ativo, obteve os mais curiosos resultados: a aparição de fantasmas, ruído de

---

[2] Vide a *Revista Espírita* de junho de 1859: O músculo que range. O Moniteur e outros jornais anunciaram, há tempos, que o Sr. Dr. Jobert (de Lamballe) tinha sido atingido por alienação mental e atualmente se achava numa casa de saúde. Este triste acontecimento certamente não é fruto de sua crença nos Espíritos.

instrumentos, a assinatura de Shakespeare, mãos invisíveis passando pelo cabelo dos espectadores, aplicando-lhes tapas etc., etc.

"O Sr. Sothem sempre disse que todas essas mágicas eram resultado de combinações engenhosas, de habilidade e destreza sem que Espíritos do outro mundo aí tivessem participação.

"Em resumo, o célebre artista declara que desafia os Hume, os Davenport e todos os espíritas do mundo, a fazerem alguma manifestação que ele não possa superar.

"Ele jamais pretendeu fazer profissão de sua habilidade, mas apenas desconcertar os trapaceiros, que ultrajam a religião e roubam o dinheiro do público, fazendo-o crer que têm um poder sobrenatural; que mantêm relações com o outro mundo; que podem evocar as almas dos mortos. O Sr. Sothem não faz circunlóquios para dar a sua opinião. Ele diz as coisas por seus nomes; para ele um gato é um gato e os Rollets... são ladrões."

Os Srs. Davenport tinham contra si duas coisas que os nossos adversários reconheceram: as exibições teatrais e a exploração. Crendo de boa-fé – pelo menos gostamos de admiti-lo – que o Espiritismo consiste em fortes estratagemas por parte dos Espíritos, os adversários esperavam que os espíritas fossem tomar partido a favor desses senhores; ficaram um pouco desapontados quando os viram, ao contrário, desautorizar esse gênero de manifestações como prejudicial aos princípios da doutrina, e demonstrar que é ilógico admitir que os Espíritos estejam a toda hora às ordens do primeiro que surgir, querendo servir-se deles para ganhar dinheiro. Certos críticos, por sua própria iniciativa, fizeram valer este argumento contra os Srs. Davenport, sem suspeitar que defendiam a causa do Espiritismo. A ideia de pôr os Espíritos em cena e fazê-los servir de comparsas com o fito do interesse provocou um sentimento geral de repulsa, quase de desgosto, mesmo nos incrédulos, que disseram: "Nós não cremos nos Espíritos, mas se eles existem, não é em tais condições que se devem mostrar, e devemos tratá-los com mais respeito." Eles não acreditavam em Espíritos vindo a tanto por sessão, e estavam perfeitamente certos, de onde podemos concluir que a exibição de coisas extraordinárias e a exploração são os piores meios de fazer prosélitos. Se o Espiritismo patrocinasse tais coisas, este seria o seu lado fraco. Seus adversários o compreendem tão bem, que é nesse ponto que eles não perdem a menor ocasião de tocar, crendo atingir a doutrina. O Sr. Gérôme, do *Univers Illustré*, respondendo ao Sr. Blanc de Lalésie (vide nossa *Revista* de dezembro), que o censurava por falar do que não conhecia, disse: "Praticamente estudei o Espiritismo com os irmãos Davenport, o que me custou 15 francos. É verdade que os irmãos Davenport hoje trabalham a preços mais suaves: por 3 ou 5 francos pode-se ver a farsa, os preços de Robin, praticamente!"

O autor do artigo sobre a jovem cataléptica da Suábia, que não é espírita (Vide o número de janeiro), tem o cuidado de ressaltar, como prova de confiança nesses fenômenos extraordinários, que os pais não pensam absolutamente em tirar partido das estranhas faculdades de sua filha.

A exploração da ideia espírita é, portanto, sem sombra de dúvida, um motivo de descrédito. Os espíritas desautorizam a especulação, e é por isto que têm o cuidado de apresentar o ator Sothem como completamente desinteressado, na esperança de torná-lo um argumento vitorioso. É sempre essa ideia, que o Espiritismo só vive de fatos maravilhosos e de trapaças.

Que a crítica bata quanto queira nesses abusos; que desmascare os truques e os cordões dos charlatães, e o Espiritismo, que não usa qualquer processo secreto e cuja doutrina é toda moral, não poderá senão ganhar em ser desembaraçado dos parasitas que dele fazem um degrau e dos que lhe desnaturam o caráter.

O Espiritismo teve como adversários homens de real valor, como saber e como inteligência, que contra ele desencadearam, sem sucesso, todo o arsenal da argumentação. Veremos se o ator Sothem terá mais êxito que os outros para enterrá-lo. Ele estaria enterrado há muito se estivesse alicerçado nos absurdos que lhe atribuem. Se, pois, depois de morta a charlatanice e desacreditadas as práticas ridículas, ele continua existindo, é que há nele algo de mais sério que não foi possível atingir.

OS QUIPROQUÓS

A avidez com que os detratores do Espiritismo recolhem as menores notícias que julgam ser-lhe desfavoráveis os expõe a singulares enganos. Sua pressa em publicá-las é tal que nem têm tempo de lhes verificar a exatidão. Aliás, para que tanto esforço! A verdade do fato é uma questão secundária; o essencial é que dela ressalte o ridículo. Por vezes essa precipitação tem os seus inconvenientes e, em todo caso, atesta uma leviandade que está longe de valorizar a crítica.

Outrora os pelotiqueiros eram simplesmente chamados *escamoteadores*. Esse vocábulo caiu em descrédito e foi substituído por *prestidigitadores*, mas que ainda lembrava muito os trapaceiros (jogadores de copos). O célebre Conte, parece-nos, foi o primeiro que se ornou com o título de *físico* e que obteve o privilégio, sob a Restauração, de pôr em seus anúncios e na fachada de seu teatro: *Físico do rei*. Daí por diante, não houve o menor escamoteador a percorrer feiras que também não se intitulasse *físico, professor de física* etc., maneira, como qualquer outra, de atirar pó nos olhos de certo público que, não sabendo mais, os coloca, de boa-fé, na mesma linha dos físicos da Faculdade de Ciências. Certamente a arte da prestidigitação tem feito imensos progressos, e não se pode contestar que alguns a praticam com brilho, conhecimentos especiais, um talento real e um caráter honesto. Mas isso nunca passa da arte de produzir ilusões com mais ou menos habilidade, e não é uma ciência séria, com seu lugar no Instituto.

O Sr. Robin adquiriu, nesse gênero, uma celebridade para a qual não contribuiu pouco o papel que desempenhou no caso dos irmãos Davenport. Esses senhores, com ou sem razão, diziam que operavam auxiliados por Espíritos. De sua parte seria um novo meio de atrair a curiosidade, saindo dos caminhos batidos? Não é aqui o lugar de discutir a questão. Seja como for, pelo simples fato de se dizerem agentes dos Espíritos, os que não o admitem de forma alguma gritarão: Alto lá! O Sr. Robin, como homem hábil, não tardou em aproveitar a oportunidade. Ele declara produzir os mesmos efeitos por simples passes de mágica. Julgando mortos os Espíritos, a crítica canta vitória e o proclama vencedor.

Mas o entusiasmo é cego e por vezes comete estranhos equívocos. Há muitos Robin no mundo, como há muitos Martin. Eis que um Sr. Robin, professor de física, acaba de ser eleito membro da Academia de Ciências. Não há mais dúvida, não pode deixar de ser o Sr. Robin, o físico do boulevard *du Temple*, o rival dos irmãos Davenport, que todas as noites destroça os Espíritos em seu teatro, e sem mais ampla informação, um jornal sério, a *Opinion Nationale*, em seu folhetim de sábado, 20 de janeiro, publica o seguinte artigo:

"Os acontecimentos da semana devem estar errados. Havia, entretanto, entre eles, alguns bastante curiosos. Por exemplo, a eleição de Charles Robin para a Academia de Ciências. Há muito tempo aqui defendíamos a sua candidatura, mas pregavam bem alto contra ela em vários lugares. O fato é que esse nome Robin tem algo de diabólico. Lembrai-vos de Robin des Bois. O herói das *Memórias do Diabo* não se chamava Robin? É um físico tão sábio quanto amável, o Sr. Robin, que amarrou o guizo[3] no pescoço dos Davenport. O guiso cresceu, cresceu e tornou-se mais enorme e mais estrondoso que o sino grande de Notre-Dame. Os pobres farsistas, ensurdecidos pelo ruído que faziam, tiveram que fugir para a *América* e a própria América já não os quer mais. Grande vitória do bom senso; derrota do sobrenatural! Ele contava tomar uma desforra da Academia de Ciências, e fez esforços heroicos para excluir esse inimigo, esse positivista, esse descrente ilustre que se chama Charles Robin. E eis que no próprio seio de uma Academia tão bem pensante, o sobrenatural ainda é derrotado. Charles Robin vai sentar-se à esquerda do Sr. Pasteur. E não mais estamos no tempo das doces fábulas, no tempo feliz e lamentado em que o cajado do pastor se impunha a Robin carneiro!

"ED. ABOUT"

Para quem a mistificação? Seríamos realmente tentados a crer que algum Espírito maligno conduziu a pena do autor do artigo.

Eis outro quiproquó que, pelo fato de ser menos divertido, não prova menos a leviandade com que o crítico acolhe sem exame tudo quanto acredita ser contrário ao Espiritismo, e que se obstina, a despeito de tudo quanto foi dito, a encarnar nos irmãos Davenport, de onde conclui que tudo quanto é um revés

---

[3] Em francês, *grelot*, insígnia da loucura. (N. do revisor Boschiroli)

para esses senhores, também o é para a Doutrina, que não é mais solidária com os que lhe tomam o nome do que a verdadeira Física não o é com os que usurpam o nome de físico.

Vários jornais apressaram-se em reproduzir o artigo seguinte, do *Messager franco-américain*. Entretanto, melhor que ninguém, eles deveriam saber que nem tudo quanto é impresso é palavra do Evangelho:

"Estes pobres irmãos Davenport não podiam escapar ao ridículo que espera os charlatões de toda espécie. Acreditados e elogiados nos Estados Unidos, onde durante muito tempo fizeram dinheiro, depois descobertos e zombados na capital da França, menos fácil para sofrer o *engodo*, teriam que receber, na mesma sala de suas grandes exibições em New York, o último desmentido que mereciam.

"Esse desmentido acaba de lhes ser dado publicamente, pelo seu antigo comparsa, o Sr. Fay, na sala do Cooper Institute, sábado à noite, em presença de numerosa assistência.

"Ali o Sr. Fay desvendou tudo, os segredos do famoso armário, o segredo das cordas e dos nós e de todas as charlatanices por tanto tempo empregadas com sucesso. Comédia humana! E dizer que há gente séria e instruída que admirou e defendeu os irmãos Davenport e que chamou de *Espiritismo* as farsas que talvez fossem toleradas no carnaval!"

Não temos que tomar a defesa dos Srs. Davenport, cujas exibições sempre condenamos, como contrárias aos princípios da sã Doutrina Espírita. Mas, seja qual for a opinião que se faça a seu respeito, a bem da verdade devemos dizer que foi um erro inferir desse artigo que eles estivessem em New York e ali tivessem sido escarnecidos. Sabemos de fonte segura que deixando Paris eles voltaram à Inglaterra, onde se acham no momento. O Sr. Fay, que teria desvendado seus segredos, não é o seu cunhado William Fay, que os acompanha, mas um tal H. Melleville Fay, que produzia efeitos semelhantes na América, e do qual se fala em sua biografia, com a recomendação de não confundi-los. Nada há de estranhável que esse senhor, que lhes fazia concorrência, tenha julgado conveniente aproveitar a sua ausência para lhes pregar uma peça e desacreditá-los em proveito próprio. Nessa luta pelo fenômeno não se poderia ver Espiritismo. É o que dá a entender o fim do artigo, por esta frase: "E dizer que há gente séria e instruída... que chamou de Espiritismo as farsas que talvez fossem toleradas no carnaval!" Essa exclamação tem o ar de uma censura dirigida aos que confundem coisas tão disparatadas.

Os irmãos Davenport forneceram aos detratores do Espiritismo ocasião ou pretexto para um formidável levante, em presença do qual ele ficou de pé, calmo e impassível, continuando sua rota sem se abalar com o barulho que faziam em seu redor. Um fato digno de nota é que os seus adeptos, longe de ficarem apavorados, foram unânimes em considerar essa efervescência como eminentemente útil à causa, certos de que o Espiritismo só tem a ganhar por ser conhecido. A crítica atacou com todas as suas armas os Srs. Davenport, julgando neles matar o Espiritismo. Se ele não gritou, é porque não se sentiu ferido. O que ela matou foi precisamente o que ele condena e desaprova: a exploração, as exibições públicas, o charlatanismo, as manobras fraudulentas, as imitações grosseiras de fenômenos naturais que se produzem em condições muito diferentes, o abuso de um nome que representa uma doutrina toda moral, de amor e de caridade. Após esta rude lição, julgamos que seria temerário tentar a fortuna por meios semelhantes.

É verdade que disso resultou uma confusão momentânea no espírito de algumas pessoas, uma espécie de hesitação muito natural naqueles que só ouviram a censura lançada com parcialidade, sem separar o verdadeiro do falso. Mas, deste mal saiu um grande bem: o desejo de conhecer, que só poderá ser proveitoso para a Doutrina.

Obrigado, pois, à crítica, por ter feito, com a ajuda dos poderosos meios de que dispõe, o que os espíritas não teriam podido por si mesmos. Ela adiantou a questão de alguns anos, e mais uma vez convenceu seus adversários de sua impotência. Aliás, o público ouviu tanto o nome dos Davenport, que isto começa a lhe parecer tão fastidioso quanto o grito de Lambert.

Já é tempo da crônica encontrar um novo assunto para explorar.

NOTÍCIA BIBLIOGRÁFICA

O nosso artigo do mês passado sobre o *Dicionário Universal* levou várias pessoas a pedir informações sobre o modo de assinatura e pagamento. Eis a nota que, a respeito, nos foi dada pela direção:

Preço de cada fascículo de 8 páginas: 10 centavos. Saem dois fascículos por semana.

Remessas pelo correio só podem ser feitas em séries de 40 fascículos, ao preço de 4 francos para Paris, 5 francos para os Departamentos e 6 francos para o exterior.

Subscrição para um número qualquer de séries, mediante simples remessa do montante ao diretor, Boulevard Sebastopol, 38 - Paris. A Iª série está à venda; a 2ª ficará pronta dentro em pouco.

As pessoas que desejam receber a obra em fascículos devem dirigir-se às livrarias da sua localidade.

ERRATA

No número de janeiro, *Carta do Sr. Jaubert*, em vez de *todos os uniformes*, leia-se: *todos uniformes*.[4]

ALLAN KARDEC

---

[4] Nesta edição, a falha está corrigida. (Nota do revisor Boschiroli)

REVISTA ESPÍRITA

JORNAL DE ESTUDOS PSICOLÓGICOS

| ANO IX | MARÇO DE 1866 | VOL. 3 |

INTRODUÇÃO AO ESTUDO DOS FLUIDOS ESPIRITUAIS

I

Os fluidos espirituais representam um importante papel em todos os fenômenos espíritas, ou melhor, são o princípio desses fenômenos. Até agora nos limitávamos a dizer que tal efeito é o resultado de uma ação fluídica, mas esse dado geral, suficiente no início, não o é mais quando queremos investigar os detalhes. Sabiamente os Espíritos limitaram seu ensinamento, no princípio; mais tarde, chamaram a atenção para a grave questão dos fluidos, e não foi num centro único que a abordaram. Foi praticamente em todos.

Mas os Espíritos não nos vêm trazer esta ciência, como nenhuma outra, já pronta. Eles nos põem no caminho, fornecem-nos os materiais e a nós cabe estudá-los, observá-los, analisá-los, coordená-los e pô-los em prática. Foi o que eles fizeram para a constituição da doutrina, e agiram da mesma maneira em relação aos fluidos. Sabemos que em mil lugares diferentes eles esboçaram seu estudo; em toda parte encontramos alguns fatos, algumas explicações, uma teoria parcial, uma ideia, mas em parte alguma um completo trabalho de conjunto. Por que isto? Impossibilidade da parte deles? Certamente não, porque o que teriam podido fazer como homens, com mais forte razão podem fazer como Espíritos. Mas, como dissemos, é que por motivo nenhum eles vêm libertar-nos do trabalho da inteligência, sem o qual as nossas forças, ficando inativas, estiolar-se-iam, porque acharíamos mais cômodo que eles trabalhassem por nós.

Assim, o trabalho é deixado ao homem, no entanto, sendo limitados a sua inteligência, sua vida e seu tempo, a nenhum é dado elaborar tudo o que é necessário para a constituição de uma ciência. Eis por que não há uma só que seja, em todas as suas peças, obra de um só homem; nenhuma descoberta que o seu primeiro inventor tenha levado à perfeição. A cada edifício intelectual, vários homens e diversas gerações trouxeram seu contingente de pesquisas e de observações.

Assim também com a questão que nos ocupa, cujas diversas partes foram tratadas separadamente, depois coligidas num corpo metódico, quando puderam ser reunidos materiais suficientes. Esta parte da ciência espírita se mostra, desde já, não como uma concepção individual sistemática, de um homem ou de um Espírito, mas como o produto de observações múltiplas, que haurem sua autoridade da concordância entre elas existente.

Pelo motivo que acabamos de exprimir, não poderíamos pretender que esta seja a última palavra. Como temos dito, os Espíritos graduam seus ensinos e os proporcionam à soma e à maturidade das ideias adquiridas. Não podemos duvidar, portanto, que mais tarde eles ponham novas observações no caminho. Mas, desde agora, há elementos suficientes para formar um corpo que ulteriormente e gradualmente será completado.

O encadeamento dos fatos nos obriga a tomar nosso ponto de partida de mais alto, a fim de proceder do conhecido para o desconhecido.

II

Tudo se liga na obra da Criação. Outrora consideravam-se os três reinos como inteiramente independentes entre si, e teriam rido de quem pretendesse encontrar uma correlação entre o mineral e o vegetal, entre o vegetal e o animal. Uma observação atenta fez desaparecer a solução de continuidade, e provou que todos os corpos formam uma cadeia ininterrupta, de tal sorte que os três reinos não subsistem, na realidade, senão pelos caracteres gerais mais marcantes; mas, nos seus limites respectivos, eles se confundem, a ponto de se hesitar em determinar onde um termina e o outro começa, e em qual deles certos seres devem ser colocados. Tais são, por exemplo, os zoófitos, ou animais plantas, assim chamados porque eles têm, ao mesmo tempo, características de animal e de planta.

O mesmo acontece no que concerne à composição dos corpos. Durante muito tempo os quatro elementos serviram de base às ciências naturais, mas eles caíram ante as descobertas da química moderna, que reconheceu um número indeterminado de corpos simples. A química nos mostra todos os corpos da Natureza formados desses elementos combinados em diversas proporções. É da infinita variedade dessas proporções que nascem as inumeráveis propriedades dos diferentes corpos. É assim, por exemplo, que uma molécula de gás oxigênio e duas de gás hidrogênio, combinadas, formam água. Na sua transformação em água, o oxigênio e o hidrogênio perdem suas qualidades próprias; a bem dizer, não há mais oxigênio nem hidrogênio, mas água. Decompondo a água, encontram-se novamente os dois gases, nas mesmas proporções. Se, em vez de uma molécula de oxigênio houver duas, isto é, duas de cada gás, não será mais água, mas um líquido muito corrosivo. Bastou, pois, uma simples mudança na proporção de um dos elementos para transformar uma substância salutar em outra venenosa. Por uma operação inversa, se os elementos de uma substância deletéria, como, por exemplo, o arsênico, forem simplesmente combinados em outras proporções, sem adição ou subtração de nenhuma outra substância, ela tornar-se-á inofensiva, ou mesmo salutar. Há mais: várias moléculas reunidas, de um mesmo elemento, gozarão de propriedades diferentes, conforme o modo de agregação e as condições do meio onde se encontram. O ozônio, recentemente descoberto no ar atmosférico, é um exemplo disso. Reconheceu-se que essa substância não passa de oxigênio, um dos principais constituintes do ar, num estado particular que lhe dá propriedades distintas das do oxigênio propriamente dito. O ar não deixa de ser formado de oxigênio e de azoto, mas suas qualidades variam conforme contenha maior ou menor quantidade de oxigênio no estado de ozônio.

Estas observações, que parecem estranhas ao nosso assunto, não obstante a ele se ligam de maneira direta, como veremos mais tarde. Elas são, além disto, essenciais como pontos de comparação.

Essas composições e decomposições se obtêm artificialmente e em pequenas doses nos laboratórios, mas se operam em grande escala e espontaneamente no grande laboratório da Natureza. Sob a influência do calor, da luz, da eletricidade, da umidade, um corpo se decompõe, seus elementos se separam, outras combinações se operam e novos corpos se formam. Assim, a mesma molécula de oxigênio, por exemplo, que faz parte do nosso corpo, após a destruição deste, entra na composição de um mineral, de uma planta, ou de um corpo animado. Em nosso corpo atual acham-se, pois, as mesmas parcelas de matéria que foram partes constituintes de uma imensidade de outros corpos.

Citemos um exemplo para tornar a coisa mais clara.

Um pequeno grão é posto na terra, nasce, cresce e torna-se uma grande árvore que anualmente dá folhas, flores e frutos. Quer dizer que essa árvore se achava inteirinha no grão? Certamente não, porque ela contém uma quantidade de matéria muito mais considerável. Então, de onde lhe veio essa matéria? Dos líquidos, dos sais, dos gases que a planta tirou da terra e do ar, que se infiltraram em sua haste e pouco a pouco aumentaram de volume. Mas nem na terra nem no ar encontram-se madeira, folhas, flores e frutos. É que esses mesmos líquidos, sais e gases, no ato de absorção, se decompuseram; seus elementos sofreram novas combinações que os transformaram em seiva, lenho, casca, folhas, flores, frutos, essências odoríferas voláteis etc. Essas mesmas partes, por sua vez, vão destruir-se e decompor-se; seus elementos vão misturar-se de novo na terra e no ar; recompor as substâncias necessárias à frutificação; ser reabsorvidos, decompostos e mais uma vez transformados em seiva, lenho, casca etc. Numa palavra, a matéria não sofre aumento nem diminuição; ela se transforma, e por força dessas transformações sucessivas, a proporção das diversas substâncias é sempre em quantidade suficiente para as necessidades da Natureza. Suponhamos, por exemplo, que uma dada quantidade de água seja decomposta, no fenômeno da vegetação, para fornecer o oxigênio e o hidrogênio necessários à formação das diversas partes da planta; é uma quantidade de água que existe a menos na massa; mas essas partes da planta, quando de sua decomposição, vão libertar o oxigênio e o hidrogênio que elas encerravam, e esses gases, combinando-se entre si, vão formar uma nova quantidade de água equivalente à que havia desaparecido.

Um fato que é oportuno assinalar aqui, é que o homem, que pode operar artificialmente as composições e decomposições que se operam espontaneamente na Natureza, é impotente para reconstituir o menor corpo organizado, ainda que fosse um talo de erva ou uma folha morta. Depois de ter decomposto um mineral, pode recompô-lo em todas as suas peças, como era antes; mas quando separou os elementos de uma parcela de matéria vegetal ou animal, não pode reconstituí-la e, com mais forte razão, dar-lhe vida. Seu poder para na matéria inerte: o princípio da vida está na mão de Deus.

A maioria dos corpos simples são chamados *ponderáveis*, porque é possível achar o seu peso, e esse peso está na razão da soma de moléculas contidas num dado volume. Outros são ditos *imponderáveis*, porque para nós não têm peso e, seja qual for a quantidade em que se acumulem num outro corpo, não aumentam o peso desse. Tais são: o calórico, a luz, a eletricidade, o fluido magnético ou do ímã. Este último não passa de uma variedade da eletricidade. Embora imponderáveis, nem por isto esses fluidos deixam de ter um poder muito grande. O calórico divide os corpos mais duros, os reduz a vapor e dá aos líquidos evaporados uma irresistível força de expansão. O choque elétrico quebra árvores e pedras, curva barras de ferro, funde os metais, transporta para longe enormes massas. O magnetismo dá ao ferro um poder de atração capaz de sustentar pesos consideráveis. A luz não possui esse gênero de força, mas exerce uma ação química sobre a maioria dos corpos, e sob sua influência operam-se incessantemente composições e decomposições. Sem a luz, os vegetais e os animais se estiolam e os frutos não têm sabor nem cor.

III

Todos os corpos da Natureza: minerais, vegetais, animais, animados ou inanimados, sólidos, líquidos ou gasosos, são formados dos mesmos elementos, combinados de maneira a produzir a infinita variedade dos diferentes corpos. Hoje a Ciência vai mais longe; suas investigações pouco a pouco a conduzem à grande lei da unidade. Agora é geralmente admitido que os corpos reputados simples não passam de modificações, de transformações de um elemento único, princípio universal designado sob os nomes de éter, *fluido cósmico* ou *fluido universal*, de tal sorte que, segundo o modo de agregação das moléculas desse fluido, e sob a influência de circunstâncias particulares, ele adquire propriedades especiais que constituem os corpos simples. Esses corpos simples, combinados entre si em diversas proporções, formam, como dissemos, a inumerável variedade de corpos compostos. Segundo essa opinião, o calórico, a luz, a eletricidade e o magnetismo não passariam de modificações do fluido primitivo universal. Assim, esse fluido que, segundo toda probabilidade, é imponderável, seria ao mesmo tempo o princípio dos fluidos imponderáveis e dos corpos ponderáveis.

A Química nos faz penetrar na constituição íntima dos corpos, mas, experimentalmente, não vai além dos corpos considerados simples. Seus meios de análise são impotentes para isolar o elemento primitivo e determinar sua essência. Ora, entre esse elemento em sua pureza absoluta e o ponto onde param as investigações da Ciência, o intervalo é imenso. Raciocinando por analogia, chega-se à conclusão que entre esses dois pontos extremos, esse fluido deve sofrer modificações que escapam aos nossos instrumentos e aos nossos sentidos materiais. É nesse campo novo, até aqui fechado à exploração, que vamos tentar penetrar.

IV

Até agora só tínhamos ideias muito incompletas sobre o mundo espiritual ou invisível. Imaginávamos os Espíritos como seres fora da Humanidade; os anjos também eram criaturas à parte, de uma natureza mais perfeita. Quanto ao estado das almas após a morte, os conhecimentos não eram mais positivos. A opinião mais geral, deles fazia seres abstratos, dispersos na imensidade e não tendo mais relações com os vivos, a não ser que, segundo a doutrina da Igreja, estivessem na beatitude do Céu ou nas trevas do inferno. Além disto, parando as observações da Ciência na matéria tangível, disso resulta, entre o mundo corporal e o mundo espiritual, um abismo que parecia excluir toda reaproximação. É esse abismo que novas observações e o estudo de fenômenos ainda pouco conhecidos vem encher, pelo menos em parte.

Para começar, o Espiritismo nos ensina que os Espíritos são as almas dos homens que viveram na Terra; que elas progridem sem cessar, e que os anjos são essas mesmas almas ou Espíritos chegados a um estado de perfeição que os aproxima da Divindade.

Em segundo lugar, ele nos ensina que as almas passam alternativamente do estado de encarnação ao de erraticidade; que neste último estado elas constituem a população invisível do globo, ao qual ficam ligadas, até que tenham adquirido o desenvolvimento intelectual e moral que comporta a natureza deste globo, depois do que o deixam, passando a um mundo mais adiantado.

Pela morte do corpo, a Humanidade corporal fornece almas ou Espíritos ao mundo espiritual; pelos nascimentos, o mundo espiritual alimenta o mundo corporal; há, pois, transmutação incessante de um no outro. Esta relação constante os torna solidários, pois são os mesmos seres que entram em nosso mundo e dele saem alternativamente. Eis um primeiro traço de união, um ponto de contato, que já diminui a distância que parecia separar o mundo visível do mundo invisível.

A natureza íntima da alma, isto é, do princípio inteligente, fonte do pensamento, escapa completamente às nossas investigações. Mas sabemos agora que a alma é revestida de um envoltório ou corpo fluídico que dela faz, após a morte do corpo material, como antes, um ser distinto, circunscrito e individual. A alma é o princípio inteligente considerado isoladamente; é a força atuante e pensante, que não podemos conceber isolada da matéria senão como uma abstração. Revestida de seu envoltório fluídico, ou perispírito, a alma constitui o ser chamado *Espírito*, como quando está revestida do envoltório corporal, constitui o homem. Ora, embora no estado de Espírito ela goze de propriedades e de faculdades especiais, não cessou de pertencer à Humanidade. Os Espíritos são, pois, seres semelhantes a nós, pois cada um de nós torna-se Espírito após a morte do corpo, e cada Espírito torna-se homem pelo nascimento.

Esse envoltório *não é a alma*, pois não pensa; é apenas uma vestimenta. Sem a alma, o perispírito, assim como o corpo, é uma matéria inerte privada de vida e de sensações. Dizemos *matéria* porque, com efeito, o perispírito, embora de uma natureza etérea e sutil, não é menos matéria do que os fluidos imponderáveis e, ademais, matéria *da mesma natureza e da mesma origem que a mais grosseira matéria tangível*, como logo veremos.

A alma não se reveste do perispírito apenas no estado de Espírito; ela é inseparável desse envoltório, que a segue tanto na encarnação quanto na erraticidade. Na encarnação, ele é o laço que a une ao envoltório corporal, o intermediário com cujo auxílio ela age sobre os órgãos e percebe as sensações das coisas exteriores. Durante a vida, o fluido perispiritual identifica-se com o corpo, cujas partes todas penetra; com a morte, dele se desprende; privado da vida, o corpo se dissolve, mas o perispírito, sempre unido à alma, isto é, ao princípio vivificante, não perece; a alma, em vez de dois envoltórios, conserva apenas um: o mais leve, o que está mais em harmonia com o seu estado espiritual.

Embora esses princípios sejam elementares para os espíritas, era útil lembrá-los para a compreensão das explicações subsequentes e a ligação das ideias.

V

Algumas pessoas contestaram a utilidade do envoltório perispiritual da alma e, em consequência, a sua existência. Dizem que a alma não precisa de intermediário para agir sobre o corpo; e, uma vez separada do corpo, ele é um acessório supérfluo.

A isto respondemos, para começar, que o perispírito não é uma criação imaginária, uma hipótese inventada para chegar a uma solução; sua existência é um fato constatado pela observação. Quanto a sua utilidade, durante a vida ou após a morte, é preciso admitir que, considerando-se que ele existe, é que serve para alguma coisa. Os que contestam sua utilidade são como um indivíduo que não compreendendo as funções de certas engrenagens num mecanismo, concluíssem que elas só servem para desnecessariamente complicar a máquina. Ele não vê que se a menor peça fosse suprimida, tudo ficaria desorganizado. Quantas coisas, no grande mecanismo da Natureza, parecem inúteis aos olhos do ignorante, e mesmo de certos cientistas que de boa-fé julgam que se tivessem sido encarregados da construção do Universo tê-lo-iam feito bem melhor!

O perispírito é uma das mais importantes engrenagens da economia. A Ciência o observou nalguns de seus efeitos e alternativamente o tem designado sob os nomes de fluido vital, fluido ou influxo nervoso, fluido magnético, eletricidade animal etc., sem se dar precisa conta de sua natureza e de suas propriedades, e, ainda menos, de sua origem. Como envoltório do Espírito após a morte, ele foi suspeitado desde a mais alta Antiguidade. Todas as teogonias atribuem aos seres do mundo invisível um corpo fluídico. São Paulo diz em termos precisos que nós renascemos com um *corpo espiritual* (1ª Epístola aos Coríntios, Cap. XV, versículos 35 a 44 e 50).

Dá-se o mesmo com todas as grandes verdades baseadas nas leis da Natureza, e das quais, em todas as épocas, os homens de gênio tiveram a intuição. É assim que, desde antes de nossa era, notáveis filósofos tinham suspeitado da redondeza da Terra e de seu movimento de rotação, o que nada tira ao mérito de Copérnico e de Galileu, mesmo supondo que estes últimos tenham aproveitado as ideias de seus predecessores. Graças a seu trabalho, o que não passava de opinião individual, uma teoria incompleta e sem provas, *desconhecida das massas*, tornou-se uma verdade científica, prática e popular.

A doutrina do perispírito está no mesmo caso. O Espiritismo não foi o primeiro a descobri-lo. Mas, assim como Copérnico para o movimento da Terra, ele o estudou, demonstrou, analisou, definiu e dela tirou fecundos resultados. Sem os estudos modernos mais completos, esta grande verdade, como muitas outras, ainda estaria no estado de letra morta.

VI

O perispírito é o traço de união que liga o mundo espiritual ao mundo corporal. O Espiritismo no-los mostra em relação tão íntima e tão constante, que de um ao outro a transição é quase imperceptível. Ora, assim como na Natureza o reino vegetal se liga ao reino animal por *seres semivegetais* ou *semianimais*, o estado corporal se liga ao estado espiritual não só pelo princípio inteligente, que é o mesmo, mas também pelo envoltório fluídico, ao mesmo tempo *semimaterial* e *semiespiritual*, desse mesmo princípio. Durante a vida terrena, o ser corporal e o ser espiritual estão confundidos e agem de acordo; a morte do corpo apenas os separa. A ligação desses dois estados é tamanha, e eles reagem um sobre o outro com tanta força, que dia virá em que será reconhecido que o estudo da história natural do homem não poderá ser completo sem o estudo do envoltório perispiritual, isto é, sem pôr um pé no domínio do mundo invisível.

Tal aproximação é ainda maior quando se observa a origem, a natureza, a formação e as propriedades do perispírito, observação que decorre naturalmente do estudo dos fluidos.

VII

É sabido que todas as matérias animais têm como princípios constituintes o oxigênio, o hidrogênio, o azoto e o carbono, combinados em diferentes proporções. Ora, como dissemos, esses mesmos corpos simples têm um princípio único, que é o fluido cósmico universal. Por suas diversas combinações eles formam todas as variedades de substâncias que compõem o corpo humano, o único de que aqui falamos, embora ocorra o mesmo em relação aos animais e às plantas. Disto resulta que o corpo humano, na realidade, não passa de uma espécie de concentração, de condensação, ou, se quiserem, de uma solidificação de gás carbônico. Com efeito, suponhamos a desagregação completa de todas as moléculas do corpo, e reencontraremos o oxigênio, o hidrogênio, o azoto e o carbono; em outros termos, o corpo será volatilizado. Esses quatro elementos, voltando ao seu estado primitivo, por uma nova e mais completa decomposição, se os nossos meios de análise o permitissem, dariam o fluido cósmico. Esse fluido, sendo o princípio de toda matéria, é ele mesmo matéria, embora num completo estado de eterização.

Um fenômeno análogo se passa na formação do corpo fluídico ou perispírito: é, igualmente, uma condensação do fluido cósmico em redor do foco de inteligência, ou *alma*. Mas aqui a transformação molecular opera-se diferentemente, porque o fluido conserva sua imponderabilidade e suas qualidades etéreas. O corpo perispiritual e o corpo humano têm, pois, sua fonte no mesmo fluido; um e outro são matéria, embora sob dois estados diferentes. Assim, tivemos razão em dizer que o perispírito é da mesma natureza e da mesma origem que a mais grosseira matéria. Como se vê, nada há de sobrenatural, porque ele se liga, por seu princípio, às coisas da Natureza, das quais não passa de uma variedade.

Sendo o fluido universal o princípio de todos os corpos da Natureza, animados e inanimados e, por consequência, da terra, das pedras, Moisés estava certo quando disse: "Deus formou o corpo do homem do limo da terra." Isto não quer dizer que Deus tomou um pouco de terra, a petrificou e com ela modelou o corpo do homem, como se modela uma estátua com barro, como acreditam os que tomam ao pé da letra as palavras bíblicas, mas que o corpo era formado dos mesmos princípios ou elementos que o limo da terra, ou que tinham servido para formar o limo da terra.

Moisés acrescenta: "E lhe deu uma alma *vivente*, feita à sua *semelhança*." Assim, ele faz uma distinção entre a alma e o corpo; indica que ela é de natureza diferente, que ela não é matéria, mas espiritual e imaterial como Deus. Ele diz: "uma alma vivente" para especificar que só nela está o princípio de vida, ao passo que o corpo, formado de matéria, por si mesmo não vive. As palavras: *à sua semelhança* implicam uma *similitude* e não uma *identidade*. Se Moisés tivesse olhado a alma como uma *porção* da Divindade, ele teria dito: "Deus o anima dando-lhe uma alma tirada da sua própria substância", como disse que o corpo tinha sido tirado da terra.

Estas reflexões são uma resposta às pessoas que acusam o Espiritismo de materializar a alma porque ele lhe dá um envoltório semimaterial.

VIII

No estado normal, o perispírito é invisível aos *nossos olhos* e impalpável ao nosso tato, como o são uma infinidade de fluidos e de gases. Contudo, a invisibilidade, a impalpabilidade, e mesmo a imponderabilidade do fluido perispiritual não são absolutas. É por isso que dizemos *no estado normal*. Em certos casos ele sofre talvez uma condensação maior, ou uma modificação molecular de natureza especial que o torna momentaneamente visível ou tangível. É assim que se produzem as aparições. Sem que haja aparição, muitas pessoas sentem a impressão fluídica dos Espíritos pela sensação do tato, o que é o indício de uma natureza material.

De qualquer maneira pela qual se opere a modificação atômica do fluido, não há coesão como nos corpos materiais; a aparência se forma e se dissipa instantaneamente, o que explica as aparições e as desaparições súbitas. Sendo as aparições o produto de um fluido material invisível, tornado visível por força de uma mudança momentânea na sua constituição molecular, não são mais sobrenaturais que os vapores que alternadamente se tornam visíveis ou invisíveis pela condensação ou pela rarefação. Citamos o vapor como ponto de comparação, sem pretender que haja similitude de causa e de efeito.

IX

Algumas pessoas criticaram a qualificação de *semimaterial* dada ao perispírito, dizendo que uma coisa é matéria ou não o é. Admitindo que a expressão seja imprópria, seria preciso adotá-la, em falta de um termo especial para exprimir esse estado particular da matéria. Se existisse um mais apropriado à coisa, os críticos deveriam tê-lo indicado. O perispírito é matéria, como acabamos de ver, filosoficamente falando, e por sua essência íntima, ninguém poderia contestá-lo; mas ele não tem as propriedades da matéria tangível, tal como se concebe vulgarmente; ele não pode ser submetido à análise química, porque, embora tenha o mesmo princípio que a carne e o mármore e possa tomar as suas aparências, na realidade não é nem carne nem mármore. Por sua natureza etérea ele tem, ao mesmo tempo, a aparência da materialidade por sua substância, e a da espiritualidade por sua impalpabilidade, e a palavra *semimaterial* não é mais ridícula do que *semiduplo* e tantas outras, porque também pode-se dizer que uma coisa é dupla ou não é.

X

Como princípio elementar universal, o fluido cósmico oferece dois estados distintos: o de eterização ou de imponderabilidade, que podemos considerar como o estado normal primitivo, e o de materialização ou de ponderabilidade, que não é, de certo modo, senão consecutivo. O ponto intermediário é o da transformação do fluido em matéria tangível. No entanto, também aí não há transição brusca, porque podemos considerar os nossos fluidos imponderáveis como um termo médio entre os dois estados.

Cada um desses dois estados necessariamente dá lugar a fenômenos especiais. Ao segundo pertencem os do mundo visível, e ao primeiro os do mundo invisível. Uns, chamados *fenômenos materiais*, são do campo da Ciência propriamente dita; os outros, qualificados de *fenômenos espirituais*, porque se ligam à existência dos Espíritos, são da alçada do Espiritismo. Mas há entre eles tão numerosos pontos de contato, que servem para mútuo esclarecimento e, como dissemos, o estudo de uns não poderia ser completo sem o estudo dos outros. É à explicação desses últimos que conduz o estudo dos fluidos, assunto sobre o qual futuramente faremos um trabalho especial.

O ESPIRITISMO E A MAGISTRATURA

PERSEGUIÇÕES JUDICIAIS CONTRA OS ESPÍRITAS
CARTAS DE UM JUIZ

O Espiritismo conta com vários magistrados em suas fileiras, como temos dito diversas vezes, não só na França, como na Itália, Espanha, Bélgica, Alemanha e na maioria dos países estrangeiros. A maior parte dos detratores da doutrina, que julgam ter o privilégio do bom senso e tratam como insensatos os que não partilham de seu ceticismo a respeito das coisas espirituais, não dizemos *sobrenaturais* porque o Espiritismo não as admite, espantam-se que homens de inteligência e de valor, em sua opinião, caiam em semelhante erro. Os magistrados não são livres de ter sua opinião, sua fé, sua crença? Não há entre eles católicos, protestantes, livres-pensadores, francos-maçons?

Quem, pois, poderia incriminar os que são espíritas? Não estamos mais nos tempos em que teriam cassado, talvez queimado o juiz que tivesse ousado afirmar publicamente que é a Terra que gira.

Coisa estranha! Há criaturas que gostariam de reviver esse tempo para os espíritas. No último alçar de escudos, não vimos homens que se dizem apóstolos da liberdade de pensamento apontá-los à vindita das leis como malfeitores, excitar as populações a corrê-los a pedradas, estigmatizá-los e lhes atirar injúrias à face, em jornais e em panfletos? Isso aconteceu não num momento de piadas, mas de verdadeira raiva, que, graças ao tempo em que vivemos, esgotou-se em palavras. Foi necessária toda a força moral de que se sentem animados os espíritas, toda a moderação de que os próprios princípios de sua doutrina fazem uma lei, para conservar a calma e o sangue-frio em semelhante circunstância e abster-se de represálias que poderiam ter sido lamentáveis. Esse contraste chocou todos os homens imparciais.

Então o Espiritismo é uma associação, uma afiliação tenebrosa, perigosa para a Sociedade, obediente a uma palavra de ordem? Seus adeptos têm um pacto entre si? Só a ignorância e a má-fé podem sustentar tais absurdos, levando-se em conta que sua doutrina não tem segredos para ninguém e eles agem à luz do dia. O Espiritismo é uma filosofia como qualquer outra, que é aceita livremente se convém, ou repelida se não convém; que repousa numa fé inalterável em Deus e no futuro e que só obriga moralmente os seus aderentes a uma coisa: olhar todos os homens como irmãos, *sem acepção de crença*, e fazer o bem, mesmo aos que nos fazem mal. Por que, então, não poderia um magistrado dizer-se abertamente seu partidário, declará-la boa se a julga boa, como pode dizer-se partidário da filosofia de Aristóteles, de Descartes ou de Leibnitz? Temeriam que sua justiça sofresse por isto? Que isto o tornasse muito indulgente para os adeptos? Naturalmente é aqui o lugar para algumas observações a respeito.

Num país como o nosso, onde as opiniões e as religiões são livres por lei, seria uma monstruosidade perseguir um indivíduo porque acredita nos Espíritos e suas manifestações. Se um espírita fosse entregue à justiça, não seria por causa de sua crença, como se fazia noutros tempos, mas porque teria cometido uma infração à lei. Portanto, é a falta que seria punida, e não a crença, e se ele fosse culpado, seria justamente sujeito às penas da lei. Para incriminar a doutrina, seria necessário ver se ela contém algum princípio ou máxima que *autorizaria* ou *justificaria* a falta. Se, ao contrário, nela for encontrada a censura a essa falta ou instruções em sentido contrário, a doutrina não poderia ser responsável pelos que não a compreendem ou não a praticam. Pois bem! Que analisem a Doutrina Espírita com imparcialidade, e desafiamos que nela encontrem uma só palavra sobre a qual se possam apoiar para cometer um ato qualquer repreensível aos olhos da moral, ou em relação ao próximo, ou mesmo que possa ser interpretado como mal, porque tudo aí é claro e sem equívoco.

Quem quer que se conforme aos preceitos da doutrina não poderia, pois, sofrer perseguições judiciais, a menos que nele se persiga a própria crença, o que entraria nas perseguições contra a fé. Ainda não temos conhecimento de perseguições dessa natureza na França, nem mesmo no estrangeiro, salvo a condenação, seguida do auto-de-fé de Barcelona, e ainda era uma sentença do bispo, e não do tribunal civil. E queimaram apenas livros. Com efeito, a que título perseguiriam pessoas que só pregam a ordem, a tranquilidade, o respeito à lei; que praticam a caridade, não só entre si, como nas seitas exclusivas, mas para com todo o mundo; cujo objetivo principal é trabalhar o seu próprio melhoramento moral; que contra os inimigos abjuram todo sentimento de ódio e de vingança? Homens que professam tais princípios não podem ser perturbadores da Sociedade. Certamente não serão eles que provocarão a desordem, o que levou um comissário de polícia a dizer que se todos os seus administrados fossem espíritas ele poderia fechar seu posto.

A maior parte das perseguições, em semelhantes casos, tem por objetivo o exercício ilegal da medicina, ou acusação de charlatanice, prestidigitação ou trapaça, por meio da mediunidade. Para começar, diremos que o Espiritismo não pode ser responsável por indivíduos que indevidamente se arrogam a qualidade de médiuns, assim como a verdadeira ciência não é responsável pelos escamoteadores que se dizem físicos. Um charlatão pode, portanto, dizer que opera com o auxílio dos Espíritos, como um prestidigitador diz que opera com a ajuda da física. É um meio como qualquer outro de jogar areia nos olhos. Tanto pior para os que se deixam enganar. Em segundo lugar, condenando a exploração da mediunidade como contrária aos princípios da doutrina, do ponto de vista moral, e além disso demonstrando que ela não deve nem pode ser um ofício ou uma profissão, e que todo médium que não tira de sua faculdade qualquer proveito *direto* ou *indireto, ostensivo* ou *dissimulado*, o Espiritismo afasta, por isso mesmo, até a suspeita de trapaça ou de charlatanismo. Considerando-se que o médium não é movido por nenhum interesse material, a charlatanice não teria sentido. O médium que compreende o que há de grave e santo num dom dessa natureza julgaria profaná-lo fazendo-o servir a coisas mundanas, para si e para os outros, ou se dele fizesse um objeto de divertimento e de curiosidade. Ele respeita os Espíritos, da mesma forma que deseja ser respeitado quando for Espírito, e não os põe em exibição. Além disto, ele sabe que a mediunidade não pode ser um meio de adivinhação e que ela não pode ajudá-lo a descobrir tesouros ou heranças, nem facilitar o êxito nas coisas aleatórias. Ele jamais será um ledor da sorte, nem por dinheiro nem por nada, portanto jamais terá embaraços com a justiça. Quanto à mediunidade curadora, ela existe, é certo. Mas está subordinada a condições restritivas, que excluem a possibilidade de consultório aberto sem suspeitas de charlatanismo. É uma obra de devotamento e de sacrifício e não de especulação. Exercida com desinteresse, prudência e discernimento, e contida nos limites traçados pela doutrina, ela não pode cair sob os golpes da lei.

Em resumo, o médium, segundo os desígnios da Providência e sob as vistas do Espiritismo, seja ele artífice ou príncipe, pois eles se encontram nos palácios e nas choupanas, recebeu um mandato que cumpre religiosamente e com dignidade. Ele não vê na sua faculdade senão um meio de glorificar Deus e servir ao próximo, e não um instrumento para servir aos seus interesses ou satisfazer a sua vaidade. Ele se faz estimar e respeitar por sua simplicidade, sua modéstia e sua abnegação, o que não se dá com os que buscam dele fazer um trampolim.

Ao usar de severidade contra os médiuns exploradores, aqueles que fazem mau uso de uma faculdade real, ou que *simulam uma faculdade que não têm,* a justiça não fere a doutrina, mas o abuso. Ora, o Espiritismo verdadeiro e sério, que não vive de abusos, com isto só poderá ganhar em consideração, e não tomaria sob seu patrocínio os que poderiam desviar a opinião pública por conta própria. Tomando fatos e causas para si, ele assumiria a responsabilidade do que eles fazem, porque esses tais não são verdadeiramente espíritas, mesmo que sejam realmente médiuns.

Enquanto não se perseguir num espírita, ou nos que tal se dizem, senão os atos repreensíveis aos olhos da lei, o papel do defensor é discutir o ato em si, abstração feita da crença do acusado. Seria grave erro procurar justificar o ato em nome da doutrina. Ao contrário, ele deve empenhar-se em demonstrar que ela lhe é estranha. Então o acusado cai no direito comum.

Um fato inconteste é que, quanto mais extensos e variados são os conhecimentos de um magistrado, mais apto é este para apreciar os fatos sobre os quais é chamado a se pronunciar. Num caso de medicina legal, por exemplo, é evidente que aquele que não for totalmente estranho à ciência poderá melhor julgar o valor dos argumentos da acusação e da defesa, do que outro que lhe ignora os rudimentos. Num caso em que o Espiritismo estivesse em questão, e hoje que ele está na ordem do dia e pode apresentar-se incidentemente, como principal ou como acessório, numa porção de casos, há um interesse real para os magistrados em saber pelo menos o que ele é, sem que por isso sejam tidos como espíritas. Num dos casos precitados, incontestavelmente saberiam melhor discernir o abuso da verdade.

Infiltrando-se o Espiritismo cada vez mais nas ideias, e tomando já um lugar entre as crenças aceitas, não está longe o tempo em que a nenhum homem esclarecido será permitido ignorar o que é, exatamente, essa doutrina, do mesmo modo que não pode ignorar os primeiros elementos das ciências. Ora, como ele abrange todas as questões científicas e morais, serão mais bem compreendidas muitas coisas que, à primeira vista, pareciam estranhas. É assim, por exemplo, que o médico aí descobrirá a verdadeira causa de certas afecções; que o artista colherá numerosos temas de inspiração; que o magistrado e o advogado em muitas circunstâncias encontrarão uma fonte de luz.

É neste sentido que o concebe o Sr. Jaubert, honrado vice-presidente do tribunal de Carcassone. Para ele, é mais que um conhecimento adicionado aos que possui: é uma questão de convicção, pois lhe compreende o alcance moral. Embora jamais tenha ocultado sua opinião a esse respeito, convencido de estar certo e da força moralizadora da doutrina, hoje que a fé se apaga no ceticismo, quis ele dar-lhe o apoio da autoridade de seu nome, no momento mesmo em que ela era atacada com o máximo de violência, desafiando resolutamente a chacota, e mostrando aos seus adversários o pouco caso que faz de seus sarcasmos. Na sua posição, e dadas as circunstâncias, a carta que nos pediu que publicássemos, e que inserimos na *Revista* de janeiro último, é um ato de coragem, do qual todos os espíritas sinceros guardarão preciosa lembrança. Ela deixará sua marca na história do estabelecimento do Espiritismo.

A carta seguinte, que igualmente estamos autorizados a publicar, toma lugar ao lado da do Sr. Jaubert. É uma dessas adesões francamente explícitas e motivadas, à qual a posição do autor dá mais peso pelo fato de ser espontânea, pois não tínhamos a honra de conhecer esse senhor. Ele julga a doutrina pela simples impressão das obras, pois nada tinha visto. É a melhor resposta à acusação de inépcia e de charlatanice lançada sem distinção contra o Espiritismo e seus adeptos.

21 de novembro de 1865.

"Senhor,

"Permiti-me, como novo e fervoroso adepto, testemunhar-vos todo o meu reconhecimento por ter-me iniciado, pelos vossos escritos, à ciência espírita. Por curiosidade, li *O Livro dos Espíritos;* mas, após uma leitura atenta, a admiração, depois a mais inteira convicção sucederam em mim a uma desconfiada incredulidade. Com efeito, a doutrina que dele decorre dá a mais lógica solução, a mais satisfatória para a razão, de todas as questões que tão seriamente preocuparam os pensadores de todos os tempos, para definir as condições da existência do homem nesta Terra, explicar as vicissitudes que incumbem à Humanidade e determinar seus últimos fins. Esta admirável doutrina é incontestavelmente a sanção da mais pura e da mais fecunda moral, a exaltação demonstrada da justiça, da bondade de Deus e da obra sublime da criação, assim como a *mais segura e mais firme base da ordem social.*

"Não testemunhei manifestações espíritas, mas este elemento de prova, de modo algum contrário aos ensinamentos de minha religião (a católica) não é necessário à minha convicção. Para começar, basta-me encontrar na ordem da Providência a razão de ser da desigualdade das condições nesta Terra, numa palavra, a razão de ser do mal material e do mal moral.

"Com efeito, minha razão admite plenamente, como justificando a existência do mal material e moral, a alma saindo simples e ignorante das mãos do Criador, enobrecida pelo livre-arbítrio, progredindo por provas e expiações sucessivas e não chegando à soberana felicidade senão adquirindo a plenitude de sua essência etérea, pela libertação completa das amarras da matéria, que, alterando as condições da beatitude, deve ter servido para o seu adiantamento.

"Nessa ordem de ideias, o que há de mais racional que os Espíritos, nas diversas fases de sua depuração progressiva, se comuniquem entre si de um a outro mundo, encarnados ou invisíveis, para se esclarecerem, se ajudarem mutuamente, concorrer reciprocamente para o seu avanço, facilitar suas provas e entrar na via reparadora do arrependimento e da volta a Deus! O que de mais racional, digo eu, que uma tal continuidade, um tal fortalecimento dos laços de família, de amizade e de caridade que, unindo os homens em sua passagem por esta Terra, devem, como último objetivo, reuni-los um dia numa só família no seio de Deus!

"Que traço de união sublime: O amor partindo do Céu para abraçar com seu sopro divino a Humanidade inteira, povoando o imenso Universo, e reconduzi-la a Deus para fazê-la participar da beatitude eterna, da qual esse amor é a fonte! Que de mais digno da sabedoria, da justiça e da bondade infinita do Criador! Que grandiosa ideia da obra cuja harmonia e imensidade o Espiritismo revela, levantando uma ponta do véu que ainda não permite ao homem penetrar-lhe todos os segredos! Quanto os homens tinham restringido a sua incomensurável grandeza, situando a Humanidade num ponto imperceptível, perdido no espaço, e não concedendo senão a um pequeno número de eleitos a felicidade eterna reservada a todos! Assim rebaixaram o divino artífice às proporções ínfimas de suas percepções, das aspirações tirânicas, vingativas e cruéis inerentes às suas imperfeições.

"Enfim, basta à minha razão encontrar nesta santa doutrina a serenidade da alma, coroando uma existência resignada às tribulações providenciais da vida honestamente realizada pelo cumprimento de seus deveres e a prática da caridade, a firmeza na sua fé, pela solução das dúvidas que comprimem as aspirações para Deus, e enfim esta plena e inteira confiança na justiça, na bondade e na misericordiosa e paternal solicitude de seu Criador.

"Tende a bondade, senhor, de me contar no número dos vossos irmãos em Espiritismo, e aceitar etc.

"BONNAMY, *juiz de instrução*"

Uma comunicação dada pelo Espírito do pai do Sr. Bonnamy provocou a carta seguinte. Não reproduzimos essa comunicação, devido ao seu caráter íntimo e pessoal, mas damos a seguir a segunda carta, de interesse geral:

"Senhor e caro mestre, mil vezes obrigado por ter tido a bondade de evocar meu pai. Havia tanto tempo que não ouvia essa voz amada! Extinta para mim há tantos anos, ela revive hoje! Assim se realiza o sonho de minha imaginação entristecida, sonho concebido sob a impressão de nossa separação dolorosa. Que suave, que consoladora revelação, tão cheia de esperanças para mim! Sim, vejo meu pai e minha mãe no mundo dos Espíritos, velando por mim, prodigalizando-me o benefício dessa ansiosa solicitude com que me cercaram na Terra. Minha santa mãe, em sua terna preocupação pelo futuro, penetrando-me com seu eflúvio simpático para me conduzir a Deus e mostrar-me o caminho das verdades eternas que para mim cintilavam num longínquo nebuloso!

"Como eu seria feliz se, conforme o desejo expresso por meu pai de se comunicar novamente, sua evocação pudesse ser julgada útil ao progresso da ciência espírita, e entrar na ordem dos ensinamentos providenciais reservados à obra! Eu encontraria, assim, em vosso jornal, os elementos das instruções espíritas, por vezes mescladas às doçuras das conversas em família. É um simples desejo, bem compreendeis, caro mestre. Levo muito em consideração as exigências da missão que vos incumbe, para fazer de tal desejo um pedido.

"Dou plena autorização para a publicação de minha carta. De boa vontade levarei o meu grão de areia à ereção da construção do edifício espírita, feliz se, ao contato de minha convicção profunda, as dúvidas de alguns se diluíssem e os incrédulos pensassem dever refletir mais seriamente.

"Permiti-me, caro mestre, dirigir-vos algumas palavras de simpatia e encorajamento por vosso duro labor. O Espiritismo é um farol providencial cuja luz deslumbrante e fecunda deve abrir todos os olhos, confundir o orgulho dos homens e comover todas as consciências. Sua irradiação será irresistível. De que tesouros de consolação, de misericórdia e de amor sois o distribuidor!

"Aceitai etc."

BONNAMY

A LEI HUMANA

Instrução do Espírito do Sr. Bonnamy, pai.

A lei humana, como todas as coisas, está submetida ao progresso; progresso lento, insensível, mas constante.

Por mais admiráveis que sejam, para certas pessoas, as legislações antigas dos gregos e dos romanos, elas são muito inferiores às que governam as populações adiantadas de vossa época! – Com efeito, o que vemos na origem de cada povo? – Um código de costumes e usos tirando a sua sanção da força e tendo como motor o mais absoluto egoísmo. Qual o objetivo de todos os legisladores primitivos? – Destruir o mal e seus instrumentos, para a maior paz da Sociedade. Suspeita-se do criminoso? – Não. Bate-se nele para corrigi-lo e lhe mostrar a necessidade de uma conduta mais moderada em relação a seus concidadãos? É visando seu melhoramento? – Absolutamente. É exclusivamente para preservar a Sociedade contra suas ações, Sociedade egoísta que rejeita impiedosamente de seu seio tudo quanto lhe pode perturbar a tranquilidade. Assim, todas as repressões são excessivas e a pena de morte é mais geralmente aplicada.

Isto é concebível quando se considera a ligação íntima que existe entre a lei e o princípio religioso. Ambos avançam concordes, para um objetivo único, amparando-se mutuamente.

A religião sanciona todos os prazeres materiais e todas as satisfações dos sentidos? A lei dura e excessiva fere o criminoso para desembaraçar a Sociedade de um hóspede importuno. A religião se transforma, sanciona a vida da alma e sua independência da matéria? Ela reage também sobre a legislação, demonstra-lhe a responsabilidade que lhe incumbe, no futuro do violador da lei. Daí, a assistência do ministro, seja qual for, nos últimos momentos do condenado. Ainda o agridem, mas já têm a preocupação com esse ser que não morre inteiramente com seu corpo, e cuja parte espiritual vai receber o castigo que os homens infligiram ao elemento material.

Na Idade Média e desde a era cristã, a legislação recebe do princípio religioso uma influência cada vez mais notável. Ela perde um pouco de sua crueldade, mas seus móveis ainda absolutos e cruéis mudaram completamente de direção.

Assim como a Ciência, a Filosofia e a Política, a jurisprudência tem as suas revoluções, que não se devem operar senão lentamente, para serem aceitas pela generalidade dos seres a quem interessam. Uma nova instituição, para dar frutos, não deve ser imposta. A arte do legislador é preparar os espíritos de maneira a fazer com que a desejem e a considerem como um benefício... Todo inovador, por melhores que sejam as intenções que o animem, por mais louváveis que sejam os seus desígnios, será considerado como um déspota, cujo jugo é preciso sacudir, se ele quiser se impor, ainda mesmo que por benefícios. – Por seu princípio, o homem é essencialmente livre, e quer aceitar sem constrangimento. Daí as dificuldades que encontram os homens muito avançados para o seu tempo; daí as perseguições com que são abatidos. Eles vivem no futuro! Com um ou dois séculos de avanço sobre a massa de seus contemporâneos, eles não podem senão fracassar e quebrar-se contra a rotina refratária.

Assim, na Idade Média, preocupavam-se com o futuro do criminoso. Pensavam em sua alma, e para levá-la ao arrependimento, apavoravam-na com os castigos do inferno, as chamas eternas que, por um arrastamento culposo, lhe infligiria um Deus infinitamente justo e infinitamente bom!

Não podendo elevar-se à altura de Deus, os homens, para se engrandecer, o reduziam às suas mesquinhas proporções! Inquietavam-se com o futuro do criminoso; pensavam em sua alma, não por ela própria, mas em razão de uma nova transformação do egoísmo, que consistia em pôr a consciência em repouso, reconciliando o pecador com seu Deus.

Pouco a pouco, no coração e no pensamento de um pequeno número, a iniquidade de semelhante sistema pareceu evidente. Eminentes espíritos tentaram modificações prematuras, mas que, nada obstante, deram frutos, estabelecendo precedentes sobre os quais se baseia a transformação que hoje se realiza em todas as coisas.

Sem dúvida, ainda por muito tempo a lei será repressiva e castigará os culpados. Ainda não chegamos ao momento em que só a consciência da falta será o mais cruel castigo daquele que a cometeu. Mas, como vedes todos os dias, as penas se abrandam; tem-se em vista a moralização do ser; criam-se instituições para preparar a sua renovação moral; torna-se o seu abatimento útil a ele próprio e à Sociedade. O criminoso não será mais a fera a ser expurgada do mundo a qualquer preço. Será a criança extraviada na qual deve ser corrigido o raciocínio falseado pelas más paixões e pela influência do meio perverso!

Ah! O magistrado e o juiz não são os únicos responsáveis e os únicos a agirem neste mister. Todo homem de coração, príncipe, senador, jornalista, romancista, legislador, professor e artesão, todos devem pôr mãos à obra e trazer seu óbolo à regeneração da Humanidade.

A pena de morte, vestígio infamante da crueldade antiga, desaparecerá pela força das coisas. A repressão, necessária no estado atual, abrandar-se-á dia a dia; e, em algumas gerações, a única condenação, a colocação fora da lei de um ser inteligente, será o último degrau da infâmia, até que, de transformação em transformação, a consciência de cada um fique como único juiz e carrasco do criminoso.

E a quem deveremos todo esse trabalho? Ao Espiritismo, que desde o começo do mundo age por suas revelações sucessivas, como Mosaísmo, Cristianismo e Espiritismo propriamente dito! Por toda parte, em cada período, sua influência benfazeja salta aos olhos, e ainda há seres bastante cegos para não reconhecê-lo, bastante interessados para derrubá-lo e negar a sua existência. Ah! Esses devem ser lamentados, porque lutam contra uma força invencível: contra o dedo de Deus!

BONNAMY pai. (*Médium*: Sr. Desliens).

MEDIUNIDADE MENTAL

Um dos nossos correspondentes escreve de Milianah, Argélia:

"... A propósito do desprendimento do Espírito, que se opera em todos durante o sono, meu guia espiritual exercita-me em vigília. Enquanto o corpo está entorpecido, o Espírito se transporta para longe, visita as pessoas e os lugares de que gosta e a seguir volta sem esforço. O que me parece mais surpreendente é que, enquanto estou como que em catalepsia, tenho consciência desse desprendimento. Exercito-me também no recolhimento, o que me proporciona a agradável visita de Espíritos simpáticos, encarnados e desencarnados. Este último estudo só ocorre durante a noite, pelas duas ou três horas, e quando o corpo, repousado, desperta. Fico alguns instantes à espera, como depois de uma evocação. Então sinto a presença do Espírito por uma impressão física, e logo surge em meu pensamento uma imagem que me faz reconhecê-lo. Estabelece-se a conversa mental, como na comunicação intuitiva, e esse gênero de conversa tem algo de adoravelmente íntimo. Muitas vezes meu irmão e minha irmã, encarnados, me visitam, às vezes acompanhados por meu pai e minha mãe, do mundo dos Espíritos.

"Há bem poucos dias recebi vossa visita, caro mestre, e pela suavidade do fluido que me penetrava, eu julgava que fosse um dos nossos bons protetores celestes; imaginai minha alegria ao reconhecer, em meu pensamento, ou melhor, no meu cérebro, como que o próprio timbre de vossa voz. Lamennais nos deu uma comunicação a esse respeito e deve encorajar os meus esforços. Eu não poderia dizer-vos do encanto que dá esse gênero de mediunidade. Se tiverdes junto de vós alguns médiuns intuitivos, habituados ao recolhimento e à tensão de espírito, eles podem tentar também. Evoca-se e, em vez de escrever, conversa-se, exprimindo bem as ideias, sem prolixidade.

"Meu guia muitas vezes me fez a observação de que eu tinha um Espírito sofredor, um amigo que vem instruir-se ou buscar consolações. Sim, o Espiritismo é um benefício precioso: abre um vasto campo à caridade, e aquele que está inspirado por bons sentimentos, se não puder vir em socorro de seu irmão materialmente, sempre o pode espiritualmente."

Esta mediunidade, à qual damos o nome de *mediunidade mental*, certamente não é adequada para convencer os incrédulos, porque nada tem de ostensivo, nem desses efeitos que ferem os sentidos. É toda para a satisfação íntima de quem a possui. Mas também é preciso reconhecer que se presta muito à ilusão e que é o caso de desconfiar das aparências. Quanto à existência da faculdade, não se poderia duvidar. Pensamos mesmo que deve ser a mais frequente, porque é considerável o número das pessoas que, no estado de vigília, sofrem a influência dos Espíritos e recebem a inspiração de um pensamento que sentem não ser seu. A impressão agradável ou penosa que por vezes se sente à vista de alguém que se encontra pela primeira vez; o pressentimento da aproximação de uma pessoa; a penetração e a transmissão do pensamento, são outros tantos efeitos devidos à mesma causa e que constituem uma espécie de mediunidade, que se pode dizer universal, pois todos possuem os seus rudimentos. Mas, para experimentar seus efeitos marcantes é necessária uma aptidão especial, ou melhor, um grau de sensibilidade mais ou menos desenvolvido, conforme os indivíduos. Sob esse ponto de vista, como temos dito há muito tempo, todos são médiuns, e Deus não deserdou ninguém da preciosa vantagem de receber os salutares eflúvios do mundo espiritual, que se traduzem de mil e uma maneiras diferentes. Mas as variedades que existem no organismo humano não permitem a todos receber efeitos idênticos e ostensivos.

Tendo sido discutida esta questão na Sociedade de Paris, as instruções seguintes foram dadas a respeito, por diversos Espíritos.

I

É possível desenvolver o sentido espiritual, como diariamente se vê desenvolver-se uma aptidão por um trabalho constante. Ora, sabei que a comunicação do mundo incorpóreo com os vossos sentidos é constante: ela se dá a toda hora, a cada minuto, pela lei das relações espirituais. Que os encarnados ousem aqui negar uma lei da própria Natureza!

Acabam de dizer-vos que os Espíritos se veem e se visitam uns aos outros durante o sono: tendes muitas provas. Por que quereríeis que isto não ocorresse em vigília? Os Espíritos não têm noite. Não. Eles estão constantemente ao vosso lado; eles vos vigiam; vossos familiares vos inspiram, vos suscitam pensamentos, vos guiam; eles vos falam e vos exortam; eles protegem vossos trabalhos, ajudam-vos a elaborar vossos desígnios formados pela metade e vossos sonhos ainda vacilantes; anotam vossas boas resoluções; lutam quando lutais. Eles estão aí, esses bons amigos, no fim de vossa encarnação; eles vos riem no berço, vos esclarecem nos estudos; depois se envolvem em todos os atos de vossa passagem aqui na Terra; oram quando vos veem preparando-se para irdes encontrá-los.

Oh! não, jamais negueis vossa assistência diária; jamais negueis vossa mediunidade espiritual, porque blasfemais contra Deus, e seríeis taxados de ingratidão pelos Espíritos que vos amam.

H. DOZON
(*Médium:* Sr. Delanne.)

II

Sim, esse gênero de comunicação espiritual é mesmo uma mediunidade, como, aliás, tendes ainda outros a constatar no curso de vossos estudos espíritas. É uma espécie de estado cataléptico muito agradável para quem o experimenta. Ele proporciona todas as alegrias da vida espiritual à alma prisioneira, que aí encontra um encanto indefinível, que gostaria de experimentar sempre. Mas é preciso voltar de qualquer modo, e, semelhante ao prisioneiro ao qual permitem tomar ar num prado, a alma entra constrangida na célula humana.

É uma mediunidade muito agradável esta que permite a um Espírito encarnado ver os velhos amigos, poder conversar com eles, comunicar-lhes suas impressões terrenas e poder expandir o coração no seio de amigos discretos que não procuram achar ridículo o que lhes confiais, mas antes vos dar bons conselhos, se vos forem úteis. Esses conselhos, dados assim, têm mais peso para o médium que os recebe, porque o Espírito que lhos dá, a ele se mostrando, deixou uma impressão profunda em seu cérebro, e, por este meio, gravou melhor em seu coração a sinceridade e o valor desses conselhos.

Essa mediunidade existe no estado inconsciente em muitas pessoas. Sabei que há sempre perto de vós um amigo sincero, sempre pronto a sustentar e a encorajar aquele cuja direção lhe é confiada pelo Todo-Poderoso. Não, meus amigos, esse apoio não vos faltará jamais; cabe-vos saber distinguir as boas inspirações entre todas as que se chocam no labirinto de vossas consciências. Sabendo compreender o que vem do vosso guia, não vos podeis afastar do reto caminho que toda alma que aspira à perfeição deve seguir.

Espírito Protetor
(*Médium*: Sra. Causse)

III

Já vos foi dito que a mediunidade se revelaria por diferentes formas. A que vosso Presidente qualificou de *mental* está bem definida. É o primeiro degrau da mediunidade vidente e falante.

O médium falante entra em comunicação com os Espíritos que o assistem e fala com eles; seu Espírito os vê, ou melhor, os adivinha; apenas não faz senão transmitir o que lhe dizem, enquanto que o médium mental pode, se for bem formado, dirigir perguntas e receber respostas, sem a intermediação da pena ou do lápis, mais facilmente que o médium intuitivo, porque aqui o Espírito do médium, estando mais desprendido, é um intérprete mais fiel. Mas para isto é necessário um ardente desejo de ser útil, trabalhar com vistas ao bem, com um sentimento puro, isento de todo pensamento de amor-próprio e de interesse. De todas as faculdades mediúnicas é a mais sutil e a mais delicada. O menor sopro impuro basta para manchá-la. É apenas nessas condições que o médium mental obterá provas da realidade das comunicações. Logo vereis surgir entre vós médiuns falantes que vos surpreenderão por sua eloquência e por sua lógica.

Esperai, pioneiros que tendes pressa de ver vossos trabalhos crescerem; novos obreiros virão reforçar vossas fileiras, e este ano verá concluir-se a primeira grande fase do Espiritismo e começar outra não menos importante.

E vós, caro mestre, que Deus abençoe os vossos trabalhos; que ele vos sustente e nos conserve o favor especial que nos concedeu, permitindo-nos guiar-vos e sustentar-vos em vossa tarefa, que é também a nossa.

Como Presidente Espiritual da Sociedade de Paris, velo por ela e por cada membro em particular, e rogo ao Senhor que espalhe sobre vós todas as suas graças e as suas bênçãos.

S. LUÍS
(*Médium:* Sra. Dellane)

IV

Seguramente, meus amigos, a mediunidade, que consiste em conversar com os Espíritos, como com pessoas que vivem a vida material, desenvolver-se-á mais à medida que o desprendimento do Espírito se efetuar com mais facilidade, pelo hábito do recolhimento. Quanto mais avançados moralmente forem os Espíritos encarnados, maior será essa facilidade das comunicações. Assim como dizeis, ela não será de uma importância muito grande do ponto de vista da convicção a dar aos incrédulos, mas tem para aquele que lhe é objeto uma grande doçura, e o ajuda a desmaterializar-se cada vez mais. O recolhimento e a prece, este impulso da alma junto a seu Autor, para lhe exprimir seu amor e seu reconhecimento, solicitando ainda o seu socorro, são os dois elementos da vida espiritual; são eles que derramam na alma esse orvalho celeste que ajuda o desenvolvimento das faculdades que aí estão em estado latente. Como são infelizes os que dizem que a prece é inútil porque não modifica os desígnios de Deus! Sem dúvida as leis que regem as diversas ordens de fenômenos não serão perturbadas ao bel-prazer deste ou daquele, mas a prece não tem por efeito senão melhorar o indivíduo que, por esse ato, eleva seu pensamento acima das preocupações materiais, motivo pelo qual ele não deve negligenciá-la.

É pela renovação parcial dos indivíduos que a Sociedade acabará por regenerar-se, e Deus sabe se ela precisa disso!

Ficais revoltados quando pensais nos vícios da sociedade pagã, ao tempo em que o Cristo veio trazer sua reforma humanitária; mas em vossos dias, os vícios, por serem velados sob formas mais marcantes de polidez e de educação, não deixam de existir. Eles não têm magníficos templos, como os da Grécia Antiga, mas ah! Eles os têm no coração da maior parte dos homens e causam entre eles as mesmas devastações que ocasionavam entre os que precederam a era cristã. Não é, pois, sem uma grande utilidade que os Espíritos vieram lembrar os ensinamentos dados há dezoito séculos, porquanto, tendo-os esquecido ou mal compreendido, vós não podeis aproveitá-los e espalhá-los segundo a vontade do divino crucificado.

Agradecei, pois, ao Senhor, vós todos que fostes chamados a cooperar na obra dos Espíritos, e que o vosso desinteresse e vossa caridade jamais enfraqueçam, porque é nisto que se conhecem entre vós os verdadeiros espíritas.

LUÍS DE FRANÇA
(*Médium:* Sra. Breul)

NOTÍCIAS BIBLIOGRÁFICAS

ESPÍRITA

(História fantástica, por Théophile Gautier)

Na *Revista* de dezembro último dissemos algumas palavras sobre esse romance, que foi editado em folhetim no *Moniteur Universel,* e que hoje está publicado em livro. Lamentamos que o espaço não nos permita fazer uma análise minuciosa e, sobretudo, citar algumas passagens cujas ideias são incontestavelmente bebidas na própria fonte do Espiritismo; mas, considerando-se que a maior parte dos nossos leitores certamente já o leu, um relato desenvolvido seria supérfluo. Diremos apenas que a parte concedida ao fantástico é certamente um pouco grande, e que seria preciso não tomar todos os fatos ao pé da letra. É preciso considerar que não se trata de um tratado de Espiritismo. A verdade está no fundo das ideias e pensamentos, que são essencialmente espíritas e apresentados com uma delicadeza e uma graça encantadoras, bem mais do que nos fatos, cuja possibilidade, por vezes, é contestável. Apesar de ser um romance, essa obra não deixa de ter uma grande importância, primeiro pelo nome do autor, e porque é a primeira obra capital oriunda de escritores da imprensa, onde a ideia espírita é categoricamente confirmada, e que aparece no momento em que parecia haver um desmentido lançado na onda de ataques contra essa ideia. A própria forma do romance tinha sua utilidade; certamente era preferível, como transição, à forma doutrinal de aspectos severos. Graças a uma leveza aparente, ele penetrou em toda parte, e com ele, a ideia.

Embora Théophile Gautier seja um dos autores favoritos da imprensa, essa foi, contra o costume, de uma sobriedade parcimoniosa a respeito desta última obra. Ela não sabia se devia louvá-lo ou censurá-lo. Censurar Théophile Gautier, um amigo, um confrade, um escritor amado pelo público; dizer que ele tinha feito uma obra absurda, era uma coisa difícil; elogiar a obra seria exaltar a ideia; guardar silêncio acerca de um nome popular teria sido uma afronta. A forma romanesca afastou o embaraço; permitiu dizer que o autor tinha feito uma bela obra de imaginação, e não de convicção. Falaram, mas falaram pouco. É assim que com a própria incredulidade há acomodações. Notamos uma coisa muito singular: No dia em que a obra apareceu em livro, havia em todos os livreiros cartões com um pequeno anúncio colocado no exterior. Alguns dias depois, todos os anúncios tinham desaparecido.

Nos magros e raros noticiários dos jornais, encontramos confissões significativas, sem dúvida saídas por descuido da pena do escritor. No *Courrier du Monde Illustré* de 16 de dezembro de 1865 lê-se o seguinte:

"É preciso crer que, sem dar-se conta, sem professar a doutrina, sem mesmo ter sondado muito essas insondáveis questões de Espiritismo e sonambulismo, o poeta Théophile Gautier, apenas pela intuição de seu gênio poético, acertou em cheio, comeu a rã do inexplicável, fugiu com o dinheiro do caixa e encontrou o abre-te Sésamo das evocações misteriosas, porque o romance que publicou em folhetim no *Moniteur*, sob o título de *Espírita*, agitou violentamente todos os que se ocupam dessas perigosas questões. A emoção foi imensa e, para avaliar todo o seu alcance, é preciso percorrer, como o fazemos, os jornais da Europa inteira.

"Toda a Alemanha espírita levantou-se como um só homem, e como todos os que vivem na contemplação de uma ideia só têm olhos e ouvidos para ela, um dos órgãos mais sérios da Áustria pretende que o imperador encomendou a Théophile Gautier esse prodigioso romance, a fim de desviar a atenção da França das questões políticas. Primeira asserção, cujo alcance não exagero. A segunda asserção feriu-me por seu lado fantástico.

"Segundo a folha alemã, o poeta da *Comédia da Morte*, muito agitado em consequência de uma visão, teria ficado gravemente doente, teria sido levado para Genebra e ali, sob o domínio da febre, teria sido forçado a guardar o leito por várias semanas, vítima de estranhos pesadelos, de alucinações luminosas, joguete constante de Espíritos errantes. Pela manhã teriam encontrado ao pé da cama as folhas esparsas do manuscrito de *Espírita*.

"Sem atribuir à inspiração que guiou a pena do autor de Avatar uma fonte tão fantástica, cremos firmemente que uma vez envolvido no seu assunto, o escritor de *O Romance da Múmia* ter-se-ia embriagado com essas visões, e que no paroxismo teria traçado essa descrição admirável do Céu, que é uma de suas mais belas páginas.

"A correspondência que deu origem à publicação de Espírita é extremamente curiosa. Lamentamos que um sentimento de conveniência não nos tenha permitido pedir cópia de uma das cartas recebidas pelo poeta de *Esmaltes e Camafeus*"

Aqui não fazemos crítica literária, sem o que poderíamos achar de gosto duvidoso a espécie de catálogo que o autor utilizou em seu artigo, que também nos parece pecar um pouco por falta de clareza.

Confessamos não haver compreendido a frase da rã[1]; contudo é citada textualmente. Isto talvez se deva à dificuldade de

---

[1] Rã, no francês, é *grenouille*. A frase acima "fugiu com o dinheiro do caixa" é uma expressão que em francês corresponde a manger la grenouille. (Nota do revisor Boschiroli)

explicar onde o célebre romancista colheu semelhantes ideias, e como ousou apresentá-las sem rir. Mas o que é mais importante é a confissão da sensação produzida por essa obra na Europa inteira. É preciso convir, pois, que a ideia espírita está bem vivaz e bem difundida; não é, pois, um aborto natimorto. Quantas pessoas são colocadas, por uma penada dos nossos adversários, na categoria dos cretinos e dos idiotas! Felizmente seu julgamento não é definitivo. Os Srs. Jaubert, Bonnamy e muitos outros fazem a apelação da sentença.

O autor qualifica essas questões de perigosas. Mas, segundo ele e os seus confrades de ceticismo, são contos fúteis e ridículos. Ora, o que é que um conto fútil pode ter de perigoso para a Sociedade? De duas, uma: no fundo de tudo isto existe ou não existe algo de sério. Se nada existe, onde está o perigo? Se tivéssemos escutado, no nascedouro, todos os que declararam perigosas a maior parte das grandes verdades que hoje brilham, onde estaríamos com o progresso? A verdade não tem perigo senão para os poltrões, que não ousam encará-la de frente, e para os *interesseiros*.

Um fato não menos grave, que vários jornais se apressaram em publicar, como se fosse comprovado, é que o imperador teria encomendado esse *prodigioso* romance, para desviar a atenção da França das questões políticas. Evidentemente não é uma questão de suposição, porque, admitindo a realidade da fonte, não é presumível que a tivessem divulgado. Mas essa mesma suposição é uma confissão da força da ideia espírita, pois reconhecem que um soberano, o maior político de nossos dias, pôde julgá-la apta a produzir semelhante resultado. Se tivesse sido esse o pensamento que presidiu a execução dessa obra, parece-nos que a coisa seria supérflua, porque apareceu exatamente no momento em que os jornais se preocupavam em disputar a primazia da atenção com o barulho que faziam a propósito dos irmãos Davenport.

O que há de mais claro em tudo isto é que os detratores do Espiritismo não conseguem entender a prodigiosa rapidez do progresso da ideia, a despeito de tudo quanto fazem para detê-la. Não podendo negar o fato que dia a dia se torna mais evidente, esbofam-se em procurar a causa em toda parte onde não está, na esperança de atenuar sua importância.

Num artigo intitulado *Livros de hoje e de amanhã*, assinado por Émile Zola, o *Événement* de 16 de fevereiro dá um resumo muito exíguo do assunto da obra em questão, acompanhado das seguintes reflexões:

"Há pouco tempo o *Moniteur* deu uma notícia fantástica de Théophile Gautier: *Spirite*, que a livraria Charpentier acaba de publicar em livro.

"A obra é para a maior glória dos Davenport; ela nos leva a passeio pelo país dos Espíritos, mostra-nos o invisível, revela-nos o desconhecido. O Jornal oficial deu os boletins do outro mundo.

"Mas eu desconfio da fé de Théophile Gautier. Ele tem uma bonomia irônica que cheira a incredulidade a uma légua. Eu desconfio que ele entrou no invisível pelo único prazer de descrever, à sua maneira, horizontes imaginários.

"No fundo, ele não acredita numa palavra das histórias que conta, mas gosta de contá-las, e os leitores gostarão de ler. Tudo é, pois, para o melhor, na melhor das incredulidades possíveis.

"Escreva o que escrever, Théophile Gautier é sempre pitoresco e poeta original. *Se ele acreditasse no que diz, seria perfeito – e isto talvez fosse uma pena.*"

Singular confissão, lógica singular e mais singular conclusão! Se Théophile Gautier acreditasse no que diz em *Spirite, seria perfeito!* Então as doutrinas espíritas conduzem à perfeição aqueles que as assimilam, de onde a consequência que se todos os homens fossem espíritas, todos seriam perfeitos. Um outro teria concluído: "Apressemo-nos em difundir o Espiritismo"... mas, não; *seria uma pena!*

Quantas pessoas repelem as crenças espíritas, não pelo medo de se tornarem perfeitas, mas simplesmente pelo medo de serem obrigadas a emendar-se! Os Espíritos lhes metem medo porque falam do outro mundo, e esse mundo lhes causa terrores. É por isto que tapam os olhos e os ouvidos.

A MULHER DO ESPÍRITA

(Por ANGE DE KÉRANIOU)

Sobre esta obra, o *Événement* de 19 de fevereiro traz o artigo seguinte, assinado por Zola, como o precedente.

"Decididamente, os romancistas curtos de imaginação, nestes tempos de produção incessante, vão dirigir-se ao Espiritismo para encontrar assuntos novos e estranhos. Em meu último artigo, falei de *Espírita*, de Théophile Gautier; hoje tenho a anunciar o lançamento, pela casa Lemer, de *A Mulher do Espírita*, por Ange de Kéraniou.

"Talvez o Espiritismo venha a fornecer ao gênio francês o maravilhoso necessário a toda epopeia bem condicionada.

"Os Davenport nos terão assim trazido um dos elementos do poema épico que a literatura francesa ainda espera.

"O livro do Sr. Kéraniou é um pouco difuso; não se sabe se ele faz troça ou se fala sério, mas é cheio de detalhes curiosos que fazem dele uma obra interessante para folhear.

"O Conde Humbert de Luzy, um espírita emérito, uma espécie de anticristo, que faz as mesas dançarem, casou-se com uma jovem a quem inspira muito naturalmente um medo horrível.

"A jovem senhora, era de se esperar, quer arranjar um amante. É aqui que a história se torna realmente original. Os Espíritos se constituem em guardas de honra do marido, e, em duas ocasiões, em circunstâncias desesperadoras, salvam essa honra com o auxílio de aparições e tremores de terra.

"Se eu fosse casado, tornar-me-ia espírita."

Decididamente, a ideia espírita faz a sua entrada na imprensa pelo romance. Aí ela entra ornamentada: a verdade nua e crua chocaria esses senhores. Não conhecemos esta nova obra senão pelo artigo acima; então, nada podemos dizer sobre ela. Apenas constataremos que o autor desta crítica enuncia, talvez sem lhe ter visto o alcance, uma grande e fecunda verdade, a de que a literatura e as artes encontrarão no Espiritismo uma rica mina a explorar. Nós dissemos há muito tempo: Um dia haverá a *arte espírita*, como houve a arte pagã e a arte cristã. Sim, o poeta, o literato, o pintor, o escultor, o músico, o próprio arquiteto haurirão, a mancheias, nesta nova fonte, temas de inspiração sublime quando tiverem *explorado* em outros lugares que não no fundo de um armário. Théophile

Gautier foi o primeiro a entrar na liça, por uma obra capital cheia de poesia. Ele terá imitadores, sem a menor dúvida.

"Talvez o Espiritismo vá fornecer os elementos do poema épico que a literatura francesa ainda espera"; já não seria um resultado tão forte para desdenhar. (Vide a Revista Espírita de dezembro de 1860: A Arte Espírita, a Arte Pagã e a Arte Cristã).

FORÇAS NATURAIS DESCONHECIDAS[2]

(POR HERMÈS)

Este não é um romance; é uma refutação, do ponto de vista da Ciência, das críticas dirigidas contra os fenômenos espíritas, a propósito dos irmãos Davenport, e da similitude que pretendem estabelecer entre esses fenômenos e os truques de prestidigitação. O autor apresenta o charlatanismo, que desliza em tudo, e as condições desfavoráveis nas quais se apresentaram os Davenport, condições que ele não procura justificar. Examina os próprios fenômenos, com abstração das pessoas, e fala com a autoridade de um cientista. Levanta vigorosamente a luva atirada por uma parte da imprensa nessa circunstância, e estigmatiza suas excentricidades de linguagem, que ele traduz à luz do bom senso, mostrando até que ponto ela se afastou de uma discussão leal. Podemos não partilhar do sentimento do autor sobre todos os pontos, mas não deixamos de dizer que seu livro é uma refutação difícil de refutar. Assim, a imprensa hostil em geral guardou silêncio sobre o assunto. Contudo, o *Événement* de 1º de fevereiro falou dele nestes termos:

"Tenho em mãos um livro que deveria ter sido editado no último outono. Ele trata dos Davenport. Este livro, assinado com o pseudônimo de 'Hermès', tem por título *Forças naturais desconhecidas*, e pretende que deveríamos aceitar o armário e os dois irmãos, porque nossos sentidos são débeis e não

---

[2] Brochura in-18. Preço I franco. Livraria Didier.

podemos explicar tudo em a Natureza. Inútil dizer que o livro foi editado pela livraria Didier.

"Eu não falaria destas folhas que se enganam de estação, se elas não contivessem um violento requisitório contra a imprensa parisiense inteira. O Sr. Hermès narra claramente os seus feitos aos redatores do *Opinion*, do *Temps*, da *France*, do *Fígaro*, do *Petit Journal* etc. Eles foram insolentes e cruéis, e sua má-fé só pode ser comparada com a sua tolice. Eles não compreendiam, portanto não deviam falar. Ignorância, falsidade, grosseria, esses jornalistas cometeram todos os crimes.

"O Sr. Hermès é muito duro. Louis Ulbach é chamado 'o homem de óculos', injúria extremamente ultrajante. Edmond About, que havia perguntado qual a diferença entre os médiuns e o Dr. Lapommerais, recebe o troco largamente. O Sr. Hermès declara que 'ele não se admira que certos amadores de trocadilhos tenham jogado na lama o nome de seu gracioso contraditor'. Sentis toda a delicadeza desse jogo de palavras?

"O Sr. Hermès acaba confessando que vive num jardim retirado e que só se preocupa com a verdade. Seria preferível que vivesse na rua e que tivesse toda a calma e toda a caridade cristã da solidão."

Não é curioso ver esses senhores darem lições *teóricas de calma e de caridade cristã* àqueles a quem injuriam gratuitamente, e não concordar que lhes respondam? Entretanto, não censurarão o Sr. Hermès por falta de moderação, porque, por excesso de consideração, ele não cita nenhum nome próprio. É verdade que as citações, assim agrupadas, formam um buquê muito pouco gracioso. De quem a falta se esse buquê não exala um perfume de urbanidade e de bom gosto? Para ter o direito de se queixar de algumas apreciações um pouco severas, seria preciso não provocá-las.

ALLAN KARDEC

REVISTA ESPÍRITA

JORNAL DE ESTUDOS PSICOLÓGICOS

| ANO IX | ABRIL DE 1866 | VOL. 4 |

DA REVELAÇÃO[1]

No sentido litúrgico, a revelação implica uma ideia de misticismo e de maravilhoso. O materialismo a repele naturalmente, porque ela supõe a intervenção de poderes e de inteligências extra-humanas. Fora da negação absoluta, muita gente hoje faz estas perguntas: Houve ou não uma revelação? A revelação é necessária? Trazendo aos homens a verdade acabada, não teria por efeito impedi-los de fazer uso de suas faculdades, pois ela lhes pouparia o trabalho da pesquisa? Essas objeções nascem da falsa ideia que se faz da revelação. Para começar, tomemo-la na sua acepção mais simples, para segui-la até seu ponto mais alto.

Revelar é dar a conhecer uma coisa desconhecida; é ensinar a alguém aquilo que ele não sabe. Deste ponto de vista, há para nós uma revelação por assim dizer incessante. Qual o papel do professor perante os alunos, senão o de um revelador? Ele lhes ensina o que eles não sabem, o que não teriam tempo nem possibilidade de descobrirem por si mesmos, porque a Ciência é obra coletiva dos séculos e de uma multidão de homens que trouxeram, cada um, o seu contingente de observações de que aproveitam os que vêm depois deles. O ensino é, pois, na realidade, a revelação de certas verdades científicas ou morais, físicas ou metafísicas, feitas por homens que as conhecem, a outros que as ignoram, e que sem isto as teriam ignorado sempre. Seria mais lógico deixar que eles mesmos procurassem essas verdades? Esperar que eles inventassem a mecânica para lhes ensinar a servir-se do vapor?

[1] Vide *A Gênese*, capítulo I. (Nota do revisor Boschiroli)

Não se poderia dizer que, em lhes revelando o que os outros acharam, impede-se o exercício de suas faculdades? Não é, ao contrário, apoiando-se no conhecimento das descobertas anteriores que eles chegam a novas descobertas? Ensinar ao maior número possível de pessoas a maior soma possível de verdades conhecidas é, então, provocar a atividade da inteligência em vez de abafá-la e impelir ao progresso. Sem isto o homem ficaria estacionário.

Mas o professor só ensina o que aprendeu; é um revelador de segunda ordem. O homem de gênio ensina o que ele próprio achou; é o revelador primitivo. Foi ele que trouxe a luz que pouco a pouco se vulgarizou. Onde estaria a Humanidade sem a revelação dos homens de gênio que aparecem de vez em quando?

Mas, que são os homens de gênio? Por que são homens de gênio? De onde eles vêm? Em que se tornam? Notemos que, em sua maioria, eles trazem, ao nascer, faculdades transcendentes e conhecimentos inatos que basta um pouco de trabalho para desenvolver. Eles pertencem realmente à Humanidade, pois nascem, vivem e morrem como nós. Onde, então, beberam esses conhecimentos que não puderam adquirir em vida? Dir-se-á, com os materialistas, que o acaso lhes deu a matéria cerebral em maior quantidade e melhor qualidade? Neste caso, eles não teriam mais mérito que um legume maior e mais saboroso que outro.

Dirão, com certos espiritualistas, que Deus os dotou de uma alma mais favorecida que os homens comuns? Suposição também ilógica, pois acusaria Deus de parcialidade. A única solução racional deste problema está na preexistência da alma e na pluralidade das existências. O homem de gênio é um Espírito que viveu mais tempo, que consequentemente adquiriu mais e progrediu mais que os menos adiantados. Encarnando-se, traz o que sabe, e como sabe muito mais que os outros sem ter necessidade de aprender, é o que se chama um homem de gênio. Mas o que sabe não deixa de ser fruto de um trabalho anterior e não o resultado de um privilégio. Antes de renascer, ele era, portanto, um Espírito adiantado; reencarna-se para que os outros aproveitem o que ele sabe ou para adquirir mais conhecimentos.

Incontestavelmente os homens progridem por si mesmos e pelos esforços de sua inteligência; mas, entregues às suas próprias forças, esse progresso é muito lento, se não forem ajudados por homens mais adiantados, como o escolar o é por seus professores. Todos os povos têm tido seus homens de gênio, que vieram em diversas épocas dar um impulso e tirá-los da inércia.

Como se admite a solicitude de Deus por suas criaturas, por que não se admitiria que Espíritos capazes, por sua energia e pela superioridade de seus conhecimentos, fizessem avançar a Humanidade, encarnando-se, pela vontade de Deus, visando ajudar o progresso num determinado sentido? Que recebessem uma missão, como um embaixador a recebe de seu soberano? Tal é o papel dos grandes gênios. O que vêm eles fazer, senão ensinar aos homens verdades que estes ignoram, e que ainda teriam ignorado por longos períodos, a fim de lhes fornecer um trampolim com a ajuda do qual poderão elevar-se mais rapidamente? Esses gênios, que aparecem através dos séculos, como estrelas brilhantes, e que deixam depois de si uma longa esteira luminosa sobre a Humanidade, são missionários, ou, se preferirem, messias. Se não ensinassem aos homens senão o que estes sabem, sua presença seria completamente inútil. As coisas novas que eles ensinam, seja na ordem física, seja na ordem moral, são *revelações*.

Se Deus suscita reveladores para as verdades científicas, com mais forte razão pode suscitá-las para as verdades morais, que são um dos elementos essenciais do progresso. Tais são os filósofos, cujas ideias atravessam os séculos.

No sentido especial da fé religiosa, os reveladores são mais geralmente designados sob o nome de *profetas* ou *messias*. Todas as religiões têm tido seus reveladores, e embora todos estejam longe de haver conhecido toda a verdade, tinham sua razão de ser providencial, porque eram apropriados ao tempo e ao meio em que viviam, ao gênio particular dos povos aos quais falavam, e aos quais eram relativamente superiores. Malgrado os erros de suas doutrinas, não deixaram de abalar os espíritos e, por isso mesmo, semearam germes do progresso que mais tarde deviam expandir-se, ou se expandirão um dia, à luz do Cristianismo. É, pois, erradamente que lhes atiram o anátema, em nome da ortodoxia, porque dia virá em que todas as crenças, tão diversas pela forma, mas que repousam realmente num mesmo princípio fundamental – Deus e a imortalidade da alma – fundir-se-ão numa grande e vasta unidade, quando a razão tiver triunfado dos preconceitos.

Infelizmente, em todos os tempos as religiões foram instrumentos de dominação. O papel de profeta tentou as ambições secundárias e viu-se surgir uma multidão de pretensos reveladores ou messias que, com o favor do prestígio desse nome, exploraram a credulidade em proveito de seu orgulho, de sua cupidez ou de sua preguiça, achando mais cômodo viver às custas de seus enganados. A religião cristã não esteve ao abrigo desses parasitas. A esse respeito, chamamos a atenção séria sobre o capítulo XXI de *O Evangelho segundo o Espiritismo*: "Haverá falsos cristos e falsos profetas." A linguagem simbólica de Jesus favoreceu singularmente as interpretações mais contraditórias. Esforçando-se cada um em distorcer o sentido, julgou aí encontrar a sanção de seus pontos de vista pessoais, muitas vezes até a justificação das doutrinas mais contrárias ao espírito de caridade e de justiça, que é a sua base. Esse abuso desaparecerá pela própria força das coisas, sob o império da razão. Isto não é o de que nos temos que ocupar aqui. Apenas destacamos as duas grandes revelações sobre as quais se apoia o Cristianismo: a de Moisés e a de Jesus, porque elas tiveram uma influência decisiva na Humanidade. O Islamismo pode ser considerado como um derivado de concepção humana do Mosaísmo e do Cristianismo. Para valorizar a religião que queria fundar, Maomé teve que se apoiar sobre uma suposta revelação divina.

Há revelações diretas de Deus aos homens? É uma questão que não ousaríamos resolver nem afirmativa nem negativamente, de maneira absoluta. A coisa não é radicalmente impossível, mas nada lhe dá a prova certa. O que não poderia ser posto em dúvida é que os Espíritos mais próximos de Deus pela perfeição, se penetram de seu pensamento e podem transmiti-lo. Quanto aos reveladores encarnados, segundo a ordem hierárquica a que pertencem e o grau de seu saber pessoal, eles podem colher suas instruções em seus próprios conhecimentos, ou recebê-los de Espíritos mais elevados, até mesmo de mensageiros diretos de Deus. Esses, falando em nome de Deus, por vezes podem ter sido tomados pelo próprio Deus.

Essas espécies de comunicações nada têm de estranho para quem quer que conheça os fenômenos espíritas e a maneira pela qual se estabelecem as relações entre os encarnados e os desencarnados. As instruções podem ser transmitidas por diversos meios: pela inspiração pura e simples, pela audição da palavra, pela visão dos Espíritos instrutores, nas visões e aparições, seja no sonho, seja no estado de vigília, como há muitos exemplos na Bíblia, no Evangelho e nos livros sagrados de todos os povos. Portanto, é rigorosamente exato dizer que a maior parte dos reveladores são médiuns inspirados, auditivos ou videntes. Daí não se segue que todos os médiuns sejam reveladores e, ainda menos, intermediários diretos da Divindade ou de seus mensageiros.

Só os puros Espíritos recebem a palavra de Deus com a missão de transmiti-la. Mas agora sabe-se que os Espíritos estão longe de ser todos perfeitos, e que há os que tomam falsa aparência. Foi o que fez São João dizer: "Não creiais em todo Espírito, mas verificai antes se são de Deus." (1ª Ep. Cap. IV, v. 4).

Pode, pois, haver revelações sérias e verdadeiras, como as há apócrifas e mentirosas. O caráter essencial da revelação divina é o da *eterna verdade*. Toda revelação manchada de erro ou sujeita a mudança não pode emanar de Deus, porque Deus não pode enganar conscientemente nem enganar-se. É assim que a lei do Decálogo tem todos os caracteres de sua origem, ao passo que as outras leis mosaicas, essencialmente transitórias, por vezes em contradição com a lei do Sinai, são obra pessoal e política do legislador hebreu. Suavizados os costumes do povo, essas leis caíram em desuso, ao passo que o Decálogo ficou de pé, como o farol da Humanidade. O Cristo dele fez a base de seu edifício, enquanto aboliu as outras leis. Se elas tivessem sido obra de Deus, ele teria evitado nelas tocar. O Cristo e Moisés são os dois grandes reveladores que mudaram a face do mundo, e aí está a prova de sua missão divina. Uma obra puramente humana não teria tal poder.

Uma nova e importante revelação se opera na época atual. É a que nos mostra a possibilidade de comunicação com os seres do mundo espiritual. Este conhecimento não é novo, sem dúvida, mas até os nossos dias ficou de certo modo no estado de letra morta, isto é, sem proveito para a Humanidade. A ignorância das leis que regem essas relações a tinha abafado sob a superstição; o homem era incapaz de tirar dela qualquer dedução salutar; estava reservado à nossa época desembaraçá-la de seus acessórios ridículos, compreender seu alcance e dela fazer sair a luz que devia iluminar o caminho do futuro.

Não sendo os Espíritos outra coisa senão as almas dos homens, comunicando-nos com eles *não saímos da Humanidade*, circunstância capital a considerar. Os homens de gênio, que foram os fachos da Humanidade, saíram, pois, do mundo dos Espíritos, como para lá voltaram ao deixar a Terra. Considerando-se que os Espíritos podem comunicar-se com os homens, esses mesmos gênios lhes podem dar instruções sob a forma espiritual, como o fizeram sob a forma corporal; podem instruir-nos após a sua morte, como o faziam em vida; são invisíveis, em vez de serem visíveis, eis toda a diferença. Sua experiência e seu saber não devem ser menores, e se, como homens, sua palavra tinha autoridade, não deve ter menos por estarem no mundo dos Espíritos.

Mas não são apenas os Espíritos superiores que se manifestam, são também os Espíritos de todas as ordens, e isto era necessário para nos iniciar no verdadeiro caráter do mundo dos Espíritos, no-lo mostrando sob todas as suas facetas. Assim, as relações entre o mundo visível e o mundo invisível são mais íntimas e a conexão é mais evidente; vemos mais claramente de onde viemos e para onde vamos. Tal o objetivo essencial dessas manifestações. Todos os Espíritos, seja qual for o grau a que tenham chegado, nos ensinam, pois, alguma coisa, mas como eles são mais ou menos esclarecidos, cabe-nos discernir o que há de bom e de mau em seus ensinamentos, e tirar o proveito que eles comportam. Ora, todos, sejam quais forem, podem nos ensinar ou revelar coisas que ignoramos e que, sem eles, não saberíamos.

Os grandes Espíritos encarnados são individualidades poderosas, sem contradita, mas cuja ação é restrita e necessariamente lenta para se propagar. Se um só dentre eles, ainda que fosse Elias ou Moisés, tivesse vindo nestes últimos tempos revelar aos homens o estado do mundo espiritual, quem teria provado a veracidade de suas asserções, neste tempo de ceticismo? Não o teriam olhado como um sonhador ou um utopista? E admitindo que estivesse com a verdade absoluta, séculos ter-se-iam passado antes que suas ideias fossem aceitas pelas massas. Em sua sabedoria, Deus não quis que assim fosse. Ele quis que o ensino fosse dado *pelos próprios Espíritos*, e não pelos encarnados, a fim de convencer de sua existência e que ocorresse simultaneamente em toda a Terra, fosse para propagar mais rapidamente, fosse para que se visse na coincidência do ensino uma prova da verdade, de tal forma que cada um teria os meios de se convencer por si próprio. Tais são o objetivo e o caráter da revelação moderna.

Os Espíritos não vêm libertar o homem do trabalho, do estudo e das pesquisas; não lhe trazem nenhuma ciência acabada; naquilo que ele pode achar por si mesmo, eles o deixam entregue a suas próprias forças. É o que hoje os espíritas sabem perfeitamente. Há muito tempo a experiência demonstrou o erro da opinião que atribuía aos Espíritos todo conhecimento e toda sabedoria, e que bastava dirigir-se ao primeiro Espírito que se apresentasse para conhecer todas as coisas. Saídos da Humanidade corporal, os Espíritos são uma de suas faces; como na Terra há os superiores e os vulgares, muitos sabem, pois, científica e filosoficamente, menos que certos homens. Eles dizem o que sabem, nem mais nem menos. Como entre os homens, os mais adiantados nos podem ensinar mais coisas e dar-nos conselhos mais judiciosos que os atrasados. Pedir conselhos aos Espíritos não é, pois, dirigir-se às forças sobrenaturais, mas *a seus semelhantes,* àqueles mesmos a que se teriam dirigido quando vivos, aos pais, aos amigos, ou a indivíduos mais esclarecidos do que nós. Eis o de que importa persuadir-se e o que ignoram os que não tendo estudado o Espiritismo fazem uma ideia completamente falsa sobre a natureza do mundo dos Espíritos e das revelações de Além-Túmulo.

Qual é, pois, a utilidade dessas manifestações, ou, se se quiser, dessa revelação, se os Espíritos não sabem mais do que nós, ou se não nos dizem tudo o que sabem? Para começar, como dissemos, eles se abstêm de nos dar o que nós podemos adquirir pelo trabalho; em segundo lugar, há coisas que não lhes é permitido revelar, porque nosso grau de adiantamento não as comporta. Mas, isto à parte, as condições de sua nova existência estendem o círculo de suas percepções; eles veem o que não viam na Terra; livres dos entraves da matéria e das preocupações da vida corpórea, julgam as coisas de um ponto de vista mais elevado e, por isto mesmo, mais corretamente; sua perspicácia abarca um horizonte mais vasto; eles compreendem seus erros, retificam suas ideias e se desembaraçam dos preconceitos humanos. É nisto que consiste sua superioridade sobre a Humanidade corporal e porque seus conselhos podem ser, em relação a seu grau de progresso, mais judiciosos e mais desinteressados que os dos encarnados. O meio em que se encontram lhes permite, além disso, nos iniciar nas coisas da vida futura, que ignoramos e que não podemos aprender neste em que estamos.

Até hoje o homem só tinha feito hipóteses sobre seu futuro, por isto suas crenças, nesse ponto, foram divididas em sistemas tão numerosos e tão divergentes, desde o niilismo até as fantásticas descrições do inferno e do paraíso. Hoje são as testemunhas oculares, os próprios atores da vida de Além-Túmulo que nos vêm dizer o que a coisa é, o que só eles poderiam fazer. Assim, essas manifestações serviram para nos dar a conhecer o mundo invisível que nos rodeia e do qual não suspeitávamos. Só esse conhecimento seria de uma importância capital, supondo que os Espíritos fossem incapazes de algo nos ensinar a mais.

Uma simples comparação fará compreender melhor a situação.

Um navio carregado de emigrantes parte para longe; leva homens de todas as condições, parentes e amigos dos que ficam. Sabe-se que o navio naufragou; não restou um traço, nenhuma notícia chegou sobre sua sorte; pensa-se que todos os viajantes pereceram, e todas as famílias se cobrem de luto. Contudo, toda a equipagem, sem faltar um só homem, chegou a uma terra desconhecida, abundante e fértil, onde todos vivem felizes, sob um céu clemente. Mas o ignoram. Ora, eis que certo dia outro navio aborda essa terra e encontra os náufragos sãos e salvos. A feliz notícia se espalha com a rapidez do relâmpago. Todos dizem: "Então nossos amigos não estão perdidos!" E dão graças a Deus. Eles não podem ver-se, mas se correspondem. Eles trocam testemunhos de afeição, e eis que a alegria sucede à tristeza.

Tal é a imagem da vida terrena e da vida de Além-Túmulo, antes e depois da revelação moderna. Esta, semelhante ao segundo navio, nos traz a boa nova da sobrevivência dos que nos são caros, e a certeza de encontrá-los um dia; a dúvida sobre a sorte deles e sobre a nossa não mais existe; o desânimo se apaga ante a esperança.

Mas outros resultados vêm fecundar esta revelação. Deus, julgando a Humanidade madura para penetrar o mistério de seu destino e contemplar com sangue-frio novas maravilhas, permitiu que o véu que separava o mundo visível do mundo invisível fosse levantado. O fato das manifestações nada tem de extra-humano; é a Humanidade espiritual que vem *conversar* com a Humanidade corporal e lhe dizer:

"Nós existimos, portanto o nada não existe; observai o que somos e vede o que sereis; o futuro vos pertence, como nos pertence. Caminháveis nas trevas; nós vimos clarear a vossa rota e vos franquear o caminho; íeis ao acaso, nós mostramos a meta. A vida terrena era tudo para vós, porque nada víeis além; nós vimos dizer-vos, mostrando a vida espiritual: A vida terrena nada é. Vossa vista parava no túmulo; nós vos mostramos além um horizonte esplêndido. Não sabíeis por que sofreis na Terra; agora, no sofrimento, vedes a justiça de Deus. O bem não tinha frutos aparentes para o futuro; de agora em diante terá um objetivo e será uma necessidade. A fraternidade era apenas uma bela teoria; agora assenta-se numa lei da Natureza. Sob o império da crença de que tudo acaba com a vida, a imensidade é vazia, o egoísmo reina entre vós como senhor, e vossa palavra de ordem é: 'Cada um por si'; com a certeza do futuro, os espaços infinitos se povoam ao infinito, o vazio e a solidão não estão em parte alguma, a solidariedade liga todos os seres além e aquém do túmulo; é o reino da caridade, com a divisa: 'Um por todos e todos por um'. Enfim, no termo da vida dizíeis um eterno adeus aos que vos são caros; agora dizeis: 'Até logo!'"

Tais são, em resumo, os resultados da nova revelação. Ela veio encher o vazio cavado pela incredulidade; levantar a coragem abatida pela dúvida ou pela perspectiva do nada e dar a todas as coisas uma razão de ser. Esse resultado, então, não tem importância, considerando-se que os Espíritos não vêm resolver os problemas da Ciência nem dar o saber aos ignorantes, e aos preguiçosos o meio de enriquecer sem trabalho? Entretanto, os frutos que o homem dele deve colher não são apenas para a vida futura; ele os colherá na Terra pela transformação que essas novas crenças devem necessariamente operar sobre seu caráter, seus gostos, suas tendências e, por consequência, sobre os hábitos e as relações sociais. Pondo fim ao reino do egoísmo, do orgulho e da incredulidade, elas preparam o reino do bem, que é o reino de Deus.

A revelação tem, pois, por objetivo pôr o homem na posse de certas verdades que ele não poderia adquirir por si mesmo, e isto visando ativar o progresso. Estas verdades se limitam, em geral, a princípios fundamentais destinados a pô-lo no caminho das pesquisas, e não a conduzi-lo pela mão; são balizas que lhe mostram o objetivo. Cabe-lhe a tarefa de estudá-las e deduzir-lhes as aplicações. Longe de libertá-lo do trabalho, são novos elementos fornecidos à sua atividade.

O ESPIRITISMO SEM OS ESPÍRITOS

Ultimamente vimos uma seita tentar se formar, arvorando como bandeira a *negação da prece*. Acolhida inicialmente por um sentimento geral de reprovação, não vingou. Os homens e os Espíritos se uniram para repelir uma doutrina que era, ao mesmo tempo, uma ingratidão e uma revolta contra a Providência. Isto não era difícil porque, chocando o sentimento íntimo da imensa maioria, ela carregava em si o seu princípio destruidor. (*Revista* de janeiro de 1866).

Eis agora outra que se ensaia num novo terreno. Tem por divisa: *Nada de comunicações dos Espíritos*. É muito singular que esta opinião seja preconizada por alguns daqueles que outrora exaltavam a importância e a sublimidade dos ensinamentos espíritas e que se gloriavam do que eles próprios recebiam como médiuns. Terá ela mais chance de sucesso que a precedente? É isto que vamos examinar em poucas palavras.

Essa doutrina, se podemos dar tal nome a uma opinião restrita a algumas pessoas, se fundamenta nos dados seguintes:

"Os Espíritos que se comunicam não são senão Espíritos ordinários que até hoje não nos ensinaram nenhuma verdade nova, e que provam sua incapacidade, não saindo das banalidades da moral. O critério que pretendem estabelecer sobre a concordância de seu ensino é ilusório, por força de sua insuficiência. É ao homem que cabe sondar os grandes mistérios da Natureza e submeter o que eles dizem ao controle de sua própria razão. Nada nos ensinando as suas comunicações, nós as proscrevemos de nossas reuniões. Discutiremos entre nós; buscaremos e decidiremos, em nossa sabedoria, os princípios que devem ser aceitos ou rejeitados, sem recorrer ao assentimento dos Espíritos."

Notemos que não se trata de negar o fato das manifestações, mas de estabelecer a superioridade do julgamento do homem, ou de alguns homens, sobre o dos Espíritos; numa palavra, de separar o Espiritismo do ensino dos Espíritos, pois as instruções destes últimos estariam abaixo do que pode a inteligência dos homens.

Essa doutrina conduz a uma singular consequência, que não daria uma alta ideia da superioridade da lógica do homem sobre a dos Espíritos. Graças a estes últimos, sabemos que os da ordem mais elevada pertenceram à Humanidade corporal que eles ultrapassaram há muito tempo, como o general ultrapassou a classe do soldado da qual ele saiu. Sem os Espíritos, ainda estaríamos na crença que os anjos são criaturas privilegiadas e os demônios criaturas predestinadas ao mal para a eternidade. "Não, dirão, porque houve homens que combateram essa ideia." Que seja, mas quem eram esses homens senão Espíritos encarnados? Que influência teve a sua opinião isolada sobre a crença das massas? Perguntai ao primeiro que chegar se conhece ao menos de nome a maioria desses grandes filósofos? Ao passo que vindo os Espíritos a todos os cantos da Terra manifestar-se ao mais humilde como ao mais poderoso, a verdade propagou-se com a rapidez do relâmpago.

Podemos dividir os Espíritos em duas grandes categorias: aqueles que, depois de terem atingido o mais alto ponto da escala, deixaram definitivamente os mundos materiais, e aqueles que, pela lei da reencarnação, ainda pertencem ao turbilhão da Humanidade terrena. Admitamos que só estes últimos tenham o direito de comunicar-se com os homens, o que é uma hipótese: Entre eles há aqueles que em vida foram homens esclarecidos, cuja opinião tem autoridade, e que a gente sentir-se-ia feliz de consultar, se ainda fossem vivos. Ora, da doutrina acima resultaria que esses mesmos homens superiores tornaram-se nulidades ou mediocridades ao passar para o mundo dos Espíritos, incapazes de nos dar uma instrução de algum valor, ao passo que a gente se inclinaria respeitosamente diante deles se se apresentassem em carne e osso nas mesmas assembleias onde se recusam a escutá-los como Espíritos. Disso resulta ainda que Pascal, por exemplo, deixou de ser uma luz quando passou a ser Espírito, mas que se ele reencarnasse em Pedro ou Paulo, necessariamente com o mesmo gênio, porquanto nada teria perdido, ele seria um oráculo. Esta consequência é tão rigorosa que os partidários desse sistema admitem a reencarnação como uma das maiores verdades. Enfim, será preciso concluir que aqueles que colocam de muito boa-fé, como supomos, sua própria inteligência tão acima da dos Espíritos, serão eles próprios nulidades ou mediocridades, cuja opinião não terá valor, de sorte que seria preciso crer no que eles dizem enquanto estão vivos, e não crer amanhã, quando estiverem mortos, mesmo que viessem dizer a mesma coisa, e muito menos ainda se disserem que se enganaram.

Sei que objetam a grande dificuldade da constatação da identidade. Essa questão já foi amplamente tratada, de modo que é supérfluo a ela voltar. Certamente não podemos saber, por uma prova material, se o Espírito que se apresenta sob o nome de Pascal é realmente o do grande Pascal. Que nos importa, se ele diz boas coisas? Cabe-nos pesar o valor de suas instruções, não pela forma da linguagem, que sabemos por vezes marcada pelo cunho da inferioridade do instrumento, mas pela grandeza e pela sabedoria dos pensamentos. Um grande Espírito que se comunica por um médium pouco letrado é como um hábil calígrafo que se serve de uma pena ruim. O conjunto da escrita terá o cunho de seu talento, mas os detalhes da execução, que dele não dependem, serão imperfeitos.

Jamais o Espiritismo disse que era preciso fazer abnegação de seu julgamento e submeter-se cegamente ao dizer dos Espíritos; são os próprios Espíritos que nos dizem para submeter todas as suas palavras ao cadinho da lógica, ao passo que certos encarnados dizem: "Não creiais senão no que dizemos e não creiais no que dizem os Espíritos." Ora, como a razão individual está sujeita ao erro, e o homem, muito geralmente, é levado a tomar sua própria razão e suas ideias como a única expressão da verdade, aquele que não tem a orgulhosa pretensão de se julgar infalível a submete à apreciação da maioria. Por isto é tido como abdicando a sua opinião? Absolutamente. Ele está perfeitamente livre de crer que só ele tem razão contra todos, mas isto não impedirá a opinião da maioria de prevalecer e de ter, em definitivo, mais autoridade que a opinião de um só ou de alguns.

Examinemos agora a questão sob outro ponto de vista. Quem fez o Espiritismo? É uma concepção humana pessoal? Todo mundo sabe o contrário. O Espiritismo é o resultado do ensinamento dos Espíritos, de tal sorte que sem as comunicações dos Espíritos não haveria Espiritismo. Se a Doutrina Espírita fosse uma simples teoria filosófica nascida de um cérebro humano, ela não teria senão o valor de uma opinião pessoal; saída da universalidade do ensino dos Espíritos, tem o valor de uma obra coletiva, e é por isto mesmo que em tão pouco tempo se propagou por toda a Terra, cada um recebendo por si mesmo, ou por suas relações íntimas, instruções idênticas e a prova da realidade das manifestações.

Pois bem! É em presença deste resultado patente, material, que se tenta erigir em sistema a inutilidade das comunicações dos Espíritos. Convenhamos que se elas não tivessem a popularidade que adquiriram, não as atacariam, e que é a prodigiosa vulgarização dessas ideias que suscita tantos adversários ao Espiritismo. Os que hoje rejeitam as comunicações não parecem essas crianças ingratas que negam e desprezam seus pais? Não é ingratidão para com os Espíritos, a quem devem o que sabem? Não é servir-se do que eles ensinaram para combatê-los; voltar contra eles, contra seus próprios pais, as armas que eles nos deram? Entre os Espíritos que se manifestam não está o Espírito de um pai, de uma mãe, de seres que nos são os mais caros, dos quais se recebem essas tocantes instruções que vão diretamente ao coração? Não é a eles que devemos o ter sido arrancados da incredulidade, das torturas da dúvida sobre o futuro? E é quando se goza do benefício que se desconhece a mão benfeitora?

Que dizer dos que, tomando sua opinião pela de todo mundo, afirmam seriamente que agora em parte alguma se querem comunicações? Estranha ilusão que um olhar lançado em torno deles bastaria para fazer desvanecer-se. Da parte deles, que devem pensar os Espíritos que assistem às reuniões onde se discute se se deve condescender em escutá-los, se se deve ou não excepcionalmente permitir-lhes a palavra para agradar aos que têm a fraqueza de dar importância às suas instruções? Lá se encontram sem dúvida Espíritos ante os quais cairiam de joelhos se nesse momento eles se deixassem ver. Já pensaram no preço que podia ser pago por tal ingratidão?

Tendo os Espíritos a liberdade de comunicar-se, independentemente de seu grau de saber, disso resulta uma grande diversidade no valor das comunicações, como nos escritos, num povo em que todo mundo tem a liberdade de escrever, e onde, certamente, nem todas as produções literárias são obras-primas. Segundo as qualidades individuais dos Espíritos, há, pois, comunicações boas pelo fundo e pela forma, e outras, enfim, que nada valem, nem pelo fundo nem pela forma. Cabe-nos escolher. Rejeitá-las todas porque algumas são más, não seria mais racional do que proscrever todas as publicações porque há escritores que produzem vulgaridades. Os melhores escritores, os maiores gênios, não têm coisas fracas em suas obras? Não se fazem seleções do que eles produziram de melhor? Façamos o mesmo em relação à produção dos Espíritos; aproveitemos o que há de bom e rejeitemos o que é mau; mas, para arrancar o joio, não arranquemos o bom grão.

Consideremos, pois, o mundo dos Espíritos como um duplo do mundo corporal, como uma fração da Humanidade e digamos que não devemos desdenhar ouvi-los, agora que estão desencarnados, pois não o teríamos feito quando encarnados. Eles estão sempre em nosso meio, como outrora; apenas estão atrás da cortina e não à frente, eis toda a diferença.

Mas, perguntarão, qual o alcance do ensino dos Espíritos, mesmo no que há de bom, se eles não ultrapassam o que os homens podem saber por si mesmos? É bem certo que eles não nos ensinam nada mais? No seu estado de Espírito, eles não veem o que não podemos ver? Sem eles, conheceríamos seu estado, sua maneira de ser, suas sensações? Conheceríamos, como hoje conhecemos, esse mundo onde talvez estejamos amanhã? Se esse mundo não tem para nós os mesmos terrores, se encaramos sem pavor a passagem que a ele conduz, não é a eles que o devemos? Esse mundo está completamente explorado? Cada dia não nos revela uma nova face dele? E nada significa saber para onde iremos e o que poderemos ser ao sair daqui? Outrora lá entrávamos tateando e tremendo, como num abismo sem fundo; agora esse abismo é resplendente de luz e nele entramos alegres. E ousam dizer que o Espiritismo nada ensinou! (*Revista Espírita*, agosto de 1865: "O que o Espiritismo ensina").

Sem dúvida o ensino dos Espíritos tem limites. Não se lhe deve pedir senão o que ele pode dar, o que está na sua essência, no seu objetivo providencial; e ele dá muito a quem sabe buscar. Mas tal como ele é, já fizemos todas as suas aplicações? Antes de lhe pedir mais, sondamos as profundezas do horizonte que nos descortina? Quanto ao seu alcance, ele se afirma por um fato material, patente, gigantesco, inaudito nos fastos da história: é que ainda em sua aurora, ele já revoluciona o mundo e abala as forças da Terra. Que homem teria tido tal poder?

O Espiritismo tende para a reforma da Humanidade pela caridade. Não é, pois, de admirar que os Espíritos preguem a caridade sem cessar; eles a pregarão ainda por tanto tempo quanto for necessário para desarraigar o orgulho e o egoísmo do coração do homem. Se alguns acham as comunicações inúteis, porque repetem incessantemente as lições de moral, devem ser felicitados, pois são bastante perfeitos para não mais necessitarem delas, mas eles devem pensar que os que não têm tanta confiança em seu próprio mérito e que desejam se melhorar, não se cansam de receber bons conselhos. Não busqueis, pois, tirar-lhes esse consolo.

Esta doutrina tem chance de prevalecer? Como dissemos, as comunicações dos Espíritos fundamentaram o Espiritismo. Repeli-las depois de havê-las aclamado é querer solapar o Espiritismo pela base, tirar-lhe o alicerce. Tal não pode ser o pensamento dos Espíritas sérios e devotados, porque seria absolutamente como o que se dissesse cristão negando o valor dos ensinamentos do Cristo, sob o pretexto que sua moral é idêntica à de Platão. É nessas comunicações que os espíritas encontraram a alegria, a consolação, a esperança. É por elas que compreenderam a necessidade do bem, da resignação, da submissão à vontade de Deus; é por elas que suportam com coragem as vicissitudes da vida; por elas que não há mais separação real entre eles e os objetos de suas mais ternas afeições. Não é enganar-se com o coração humano crer que ele possa renunciar a uma crença que faz a felicidade?

Repetimos aqui o que dissemos a propósito da prece: Se o Espiritismo deve ganhar em influência, é aumentando a soma de satisfações morais que proporciona. Que aqueles que o acham insuficiente tal qual é, se esforcem por dar mais que ele; mas não será dando menos, tirando o que faz seu encanto, sua força e sua popularidade que eles o suplantarão.

O ESPIRITISMO INDEPENDENTE

Uma carta que nos foi escrita há algum tempo falava do projeto de dar a uma publicação periódica o título de *Journal du Spiritisme Indépendant*. Evidentemente, sendo essa ideia o corolário da do *Espiritismo sem os Espíritos*, vamos tentar pôr a questão em seu verdadeiro terreno.

Para começar, o que é o Espiritismo independente? Independente de quê? Uma outra carta o diz claramente: É o Espiritismo liberto, não só da tutela dos Espíritos, mas de toda direção ou supremacia pessoal; de toda subordinação às instruções de um chefe, cuja opinião não pode fazer lei, porque não é infalível.

Isto é a coisa mais fácil do mundo, pois existe, de fato, considerando-se que o Espiritismo, proclamando a absoluta liberdade de consciência, não admite nenhum constrangimento em matéria de crença, e que ele jamais contestou a ninguém o direito de crer à sua maneira em matéria de Espiritismo, como em qualquer outra coisa. Deste ponto de vista nós mesmos nos achamos perfeitamente independente, nós próprio, e pretendemos aproveitar esta independência. Se há subordinação, ela é, pois, inteiramente voluntária; mais ainda, não é subordinação a um homem, mas a uma ideia que é adotada porque convém; que sobrevive ao homem se é justa; que cai com ele ou antes dele, se é falsa.

Para nos libertarmos de ideias alheias, necessariamente devemos ter ideias próprias; naturalmente procuramos fazer que essas ideias prevaleçam, sem o que seriam guardadas para nós próprios; nós as proclamamos, as sustentamos, as defendemos, porque cremos que são a expressão da verdade, porque admitimos a boa-fé, e não o único desejo de derrubar o que existe; o objetivo é o de aliciar o maior número possível de partidários, e eis que aquele que não admite chefe se faz chefe de seita, buscando subordinar os outros às suas próprias ideias. Aquele que diz, por exemplo: "Não devemos mais receber instruções dos Espíritos", não emite um princípio absoluto? Ele não exerce uma pressão sobre os que as querem, dissuadindo-os de recebê-las? Se ele funda uma reunião sobre essa base, deve excluir os partidários das comunicações, porque, se estes últimos constituíssem maioria, transformá-la-iam em lei. Se os admite e recusa atender aos desejos deles, atenta contra a liberdade que eles têm de reclamar. Se inscrever em seu programa: "Aqui não se dá a palavra aos Espíritos", então, aqueles que desejam ouvi-los não ousarão contestar a ordem e ali não comparecerão.

Sempre dissemos que uma condição essencial de toda reunião espírita é a homogeneidade, sem o que, haverá dissensão. Quem fundasse uma reunião com base na rejeição das comunicações estaria no seu direito; se aí só admitir os que pensam como ele, faz bem, mas não tem o direito de dizer que, porque ele não quer, ninguém deve querer. Certamente ele é livre para agir como entender, mas se quer a liberdade para si, deve querê-la para os outros. Considerando-se que ele defende suas ideias e critica as dos outros, se for consequente consigo mesmo, não deve achar mau que os outros defendam as próprias e critiquem as dele.

Em geral, esquecemos que acima da autoridade de um homem há outra à qual quem quer que se faça representante de uma ideia não pode subtrair-se: é a de todo mundo. A opinião geral é a suprema jurisdição, que sanciona ou derruba o edifício dos sistemas; ninguém pode livrar-se da subordinação que ela impõe. Esta lei não é menos onipotente no Espiritismo. Quem quer que fira o sentimento da maioria e a abandone, deve esperar ser por ela abandonado. Aí está a causa do insucesso de certas teorias e de certas publicações, abstração feita do mérito intrínseco destas últimas, sobre o qual, por vezes, não se tem ilusão.

Não se deve perder de vista que o Espiritismo não está enfeudado num indivíduo, nem nalguns indivíduos, nem num círculo, nem mesmo numa cidade, mas que seus representantes estão no mundo inteiro e que entre eles há uma opinião dominante e profundamente acreditada. Julgar-se forte contra todos, porque se tem o apoio de sua roda, é expor-se a grandes decepções.

Há duas partes no Espiritismo: a dos fatos materiais e a de suas consequências morais. A primeira é necessária como prova da existência dos Espíritos, e foi por ela que os Espíritos começaram; a segunda, que dela decorre, é a única que pode levar à transformação da Humanidade pelo melhoramento individual. O melhoramento é, pois, o objetivo essencial do Espiritismo. É para ele que deve tender todo espírita sério. Tendo deduzido essas consequências das instruções dos Espíritos, definimos os deveres que essa crença impõe. O primeiro inscrevemos na bandeira do Espiritismo: *Fora da caridade não há salvação*, máxima aclamada, em seu aparecimento, como o sol do futuro, que em breve fez a volta ao mundo, tornando-se a palavra de ligação de todos quantos veem no Espiritismo algo mais que um fato material. Por toda parte ela foi acolhida como o símbolo da fraternidade universal, como uma garantia de segurança nas relações sociais, como a aurora de uma nova era, onde devem extinguir-se os ódios e as dissensões. Compreendemos tão bem a sua importância, que já lhe colhemos os frutos; entre os que a tornaram uma regra de conduta, reinam a simpatia e a confiança que fazem o encanto da vida social; em todo espírita de coração, vemos um irmão em cuja companhia nos sentimos felizes, porque sabemos que aquele que pratica a caridade não pode fazer nem querer o mal.

Foi, então, por nossa autoridade privada que promulgamos esta máxima? E se o tivéssemos feito, quem poderia considerá-la má? Mas não; ela decorre do ensino dos Espíritos, os quais a colheram nos do Cristo, onde ela está escrita com todas as letras, como pedra angular do edifício cristão, mas onde ficou enterrada durante dezoito séculos. O egoísmo dos homens cuidava em não fazê-la sair do esquecimento para expô-la à luz plena, porque teria sido pronunciar sua própria condenação; eles preferiram buscar sua própria salvação em práticas mais cômodas e menos aborrecidas. Entretanto, todo mundo havia lido e relido o Evangelho e, com pouquíssimas exceções, ninguém tinha visto esta grande verdade relegada a segundo plano. Ora, eis que, pelo ensino dos Espíritos, ela ficou imediatamente conhecida e compreendida por todos. Quantas outras verdades o Evangelho encerra, e que surgirão em seu devido tempo! (*O Evangelho segundo o Espiritismo*, Cap. XV).

Inscrevendo no frontispício do Espiritismo a suprema lei do Cristo, nós abrimos o caminho para o Espiritismo cristão; assim, dedicamo-nos a desenvolver os seus princípios, bem como os caracteres do verdadeiro espírita, sob esse ponto de vista.

Se outros puderem fazer melhor do que nós, não iremos contra, porque jamais dissemos: "Fora de nós não há verdade." Nossas instruções, pois, são para os que as acham boas; elas são aceitas livremente e sem constrangimento; nós traçamos uma rota e a segue quem quer; damos conselhos aos que no-los pedem e não aos que julgam deles não precisar; não damos ordens a ninguém, pois não temos qualidade para tanto.

Quanto à supremacia, ela é toda moral e na adesão dos que partilham de nossa maneira de ver; como não estamos investidos, mesmo por aqueles, de nenhum poder oficial, não solicitamos nem reivindicamos nenhum privilégio; não nos conferimos nenhum título, e o único que tomaríamos com os partidários de nossas ideias é o de irmão em crença. Se eles nos consideram como seu chefe, é por força da posição que nos dão os nossos trabalhos, e não em virtude de uma decisão qualquer. Nossa posição é aquela que qualquer um poderia tomar antes de nós; nosso direito é o que tem todo mundo de trabalhar como entende e de correr o risco do julgamento do público.

De que autoridade incômoda entendem libertar-se os que querem o Espiritismo independente, porquanto não há nem poder constituído nem hierarquia fechando a porta a quem quer que seja, de vez que não temos sobre eles nenhuma jurisdição e que se lhes agrada afastar-se de nossa rota, ninguém poderá constrangê-los a aí entrar? Algum dia nos fizemos passar por profeta ou messias? Levariam eles a sério os títulos de sumo sacerdote, de soberano pontífice, mesmo de papa, com que a crítica houve por bem nos gratificar? Não só jamais os tomamos, mas os espíritas jamais no-los deram. – Há ascendente em nossos escritos? O campo lhes está aberto, como a nós, para cativarem as simpatias do público. Se há pressão, ela não vem de nós, mas da opinião geral, que põe o seu veto naquilo que lhe não convém, e que sofre, ela própria, o ascendente do ensino geral dos Espíritos. É, pois, a estes últimos que se deve atribuir, em definitivo, o estado de coisas, e é talvez precisamente isso o que faz com que não queiram mais escutá-los.

– Há instruções que nós damos? Mas ninguém é forçado a se submeter a elas. – Podem eles lamentar-se de nossa censura? Jamais citamos pessoas, a não ser quando devemos elogiar, e nossas instruções são dadas de forma geral, como desenvolvimento de nossos princípios, para uso de todos. Por outro lado, se elas são más, se nossas teorias são falsas, em que isto pode ofuscá-los? O ridículo, se ridículo há, será para nós. Têm eles em tal monta os interesses do Espiritismo que temem vê-los periclitar em nossas mãos? – Somos muito absoluto em nossas ideias? Somos um cabeça-dura com quem nada se pode fazer? Ah! Meu Deus! Cada um tem os seus pequenos defeitos; nós temos o de não pensar ora branco, ora preto; temos uma linha traçada e dela não nos desviamos para agradar a ninguém. É provável que sejamos assim até o fim.

É a nossa riqueza que eles invejam? Onde estão os castelos, as equipagens e os nossos lacaios? Certamente, se tivéssemos a fortuna que nos atribuem, não seria enquanto dormíamos que ela teria vindo, e muita gente amontoa milhões num labor menos rude. – Que fazemos do dinheiro que ganhamos? Como não pedimos contas a ninguém, a ninguém temos que dá-las; o que é certo é que ele não serve para os nossos prazeres. Quanto a empregá-lo para sustentar agentes e espiões, devolvemos a calúnia à sua fonte. Temos que nos ocupar de coisas mais importantes do que saber o que fazem estes ou aqueles. Se fazem bem, não devem temer qualquer investigação; se fazem mal, isso é problema deles. Se há os que ambicionam a nossa posição, é no interesse do Espiritismo ou no seu próprio? Que a tomem, pois, com *todos os seus encargos*, e provavelmente não acharão que seja uma sinecura tão agradável quanto supõem. Se acham que conduzimos mal o barco, quem os impedia de tomar o leme antes de nós? E quem os impede ainda hoje? – Lamentam-se de nossas restrições para fazermos partidários? Nós esperamos que venham a nós e não vamos procurar ninguém; nem mesmo corremos atrás dos que nos deixam, porque sabemos que não podem entravar a marcha das coisas; sua personalidade se apaga diante do conjunto. Por outro lado, não somos bastante vão para crer que seja por nossa pessoa que se ligam a nós; evidentemente é pela ideia de que somos o representante. É, pois, a essa ideia que reportamos os testemunhos de simpatia que têm a bondade de nos dar.

Em resumo, o Espiritismo independente seria, aos nossos olhos, uma insensatez, porque a independência existe de fato e de direito, e não há disciplina imposta a ninguém. O campo de exploração está aberto a todos; o juiz supremo do torneio é o público; a palma é para quem sabe conquistá-la. Tanto pior para os que caem antes de atingir a meta.

Falar dessas opiniões divergentes que em definitivo se reduzem a algumas individualidades e em parte alguma formam corpo, não será, talvez, perguntarão algumas pessoas, ligar a isto muita importância, amedrontar os adeptos fazendo-os crer em cisões mais profundas do que realmente são? Não é, também, fornecer armas aos inimigos do Espiritismo?

É precisamente para prevenir esses inconvenientes que disto falamos. Uma explicação clara e categórica, que reduz a questão ao seu justo valor, é bem mais própria a assegurar do que a espantar os adeptos. Eles sabem como comportar-se, e aí encontram argumentos para a réplica. Quanto aos adversários, já exploraram o fato muitas vezes, e porque exageram o seu alcance, é útil mostrar-lhes o que a coisa é. Para mais ampla resposta, remetemos ao artigo "Partida de um adversário do Espiritismo para o mundo dos Espíritos", da *Revista* de outubro de 1865.

O DIA DE SÃO CARLOS MAGNO NO COLÉGIO DE CHARTRES

Este ano, no Colégio de Chartres, tiveram a ideia de juntar à solenidade do banquete de São Carlos Magno uma conferência literária. Dois alunos de filosofia sustentaram uma controvérsia cujo assunto era o *Espiritismo*. Eis o relato feito pelo *Journal de Chartres* de 11 de março de 1866:

"Para fechar a sessão, dois alunos de Filosofia, os Srs. Ernest Clément e Gustave Jumentié, colocaram em discussão, num diálogo vivo e animado, uma questão que tem o privilégio, hoje, de apaixonar muitas cabeças: queremos dizer o *Espiritismo*.

"J. censura em seu companheiro, sempre tão jovial, um ar sombrio e fechado que o faz parecer um autor de melodramas, e lhe pergunta de onde pode provir tão grande mudança.

"C. responde que deitou a cabeça numa doutrina sublime, o Espiritismo, que veio confirmar de maneira irrefutável a imortalidade da alma e outras concepções da filosofia espiritualista. Não é uma quimera, como pretende o seu interlocutor; é um sistema apoiado em fatos autênticos, tais como as mesas girantes, os médiuns etc.

"– Certamente, responde J., não serei tão insensato, meu pobre amigo, a ponto de discutir contigo sobre sonhos loucos com os quais todo mundo hoje está completamente desiludido. E quando não se faz mais do que rir na cara dos espíritas, não irei, por uma vã disputa, dar às vossas ideias mais peso do que merecem e lhes fazer a honra de uma refutação séria. As admiráveis experiências dos Davenport demonstraram qual era a vossa força e a fé que era preciso ter em vossos milagres. Mas felizmente elas receberam a justa punição de sua velhacaria. Após alguns dias de um triunfo usurpado, eles foram forçados a voltar à sua pátria, e nós provamos, mais uma vez, que há apenas um passo do Capitólio à Rocha Tarpeia.

"– Bem vejo, diz C..., por sua vez, que não és partidário do progresso. Ao contrário, deverias ter pena da sorte desses infortunados. Todas as ciências, no começo, tiveram os seus detratores. Não vimos Fulton repelido pela ignorância e tratado como um louco? Não vimos também Lebon desconhecido em sua pátria, morrer miseravelmente sem ter desfrutado de seus trabalhos? Entretanto, hoje a superfície dos mares é sulcada por barcos a vapor, e o gás por toda parte espalha sua viva luz.

"J. – Sim, mas essas invenções repousavam em bases sólidas; a Ciência era o guia desses gênios e devia forçar a posteridade esclarecida a reparar os erros de seus contemporâneos. Mas quais são as invenções dos espíritas? Qual o segredo de sua ciência? Todo mundo pôde admirá-la, todo o mundo pôde aplaudir o engenhoso mecanismo de sua varinha...

"C. – Ainda piadas? Entretanto, eu te disse que há entre os adeptos do Espiritismo gente muito honesta, gente cuja convicção é profunda.

"J. – É verdade, mas o que isso prova? Que o bom senso não é uma coisa tão comum quanto se pensa, e que, como disse o poeta da Razão: *Um tolo sempre acha um mais tolo que o admira.*

"C. – Boileau não teria falado assim se tivesse visto as mesas girantes. Que dizes contra isto?

"J. – Que jamais consegui mover a menor mesinha.

"C. – É porque és um profano. A mim, jamais uma mesa resistiu. Fiz girar uma que pesava 200 quilos, com os pratos, as travessas, as garrafas...

"J. – Tu me farias tremer a mesa de São Carlos Magno, se o apetite dos convivas não a tivesse tão prudentemente desguarnecido...

"C. – Não te falo dos chapéus. Mas eu lhes imprimiria uma poderosa rotação ao mais leve contato.

"J. – Não me admiro que tua pobre cabeça tenha virado para eles.

"C. – Mas, enfim, piadas não são razões; são o argumento da impotência. Tu não provas nada, nada refutas.

"J. – É que tua doutrina não passa de um nada, de uma quimera, de um gás incolor, impalpável – eu prefiro o gás de iluminação – uma exalação, um vapor, uma fumaça. Palavra, minha escolha está feita, eu prefiro a do champagne. Oh! Miguel de Cervantes! por que nasceste dois séculos mais cedo? É ao teu imortal Dom Quixote que cabia reduzir o Espiritismo a pó. Ele brandiu sua lança valorosa contra os moinhos de vento. Entretanto, bem que eles giravam! Como teria rachado de alto a baixo os armários falantes e sonantes! E tu, seu fiel escudeiro, ilustre Sancho Pança, é a tua filosofia profunda, é a tua moral sublime que seria a única capaz de desnudar essas graves teorias.

"C. – Por mais que digais, senhores filósofos, negais o Espiritismo porque não sabeis o que fazer com ele, porque ele vos embaraça.

"J. – Oh! Ele não me causa nenhum embaraço, e bem sei o que faria se tivesse voz no capítulo. Espíritas, magnetistas, sonâmbulos, armários, mesas falantes, chapéus girantes com as cabeças que eles sombreiam, eu os mandaria todos passar uma temporada... no hospício."

"Algumas pessoas ficarão admiradas, talvez escandalizadas de ver os alunos do colégio de Chartres abordarem, sem outras armas além da troça, uma questão que se intitula a *mais séria dos tempos modernos*. Francamente, depois da aventura recentíssima dos irmãos Davenport, pode censurar-se a gente moça por se divertir com essa mistificação? Essa idade não tem piedade.

"Poderíamos, sem dúvida, voltando a uma de suas frases de empréstimo, ensinar a esses rapazes espertalhões que as grandes descobertas muitas vezes passam pela Rocha Tarpeia antes de chegar ao Capitólio, e que, para o Espiritismo, o dia da reabilitação talvez não esteja longe. Já os jornais nos anunciam que um músico de Bruxelas, que é também espírita, afirma estar em contato com os Espíritos de todos os compositores mortos; que nos vai transmitir suas inspirações, e que dentro em pouco teremos obras *realmente* póstumas dos Beethoven, dos Mozart, dos Weber, dos Mendelssohn! ...Pois bem! Que seja. Os estudantes são muito condescendentes: quiseram rir, riram; quando for tempo de pedir desculpas, pedirão."

Ignoramos com que propósito permitiram fosse tratada essa questão numa solenidade de colégio. Contudo, duvidamos que seja por simpatia pelo Espiritismo e visando propagá-lo entre os alunos. Alguém, falando a respeito, dizia que isto se parecia com certas conferências em uso em Roma, nas quais há o advogado de Deus e o advogado do diabo. Seja como for, há que convir que nenhum dos dois campeões era muito forte; sem dúvida teriam sido mais eloquentes se conhecessem melhor o assunto, que não estudaram, como se vê, senão nos artigos de jornais a propósito dos irmãos Davenport.

O fato não deixa de ter sua importância, e se o objetivo foi desviar a mocidade do estudo do Espiritismo, duvidamos muito que tenha sido atingido, porque a juventude é curiosa. Até agora o nome do Espiritismo não tinha transposto senão clandestinamente a porta dos colégios e aí só era pronunciado aos cochichos. Ei-lo agora oficialmente instalado nos bancos, onde irá longe. Considerando-se que a discussão é permitida, será preciso estudar. É tudo o que pedimos. A esse propósito, as reflexões do jornal são muito judiciosas.

UMA VISÃO DE PAULO I

O czar Paulo I, que era então apenas o grão-duque Paulo, achando-se em Bruxelas, numa reunião de amigos, onde falavam de fenômenos tidos como sobrenaturais, contou o fato seguinte[2]:

"Uma tarde, ou melhor, uma noite, eu estava nas ruas de São Petersburgo, com Kourakin e dois criados. Tínhamos ficado muito tempo conversando e fumando e nos veio a ideia de sair do palácio incógnitos, para ver a cidade ao luar. Não fazia frio, os dias se alongavam; era um desses momentos mais suaves de nossa primavera, tão pálida em comparação com a do Sul. Estávamos alegres; não pensávamos em nada de religioso nem mesmo de sério, e Kourakin me dizia mil pilhérias sobre os raros transeuntes que encontrávamos. Eu ia à frente; não obstante, um dos nossos me precedia; Kourakin ficava alguns passos atrás e o outro criado nos seguia um pouco mais longe. A lua estava clara a ponto de se poder ler uma carta; as sombras, por oposição, eram longas e espessas.

"Ao dobrar uma rua, percebi, no vão de uma porta, um homem grande e magro, envolto num manto, como um espanhol, com um chapéu militar muito enterrado sobre os olhos. Ele parecia esperar, e quando passamos à sua frente, saiu de seu esconderijo e se colocou à minha esquerda, sem dizer uma palavra, sem fazer um gesto. Era impossível distinguir seus traços; apenas os seus passos, tocando as lajes, emitiam um som estranho, semelhante ao de uma pedra que bate em outra. A princípio fiquei admirado desse encontro; depois pareceu-me que todo o lado que ele quase tocava esfriava pouco a pouco. Senti um frio glacial penetrar-me os membros e, voltando-me para Kourakin, lhe disse:

"– Eis um singular companheiro que temos!

"– Que companheiro? Perguntou-me ele.

"– Ora, este que caminha à minha esquerda e que faz muito ruído, ao que me parece.

---

[2] Extraído do *Grand Journal* de 3 de março de 1866 e tirado de uma obra do Sr. Hortensius de Saint Albin, intitulada Le Culte de Satan.

"Kourakin abriu os olhos espantados e garantiu-me que não via ninguém à minha esquerda.

"– Como? Não vês à minha esquerda um homem com um manto, entre mim e a parede?

"– Vossa Alteza toca a própria parede e não há lugar para ninguém entre vós e a parede.

"Estirei um pouco o braço e, com efeito, senti a pedra. Contudo, o homem ali estava, sempre caminhando com o mesmo passo de martelo, regulado pelo meu. Então examinei-o atentamente e vi brilhar sob aquele chapéu de forma singular, como disse, o olho mais brilhante que jamais havia encontrado. Esse olho me olhava e me fascinava; eu não podia fugir de seu raio.

"– Ah! – disse eu a Kourakin, – não sei o que experimento, mas é estranho!

"Eu tremia, não de medo, mas de frio. Pouco a pouco sentia o coração tomado por uma impressão que nada pode descrever. O sangue gelava em minhas veias. De repente uma voz cavernosa e melancólica saiu desse manto que ocultava a sua boca e me chamou por meu nome:

"– Paulo!

"Respondi maquinalmente, levado não sei por que força:

"– Que queres?

"– Paulo! repetiu ele. E desta vez o acento era mais afetuoso e mais triste ainda. Nada repliquei, esperei, ele me chamou de novo e em seguida parou de súbito. Fui forçado a fazer o mesmo.

"– Paulo! Pobre Paulo! Pobre príncipe!

"Virei-me para Kourakin, que também havia parado.

"– Ouves? – perguntei-lhe.

"– Nada absolutamente, meu senhor, e vós?

"Quanto a mim, eu escutava; o lamento ainda soava em meus ouvidos. Fiz um esforço imenso e perguntei a esse ser misterioso quem era ele e o que queria.

"– Pobre Paulo! Quem sou eu? Sou aquele que se interessa por ti. O que eu quero? Quero que não te ligues muito a este mundo, pois aqui não ficarás muito tempo. Vive como justo, se desejas morrer em paz, e não desprezes o remorso, que é o suplício mais pungente das grandes almas.

"Retomou seu caminho, olhando-me sempre com aquele olho que parecia destacar-se da cabeça, e assim como eu tinha sido forçado a parar como ele, fui forçado a andar como ele. Não me falou mais, nem senti vontade de lhe dirigir a palavra. Eu o seguia, pois era ele que dirigia a marcha, e essa caminhada durou ainda mais de uma hora, em silêncio, sem que eu possa dizer por onde passei. Kourakin e os lacaios não chegavam. Olhai-o, sorrindo: ele ainda pensa que eu sonhei tudo isto.

"Enfim nós nos aproximamos da Praça Grande, entre a ponte do Neva e o Palácio dos Senadores. O homem foi direto para um ponto dessa praça, aonde eu o segui, bem entendido, e ali ele parou novamente.

"– Paulo, adeus. Tu me verás aqui e também em outros lugares.

"Depois, como se ele o tivesse tocado, seu chapéu ergueu-se sozinho, e então eu distingui facilmente o seu rosto. Recuei, malgrado meu: era o olho de águia, era a fronte trigueira, o sorriso severo de meu avô Pedro, o Grande. Antes que eu voltasse da minha surpresa, do meu terror, ele havia desaparecido.

"É neste mesmo lugar que a imperatriz ergue o monumento célebre que em breve vai causar admiração a toda a Europa, e que representa o czar Pedro a cavalo. Um imenso bloco de granito é a base dessa estátua. Não fui eu quem designou à minha mãe aquele lugar, escolhido, ou melhor, adivinhado pelo fantasma. E confesso que aí encontrando essa estátua, não sei que sentimento apoderou-se de mim. *Tenho medo de ter medo,* a despeito do príncipe Kourakin querer persuadir-me que eu sonhei acordado, passeando pelas ruas. Lembro-me dos mínimos detalhes dessa visão, pois foi uma visão, persisto em sustentar. Parece-me que lá estou ainda. Voltei ao palácio, quebrado, como se tivesse feito uma longa caminhada e literalmente gelado do lado esquerdo. Foram-me necessárias várias horas para me aquecer num leito escaldante e debaixo de cobertores."

Mais tarde o grão-duque Paulo lamentou ter falado dessa aventura, e procurou pô-la à conta de pilhéria, mas as preocupações que ela lhe causou fizeram pensar que ela encerrava algo de sério.

Lido esse relato na Sociedade de Paris, mas sem intenção de fazer qualquer pergunta a respeito, um dos médiuns recebeu espontaneamente e sem evocação a comunicação seguinte:

(SOCIEDADE DE PARIS, 9 DE MARÇO DE 1866
– MÉDIUM: SR. MORIN)

Na fase nova em que entrastes, com a chave dada pelo Espiritismo, ou revelação dos Espíritos, tudo deve explicar-se, pelo menos o que estais aptos a entender.

A existência da mediunidade vidente foi a primeira de todas as faculdades dadas ao homem para se corresponder com o mundo invisível, causa de tantos fatos até hoje deixados sem explicação racional. Com efeito, lançai um olhar sobre as diferentes Idades da Humanidade, e observai com atenção todas as tradições que chegaram até vós, e por toda parte, nos que vos precederam, encontrareis seres que, pela visão, foram postos em relação com o mundo dos Espíritos.

Desde o início dos tempos, em todos os povos, as crenças religiosas se estabeleceram sobre revelações de visionários ou médiuns videntes.

Muito pequenos por si mesmos, os homens sempre foram assistidos pelos invisíveis que os tinham precedido na erraticidade e que, obedientes à lei de reciprocidade universal, vinham trazer-lhes, por comunicações às vezes inconscientes, os conhecimentos por eles adquiridos e traçar-lhes a conduta a seguir para descobrir a verdade.

A primeira das faculdades mediúnicas, como disse, foi a visão. Quantos adversários não encontrou ela entre os interessados de todos os tempos! Mas não se deveria inferir de minha linguagem que todas as visões são resultado de comunicações reais; muitas são devidas a alucinações de cérebros enfraquecidos, ou o resultado de um plano urdido para servir a um cálculo ou satisfazer ao orgulho.

Crede-me, o médium vidente é de todos o mais impressionável; o que ele viu grava-se melhor no espírito. A partir do instante em que o vosso grão-duque[3], fanfarrão e vão como a maior parte dos de sua raça, viu aparecer-lhe o seu avô, pois era de fato uma visão que tinha sua razão de ser na missão que Pedro o Grande havia aceito em favor de seu neto, e que

---

[3] Vários russos assistiam à sessão na qual esta comunicação foi dada. Sem dúvida foi o que motivou a expressão: Vosso grão-duque.

consistia em conduzi-lo e inspirá-lo, a mediunidade foi permanente no duque e só o medo do ridículo o impediu de contar todas as visões ao seu amigo.

A mediunidade vidente não era a única que ele possuía. Ele também tinha a intuição e a audição. No entanto, muito imbuído dos princípios de sua primeira educação, recusou-se a tirar proveito das sábias advertências que lhe davam seus guias. Foi pela audição que teve a revelação do seu fim trágico. A partir de então, seu Espírito progrediu muito. Hoje não mais temeria o ridículo de crer na visão, por isto vos vem dizer:

"Graças aos meus caros instrutores espirituais e à observação dos fatos, creio na manifestação dos Espíritos, na sobrevivência da alma, na eterna onipotência de Deus, na progressão constante para o bem dos homens e dos povos, e me tenho por muito honrado que uma de minhas puerilidades tenha dado lugar a uma dissertação onde tenho tudo a ganhar e vós nada a perder."

PAULO

O DESPERTAR DO SENHOR DE COSNAC

Nosso colega da Sociedade de Paris, Sr. Leymarie, tendo ido há pouco tempo fazer uma viagem a Corrèze, aí se entretinha frequentemente sobre Espiritismo, e recebeu várias comunicações mediúnicas, entre outras a que damos abaixo, e que certamente não podia estar em seu pensamento, pois ele ignorava que jamais tivesse existido no mundo um indivíduo chamado Cosnac. Essa comunicação é notável porque mostra a posição singular de um Espírito que, dois séculos e meio depois de falecido, não se julgava vivo, mas se achava sob a impressão das ideias e da visão das coisas de seu tempo, sem se aperceber quanto tudo tinha mudado desde então.

(Tulle, 7 de março de 1866)

Há dois séculos e meio, inconsciente de minha posição, vejo sem cessar o castelo-forte de meus antepassados, os fossos profundos, o senhor de Cosnac sempre ligado ao seu rei, ao seu nome, às suas lembranças de grandeza; há pajens e valetes por toda parte; homens de armas partindo para uma expedição secreta. Sigo todos esses movimentos, todo esse ruído; ouço os lamentos dos prisioneiros e dos colonos, dos servos temerosos que passam humildemente em frente à casa do senhor; ...e tudo isto não passa de um sonho!...

Meus olhos se abriram hoje para ver tudo ao contrário de meu sonho secular! Vejo uma grande habitação burguesa, mas sem linhas de defesa; tudo está calmo. As grandes árvores desapareceram; dir-se-ia que uma mão de fada transformou a morada feudal e a paisagem agreste que a cerca. Por que essa mudança?... Então o nome que trago desapareceu e com ele os bons velhos tempos?... Ah! É preciso perder os meus sonhos, os meus desejos, as minhas ficções, porque um novo mundo acaba de me ser revelado. Outrora bispo, orgulhoso de meus títulos, de minhas alianças, conselheiro de um rei, eu só admitia nossas personalidades, um Deus criando raças privilegiadas, a quem o mundo pertencia de direito, um nome que devia perpetuar-se e, como base desse sistema, a tirania e o sofrimento para o servo e para o artesão.

Algumas palavras puderam despertar-me! ...Uma atração involuntária (outrora eu teria dito diabólica) atraiu-me para aquele que escreve. Ele discutiu com um padre que emprega, para defesa da Igreja, todos os argumentos que outrora eu repetia, ao passo que ele se serve de palavras novas, que explica com simplicidade e, confessá-lo-ei? É seu raciocínio que permite que meus olhos vejam e os meus ouvidos escutem.

Por ele, eu percebo as coisas tais quais são e, o que é mais estranho, depois de tê-lo seguido em mais de um lugar onde ele defende o Espiritismo, eu volto ao sentimento de minha existência como Espírito; aprecio melhor, defino melhor as grandes leis da verdade e da justiça; rebaixo o meu orgulho, causa da catarata que confundiu minha razão, meu juízo, durante dois séculos e meio, entretanto, vede a força do hábito, do orgulho de raça! A despeito da mudança radical operada nos bens de meus avós, nos costumes, nas leis e no governo; malgrado as conversas do médium que transmite meu pensamento; malgrado minha visita aos grupos espíritas de Paris, e mesmo aos Espíritos que se preparam para a emigração para mundos adiantados, ou para reencarnações terrenas, foram-me precisos oito dias de reflexão para me render à evidência.

Nesse longo combate entre um passado desaparecido e o presente que nos arrasta para as grandes esperanças, minhas resistências caíram, uma a uma, como as velhas armaduras quebradas de nossos antigos cavaleiros. Venho fazer ato de fé ante a evidência e eu, *de Cosnac*, antigo bispo, afirmo que eu vivo, que eu sinto, que eu julgo. Esperando minha reencarnação, preparo minhas armas espirituais; sinto Deus por toda parte e em tudo; não sou um demônio, abjuro meu orgulho de casta, e em meu envoltório fluídico rendo homenagem ao Deus criador, ao Deus de harmonia que chama a si todos os seus filhos, a fim de que depois de vidas mais ou menos acidentadas, eles cheguem purificados às esferas etéreas onde esse Deus tão magnânimo os fará gozar da suprema sabedoria.

DE COSNAC

NOTA: O penúltimo arcebispo de Sens chamava-se Jean-Joseph-Marie-Victoire *de Cosnac*. Ele tinha nascido em 1764, no Castelo *de Cosnac,* no Limousin, e aí morreu em 1843. O *Boletim da Sociedade Arqueológica de Sens,* volume 7, página 301, diz que ele era o décimo primeiro prelado que sua família tinha dado à Igreja. Não é impossível que um bispo com esse nome tenha existido no começo do século dezessete.

PENSAMENTOS ESPÍRITAS

POESIA DO SR. EUGÈNE NUS

As estrofes seguintes são tiradas da obra *Os Dogmas Novos,* do Sr. Eugène Nus. Embora não seja uma obra mediúnica, certamente irão agradecer-nos a sua reprodução, dados os pensamentos tão graciosamente expressos. Sob o título de *Os*

Grandes Mistérios, o mesmo autor publicou uma outra obra notável, a que faremos referência, e na qual se acham todos os princípios fundamentais da Doutrina Espírita, como solução racional.

> Ó mortos amados, que esta Terra
> Viu passar conosco misturados,
> Revelai-nos o grande mistério:
> Onde viveis, mortos amados?
>
> Globos coruscantes, que povoais o espaço,
> Irmãs de nossa Terra, estrelas dos céus,
> Qual de vós me prepara um lugar,
> E me guarda uma sorte sombria ou gloriosa?
> Qual de vós recebeu as almas
> Dos que eu amava e que perdi?
> Num branco raio de vossa luz suave
> Desceram em minha fronte sonhadora?
>
> Ou então, presos à sorte da Terra
> Pelo destino e pelo amor,
> São levados em nossa atmosfera
> *Lá no alto esperando a hora de voltar?*
> *Ou, ainda mais perto, Espíritos invisíveis,*
> *Estão entre nós, metidos em nossos dias,*
> Pregando a concórdia aos corações sensíveis
> E chorando baixinho, ao encontrá-los surdos?
> Ó mistério profundo da alma infinita!
> Há quanto tempo em vão eu te procuro.
> Já empalideci a fronte, tanto cavei a vida
> Sem jamais encontrar o segredo divino.
> Mas, ó mortos queridos, que importa onde estejais!
> *Quer de longe ou de perto, a mim, certo, vireis;*
> *Quantas vezes cedi à vossa voz secreta,*
> E o vosso calor aqueceu minha fé.

Ó mortos amados, que esta Terra
Viu passar, conosco misturados,
Revelai-nos o grande mistério:
Onde viveis, mortos amados?

CARTA DO SR. F. BLANCHARD AO JORNAL *LA LIBERTÉ*

Pedem-nos a publicação da carta seguinte, dirigida ao senhor redator-chefe do jornal *La Liberté*.

"Senhor,

"Na verdade é preciso encher as colunas de um jornal, mas quando esse *adorno* está cheio de insultos dirigidos aos que não pensam como os vossos redatores, pelo menos como o que escreveu essa vulgaridade a respeito dos irmãos Davenport, número de segunda-feira, é permitido achar ruim dar o seu dinheiro aos que não temem tratá-lo de tolo, ignorante etc. Ora, eu sou espírita e dou graças a Deus. Assim, quando minha assinatura de vosso jornal terminar, tende a certeza de que não será renovada.

"Vossa folha traz um título sublime; não mintais, pois, a esse título, e sabei que esse vocábulo implica o respeito às opiniões de cada um. Sobretudo não esqueçais que *Liberdade* e *Espiritismo* são absolutamente a mesma coisa. Essa sinonímia vos espanta? Lede, estudai essa doutrina que vos parece tão negra, e então podereis prestar um serviço à *Verdade* e à *Liberdade,* que ergueis tão alto, mas que ofendeis."

FLORENTIN BLANCHARD
Livreiro, em Marennes.

"*P.S.* Se minha assinatura não for muito legível, a chancela que fecha a carta vos esclarecerá."

NOTÍCIAS BIBLIOGRÁFICAS

SOU ESPÍRITA? Por Sylvain Alquié, de Toulouse;
Brochura in-12, preço: 50 centavos.
Livraria Caillol et Baylac, Rua de la Pomme, 34 – Toulouse.

O autor, novo adepto, só conhecia o Espiritismo pelas diatribes dos jornais a propósito dos irmãos Davenport, quando o primeiro artigo publicado pelo jornal *La Discusssion* (Vide a *Revista Espírita* de fevereiro de 1866), tendo caído em suas mãos, no café, fê-lo ver sob outra perspectiva e o levou a estudar. São essas impressões que descreve em sua brochura. Ele passa em revista os raciocínios que o levaram à crença, a cada um dos quais perguntava: *Sou espírita?* Sua conclusão é resumida no último capítulo por estas simples palavras: *Eu sou espírita*. Essa brochura, escrita com elegância, clareza e convicção, é uma profissão de fé sabiamente raciocinada; ela merece as simpatias de todos os adeptos sinceros, aos quais consideramos um dever recomendá-la, lamentando que por falta de espaço estejamos impedidos de justificar a nossa apreciação por algumas citações.

CARTA AOS SRS. DIRETORES E REDATORES DOS JORNAIS ANTIESPÍRITAS

Por A. Grelez, oficial de administração aposentado
Brochura in-8º; preço 50 centavos
Nas principais livrarias de Paris e Bordéus

Esta carta, ou melhor, estas cartas datadas de Sétif, Argélia, foram publicadas pela *Union Spirite Bordelaise,* em seus números 34, 35 e 36. É uma exposição clara e sucinta dos princípios da doutrina, em resposta às diatribes de certos jornalistas cujas falsas e injustas apreciações o autor releva educadamente. Ele certamente não espera convertê-los, mas essas refutações, multiplicadas nas brochuras baratas, têm a vantagem de esclarecer as massas sobre o verdadeiro caráter do Espiritismo, e de mostrar que por toda parte ele encontra defensores sérios, que não necessitam senão do raciocínio para combater os seus adversários. Devemos, pois, agradecimentos ao Sr. Grelez e felicitações a *Union Spirite Bordelaise* por haver tomado a iniciativa dessa publicação.

FILOSOFIA ESPÍRITA

Extraída do divino *Livro dos Espíritos,* por Allan Kardec
Por Augustin Babin, de Cognac
I volume in-12, de 200 páginas; preço: I franco

O GUIA DA FELICIDADE
ou
Deveres gerais do homem por amor a Deus
Pelo mesmo.
Brochura in-12, de 100 páginas. Preço: 60 centavos

NOÇÕES DE ASTRONOMIA
CIENTÍFICA, PSICOLÓGICA
e *moral* Pelo mesmo
Brochura in-12, de 100 páginas. Preço : 75 centavos
Livraria Nadaud et Cie., Forte Desaix, 26 - Angoulême

Faremos notar que o epíteto *divino* é dado ao *Livro dos Espíritos* pelo autor e não por nós. Caracteriza a maneira pela qual ele encara a questão. O Sr. Babin é um espírita de velha data, que leva a doutrina a sério, do ponto de vista moral. Estas três obras são fruto de uma convicção profunda, inalterável e ao abrigo de toda flutuação. Não é um entusiasta, mas um homem que colheu no Espiritismo tantas forças, consolações e felicidade, que considera como um dever ajudar a propagar uma crença que lhe é cara. Seu zelo é tanto mais meritório quanto totalmente desinteressado. Ele declara pôr os seus livros em domínio público, com a condição de nada ser nele alterado, nem aumentado o preço. Ele teve a bondade de pôr uma centena de exemplares à nossa disposição para distribuição gratuita, pelo que lhe rogamos aceitar aqui os nossos agradecimentos muito sinceros.

ALLAN KARDEC

REVISTA ESPÍRITA

JORNAL DE ESTUDOS PSICOLÓGICOS

| ANO IX | MAIO DE 1866 | VOL. 5 |

DEUS ESTÁ EM TODA PARTE

Como é que Deus, tão grande, tão poderoso, tão superior a tudo, pode imiscuir-se em detalhes ínfimos, preocupar-se com os menores atos e os menores pensamentos de cada indivíduo? Tal é a pergunta feita muitas vezes.

Em seu estado atual de inferioridade, só dificilmente os homens podem compreender Deus infinito, porque eles próprios são circunscritos, limitados e por isto o configuram circunscrito e limitado, como eles mesmos; representando-o como um ser circunscrito, dele fazem uma imagem à sua imagem. Nossos quadros que o pintam com traços humanos não contribuem pouco para alimentar este erro no espírito das massas, que nele mais adoram a forma do que o pensamento. É para a maioria um soberano poderoso, sobre um trono inacessível, perdido na imensidade dos céus, e porque suas faculdades e suas percepções são restritas, eles não compreendem que Deus possa ou se digne intervir diretamente nas menores coisas.

Na impotência em que se acha o homem de compreender a essência da divindade, não pode fazer senão uma ideia aproximada, auxiliado por comparações necessariamente muito imperfeitas, mas que, ao menos, lhe podem mostrar a possibilidade do que, à primeira vista, lhe parece impossível.

Suponhamos um fluido bastante sutil para penetrar todos os corpos. É evidente que cada molécula desse fluido produzirá sobre cada molécula da matéria com a qual está em contato uma ação idêntica à que produziria a totalidade do fluido. É o que a química nos mostra a cada passo.

Não sendo *inteligente,* esse fluido age mecanicamente apenas pelas forças materiais. Mas se supusermos esse fluido dotado de inteligência, de facilidades perceptivas e sensitivas, ele agirá, não mais cegamente, mas com discernimento, com vontade e liberdade; verá, ouvirá e sentirá.

As propriedades do fluido perispiritual dele nos podem dar uma ideia. Ele não é inteligente por si mesmo, porque é matéria, mas é o veículo do pensamento, das sensações e das percepções do Espírito; é em consequência da sutileza desse fluido que os Espíritos penetram por toda parte, perscrutam os nossos pensamentos, que veem e agem à distância; é a esse fluido, chegado a um certo grau de depuração, que os Espíritos superiores devem o dom da ubiquidade; basta um raio de seu pensamento dirigido para diversos pontos, para que eles possam aí manifestar sua presença simultânea. A extensão dessa faculdade está subordinada ao grau de elevação e de depuração do Espírito.

Mas os Espíritos, por mais elevados que sejam, são criaturas limitadas em suas faculdades. Seu poder e a extensão de suas percepções não poderiam, sob este ponto de vista, se aproximar de Deus. Contudo podem servir de ponto de comparação. O que o Espírito não pode realizar senão num limite restrito, Deus, que é infinito, o realiza em proporções infinitas. Há ainda, como diferença, que a ação do Espírito é momentânea e subordinada às circunstâncias, ao passo que a de Deus é permanente; o pensamento do Espírito só abarca um tempo e um espaço circunscritos, enquanto o de Deus abarca o Universo e a eternidade. Numa palavra, entre os Espíritos e Deus há a distância do finito ao infinito.

O fluido perispiritual não é o pensamento do Espírito, mas o agente e o intermediário desse pensamento. Como é o fluido que o transmite, dele está, sob certo modo, impregnado e, na impossibilidade em que nos achamos de isolar o pensamento, ele parece não fazer senão um com o fluido, assim como o som parece ser um com o ar, de sorte que podemos, por assim dizer, materializá-lo. Do mesmo modo que dizemos que o ar se torna sonoro, poderíamos, tomando o efeito pela causa, dizer que o fluido se torna inteligente.

Seja ou não seja assim o pensamento de Deus, isto é, que ele aja diretamente ou por intermédio de um fluido, para a facilidade de nossa compreensão representamos esse pensamento sob a forma concreta de um fluido inteligente, enchendo o Universo infinito, penetrando todas as partes da criação. A Natureza inteira está mergulhada no *fluido divino*; tudo está submetido à sua ação inteligente, à sua previdência, à sua solicitude; nenhum ser, por mais ínfimo que seja, deixa de estar, de certo modo, dele saturado.

Assim, estamos constantemente em presença da divindade; não há uma só de nossas ações que possamos subtrair ao seu olhar; nosso pensamento está em contato com o seu pensamento, e é com razão que se diz que Deus lê os nossos mais profundos refolhos do coração; *estamos nele como ele em nós,* segundo a palavra do Cristo. Para estender sua solicitude às menores criaturas, ele não tem necessidade de mergulhar seu olhar do alto da imensidade, nem de deixar a *morada de sua glória,* pois essa morada está em toda parte. Para serem ouvidas por ele, nossas preces não necessitam transpor o espaço, nem serem ditas com voz retumbante, porque, incessantemente penetrados por ele, nossos pensamentos nele repercutem.

A imagem de um fluido inteligente universal evidentemente não passa de uma comparação, mas própria a dar uma ideia mais justa de Deus que os quadros que o representam sob a figura de um velho de longas barbas, envolto num manto. Não podemos tomar nossos pontos de comparação senão nas coisas que conhecemos; é por isto que dizemos diariamente: o olho de Deus, a mão de Deus, a voz de Deus, o sopro de Deus, a face de Deus. Na infância da Humanidade, o homem toma estas comparações ao pé da letra; mais tarde seu Espírito, mais apto a apreender as abstrações, espiritualiza as ideias materiais. A ideia de um fluido universal inteligente, penetrando tudo, – como seria o fluido luminoso, o fluido calórico, o fluido elétrico ou quaisquer outros, se eles fossem inteligentes, – tem o objetivo de fazer compreender a possibilidade para Deus de estar em toda parte, de ocupar-se de tudo, de velar pelo broto da erva como pelos mundos. Entre ele e nós a distância foi suprimida. Nós compreendemos a sua presença, e esse pensamento, quando a ele nos dirigimos, aumenta a nossa confiança, porque não mais podemos dizer que Deus está muito longe e é muito grande para se ocupar de nós. Mas este pensamento, tão consolador para o humilde e para o homem de bem, é muito aterrador para o mau e para o orgulhoso endurecidos, que esperavam a ele subtrair-se, graças à distância, e que, de agora em diante, sentir-se-ão sob a influência de seu poder.

Nada nos impede de admitir para o princípio de soberana inteligência um centro de ação, um foco principal radiando sem cessar, inundando o universo com seus eflúvios, como o Sol com sua luz. Mas onde está esse foco? É provável que ele não esteja mais fixo num ponto determinado do que a sua ação. Se simples Espíritos têm o dom da ubiquidade, essa faculdade, para Deus, deve ser sem limites. Enchendo Deus o Universo, poder-se-ia admitir, a título de hipótese, que esse foco não necessita transportar-se, e que ele se *forme* em todos os pontos onde sua soberana vontade julgue a propósito produzir-se, de onde se poderia dizer que ele está em toda parte e em parte alguma.

Diante destes problemas insondáveis, nossa razão deve humilhar-se. Deus existe: não poderíamos duvidar; ele é infinitamente justo e bom: é sua essência; sua solicitude se estende a tudo: nós o compreendemos agora; incessantemente em contato com ele, podemos orar a ele com a certeza de sermos ouvidos; ele não pode querer senão o nosso bem, por isso devemos ter confiança nele. Eis o essencial. Quanto ao mais, esperemos que sejamos dignos de compreendê-lo.

A VISÃO DE DEUS[1]

Considerando-se que Deus está em toda parte, por que não o vemos? Vê-lo-emos ao deixar a Terra? Estas são também perguntas feitas diariamente. A primeira é fácil de resolver: Nossos órgãos materiais têm percepções limitadas, que lhes tornam imprópria a visão de certas coisas, mesmo materiais. É assim que certos fluidos escapam totalmente à nossa visão e aos nossos instrumentos de análise. Vemos os efeitos da peste e não vemos o fluido que a transporta; vemos os corpos

---
[1] Vide *A Gênese*, Capítulo II, itens 31 a 37. (Nota do revisor Boschiroli)

a se moverem sob a influência da força da gravitação, mas não vemos essa força.

As coisas de essência espiritual não podem ser percebidas pelos órgãos materiais; só pela visão espiritual é que podemos ver os Espíritos e as coisas do mundo imaterial; assim, só a nossa alma pode ter a percepção de Deus. Ela o vê imediatamente após a morte? É o que só as comunicações de Além-Túmulo nos podem ensinar. Por elas, sabemos que a visão de Deus só é privilégio das almas mais depuradas e que assim, muito poucas, ao deixar o envoltório terreno, possuem o grau de desmaterialização necessário. Algumas comparações simples nos permitirão compreender isso sem dificuldade.

Aquele que está no fundo de um vale, cercado de espessa bruma, não vê o Sol; contudo, à luz difusa, ele percebe a presença do sol. Se subir a montanha, à medida que ele se eleva, dissipa-se o nevoeiro, a luz se torna cada vez mais viva, mas ainda não o vê. Quando começa a percebê-lo, ele ainda está velado, porque o mínimo de vapor basta para lhe enfraquecer o brilho. Só depois de se haver elevado completamente acima da camada brumosa é que, achando-se num ar *perfeitamente puro*, ele o vê em todo o seu esplendor.

Dá-se o mesmo com quem tivesse a cabeça envolta por diversos véus. Inicialmente ele não vê absolutamente nada; a cada véu que retira, distingue um clarão cada vez maior; só quando retira o último véu é que vê as coisas nitidamente.

Também se dá o mesmo com um líquido carregado de matérias estranhas. A princípio ele é turvo; a cada destilação sua transparência aumenta, até que, estando completamente purificado, adquire uma limpidez perfeita e não apresenta nenhum obstáculo à visão.

Assim é com a alma. O envoltório perispiritual, embora invisível e impalpável para nós, é para ela uma verdadeira matéria, ainda muito grosseira para certas percepções. Esse envoltório se espiritualiza à medida que a alma se eleva em moralidade. As imperfeições da alma são como véus que obscurecem sua visão; cada imperfeição de que se desfaz é um véu a menos, mas só depois de se ter depurado completamente é que goza da plenitude de suas faculdades.

Sendo Deus a essência divina por excelência, não pode ser percebido em todo o seu brilho senão pelos Espíritos que atingiram o mais alto grau de desmaterialização. Se os Espíritos imperfeitos não o veem, não é porque estejam *mais afastados que os outros*, porquanto todos os seres da Natureza, assim como eles, estão mergulhados no fluido divino. Assim como nós estamos na luz, os cegos também estão na luz, contudo não a veem. As imperfeições são véus que ocultam Deus à visão dos Espíritos inferiores; quando a cerração se dissipar, eles o verão resplandecer. Para isto não precisarão subir nem de procurá-lo nas profundezas do infinito; estando a vida espiritual desembaraçada das manchas morais que a obscureciam, eles o verão em qualquer lugar onde se encontrarem, ainda que estejam na Terra, porquanto ele está em toda parte.

O Espírito se depura muito lentamente, e as diversas encarnações são os alambiques, no fundo dos quais deixa, a cada vez, algumas impurezas. Deixando seu envoltório corporal, ele não se despoja instantaneamente de suas imperfeições; é por isso que alguns, após a morte, não veem Deus mais do que em vida. No entanto, à medida que se depuram, dele têm uma intuição mais clara; se não o veem, compreendem-no melhor; a luz é menos difusa. Assim, quando Espíritos dizem que Deus lhes proíbe de responder a determinada pergunta, não é que Deus lhes apareça ou lhes dirija a palavra para prescrever ou interditar isto ou aquilo. Não, mas eles o sentem e recebem os eflúvios de seu pensamento, como nos acontece com relação aos Espíritos que nos envolvem com seu fluido, embora não os vejamos.

Nenhum homem pode, pois, ver Deus com os olhos da carne. Se esse favor fosse concedido a alguns, só o seria no estado de êxtase, quando a alma está tão desprendida dos laços da matéria quanto é possível durante a encarnação.

Tal privilégio, aliás, seria apenas das almas de escol, encarnadas em missão e não em expiação. Mas como os Espíritos da mais elevada ordem resplandecem com um brilho deslumbrante, pode ser que Espíritos menos elevados, encarnados ou desencarnados, deslumbrados pelo esplendor que os cerca, julgassem ter visto o próprio Deus. É como alguém que vê um ministro e o toma por seu soberano.

Sob que aparência Deus se apresenta aos que se tornaram dignos desse dom? Sob uma forma qualquer? Sob uma figura humana ou como um foco resplendente de luz? É o que a linguagem humana é incapaz de descrever, porque para nós não existe nenhum ponto de referência que possa dar uma ideia. Somos como cegos a quem em vão procurassem fazer compreender o brilho do Sol. Nosso vocabulário é limitado às nossas necessidades e ao círculo de nossas ideias; o dos selvagens não poderia descrever as maravilhas da civilização; o dos povos mais civilizados é muito pobre para descrever os esplendores do Céu; nossa inteligência é muito limitada para compreendê-los, e nossa visão muito fraca ficaria por eles deslumbrada.

UMA RESSURREIÇÃO

O *Concorde*, jornal de Versalhes, de 22 de fevereiro de 1866, relata o episódio seguinte, de uma história publicada em folhetim, sob o título de *Na Córsega, esboço a pena*.

Uma jovem tinha uma velha tia que lhe servia de mãe e à qual devotava uma ternura filial. A tia adoeceu e morreu. Afastaram a jovem, mas ela plantou-se à porta da câmara mortuária, chorando e orando. De repente julgou ouvir um grito fraco e como um gemido surdo. Abriu a porta precipitadamente e viu a tia, que havia afastado o pano com que a tinham coberto, e que lhe fazia sinal para que se aproximasse. Então lhe disse com voz sumida e fazendo um esforço supremo: "Savéria, há pouco eu estava morta... sim, morta... Eu vi o Senhor... Ele me permitiu voltar um instante a esta Terra para te dar um último adeus e te fazer uma última recomendação."

Então lhe renovou um conselho muito importante, que lhe havia dado alguns dias antes, do qual dependia o seu futuro. Tratava-se de guardar um segredo absoluto sobre um fato, cuja divulgação deveria arrastar uma dessas terríveis vinganças tão comuns neste país. Tendo a sobrinha prometido conformar-se com sua vontade, ela acrescentou: "Agora posso morrer, porque Deus te protegerá como me protege nesta hora porque, indo-me embora, não levarei o desgosto de deixar atrás de mim uma vingança a satisfazer-se numa trilha de sangue e de maldição... Adeus, minha pobre filha, eu te abençoo." Depois destas palavras, ela expirou.

Um dos nossos correspondentes, que conhece pessoalmente o autor, lhe perguntou se seu relato era fruto de sua imaginação. "Não, respondeu ele. É a pura verdade. Ouvi o fato da própria boca de Savéria, quando eu estava na Córsega. Citei suas próprias palavras e ainda omiti certos detalhes, receando que me acusassem de exagero."

Os fatos desta natureza não são únicos; citamos um muito notável na *Revista* de agosto de 1863, sob o título de *O Sr. Cardon, médico*. Eles são a prova evidente da existência e da independência da alma, porque, se o princípio inteligente fosse inerente à matéria, extinguir-se-ia com ela. A questão é saber se, por um ato da vontade, a alma pode reentrar momentaneamente na posse do corpo que acaba de deixar.

Não se deve assimilar o fato acima, nem o do médico Cardon, ao estado de letargia. A letargia é uma suspensão acidental da sensibilidade nervosa e do movimento que apresenta o aspecto da morte, mas que não é a morte, pois não há decomposição, e os letárgicos vivem muitos anos após o seu despertar. A vitalidade, por ser latente, não deixa de estar na plenitude da sua força, e a alma não está mais destacada do corpo do que no sono ordinário. Na morte verdadeira, ao contrário, a matéria se desorganiza, a vitalidade se extingue, o perispírito se separa; o trabalho da dissolução começa ainda antes que a morte se consume. Enquanto ela não se consuma, pode haver voltas passageiras à vida, como as que citamos, *mas sempre de curta duração*, considerando-se que a vontade pode retardar por alguns instantes a separação definitiva do perispírito, mas que ela é impotente para deter o trabalho de dissolução, quando chega o momento. Sejam quais forem as aparências exteriores, pode-se dizer que todas as vezes que houver volta à vida é que não houve morte, na acepção patológica do vocábulo. Quando a morte é completa, essas voltas são impossíveis, pois a isto se opõem as leis fisiológicas.

Nas circunstâncias de que falamos, portanto, podíamos racionalmente admitir que a morte não estivesse consumada. Tendo sido o fato relatado na Sociedade de Paris, o guia de um dos nossos médiuns habituais lhe deu a explicação seguinte, que reproduzimos com toda a reserva, como uma coisa possível, mas não materialmente provada, e a título de observação.

(Sociedade Espírita de Paris, 2 de março de 1866
- Médium: Sr. Morin)

No caso que constitui motivo de vossa discussão, há um fato positivo, o da morta que falou à sua sobrinha. Resta saber se esse fato é do domínio material, isto é, se houve volta momentânea à vida corporal, ou se é de ordem espiritual; é esta última hipótese que é a verdadeira, porque a velha senhora estava realmente bem morta. Eis o que se passou:

Ajoelhada à porta da câmara mortuária, a jovem sofreu um impulso irresistível que a levou para junto do leito de sua tia que, como eu disse, estava bem morta. Foi a ardente vontade do Espírito dessa mulher que provocou o fenômeno. Sentindo-se morrer sem poder fazer a recomendação tão vivamente desejada, ela pediu a Deus, numa última e suprema prece, que pudesse dizer à sobrinha o que lhe desejava dizer. Já estando feita a separação, o fluido perispiritual, ainda impregnado de seu desejo, envolveu a jovem e arrastou-a para junto dos despojos. Ali, por uma permissão de Deus, ela tornou-se médium vidente e auditiva; viu e ouviu sua tia falando e agindo, não com o corpo, mas por meio do perispírito ainda vinculado ao corpo, de sorte que houve visão e audição espirituais e não materiais.

A recomendação da tia, feita em tal momento e em circunstâncias que davam a aparência de uma ressurreição, devia impressionar a moça mais vivamente, e fazê-la compreender toda a importância da recomendação. Embora já a tivesse feito em vida, queria levar a certeza de que sua sobrinha concordaria, para evitar as desgraças que resultariam de uma indiscrição. Sua vontade não pôde fazer reviver o seu corpo, contrariando as leis da Natureza, mas pôde dar ao seu envoltório fluídico as aparências de seu corpo.

EBELMAN

CONVERSAS DE ALÉM-TÚMULO

O PADRE LAVERDET

O Sr. Laverdet era um dos pastores da igreja francesa e coadjutor do padre Châtel. Era um homem de grande saber e que, por sua elevação do caráter, gozava da estima dos que o conheceram. Morreu em Paris, em novembro último. Um de seus mais íntimos amigos, o Sr. Monvoisin, o eminente pintor de história, espírita fervoroso, tendo desejado dele receber algumas palavras de Além-Túmulo, pediu-nos que o evocássemos. A comunicação que ele deu tem para o seu amigo e para o seu irmão um cunho incontestável de identidade, por isto cedemos ao desejo desses dois senhores de publicá-la, e isto com tanto mais boa vontade pelo fato de ela ser instrutiva sob mais de um aspecto.

(Sociedade de Paris, 5 de janeiro de 1866
- Médium: Sr. Desliens)

Evocação. Vosso amigo, Sr. Monvoisin, informou-me hoje de vossa morte e, embora não tivéssemos tido o privilégio de conhecer-vos pessoalmente, conhecíamos a vossa reputação, pela parte que tomastes na formação da igreja francesa. A estima que gozáveis merecidamente, e o estudo que fizestes do Espiritismo antes de morrer, acrescidos do desejo de vosso amigo e de vosso irmão, nos ensejam o desejo de nos comunicarmos convosco, se Deus o permitir. Ficaremos felizes se quiserdes dar as vossas impressões como Espírito, quer sobre a reforma religiosa na qual trabalhastes e as causas que detiveram o seu progresso, quer sobre a Doutrina Espírita.
Resposta. Caro senhor, estou feliz, muito feliz pela boa lembrança de meu caro amigo Sr. Monvoisin. Graças a ele, hoje

posso, nesta honrada assembleia, exprimir minha admiração pelo homem cujos notáveis estudos levaram a felicidade a todos os corações deserdados e feridos pela injustiça dos homens. Reformador eu mesmo, mais que qualquer outro estou em posição de apreciar toda a prudência, toda a sabedoria de vossa conduta, caro senhor e mestre, se me permitirdes que vos dê este título.

Pouco satisfeito com as tendências gerais do clero ortodoxo, com sua maneira parcimoniosa de espalhar a luz devida a todos, eu quis, em parceria com o padre Châtel, estabelecer um ensino sob novas bases, com o caráter de religião, mais vinculado às necessidades gerais das classes pobres. A princípio, nosso objetivo foi louvável, mas nosso empreendimento pecava por sua base, por seu propósito, que era tal que deviam vir a nós mais para contraditar a religião estabelecida do que por convicção íntima. Logo o reconhecemos, mas, muito levianos, aceitamos com entusiasmo as crianças que repeliam outros padres, por falta de instrução suficiente ou de formalidades necessárias.

O Espiritismo procede de maneira totalmente diversa; é firme e prudente; não busca a quantidade, mas a qualidade dos adeptos. É um ensino sério e não uma especulação.

Nossa reforma, que desde o início era completamente desinteressada, logo foi considerada, sobretudo pelo padre Châtel, como um meio de fazer fortuna. Esta foi a principal causa de sua ruína. Nós não tínhamos suficientes elementos de resistência, e, é preciso dizê-lo, nem planejamento suficiente, felizmente, sem dúvida, para levar tal empresa a bom termo. O primeiro primaz francês não teve sucessor. Eu não tentei apresentar-me como chefe de uma seita da qual tinha sido um dos fundadores de segunda ordem, porque, em primeiro lugar, não aprovava todas as tendências do padre Châtel, tendências que o caro homem expiou e expia ainda no mundo dos Espíritos. Por outro lado, minha simplicidade o repugnava; abstive-me e por isto hoje me sinto feliz.

Quando novamente me vieram propor a retomada da obra interrompida, a leitura de vossas obras, caro senhor, já tinha lançado profundas raízes em mim. Compreendi que se tratava não só de modificar a forma do ensino, mas, também, o próprio ensino. Por sua natureza, nossa reforma não podia necessariamente ter senão um tempo; fundada sobre uma ideia fixa, sobre uma concepção humana, inteiramente desenvolvida e limitada em seu início, ela devia, mesmo com todas as chances de sucesso, ser em breve ultrapassada pelas sementes progressistas, cuja germinação hoje vemos.

O Espiritismo não tem esse defeito. Ele marcha com o progresso, ele é o próprio progresso e não poderia ser ultrapassado por aquele que ele precede constantemente. Aceitando todas as ideias novas fundamentadas na razão e na lógica, desenvolvendo-as e fazendo surgirem outras desconhecidas, seu futuro está assegurado. Permiti-me, caro senhor, agradecer-vos em particular o prazer que experimentei ao estudar os sábios ensinos publicados sob vossos cuidados. Meu espírito, perturbado pelo desejo de saber o que ocultavam todos os mistérios da Natureza, foi ferido, à sua leitura, pela mais viva luz.

Sei que, por modéstia, repelis qualquer elogio pessoal; sei também que esses ensinamentos não são concepção vossa, mas a reunião de instruções dos vossos guias; não obstante, não é menos à vossa prudente reserva, à vossa habilidade em apresentar cada coisa a seu tempo, à vossa sábia lentidão, à vossa moderação constante, que o Espiritismo deve, depois de Deus e dos bons Espíritos, gozar da consideração que lhe conferem. A despeito de todas as diatribes, de todos os ataques ilógicos e grosseiros, ele não deixa de ser hoje uma opinião que fez lei e que é aceita por numerosas pessoas sensatas e sérias e acima de qualquer suspeita. É uma obra de futuro; está sob a égide do Onipotente, e o concurso de todos os homens superiores e inteligentes será por ele conquistado, a partir do momento em que eles reconhecerem suas verdadeiras tendências, que foram desfiguradas pelos seus adversários.

Infelizmente o ridículo é uma arma poderosa neste país de progresso! Inúmeras pessoas esclarecidas se recusam a estudar certas ideias, mesmo em segredo, quando foram estigmatizadas por pilhérias mesquinhas. Mas há coisas que enfrentam todos os obstáculos. O Espiritismo é uma delas, e em breve soará a hora de sua vitória. Ele unirá em torno de si toda a França, toda a Europa inteligente, e muito tolos e equivocados serão aqueles que ainda ousarem atribuir à imaginação fatos reconhecidos por inteligências excepcionais.

Quanto ao meu estado pessoal, presentemente é satisfatório; dele nada vos direi; apenas chamarei vossa atenção e pedirei vossas preces para o meu antigo colega, o padre Châtel. Orai por ele. Mais tarde o seu espírito tresmalhado, mas elevado, poderá ditar-vos sábias instruções. Agradeço-vos novamente vossa benevolência para comigo e ponho-me inteiramente à vossa disposição, se vos puder ser útil, seja no que for.

Padre LAVERDET

UM PAI DESCUIDADO COM OS FILHOS

Charles-Emmanuel Jean era um operário bom e de caráter suave, mas dado à embriaguez desde a juventude. Tinha sido tomado de viva paixão por uma jovem de seu conhecimento, que inutilmente pedira em casamento. Ela o tinha sempre repelido, dizendo que jamais casaria com um bêbado. Ele casou-se com outra, com a qual teve vários filhos, mas, absorvido pela bebida, não se preocupou nem com a educação nem com o futuro deles. Morreu por volta de 1823, sem que se soubesse em que se havia tornado. Um dos filhos seguiu os passos do pai; partiu para a África e não deu mais notícias. Um outro era de natureza completamente diferente; sua conduta foi sempre regular. Entrando cedo no aprendizado, se fez querido e estimado por seus patrões como operário qualificado, laborioso, ativo e inteligente. Por seu trabalho e suas economias, criou uma posição honrada na indústria e educou de maneira muito conveniente uma numerosa família. É hoje um espírita fervoroso e devotado.

Um dia, numa conversa íntima, ele exprimia o pesar por não ter podido assegurar aos filhos uma fortuna independente; procuramos tranquilizar a sua consciência, felicitando-o, ao contrário, pela maneira como ele havia cumprido seus deveres de pai. Como é bom médium, rogamos que pedisse uma comunicação, sem fazer apelo a um Espírito determinado. Ele escreveu:

"Sou eu, Charles-Emmanuel."
É meu pai, disse ele. Pobre pai! Ele não é feliz.
O Espírito continuou: Sim, o mestre tem razão; tu fizeste mais por teus filhos do que eu por ti. Assim, tenho uma tarefa dura a cumprir. Bendiz a Deus, que te deu o amor pela família.
Pergunta (do Sr. Allan Kardec). – De onde vinha vossa inclinação pela bebida?
Resposta. – Um hábito de meu pai, que eu herdei. É uma provação que deveria ter combatido.

OBSERVAÇÃO: Com efeito, seu pai tinha o mesmo vício, mas não é certo dizer que era um hábito herdado; ele simplesmente cedeu à influência do mau exemplo. Não se herdam defeitos de caráter, como se herdam defeitos de conformação. O livre-arbítrio tudo pode sobre os primeiros e nada sobre os últimos.

P. – Qual a vossa posição atual no mundo dos Espíritos?
R. – Estou incessantemente a procurar meus filhos e aquela que tanto me fez sofrer, aquela que sempre me repeliu.
P. – Deveis ter um consolo no vosso filho Jean, que é um homem honrado e estimado, e que ora por vós, embora vos tivésseis pouco ocupado com ele.
R. – Sim, eu sei; ele tem feito e o faz ainda. É por isso que me é permitido falar-vos. Estou sempre perto dele, buscando aliviar suas fadigas; é a minha missão; ela só terminará com a vinda de meu filho para junto de nós.
P. – Em que situação vos encontrastes como Espírito, após a morte?
R. – A princípio não me julgava morto; bebia sem cessar; via Antoinette, que queria alcançar, mas que me fugia. Depois, procurava meus filhos, que eu amava, a despeito de tudo, e que minha mulher não me queria dar. Então eu me revoltava, reconhecendo o meu nada e a minha impotência, e Deus me condenou a velar por meu filho Jean, que jamais morreu por acidente, porque sempre e em toda parte eu o salvo de uma morte violenta.

OBSERVAÇÃO: Com efeito, o Sr. Jean escapou muitas vezes, como por milagre, de perigos iminentes; escapou de afogar-se, de ser queimado, de ser esmagado nas engrenagens de uma máquina, de explodir com uma máquina a vapor; na sua juventude foi enforcado por acidente, e sempre um socorro inesperado o salvou no momento mais crítico, o que é devido, ao que parece, à vigilância exercida por seu pai.

P. – Dissestes que Deus vos *condenou* a velar pela segurança de vosso filho. Não vejo nisto uma punição; como o amais, isto deve ser, ao contrário, uma satisfação para vós. Uma porção de Espíritos são prepostos à guarda dos encarnados, dos quais são protetores, e essa é uma tarefa que eles se sentem felizes em cumprir.

R. – Sim, mestre. Eu não devia ter-me descuidado dos filhos, como fiz. Agora, a lei da justiça me condena a reparar. Não o faço contra a vontade; sinto-me feliz de fazê-lo por amor a meu filho, *mas a dor que ele experimentaria nos acidentes de que o salvo, sou eu que suporto;* se ele devesse ser atravessado por dez balas, eu sentiria o mal que ele suportaria, se a coisa se realizasse. Eis a punição que eu atraí, não cumprindo junto dele os meus deveres de pai durante minha vida.

P. (Pelo Sr. Jean). – Vedes meu irmão Numa e podeis dizer onde ele está? (Aquele que se entregava à bebida e cuja sorte ficou ignorada).

R. – Não, não o vejo, mas o procuro. Tua filha Jeanne o viu na costa da África, cair no mar. Eu não estava lá para socorrê-lo. Eu não podia.

OBSERVAÇÃO: A filha do Sr. Jean, num momento de êxtase, realmente o tinha visto cair no mar, na época de seu desaparecimento.

A punição desse Espírito oferece esta particularidade: Ele sente as dores que deve poupar ao filho. Compreende-se, a partir daí, que a missão seja penosa; mas como ele não se lamenta e a considera como uma justa reparação e que isso não diminui sua afeição por ele, essa expiação lhe é proveitosa.

LEMBRANÇAS RETROSPECTIVAS DE UM ESPÍRITO

(Comunicação espontânea – Tulle, 26 de fevereiro de 1866)
Médium: Sr. Leymarie)

Sabeis, amigos, de que lugar é datada minha comunicação? De uma garganta perdida, onde as casas disputaram suas fiadas às dificuldades acumuladas pela criação. Sobre o declive de colinas quase a pique, serpenteiam ruas trepadas, ou antes penduradas nos flancos dos rochedos. Pobres moradas que abrigaram muitas gerações; em cima dos telhados se acham os jardins, onde os pássaros cantam a sua prece. Quando as primeiras flores anunciam os belos dias cheios de ar e de sol, essa música parece sair das camadas aéreas, e o habitante que dobra e trabalha o ferro, a usina e seu ruído dissonante casam seu ritmo áspero e barulhento à harmonia dos pequenos artistas do bom Deus.

Mas acima dessas casas deterioradas, acavaladas, originais, deslocadas, existem altas montanhas com uma verdura sem par; a cada passo, o passante vê alargar-se o horizonte; as aldeias, as igrejas parecem sair do abismo, e esse panorama estranho, selvagem, mutável, se perde ao longe, dominado por montanhas de cabeças embranquecidas pela neve.

Mas eu esquecia: sem dúvida deveis perceber uma fita prateada, clara, caprichosa, transparente como um espelho: é a Corrèze. Ora encaixada entre rochedos, é silenciosa e grave; ora se escapa alegre, risonha, através dos prados, dos salgueiros e dos olmeiros, oferecendo sua taça aos lábios de numerosos rebanhos, e sua transparência benfazeja às brincadeiras dos banhistas; ela purifica a cidade, que divide graciosamente.

Eu amo este rincão com suas velhas moradas, seu gigantesco campanário, sua ribeira, seu ruído, sua coroa de castanheiros;

eu o amo porque ali nasci, porque tudo o que narro ao vosso espírito benevolente faz parte das lembranças de minha última encarnação. Parentes amados, amigos sinceros sempre me cercaram de ternos cuidados; ajudaram no meu adiantamento espiritual. Chegado às grandezas, eu lhes devia meus sentimentos fraternos; meus trabalhos os honravam, e quando venho como Espírito visitar a cidade de minha infância, não me posso impedir de subir ao Puy-Saint-Clair, a última morada dos cidadãos de Tulle, saudar os restos terrenos dos Espíritos amados.

Estranha fantasia! O cemitério está a quinhentos pés acima da cidade; em volta, o horizonte infinito. A gente está só entre a Natureza, seus prestígios e Deus, o rei de todas as grandezas, de todas as esperanças. Nossos avós tinham querido aproximar os mortos amados de sua verdadeira morada, para lhes dizer: Espíritos, desprendei-vos! O ar ambiente vos chama. Saí resplendentes de vossa prisão, a fim de que o espetáculo encantador deste horizonte imenso vos prepare para as maravilhas que fostes chamados a contemplar. Se tiveram tal pensamento, eu o aprovo, porque a morte não é tão lúgubre quanto querem pintá-la. Ela não é, para os espíritas, a verdadeira vida, a separação desejada, a bem-vinda do exilado nos grupos da erraticidade, onde ele vem estudar, aprender e preparar-se para novas provas?

Em alguns anos, em vez de gemer, de cobrir-se de luto, será uma festa para os Espíritos encarnados essa separação, quando o morto tiver cumprido os seus deveres espíritas em toda a acepção da palavra; mas chorarão, gemerão pelo terrícola egoísta que jamais praticou a caridade, a fraternidade, todas as virtudes, todos os deveres tão bem definidos no *Livro dos Espíritos*.

Depois de ter falado dos mortos, me permitis falar dos vivos? Eu me ligo muito a todas as esperanças, e meu país, onde há tanto a fazer, bem merece votos sinceros.

O progresso, esse nivelador inflexível, é lento, é verdade, para implantar-se nas regiões montanhosas, mas ele sabe impregnar-se tempestivamente nos hábitos, nos costumes; ele afasta uma a uma as oposições, para deixar entrever, enfim, clarões novos para esses párias do trabalho, cujo corpo, sempre vergado sobre uma terra ingrata, é tão rude quanto o traçado dos sulcos.

A natureza vigorosa desses bravos habitantes espera a redenção espiritual. Eles não sabem o que é pensar, julgar corretamente e utilizar todos os recursos do espírito; só o interesse os domina em toda a sua rudeza e o alimento pesado e comum se presta a essa esterilidade do espírito. Vivendo afastados do ruído da política, das descobertas científicas, eles são como bois, ignorantes de sua força, prontos a aceitar o jugo, e, tangidos pelo aguilhão, vão à missa, ao cabaré, à aldeia, não por interesse mas por hábito, dormindo durante as prédicas, saltando aos sons dissonantes de uma gaita, soltando gritos insensatos e obedecendo brutalmente aos movimentos da carne.

O padre se abstém judiciosamente de mudar esses velhos usos e costumes; ele fala da fé, dos mistérios, da paixão, do diabo sempre, e essa mistura incoerente acha um eco sem harmonia nas cabeças dessa brava gente que faz votos, peregrinações com os pés descalços e se entrega aos mais estranhos costumes supersticiosos.

Assim, quando uma criança é doentia, pouco aberta, sem inteligência, logo a levam a uma aldeia chamada São Pao (dizei São Paulo); para começar, ela é mergulhada numa água privilegiada, mas pela qual se paga; depois fazem-na sentar-se numa bigorna benta, e um ferreiro, munido de um pesado martelo, bate vigorosamente na bigorna; dizem que a comoção experimentada pelos golpes repetidos cura infalivelmente o paciente. Chamam a isso: fazer São Pao forjar. As mulheres que sofrem do baço também vão banhar-se na água milagrosa e se fazer forjar. Julgai por este exemplo em cem o que é o ensino dos vigários dessa região.

Entretanto, tomai esse bruto e falai de interesse; logo o camponês astucioso, prudente como um selvagem, se defende com aprumo e vence os mais astutos juízes. Fazei um pouco de luz em seu cérebro, ensinai-lhe os primeiros elementos das ciências, e tereis homens verdadeiros, fortes de saúde, espíritos viris e cheios de boa vontade. Que as estradas de ferro cruzem a região e logo tereis um solo copioso com vinho, frutos deliciosos, grão escolhido, trufa perfumada, castanhas selecionadas, a vide ou o cogumelo sem igual, bosques magníficos, minas de carvão inesgotáveis, ferro, cobre, gado de primeira classe, ar, verdura, paisagens esplêndidas.

E quando tantas esperanças apenas se querem espalhar, quando tantas outras regiões estão, como esta, numa prostração mortal, queiramos que, em todos os corações, em todos os recantos perdidos deste mundo, penetre *O Livro dos Espíritos*. A doutrina que ele encerra é a única que pode mudar o espírito das populações, arrancando-as à pressão absurda dos que ignoram as grandes leis da erraticidade, e que querem imobilizar a crença humana num dédalo onde eles próprios têm tanto trabalho em se reconhecer. Trabalhemos, pois, todos, com ardor, nesta renovação desejada que deve derrubar todas as barreiras e criar o fim prometido à geração que em breve virá.

BALUZE

OBSERVAÇÃO: O nome de Baluze é conhecido dos leitores pelas excelentes comunicações que por vezes ele dita ao seu compatriota e médium predileto, o Sr. Leymarie. Foi durante uma viagem deste último à sua terra que ele lhe deu a comunicação acima. Baluze, ilustre historiógrafo, nascido em Tulle em 1630, falecido em Paris em 1718, publicou grande número de obras apreciadas; foi bibliotecário de Colbert. Sua biografia (Dicionário de Feller) diz que "as pessoas do mundo das letras lamentam nele a perda de um sábio profundo, e seus amigos, de um homem suave e benevolente." Há em Tulle um cais com o seu nome. O Sr. Leymarie, que ignorava a história de São Pao, informou-se e teve a confirmação de que essas práticas supersticiosas ainda estão em uso.

NECROLOGIA

Morte do Doutor Cailleux,
Presidente do Grupo Espírita de Montreuil-Sur-Mer

O Espiritismo acaba de perder um de seus mais dignos e mais fervorosos adeptos na pessoa do Sr. Dr. Cailleux, falecido sexta-feira, 20 de abril de 1866. Não podemos render mais brilhante homenagem à sua memória do que reproduzindo um dos artigos publicados a propósito pelo *Journal de Montreuil*, de 5 de abril.

"Um homem de bem acaba de extinguir-se em meio à dor geral. O Sr. Cailleux, doutor em medicina há aproximadamente trinta anos, membro do Conselho Municipal, membro da Associação de Beneficência, médico dos pobres, médico das epidemias, morreu sexta-feira última às 7 da noite.

"Segunda-feira, uma imensa multidão, composta de todas as classes da Sociedade, o conduziu à sua última morada. O silêncio religioso que reinou em todo o percurso dava a essa triste e imponente cerimônia o caráter de uma manifestação pública. Esse simples féretro, acompanhado por aproximadamente três mil pessoas em lágrimas ou mergulhadas numa dor muda, teria tocado os mais duros corações. Era toda uma cidade que acorria a prestar a última homenagem a um de seus mais caros habitantes; era toda uma população que queria conduzir até o cemitério aquele que tantas vezes por ela se sacrificara.

"Os pobres que o Sr. Cailleux tinha tantas vezes cumulado de benefícios mostraram que têm um coração reconhecido; um grande número de operários tomou das mãos dos transportadores o caixão de seu benfeitor e considerou uma glória levar até o cemitério esse precioso fardo!...

"As pontas da mortalha eram sustidas pelo Sr. Lecomte, 1º adjunto; pelo Sr. Cosyn, 1º conselheiro municipal; pelo Sr. Hacot, membro da Associação de Beneficência e pelo Sr. Delplanque, médico e conselheiro municipal.

À frente do cortejo ia o Conselho Municipal, precedido pelo prefeito, Sr. Émile Delhomel. Na assembleia, notavam-se o Sr. Charbonnier, vice-prefeito; o Sr. Martinet, procurador imperial; o Sr. Chefe da Guarnição, todas as notabilidades da cidade e os médicos das localidades vizinhas.

"Um grande número de soldados da guarnição que o Sr. Cailleux havia tratado no Hospital tinha obtido licença para assistir ao enterro e se havia apressado em misturar-se à multidão.

"Ao chegar ao cemitério, um operário rompeu a multidão e, parando diante do túmulo, pronunciou com voz comovida, em meio ao silêncio geral, estas poucas palavras: 'Homem de bem, que fostes o benfeitor dos pobres e que morrestes vítima de vossa sublime dedicação, recebei nossos últimos adeuses; vossa lembrança ficará eternamente em nossos corações.' Depois destas palavras, ditadas por um sentimento de reconhecimento, a multidão retirou-se num recolhimento religioso. A tristeza que reinava em todos os rostos bem mostrava que imensa perda acabava de sofrer a cidade de Montreuil.

"Com efeito, o Sr. Cailleux tinha sabido, por suas numerosas qualidades, conquistar a estima geral. Toda a sua vida não tinha sido mais que uma longa série de atos de dedicação; ele trabalhou até o último dia sem querer jamais repousar e, terça-feira última, ainda foi visitar vários doentes no campo. Quando lhe falavam de sua idade avançada e o aconselhavam a descansar de suas numerosas fadigas, de boa vontade teria respondido como Arnauld: 'Tenho toda a eternidade para repousar.'

Cada hora de sua vida foi consagrada a cuidar dos doentes, a consolar os aflitos. Ele não vivia para si, mas para os seus semelhantes, e toda a sua existência pode resumir-se nestas três palavras: *Caridade, Devotamento, Abnegação.*

"Nestes últimos tempos, quando a epidemia grassou em Étaples e nas aldeias circunvizinhas, o Dr. Cailleux se pôs inteiramente a serviço dos doentes e percorreu as aldeias infestadas, visitando os pobres, cuidando de uns, socorrendo outros e tendo consolações para todos. Assim, visitou mais de 800 doentes, entrando nas mais insalubres casas, sentando-se à cabeceira dos moribundos e ele próprio lhes administrando os remédios, sem jamais se lamentar, mantendo sempre, ao contrário, um humor constante e uma alegria proverbial. O doente que o visse já ficava meio curado por esse humor jovial, sempre acompanhado de um dito espirituoso que provocava o riso.

"Oito dias antes de sua morte, o Sr. Cailleux foi visitar seus doentes de Berek, Lefaux, Camiers e Étaples, depois, a noite foi consagrada aos doentes da cidade: eis o que era para ele o trabalho de um dia!

"Tanta abnegação ia ser-lhe funesta, e ele devia ser a última vítima do flagelo. A 29 de março começou a sentir uma forte diarreia... Ia repousar quando o chamaram para ver um doente do campo. A despeito dos conselhos dos amigos, ele partiu dizendo: 'Não quero expor um doente por falta minha; se ele morresse eu seria a causa da morte. Não faço nada mais que cumprir o meu dever.' Quando voltou, à noite, com mau tempo, manifestaram-se novamente os sintomas da moléstia. Ele foi para a cama, o mal aumentou, no dia seguinte a moléstia estava declarada e sexta-feira ele expirava...

"Fica-se horrorizado quando se pensa nas dores terríveis que deve sentir um homem que conhece a sua posição, que se vê morrer. O próprio Sr. Cailleux indicava o tratamento a dois de seus confrades que tinham corrido para assisti-lo. Ele sabia muito bem que não se curaria. 'Se a melhora não se fizer sentir logo', dizia ele, 'em doze horas não existirei mais.' Via-se morrer, sentia a força vital diminuir e extinguir-se pouco a pouco, sem poder parar essa marcha para o túmulo. Seus últimos momentos foram calmos e serenos e eu não poderia dar a essa morte um nome melhor do que repouso no Senhor. *Beati qui moriuntur in Domino.*

"Algumas horas antes de sua morte perguntaram-lhe que remédio deveriam empregar. 'A ciência humana empregou todos os remédios que estão em seu poder, disse ele. Agora só Deus pode parar o mal; é preciso entregar-se à sua divina providência'

Curvou-se então sobre o leito e, com os olhos fixos na direção do céu, como se tivesse um antegozo da beatitude celeste, expirou sem dor, sem um grito, na mais doce e mais calma das mortes.

"Homem de bem, cuja vida toda não foi senão um longo devotamento, trabalhastes nesta Terra; agora gozais da recompensa que Deus reserva aos que sempre observaram sua lei. Enquanto o egoísmo corria em borbotões na Terra, vós transbordáveis de abnegação e de caridade. Visitar os pobres, socorrer os doentes, consolar os aflitos, eis qual foi a vossa obra. Oh! Quantas famílias vos abençoaram! Quantos pais a quem salvastes os filhos durante a última epidemia, quantas crianças que iam ficar órfãs subtraístes ao flagelo destruidor, quantas famílias salvas por vosso devotamento vieram, segunda-feira, de muitas léguas de distância, para vos acompanhar à vossa última morada e chorar em vosso túmulo!

"Vossa vida foi sempre pura e sem mácula; vossa morte foi heroica; soldado da caridade, sucumbistes salvando vossos irmãos da morte; perecestes ferido pelo flagelo que combatíeis. Esse glorioso devotamento ia receber a sua recompensa, e em breve a cruz de honra, que tínheis ganho tão nobremente, ia brilhar em vosso peito... Mas Deus tinha para vós outros desígnios. Ele vos preparava uma recompensa mais bela que as recompensas dos homens. Ele vos preparava a felicidade que reserva aos seus servos fiéis. Vossa alma voou para mundos superiores onde, desembaraçada deste pesado envoltório material, livre de todos os laços que nesta Terra pesam sobre nós, ela goza agora da perfeição e da felicidade que a esperavam.

"Neste dia de felicidade, não nos esqueçais; pensai nos numerosos amigos que deixais nesta Terra e que vossa separação mergulha numa dor profunda. Praza aos Céus que um dia nós vos encontremos no alto, para aí gozar de uma felicidade eterna... É esta esperança que nos consola e que nos dará forças para suportar a vossa ausência com paciência..."

A. J
Por cópia fiel: JULES DUVAL

Seja-me permitido, como complemento deste artigo, citar alguns fragmentos do magnífico discurso fúnebre pronunciado há um ano por Victor Hugo.

(Segue um extrato desse discurso, que publicamos na *Revista* de fevereiro de 1865).

Certamente não são apóstolos do *niilismo* que escrevem tais palavras.

A carta pela qual nos informam deste acontecimento contém esta passagem:

"O Sr. Cailleux, doutor em Medicina, presidente do grupo espírita de Montreuil, acaba de morrer, vítima de seu devotamento durante o surto de cólera que desolou nossas regiões. Morreu como espírita convicto, e o clero da cidade, por esta razão, julgou dever recusar-lhe sepultura eclesiástica; mas, como vereis pelo número do jornal que vos envio, toda a população rendeu solene homenagem às suas virtudes. Não obstante, a família fez gestões junto ao bispo para que um serviço fúnebre fosse celebrado na igreja, embora tenha havido apenas um enterro civil. Obtiveram autorização, e o serviço foi feito na quinta-feira, 5 de abril.

"O Espiritismo sofre uma grande perda com a morte do Sr. Cailleux e estou persuadido que todos os meus irmãos em crença associar-se-ão aos meus legítimos pesares. Graças ao seu devotamento e ao seu zelo esclarecido, a doutrina fez tão rápidos progressos tanto em nossos campos quanto na cidade, e em seus arredores contam-se algumas centenas de espíritas.

"O Conselho Municipal da cidade de Montreuil decidiu, por unanimidade, por proposta do senhor prefeito, que um monumento público seja erguido às custas da cidade, como homenagem prestada à memória deste homem de bem."

Mandaram-nos o seguinte resumo de uma comunicação dada por ele aos seus colegas de Montreuil. Dela foi suprimido aquilo que trata de coisas pessoais:

"...Voltais a tratar da minha morte. Ora! Ela foi útil à nossa causa, porquanto despertou a atenção adormecida de muitas almas privadas da verdade e, consequentemente, de vida. Tudo o que desaparece deixa um vazio no lugar que ocupava, mas, sabei-o, esse vazio é apenas aparente; só existe para vós que tendes vista *curta,* porque ele está cheio, de outro modo. Assim, nada perdeis, repito, com a minha morte; ao contrário, com isto ganhareis muito, não que durante minha vida corpórea eu tenha feito prodígios de caridade próprios a pôr em relevo a doutrina que juntos professamos, mas porque, fiel aos princípios espíritas, eu fui objeto de manifestações hostis que necessariamente deveriam provocar manifestações contrárias. Na Terra jamais a coisa se dá de outra maneira: o bem e o mal não se chocam cada vez que se encontram?

"Portanto, resulta de tudo isto que nesta hora entrais numa fase nova, que nossos bons guias tinham preparado há muito tempo para seus ensinamentos. Mas, de desagregação de vossa Sociedade, não, se persistirdes sempre nos sentimentos de que vos vejo animados neste momento. Sabeis qual a minha recompensa? É ver a felicidade relativa que experimentais pela doutrina pela qual eu me mostrei, em todas as circunstâncias, o zeloso campeão. Para vós é difícil conceber uma alegria mais pura. Que são, ao lado dela, as alegrias grosseiras do vosso mundo? Que são as honras sob as quais escondeis as misérias de vossas almas? Que são os prazeres que buscais para atordoar vossos tristes regressos? O que é tudo isso em comparação com o que eu sinto? Nada! Menos que fumaça.

"Perseverai em vossos sentimentos, perseverai nisso até a morte.

"Vi que vos propondes a vos organizardes regularmente. É uma medida sábia. A fraqueza deve precaver-se sempre contra os embustes e surpresas do espírito do mal. Ah! O espírito do mal! Não é Satã. Ele é encontrado a cada passo no mundo onde vos acotovelais. Regulamentai, pois, a organização de vossas sessões, de vossas evocações, de vossos estudos. Ligai-vos uns aos outros por laços voluntários da caridade, da benevolência e da submissão. Eis a melhor maneira de colher frutos abundantes e doces."

Eis a primeira comunicação que ele deu na Sociedade de Paris:

(13 de abril de 1866 - Médium: Sr. Morin)

Evocação: – Caro e venerado Dr. Cailleux! Em vossa vida, nós vos tínhamos sabido apreciar como espírita fervoroso e devotado. Chamado sem dúvida pela Providência a implantar a doutrina em vossa região, mantivestes a bandeira alta e firme, enfrentando sem desfalecimentos os sarcasmos e as perseguições. Assim, o sucesso coroou vossos esforços. Não é somente o irmão em crença que hoje vimos saudar, por sua partida da Terra, é o homem de bem, aquele que não pregou o Espiritismo apenas por suas palavras, mas que soube fazê-lo amado e respeitado por seu exemplo e pela prática das virtudes cristãs. Recebei, pois, aqui, a expressão de nossas mais vivas simpatias e a esperança de que queirais vir algumas vezes ao nosso meio e associar-vos aos nossos trabalhos.

Resposta. – Eis-me aqui. Obrigado. Há pouco faláveis das tendências inerentes ao organismo humano. Observam-se mais especialmente as que se devem aos maus instintos, porque os homens são sempre levados a guardar-se do que lhes pode ser prejudicial ou lhes causar algum embaraço. No entanto, as tendências para o bem muitas vezes passam despercebidas aos olhos da Sociedade, porque é muito mais difícil encontrar e mostrar a violeta do que o cardo.

Se começo assim, não vos surpreendais. Como dizíeis há pouco, o Espírito é o único responsável por seus atos; ele não pode escusar-se, atribuindo sua falta a Deus. Não, os bons e os maus sentimentos são o resultado de conquistas anteriores. Em minha vida, levado por instinto para o bem, para o alívio dos meus irmãos em Deus, declino da honra de todos os vossos louvores, porque não fiz esforço em seguir a via que me traçava o coração; não tive luta a sustentar contra instintos opostos; apenas me deixei ir suavemente pelas inclinações do meu gosto, que me dizia bem alto: "Marcha! Estás no bom caminho!" E a satisfação moral de todo o meu ser inteligente era tão grande, que certamente eu era tão feliz quanto o avarento que satisfaz a sua paixão pelo ouro contemplando-o e o acariciando. Repito-vos que não tenho mérito neste particular; não obstante, agradeço vossas boas palavras, que não são ouvidas em vão por aqueles a quem são dirigidas. Por mais elevados que sejam, os Espíritos sempre sentem a felicidade de um pensamento simpático.

Não demorei a voltar da emoção muito natural resultante da passagem da vida material à vida dos Espíritos, mas a convicção profunda de entrar em um mundo mais vivo ajudou-me a voltar a mim mesmo. Não posso melhor comparar minha passagem de vida à morte senão a um aniquilamento sem sofrimento e sem fadiga. Despertei *do outro lado* ao suave toque fluídico de meus caros pais e amigos espirituais. Em seguida vi meus pobres despojos mortais, e os bendisse pelos bons e leais serviços, porque, dóceis à minha vontade, em minha vida não tive lutas sérias a sustentar entre o meu Espírito e a minha matéria. Foi, pois, com prazer que acompanhei ao campo de repouso o meu pobre corpo, que me tinha ajudado a impedir que muitos dos meus coencarnados fizessem essa viagem que absolutamente não encaravam como eu.

Perdoo a todos os que, de um ou de outro modo, julgaram fazer-me o mal; quanto aos que se recusaram a orar por mim no templo consagrado, serei mais caridoso que a caridade que eles pregam: Eu oro por eles. É assim que se deve fazer, meus bons irmãos em crença. Crede-me e perdoai aos que lutam contra vós, pois não sabem o que fazem.

Doutor CAILLEUX

OBSERVAÇÃO: As primeiras palavras desta comunicação provam que o Espírito estava presente e havia assistido às discussões da sessão. Com efeito, haviam discutido um fato notável de *instinto incendiário precoce,* num menino de quatro anos e meio, relatado pelo *Salut Public,* de Lyon. Esse fato, que forneceu assunto para um estudo importante, será publicado no próximo número.

Notemos também que o Sr. Cailleux fez abstração de todos os preâmbulos ordinários que fazem os Espíritos que acabam de deixar a Terra. Nota-se, na sequência, que ele não é um fazedor de frases nem de cumprimentos.

Diz *obrigado* e pensa que esta palavra basta para dar a compreender seu pensamento e que com ela nos devemos contentar; depois entra bruscamente na matéria, como um homem que se acha em seu terreno e não quer perder tempo com palavras inúteis; fala como se não tivesse havido nenhuma interrupção em sua existência. Dir-se-ia que o Sr. Cailleux de Montreuil tinha vindo visitar a Sociedade de Paris.

Se ele declina do mérito de seus atos, é certamente por modéstia. Aqueles que fazem o bem sem esforço chegaram a um grau de adiantamento que lho torna natural. Se não têm mais que lutar hoje, lutaram em outras circunstâncias; a vitória foi ganha; aqueles que têm que combater tendências más ainda estão em luta; mais tarde o bem não lhes custará nenhum esforço, e eles fá-lo-ão sem pensar. Por ter vencido mais cedo, o mérito não existe menos.

O Dr. Cailleux é um desses homens que, como o Dr. Demeure e tantos outros, honram a doutrina que professam e dão o mais brilhante desmentido aos detratores do Espiritismo.

DISSERTAÇÕES ESPÍRITAS

INSTRUÇÕES PARA O SR. ALLAN KARDEC
(Paris, 23 de abril de 1866. – Médium: Sr Desliens)

Enfraquecendo dia a dia a saúde do Sr. Allan Kardec em consequência dos excessivos trabalhos que ele não pode suportar, vejo-me na necessidade de lhe repetir novamente o que já lhe disse muitas vezes: Necessitais de repouso; as forças humanas têm limites que o vosso desejo de ver progredir o ensino muitas vezes vos leva a infringir; estais errado porque, assim agindo, não apressareis a marcha da doutrina, mas arruinais a vossa saúde e vos pondes na impossibilidade material de acabar a tarefa que viestes desempenhar aqui embaixo. Vossa doença atual não é senão o resultado de um gasto incessante de forças vitais que não deixa ao organismo o tempo de se refazer e de um aquecimento do sangue produzido pela absoluta falta de repouso. Nós vos sustentamos, sem dúvida, mas com a condição de não desfazerdes o que fazemos. De que serve correr? Não vos disseram muitas vezes que cada coisa viria a seu tempo e que os Espíritos prepostos ao movimento das ideias saberiam fazer surgir circunstâncias favoráveis quando chegasse o momento de agir?

Quando cada espírita recolhe suas forças para a luta, pensais que seja vosso dever esgotar as vossas? Não. Em tudo deveis dar o exemplo, e o vosso lugar será na liça, no momento do perigo. Que faríeis se vosso corpo enfraquecido não mais permitisse ao vosso espírito servir-se das armas que a experiência e a revelação vos puseram nas mãos? – Crede-me, deixai para mais tarde as grandes obras destinadas a completar a obra esboçada em vossas primeiras publicações; vossos trabalhos atuais e algumas pequenas brochuras urgentes têm como absorver o vosso tempo e devem ser os únicos objetos de vossas preocupações atuais.

Não vos falo apenas em meu nome, pois sou aqui delegado de todos esses Espíritos que contribuíram tão poderosamente para a propagação do ensinamento por suas sábias instruções. Eles vos dizem, por meu intermédio, que essa demora que julgais prejudicial ao futuro da doutrina é uma medida necessária sob mais de um ponto de vista, seja porque certas questões não estão ainda completamente elucidadas, seja para preparar os Espíritos para melhor as assimilar. É preciso que outros tenham preparado o terreno; que certas teorias tenham provado a sua insuficiência e cavado um vazio maior. Numa palavra, o momento não é oportuno; poupai-vos, pois, porque quando for tempo, todo o vosso vigor de corpo e de espírito vos será necessário. Até aqui o Espiritismo foi objeto de muitas diatribes; levantou muitas tempestades! Credes que todo o movimento esteja amainado e todos os ódios estejam acalmados e reduzidos à impotência? Desiludi-vos, pois o cadinho depurador ainda não expurgou todas as impurezas; o futuro vos guarda outras provas e as últimas crises não serão menos difíceis de suportar.

Sei que vossa posição particular vos suscita uma porção de trabalhos secundários que absorvem a melhor parte do vosso tempo. As perguntas de toda sorte vos cansam, e considerais um dever respondê-las tanto quanto possível. Farei aqui o que sem dúvida não ousaríeis fazer vós mesmo. Dirigindo-me à generalidade dos espíritas, eu lhes pedirei, no interesse do próprio Espiritismo, que vos poupem toda sobrecarga de trabalho de natureza a absorver instantes que deveis consagrar quase que exclusivamente à conclusão da obra. Se vossa correspondência com isto sofre um pouco, o ensinamento lucrará. Às vezes é necessário sacrificar satisfações particulares ao interesse geral. É uma medida urgente que todos os adeptos sinceros saberão compreender e aprovar.

A imensa correspondência que recebeis é para vós uma fonte preciosa de documentos e de informações; ela vos esclarece quanto à marcha verdadeira e os progressos reais da doutrina; é um termômetro imparcial; vós aí colheis, por outro lado, satisfações morais que mais de uma vez sustentavam a vossa coragem, vendo a adesão que vossas ideias encontram em todos os pontos do globo. Sob esse ponto de vista, a superabundância é um bem e não um inconveniente, mas com a condição de secundar os vossos trabalhos, e não de entravá-los, criando-vos um excesso de ocupações.

Dr. DEMEURE

Bom senhor Demeure, eu vos agradeço os sábios conselhos. Graças à resolução que tomei de obter ajuda, salvo nos casos excepcionais, a correspondência ordinária pouco sofre agora e não sofrerá mais no futuro. Mas o que fazer com esse atraso de mais de quinhentas cartas que, a despeito de minha boa vontade, não consigo pôr em dia?

R. – É preciso, como se diz em linguagem comercial, passá-las em bloco à conta de lucros e perdas. Anunciando esta medida na *Revista*, vossos correspondentes saberão o que fazer; compreenderão a necessidade e a encontrarão sobretudo justificada pelos conselhos que precedem. Repito que seria impossível que as coisas continuassem assim por mais tempo. Tudo sofreria com isso, inclusive a vossa saúde e a doutrina. Caso necessário, é preciso saber fazer sacrifícios. Tranquilo, de agora em diante, sobre esse ponto, podereis entregar-vos mais livremente aos vossos trabalhos obrigatórios. Eis o que vos aconselha aquele que será sempre vosso amigo devotado.

DEMEURE

Atendendo a este sábio conselho, rogamos aos nossos correspondentes com os quais há muito estamos em atraso, recebam as nossas desculpas e o nosso pesar por não ter podido responder em detalhe, e como teríamos desejado, às suas bondosas cartas. Receberão aqui, coletivamente, a expressão de nossos sentimentos fraternos.

AQUIESCÊNCIA À PRECE

(Paris, abril de 1866 – Médium, Sra. D...)

Imaginais quase sempre que o que pedis na prece deve realizar-se por uma espécie de milagre. Esta crença errônea é fonte de uma porção de práticas supersticiosas e de muitas decepções. Também conduz à negação da eficácia da prece. Considerando que vosso pedido não é acolhido da maneira como desejáveis, concluís que ele é inútil e então, por vezes, murmurais contra a justiça de Deus. Outros pensam que tendo Deus estabelecido leis eternas, às quais todos os seres estão submetidos, não é possível derrogá-las para atender aos pedidos que lhe são feitos. É para vos premunir contra o erro, ou melhor, contra o exagero destas duas ideias que me proponho vos dar algumas explicações sobre o modo de aquiescência à prece.

Há uma verdade incontestável, é que Deus não altera nem suspende para *ninguém* o curso das leis que regem o Universo. Sem isto, a ordem da Natureza seria incessantemente perturbada pelo capricho do primeiro que chegasse. É, pois, certo que toda prece que não pudesse ser atendida senão por uma derrogação dessas leis ficaria sem efeito. Tal seria, por exemplo, a que tivesse por objeto a volta à vida de um homem realmente morto, ou o restabelecimento da saúde se a desordem do organismo fosse irremediável.

Não é menos certo que nenhuma atenção é dada aos pedidos fúteis ou inconsiderados. Mas ficai persuadidos de que toda prece pura e desinteressada é escutada e que é sempre levada em conta a intenção, mesmo quando Deus, em sua sabedoria, julgasse a propósito não atendê-la. É sobretudo então que deveis dar prova de humildade e de submissão à sua vontade, dizendo-vos que melhor do que vós ele sabe o que vos pode ser útil.

Há, por certo, leis gerais a que o homem está fatalmente submetido, mas é um erro crer que as menores circunstâncias da vida sejam predeterminadas de maneira irrevogável. Se assim fosse, o homem seria uma máquina sem iniciativa e, por consequência, sem responsabilidade. O livre-arbítrio é uma das prerrogativas do homem. Desde o momento que ele é livre de ir para a direita ou para a esquerda, de agir conforme as circunstâncias, seus movimentos não são regulados como os de uma máquina. Conforme faz ou deixa de fazer uma coisa e conforme a faz de uma maneira ou de outra, os acontecimentos que disso dependem seguem um curso diferente. Desde que subordinados à decisão do homem, não são submetidos à fatalidade. São fatais os que não dependem de sua vontade. Mas, todas as vezes que o homem pode reagir em virtude de seu livre-arbítrio, não há fatalidade.

O homem tem, pois, um limite, dentro do qual pode mover-se livremente. Essa liberdade de ação tem por limites as leis da Natureza, que ninguém pode transpor; ou, melhor dizendo, essa liberdade, na esfera da atividade em que se exerce, faz parte dessas leis. Ela é necessária, e é por ela que o homem é chamado a concorrer para a marcha geral das coisas. Como ele o faz livremente, tem o mérito do que faz de bem e o demérito do que faz de mal, de sua despreocupação, de sua negligência, de sua inatividade. As flutuações que sua vontade pode causar aos acontecimentos da vida, de modo algum perturbam a harmonia universal, pois essas flutuações fazem parte das provas que incumbem ao homem na Terra.

No limite das coisas que dependem da vontade do homem, Deus pode, pois, sem derrogar suas leis, aceder a uma prece, quando é justa, e cuja realização pode ser útil; mas acontece muitas vezes que ele julga a sua utilidade e a sua oportunidade diversamente de nós, razão pela qual nem sempre aquiesce. Se lhe aprouver atendê-la, não é modificando seus desígnios soberanos que o faz, mas por meios que não derrogam a ordem legal, se assim se pode dizer. Os Espíritos, executores de sua vontade, são então encarregados de provocar as circunstâncias que devem conduzir ao resultado desejado. Quase sempre esse resultado requer o concurso de algum encarnado. É, pois, esse concurso que os Espíritos preparam, inspirando aos que devem nela cooperar, o pensamento de uma ação; incitando-os a irem a um ponto e não a outro; provocando encontros propícios que parecem devidos ao acaso. Dessa forma, o acaso não mais existe, nem na assistência que se recebe, nem nas desgraças que se experimenta.

Nas aflições, a prece é não apenas uma prova de confiança e de submissão à vontade de Deus, que a escuta, se for pura e desinteressada, mas ainda tem por efeito, como sabeis, estabelecer uma corrente fluídica que leva para longe, no espaço, o pensamento do aflito, como o ar leva o som de sua voz. Esse pensamento repercute nos corações simpáticos ao sofrimento e estes, por um movimento inconsciente e como atraídos por um poder magnético, se dirigem para o lugar onde sua presença pode ser útil. Deus, que quer socorrer aquele que implora, sem dúvida poderia fazê-lo por si mesmo, instantaneamente, mas, como eu já disse, ele *não faz milagres,* e as coisas devem seguir seu curso natural. Ele quer que os homens pratiquem a caridade, socorrendo-se uns aos outros. Por seus mensageiros, leva o lamento onde pode encontrar eco e lá bons Espíritos sopram um bom pensamento. Embora suscitado, o pensamento, pelo simples fato de ser desconhecida sua fonte, deixa ao homem toda a sua liberdade. Nada o constrange. Ele tem, por conseguinte, todo o mérito da espontaneidade se cede à voz que em seu íntimo apela ao sentimento do dever, e tudo o desmerece se, dominado por uma indiferença egoística, ele resiste.

P. – Há casos, como num perigo iminente, em que a assistência deve ser imediata. Como pode ela chegar em tempo hábil, se é preciso esperar a boa vontade de um homem e se essa boa vontade está ausente, por força do livre-arbítrio?

R. – Não deveis esquecer que os anjos de guarda, os Espíritos protetores, cuja missão é velar pelos que lhes são confiados, os seguem, por assim dizer, passo a passo. Eles não lhes podem evitar as apreensões dos perigos que fazem parte de suas provações, mas se as consequências do perigo podem ser evitadas, como tudo previram com antecedência, não esperaram o último momento para preparar o socorro. Se por vezes se dirigem a homens de má vontade, é com vistas a procurar despertar neles os bons sentimentos, mas não contam com eles.

Quando, numa situação crítica, uma pessoa aparece, como que a propósito, para vos assistir e exclamais: "É a Providência que a envia", dizeis uma verdade maior do que por vezes supondes.

Se há casos prementes, outros que o são menos exigem um certo tempo para trazer um concurso de circunstâncias favoráveis, sobretudo quando é preciso que os Espíritos triunfem, pela inspiração, sobre a apatia das pessoas cuja cooperação é necessária para o resultado a obter. Essas demoras na realização do desejo são provações para a paciência e a resignação. Ademais, quando acontece a realização do que se desejou, é quase sempre por um encadeamento de circunstâncias tão naturais, que absolutamente nada denuncia uma intervenção oculta; nada denuncia a mais ligeira aparência de maravilhoso. As coisas parecem arranjar-se por si mesmas. Isto deve ser assim pelo duplo motivo que, em primeiro lugar, os meios de ação não se afastam das leis gerais e em segundo lugar, se a assistência dos Espíritos fosse muito evidente, o homem se fiaria neles e habituar-se-ia a não contar consigo mesmo. Essa assistência deve ser compreendida por ele por pensamento, pelo sentido moral, e não pelos sentidos materiais. Sua crença deve ser o resultado de sua fé e de sua confiança na bondade de Deus. Infelizmente, porque não viu o dedo de Deus fazer um milagre para ele, esquece o mais das vezes aquele a quem deve sua salvação, para glorificar o acaso. É uma ingratidão que mais cedo ou mais tarde receberá a sua expiação.

UM ESPÍRITO PROTETOR.

O ESPIRITISMO OBRIGA

(Paris, abril de 1866 – Médium: Sra. B...)

O Espiritismo é uma ciência essencialmente moral. Então, os que se dizem seus adeptos não podem, sem cometer uma grave inconsequência, subtrair-se às obrigações que ele impõe.

Essas obrigações são de duas ordens.

A primeira concerne o indivíduo que, ajudado pelas claridades intelectuais que a doutrina espalha, pode melhor compreender o valor de cada um de seus atos, melhor sondar todos os refolhos de sua consciência, melhor apreciar a infinita bondade de Deus, *que não quer a morte do pecador mas que ele se converta e viva*, e que para lhe deixar a possibilidade de erguer-se de suas quedas, lhe deu a longa série de existências sucessivas, em cada uma das quais, levando o peso de suas faltas passadas, ele pode adquirir novos conhecimentos e novas forças, fazendo-o evitar o mal e praticar o que é conforme à justiça e à caridade. Que dizer daquele que, assim esclarecido quanto aos seus deveres para com Deus, para com os irmãos, permanece orgulhoso, cúpido, egoísta? Não parece que a luz o tenha enceguecido, porque não estava preparado para recebê-la? Desde então marcha nas trevas, embora esteja em meio à luz. Ele só é espírita de nome. A caridade fraterna dos que veem realmente, deve esforçar-se por curá-lo dessa cegueira intelectual. Mas, para muitos dos que se lhe assemelham, será necessária a luz que o túmulo traz, porque seu coração está muito ligado aos prazeres materiais e seu espírito não está maduro para receber a verdade. Numa nova encarnação compreenderão que os planetas inferiores, como a Terra, não passam de uma espécie de escola mútua, onde a alma começa a desenvolver suas faculdades, suas aptidões, para em seguida aplicá-las ao estudo dos grandes princípios da ordem, da justiça, do amor e da harmonia que regem as relações das almas entre si e as funções que elas desempenham na direção do Universo. Eles sentirão que, chamada a uma tão alta dignidade, qual a de se tornar mensageira do Altíssimo, a alma humana não deve aviltar-se, degradar-se ao contato dos prazeres imundos da volúpia; das ignóbeis tentações da avareza que subtrai a alguns filhos de Deus o gozo dos bens que ele deu para todos; compreenderão que o egoísmo, nascido do orgulho, cega a alma e a faz violar os direitos da justiça, da humanidade, porquanto ele engendra todos os males que fazem da Terra um lugar de dores e expiações. Instruído pelas duras lições da adversidade, seu espírito será amadurecido pela reflexão, e seu coração, depois de ter sido ralado pela dor, tornar-se-á bom e caridoso. É assim que aquilo que vos parece um mal, por vezes é necessário para reconduzir os endurecidos. Esses pobres retardatários, regenerados pelo sofrimento, esclarecidos por essa luz interior que podemos chamar de batismo do Espírito, velarão com cuidado sobre si mesmos, isto é, sobre os movimentos do seu coração e o emprego de suas faculdades, para dirigi-los conforme as leis da justiça e da fraternidade. Eles compreenderão que não são apenas obrigados, eles próprios, a se melhorarem, cálculo egoísta que impede o atingimento do objetivo visado por Deus, mas que a segunda ordem das obrigações do espírita, que decorre necessariamente da primeira e a completa, é a do exemplo, que é o melhor meio de propagação e renovação.

    Com efeito, aquele que está convencido da excelência dos princípios que lhe são ensinados e que devem, se a eles conformar a sua conduta, proporcionar-lhe uma felicidade duradoura, não pode, se estiver verdadeiramente animado dessa caridade fraterna que está na própria essência do Espiritismo, senão desejar que sejam compreendidos por todos os homens. Daí a obrigação moral de conformar sua conduta com sua crença e de ser um exemplo vivo, um modelo, como o Cristo o foi para a Humanidade.

Vós, fracas centelhas oriundas do eterno foco do amor divino, certamente não podeis pretender uma tão vasta radiação quanto a do Verbo de Deus encarnado na Terra, mas cada um, na vossa esfera de ação, pode espalhar os benefícios do bom exemplo. Podeis fazer com que a virtude seja amada, cercando-a do encanto dessa benevolência constante que atrai, cativa e mostra, enfim, que a prática do bem é coisa fácil; que gera a felicidade íntima da consciência que se colocou sob sua lei, pois ela é o cumprimento da vontade divina que nos fez dizer, por intermédio do seu Cristo: *Sede perfeitos, como vosso Pai celestial é perfeito.*

Ora, o Espiritismo não é senão a aplicação verdadeira dos princípios da moral ensinada por Jesus, porque não é senão com o objetivo de fazê-la por todos compreendida, a fim de que por ela todos progridam mais rapidamente, que Deus permite esta universal manifestação do Espírito, vindo explicar-vos o que vos parecia obscuro e vos ensinar toda a verdade. Ele vem, como o Cristianismo bem compreendido, mostrar ao homem a absoluta necessidade de sua renovação interior pelas próprias consequências de cada um de seus atos, de cada um de seus pensamentos, porque nenhuma emanação fluídica, boa ou má, escapa do coração ou do cérebro do homem sem deixar uma marca em algum lugar. O mundo invisível que vos cerca é para vós *esse Livro de Vida* onde tudo se inscreve com uma incrível fidelidade, e a *Balança da Justiça divina* não é senão uma figura que revela cada um dos vossos atos, cada um dos vossos sentimentos. É, de certo modo, o peso que sobrecarrega a vossa alma e a impede de elevar-se, ou que traz o equilíbrio entre o bem e o mal.

Feliz aquele cujos sentimentos partem de um coração puro. Ele espalha em seu redor uma suave atmosfera que faz amar a virtude e atrai os bons Espíritos; seu poder de radiação é tanto maior quando mais humilde for, e consequentemente mais desprendido das influências materiais que atraem a alma e a impedem de progredir.

As obrigações impostas pelo Espiritismo são, portanto, de uma natureza essencialmente moral, porque são uma consequência da crença; cada um é juiz e parte em sua própria causa; mas as claridades intelectuais que ele traz a quem realmente quer *conhecer-se a si mesmo* e trabalhar em seu melhoramento são tais que amedrontam os pusilânimes, e é por isso que ele é rejeitado por tantas pessoas. Outros tratam de conciliar a reforma que sua razão lhes demonstra ser uma necessidade com as exigências da Sociedade atual. Daí uma mistura heterogênea, uma falta de unidade que faz da época atual um estado transitório. É muito difícil para a vossa pobre natureza corporal despojar-se de suas imperfeições para revestir o homem novo, isto é, o homem que vive segundo os princípios de justiça e de harmonia desejados por Deus. Com esforços perseverantes, nada obstante, lá chegareis, porque as obrigações impostas à consciência, quando suficientemente esclarecida, têm mais força do que jamais terão as leis humanas baseadas no constrangimento de um obscurantismo religioso que não suporta exame. Mas se, graças às luzes do alto, fordes mais instruídos e compreenderdes mais, também deveis ser mais tolerantes e não empregar, como meio de propagação, senão o raciocínio, porque toda crença sincera é respeitável. Se vossa vida for um belo modelo em que cada um possa achar bons exemplos e sólidas virtudes, onde a dignidade se alia a uma graciosa amenidade, rejubilai-vos, porque tereis compreendido, pelo menos em parte, a que obriga o Espiritismo.

LUÍS DE FRANÇA

ALLAN KARDEC

REVISTA ESPÍRITA

JORNAL DE ESTUDOS PSICOLÓGICOS

ANO IX — JUNHO DE 1866 — VOL. 6

MONOMANIA INCENDIÁRIA PRECOCE

ESTUDO MORAL

Lê-se no *Salut Public* de Lyon, de 23 de fevereiro de 1866:

"A questão médico-legal da monomania homicida e da monomania incendiária, diz o *Moniteur Judiciaire,* foi e será, conforme toda a probabilidade, agitada ainda muitas vezes diante do júri e dos tribunais superiores.

"A propósito da monomania incendiária, podemos citar uma criança de Lyon, atualmente com quatro anos e meio, filho de honestos operários de seda domiciliados em Guillotière, que parece carregar em si, no último grau, o instinto incendiário. Mal seus olhos se abriam à luz e a visão das chamas parecia alegrá-lo. Aos dezoito meses ele sentia prazer em acender fósforos; aos dois anos punha fogo nos quatro cantos de um enxergão e destruía em parte o modesto mobiliário de seus pais. Hoje, às reprimendas que lhe fazem, só responde com ameaças de incêndio, e ainda na semana passada, tentava com um pouco de palha e pedaços de papel incendiar a alcova onde dormem os seus pais.

"Deixamos aos especialistas o cuidado de rebuscar as causas de tal monomania. Se ela não desaparecer com a idade, que sorte estará reservada ao infeliz que por ela é atingido?"

Diz o autor do artigo que deixa aos especialistas o cuidado de rebuscar as causas de tal monomania. De que especialistas quer falar? Dos médicos em geral, dos alienistas, dos sábios, dos frenologistas, dos filósofos ou dos teólogos? Cada um deles encarará a questão do ponto de vista de suas crenças materialistas, espiritualistas ou religiosas. Os materialistas, negando todo princípio inteligente, distinto da matéria, são incontestavelmente os menos próprios a resolvê-la de maneira completa. Fazendo do organismo a única fonte das faculdades e das inclinações, fazem do homem uma máquina movida fatalmente por uma força irresistível, sem livre-arbítrio e, por consequência, sem a responsabilidade moral de seus atos. Com tal sistema, todo criminoso pode desculpar-se com sua constituição, pois dele não dependeu fazer melhor. Numa sociedade onde tal princípio fosse admitido como verdade absoluta não haveria culpados, moralmente falando, e seria tão ilógico arrastar os homens à justiça quanto os animais.

Não falamos aqui senão das consequências sociais das doutrinas materialistas. Quanto à sua impossibilidade para resolver todos os problemas morais, ela está suficientemente demonstrada. Dir-se-á, com alguns, que as inclinações são hereditárias como os defeitos físicos? Ser-lhes-iam opostos os inumeráveis casos em que os pais mais virtuosos têm filhos instintivamente viciosos, e vice-versa. No caso que nos ocupa, é notório que a criança não herdou sua monomania incendiária de nenhum membro de sua família.

Sem dúvida os espiritualistas reconhecerão que essa inclinação se deve a uma imperfeição da alma ou Espírito, mas não deixarão de ser barrados por dificuldades insustentáveis apenas com os elementos até hoje disponíveis. A prova de que os dados atuais da Ciência, da Filosofia e da Teologia não fornecem nenhum princípio sólido para a solução dos problemas dessa natureza, é que não há um só que seja bastante evidente, bastante racional para ligar a maioria, e que se está reduzido às opiniões individuais, todas divergentes umas das outras.

Os teólogos que admitem como princípio dogmático a criação da alma no mesmo instante do nascimento de cada corpo, são talvez os que mais terão dificuldades para conciliar essas perversidades inatas com a justiça e a bondade de Deus. Conforme sua doutrina, eis, pois, um menino criado com instinto incendiário, votado, desde a sua formação, ao crime e a todas as suas consequências, para a vida presente e para a vida futura! Como há meninos instintivamente bons e outros maus, então Deus cria algumas almas boas e outras más? É a consequência lógica. Por que essa parcialidade? Com a doutrina materialista, o culpado se desculpa com a sua organização; com a da Igreja, ele pode apegar-se a Deus, dizendo que não é sua falta se ele o criou com defeitos.

É de admirar que haja pessoas que reneguem Deus, quando o mostram injusto e cruel em seus atos e parcial para com as criaturas? É a maneira pela qual a maior parte das religiões o representam que produz incrédulos e ateus. Se desde o início tivesse sido organizado um quadro em todos os pontos conciliável com a razão, não haveria incrédulos; é pela impossibilidade de se poder aceitá-lo tal como o fazem, com as mesquinharias e as paixões humanas, que lhe atribuem que tanta gente busca fora dele a explicação das coisas.

Todas as vezes que a Teologia, premida pela inexorável lógica dos fatos, se acha num impasse, ela se retrai por detrás destas palavras: "Mistério incompreensível!" Pois bem! Diariamente vemos levantar-se uma ponta do véu do que outrora era mistério, e a questão que nos ocupa está nesse número.

Essa questão está longe de ser pueril, e seria erro aí não ver senão um fato isolado ou, se quiserem, uma anomalia, uma bizarria sem consequência da Natureza. Ela tange todas as questões de educação e de moralização da Humanidade e, por isso mesmo, os mais graves problemas de economia social. É rebuscando a causa primeira dos instintos e dos pendores inatos que se descobrirão os meios mais eficazes de combater os maus e desenvolver os bons. Quando esta causa for conhecida, a educação possuirá a mais poderosa alavanca moralizadora que ela jamais teve.

Não se pode negar a influência do meio e do exemplo sobre o desenvolvimento dos bons e dos maus instintos, porque o contágio moral é tão manifesto quanto o contato físico. Contudo, essa influência não é exclusiva, pois se veem seres perversos nas mais honradas famílias, ao passo que outros saem puros do charco. Há, pois, incontestavelmente, disposições inatas, e se tivéssemos dúvida, o fato que nos ocupa disso seria uma prova irrefutável. Assim, eis um menino que, antes de saber falar, se compraz à vista da destruição pelo fogo; que aos dois anos incendeia voluntariamente um mobiliário, e que aos quatro anos compreende de tal modo o que faz, que responde às reprimendas por ameaças de incêndio.

Ó vós todos, médicos e sábios que pesquisais com tanta avidez os menores casos patológicos insólitos para transformá-los em assunto de vossas meditações, por que não estudais com o mesmo cuidado esses fenômenos estranhos que com razão podem ser qualificados de patologia moral? Por que não vos inteirais deles para descobrir-lhes a origem? Com isto a Humanidade ganharia pelo menos tanto quanto pela descoberta de um filete nervoso. Infelizmente a maioria dos que não desdenham ocupar-se com essas questões o fazem partindo de uma ideia preconcebida à qual tudo querem sujeitar: o materialista às leis exclusivas da matéria, o espiritualista à ideia que faz da natureza da alma, conforme as suas crenças. Antes de concluir, o mais sábio é estudar todos os sistemas, todas as teorias, com imparcialidade, e ver qual delas resolve melhor e mais logicamente o maior número de dificuldades.

A diversidade das aptidões intelectuais e morais inatas, independentes da educação e de todas as aquisições na vida presente, é um fato notório: é o conhecido. Partindo desse fato para chegar ao desconhecido, diremos que se a alma é criada ao nascimento do corpo, torna-se evidente que Deus cria almas de todas as qualidades. Ora, sendo essa doutrina inconciliável com o princípio de soberana justiça, forçosamente deve ser descartada. Mas se a alma não é criada no nascimento do indivíduo, é que ela existia antes. Com efeito, é na preexistência da alma que se encontra a única solução possível e racional da questão e de todas as anomalias aparentes das faculdades humanas. As crianças que instintivamente têm aptidões transcendentes para uma arte ou uma ciência, que possuem certos conhecimentos sem havê-los aprendido, como os calculadores naturais, como aqueles aos quais, ao nascer, a música parece familiar; esses linguistas natos, como uma senhora da qual teremos, mais tarde, ocasião de falar e que, aos nove anos, dava lições de grego e de latim aos irmãos e aos doze lia e traduzia o hebraico, devem ter aprendido estas coisas nalgum lugar. Ora, se não foi nesta existência deve ter sido em outra.

Sim, o homem já viveu, não uma vez, mas talvez mil vezes; em cada existência suas ideias se desenvolveram; ele adquiriu conhecimentos dos quais traz a intuição na existência seguinte, e que o ajudam a adquirir novas. Dá-se o mesmo com o progresso moral. Os vícios de que se desfez não aparecem mais; os que conservou se reproduzem até que deles se corrija definitivamente.

Numa palavra, o homem nasce tal qual se fez ele próprio. Aqueles que viveram mais, mais adquiriram e melhor aproveitaram, são mais adiantados que os outros. Tal é a causa da diversidade dos instintos e das aptidões que entre eles se notam. Tal é, também, a razão pela qual vemos, na Terra, selvagens, bárbaros e homens civilizados. A pluralidade das existências é a chave de uma porção de problemas morais, e é por ter sido ignorado esse princípio que tantas questões ficaram insolúveis. Que o admitam apenas a título de hipótese, se quiserem, e verão aplainadas todas as dificuldades.

O homem civilizado chegou a um ponto em que não mais se contenta com a fé cega. Ele quer conhecer tudo, saber o como e o porquê de cada coisa; preferirá, pois, uma filosofia que explica a outra que não explica. Ademais, a ideia da pluralidade das existências, como todas as grandes verdades, germina numa porção de cérebros, fora do Espiritismo, e como ela satisfaz à razão, não está longe o tempo em que será posta entre as leis que regem a Humanidade.

Que diremos agora do menino que deu assunto para este artigo? Seus instintos atuais se explicam por seus antecedentes. Ele nasceu incendiário, como outros nasceram poetas ou artistas, porque, sem a menor dúvida, foi incendiário em outra existência e lhe conservou o instinto.

Mas então, perguntarão, se cada existência é um progresso, na presente o progresso é nulo para ele.

Isto não é uma razão. De seus instintos atuais não se deve concluir que o progresso seja nulo. O homem não se despoja subitamente de todas as suas imperfeições. Esse menino provavelmente teria outras, que o tornavam pior do que é hoje. Ora, ainda que tivesse avançado apenas um passo, se só tivesse o arrependimento e o desejo de melhorar, ainda assim seria um progresso. Se esse instinto nele se manifesta de maneira tão precoce, é para cedo chamar a atenção sobre as suas tendências, a fim de que os pais e os que forem encarregados de sua educação procurem reprimi-las antes que se desenvolvam. Talvez ele mesmo tenha pedido que assim fosse, e que nascesse numa família honrada, pelo desejo de progredir.

É uma grande tarefa para seus pais, porque é uma alma tresmalhada que lhes é confiada para conduzir ao reto caminho, e sua responsabilidade seria grande se não fizessem, com esse objetivo, tudo quanto estivesse ao seu alcance. Se seu filho estivesse doente, cuidariam dele com solicitude. Devem olhá-lo como atingido por uma doença moral grave, que requer cuidados não menos assíduos.

De acordo com todas essas considerações, cremos sem vaidade que os espíritas são os melhores especialistas em semelhante circunstância, precisamente porque se dão ao estudo dos fenômenos morais e os apreciam, não segundo ideias pessoais, mas conforme as leis naturais.

Tendo sido esse fato apresentado à Sociedade de Paris como assunto de estudo, foi feita aos Espíritos a pergunta seguinte:

Qual a origem do instinto incendiário precoce nesse menino, e quais seriam os meios de combatê-lo pela educação?

Quatro respostas concordantes foram dadas. Citaremos apenas as duas seguintes:

(Sociedade de Paris, 13 de abril de 1866. - Médium: Sr. Br...)

I

Perguntais qual foi a existência desse menino que mostra uma inclinação tão precoce para a destruição e particularmente para o incêndio. Ora! Seu passado é horrível e suas tendências atuais vos dizem o que ele pôde fazer. Ele veio para expiar, e deve lutar contra seus instintos incendiários. É uma grande provação para os seus pais, que estão constantemente sob a ameaça de suas maldades, e não sabem como reprimir essa funesta inclinação. O conhecimento do Espiritismo lhes seria um poderoso auxílio, e Deus, em sua misericórdia, lhes concederá essa graça, porque é só por este conhecimento que se pode esperar melhorar esse Espírito.

Esse menino é uma prova evidente da anterioridade da alma na encarnação presente. Vós o sabeis: esse estranho estado moral desperta a atenção e faz refletir. Deus se serve de todos os meios para vos fazer chegar ao conhecimento da verdade acerca de vossa origem, de vossa progressão e de vosso destino.

Um Espírito.

(Médium: Senhorita Lat...)

II

O Espiritismo já representou um grande papel no vosso mundo, mas o que vistes é apenas o prelúdio do que estais chamados a ver. Quando a Ciência fica muda ante certos fatos que a Religião também não pode resolver, o Espiritismo lhe vem dar a solução. Quando a ciência falta aos vossos sábios, eles põem a causa de lado, por falta de explicações suficientes. Em muitas circunstâncias, as luzes do Espiritismo lhes poderiam ser de grande auxílio, notadamente neste caso de monomania incendiária. Para eles, é um gênero de loucura, porque olham todas as monomanias como loucuras. Eis um grande erro. Aqui a medicina nada tem a fazer. Cabe aos espíritas agirem.

Não é admissível para vós que essa inclinação para destruir pelo fogo date da presente existência; há que remontar mais alto e ver nas inclinações perversas desse menino um reflexo de seus atos anteriores.

Além disto, ele é encorajado por aqueles que foram suas vítimas, porque, para satisfazer à sua ambição, ele não recuou nem diante do incêndio nem diante do sacrifício dos que podiam constituir-lhe obstáculo. Numa palavra, está sob a influência de Espíritos que ainda não lhe perdoaram os tormentos que ele lhes fez sofrer. Eles esperam a vingança.

Ele tem como prova sair vitorioso dessa luta. Mas Deus, em sua soberana justiça, pôs o remédio ao lado do mal. Com efeito, esse remédio está em sua tenra idade e na boa influência do meio onde se acha. Hoje, o menino ainda nada pode: Cabe aos pais velar; mais tarde ele próprio deverá vencer, e enquanto não for senhor de sua posição, a luta se perpetuará. Seria necessário que ele fosse educado nos princípios do Espiritismo; aí ele colheria a força e, compreendendo a sua prova, teria mais vontade de triunfar.

Bons Espíritos encarregados de esclarecer os encarnados, voltai o olhar para essa pobre criança cujo castigo é justo; ide a ele, ajudai-o, dirigi os seus pensamentos para o Espiritismo, a fim de que ele triunfe mais depressa e que a luta termine com vantagens para ele.

Um Espírito

TENTATIVA DE ASSASSINATO DO IMPERADOR DA RÚSSIA

Estudo psicológico

O *Indépendance Belge* de 30 de abril, sob o título de *Notícias da Rússia, correspondência de São Petersburgo*, dá um relato minucioso das circunstâncias que seguiram ao atentado de que foi vítima o czar. Além disso, fala de certos indícios precursores do crime e contém a respeito esta passagem:

"Conta-se que o governador de São Petersburgo, o príncipe Souwouroff, tinha recebido uma carta anônima assinada N. N. N., na qual se ofereciam, por meio de certas informações, para desvendar um mistério importante, pedindo uma resposta na *Gazeta da Polícia*. A resposta apareceu e está assim concebida: "A chancelaria do governador geral convida N. N. N. a vir amanhã, entre onze e duas horas, para dar certas explicações." Mas o anônimo não apareceu; ele enviou uma segunda carta, alegando que era muito tarde e não tinha mais a liberdade de ir.

"O convite foi reiterado dois dias após o atentado, mas sem resultado.

"Enfim, como último indício, algumas pessoas acabam de se lembrar que três semanas antes do atentado, o jornal alemão *Die Gartenlaube* publicou um relato de uma *sessão espírita* realizada em Heildelberg, na qual o *Espírito de Catarina II* anunciava que o imperador Alexandre estava ameaçado de um grande perigo.

"Dificilmente se compreende, depois de tudo isto, como a polícia secreta russa não pôde ser informada a tempo acerca do crime que se preparava. Essa polícia, que custa muito caro, e que inunda de espiões inúteis todos os nossos círculos e assembleias públicas, não soube não só descobrir a tempo o complô, mas até mesmo cercar o soberano com a sua vigilância, o que é elementar e absolutamente necessário, sobretudo com um príncipe que sai quase sempre só, seguido de seu cão enorme; que faz passeios a pé nas horas matinais, sem estar acompanhado por um ajudante de ordens. No próprio dia do atentado eu encontrei o imperador na rua Millonaïa, às nove e meia da manhã. Ele estava completamente só e saudava com afabilidade os que o reconheciam. A rua estava quase deserta e os policiais eram muito raros."

O que há sobretudo de notável neste artigo é a menção, sem comentário, do *aviso dado pelo Espírito de Catarina II numa sessão espírita*. Teriam eles posto esse fato entre os indícios precursores, se considerassem as comunicações espíritas como palhaçada ou ilusão? Numa questão tão grave, teriam evitado fazer intervir uma crença considerada ridícula. É uma nova prova da reação que se opera na opinião, a respeito do Espiritismo.

Temos que analisar o fato do atentado sob outro ponto de vista. Sabe-se que o imperador deve sua salvação a um jovem camponês chamado Joseph Kommissaroff que, achando-se à sua passagem, desarmou o assassino. Sabe-se, também, os favores de toda natureza com que este último foi cumulado. Ele foi feito nobre, e as dádivas que recebeu lhe asseguram uma fortuna considerável.

Esse jovem se dirigia para uma capela situada do outro lado do Neva por ocasião de seu aniversário natalício; nesse momento havia começado o degelo e a circulação estava interrompida, por isso ele teve que renunciar ao seu plano. Devido a essa circunstância, ele ficou na outra margem do rio, na passagem do imperador, que saía do jardim de verão. Tendo-se misturado com a multidão, percebeu um indivíduo que procurava aproximar-se, e cujas atitudes lhe pareceram suspeitas; seguiu-o e tendo-o visto tirar uma pistola do bolso e apontá-la para o imperador, teve a presença de espírito de lhe bater debaixo do braço, o que fez o tiro partir para o ar.

Que feliz acaso, exclamarão certas pessoas, que justo no momento o degelo tenha impedido a Kommissaroff de atravessar o Neva! Para nós, que não cremos no acaso, mas que tudo está submetido a uma direção inteligente, diremos que estava nas provas do czar correr aquele perigo (Vide *O Evangelho segundo o Espiritismo, Cap. XXV: Prece num perigo iminente*), mas que sua hora não tendo ainda chegado, Kommissaroff havia sido escolhido para impedir a realização do crime, e que as coisas que parecem efeito do acaso estavam organizadas para levar ao resultado desejado.

Os homens são os instrumentos inconscientes dos desígnios da Providência. É por intermédio deles que ela os realiza, sem que haja necessidade de recorrer a prodígios. Basta a mão invisível que os dirige, e nada foge da ordem das coisas naturais.

Se assim é, dirão, o homem não passa de uma máquina, e suas ações são fatais. – Absolutamente, porque se ele é solicitado a fazer uma coisa, não é constrangido a isso; ele não deixa de conservar o livre-arbítrio, em virtude do qual pode fazê-la ou não, e a mão que o conduz fica invisível, precisamente para lhe deixar mais liberdade. Assim, Kommissaroff podia muito bem não ceder ao impulso oculto que o dirigia para a passagem do imperador; podia ficar indiferente, como tantos outros, à vista do homem e de sua atitude suspeita; enfim, poderia ter olhado para outro lado, no momento em que este último tirava a pistola do bolso. – Mas, então, se ele tivesse resistido a esse impulso, o imperador teria sido morto? – Também não. Os desígnios da Providência não estão à mercê do capricho de um homem. A vida do imperador devia ser preservada; em falta de Kommissaroff, teria sido por outro meio; uma mosca poderia picar a mão do assassino e obrigá-lo a um movimento involuntário; uma corrente fluídica sobre ele dirigida poderia ter-lhe provocado um ofuscamento. Se Kommissaroff não tivesse escutado a voz íntima que o guiava, malgrado seu, ele apenas teria perdido o benefício da ação que estava incumbido de realizar. Eis tudo o que teria resultado. Mas, se tivesse soado a hora fatal para o czar, nada poderia tê-lo preservado. Ora, os perigos iminentes que corremos têm precisamente por objetivo mostrar-nos que nossa vida pende por um fio, que pode romper-se no momento em que menos pensamos nela, e por isso advertir-nos para estarmos sempre prontos para partir.

Mas, por que esse jovem camponês em vez de um outro? Para quem não vê nos acontecimentos um simples jogo do acaso, tudo tem a sua razão de ser. Devia, pois, haver um motivo na escolha daquele moço, e mesmo que esse motivo nos fosse desconhecido, a Providência nos dá muitas provas de sua sabedoria, para não duvidarmos que tal escolha tinha sua utilidade.

Apresentada essa questão como tema de estudo numa reunião espírita em casa de uma família russa residente em Paris, um Espírito deu a seguinte explicação.

(Paris, 1º de maio de 1866 – Médium: Sr. Desliens)

Mesmo na existência do mais ínfimo dos seres, nada é deixado ao acaso. *Os principais acontecimentos de sua vida são determinados por sua provação: os detalhes são influenciados por seu livre-arbítrio.* Mas o conjunto das situações foi previsto e combinado antecipadamente por ele próprio e por aqueles que Deus prepôs à sua guarda.

No presente caso, as coisas se passaram dentro da normalidade. Sendo esse moço já avançado e inteligente, escolheu como provação nascer em condição miserável, depois de ter ocupado uma alta posição social; estando já desenvolvidas a sua inteligência e a sua moralidade, ele pediu uma condição humilde e obscura, para extinguir as últimas sementes do orgulho que nele havia deixado o espírito de casta. Escolheu livremente, mas Deus e os bons Espíritos decidiram recompensá-lo na primeira manifestação de *devotamento desinteressado* e vedes em que consiste sua recompensa.

Resta-lhe agora, em meio às honrarias e à fortuna, conservar intacto o sentimento de humildade que foi a base de sua nova encarnação. Assim, é ainda uma prova e uma dupla prova, na sua qualidade de homem e na sua qualidade de pai. Como homem, deve resistir à embriaguez de uma alta e súbita fortuna;

como pai, deve preservar os filhos da arrogância dos novos ricos. Ele pode criar-lhes uma posição admirável; pode aproveitar sua posição intermediária para fazer deles homens úteis ao seu país. Plebeus de nascimento e nobres pelo mérito de seu pai, eles poderão, como muitos dos que encarnam presentemente na Rússia, trabalhar poderosamente pela fusão de todos os elementos heterogêneos, pela extinção do elemento servil, que durante muito tempo, entretanto, não poderá ser destruído de maneira radical.

Nessa promoção há uma recompensa, sem dúvida, porém, mais do que isso, há uma prova. Sei que na Rússia o mérito recompensado encontra mercê diante dos grandes; mas lá, como alhures, o novo rico orgulhoso e compenetrado de seu valor é vítima das troças; ele se torna joguete de uma sociedade que em vão se esforça por imitar. O ouro e as grandezas não lhe deram a elegância e o espírito do mundo. Desprezado e invejado por aqueles em cujo meio nasceu, é muitas vezes isolado e infeliz em seu fausto.

Como vedes, nem tudo é agradável nessas elevações súbitas e sobretudo quando atingem tais proporções. Para esse moço, esperamos em razão de suas excelentes qualidades, que ele saiba gozar em paz as vantagens que lhe proporcionou sua ação, e evitar as pedras de tropeço que poderiam retardar sua marcha no caminho do progresso.

MOKI

OBSERVAÇÃO: Em falta de provas materiais sobre a exatidão desta explicação, há que convir que ela é eminentemente racional e instrutiva, e como o Espírito que a deu é sempre caracterizado pela gravidade e alto alcance de suas comunicações, consideramos esta como tendo todos os caracteres da probabilidade.

A nova posição de Kommissaroff é um efeito muito escorregadio para ele, e seu futuro depende da maneira pela qual suportará essa prova, cem vezes mais perigosa que as desgraças materiais às quais a gente se resigna à força, ao passo que é bem mais difícil resistir às tentações do orgulho e da opulência. Que força ele não hauriria do conhecimento do Espiritismo e das verdades que ele ensina!

Mas, como pudemos notar, as vistas da Providência não se detêm nesse moço. Submetendo-se a sua prova, e pelo próprio fato da prova, ele pode, pelo encadeamento das circunstâncias, tornar-se um elemento de progresso para o seu país, ajudando na destruição dos preconceitos de casta. Assim, tudo se liga no mundo, pelo concurso das forças inteligentes que o dirigem. Nada é inútil, e as coisas aparentemente menores podem conduzir aos maiores resultados, e isto *sem derrogar as leis da Natureza.* Se pudéssemos ver o mecanismo que nos ocultam a nossa natureza material e a nossa inferioridade, de que admiração não seríamos tomados! Mas se não podemos vê-lo, o Espiritismo, revelando as suas leis, no-lo faz compreensível pelo pensamento, e é assim que ele nos eleva, aumenta a nossa fé e a nossa confiança em Deus, e que combate vitoriosamente a incredulidade.

UM SONHO INSTRUTIVO

Durante a última doença que tivemos durante o mês de abril de 1866, estávamos sob o império de uma sonolência e uma absorção quase contínuas; nesses momentos sonhávamos constantemente com coisas insignificantes, às quais não prestávamos a menor atenção. Mas na noite de 24 de abril, a visão ofereceu um caráter tão particular que ficamos vivamente chocado.

Num lugar que nenhuma lembrança trazia à nossa memória e que se parecia com uma rua, havia uma reunião de indivíduos que conversavam em grupo; entre eles, só alguns nos eram conhecidos em sonho, mas que não podíamos designar pelo nome. Observávamos essa multidão e procurávamos captar o assunto da conversa, quando de repente apareceu no canto de uma parede uma inscrição em letras pequenas, brilhantes como fogo, e que nos esforçávamos por decifrar. Ela estava assim concebida: *Descobrimos que a borracha enrolada sob a roda faz uma légua em dez minutos, desde que a estrada...*" Enquanto procurávamos o fim da frase, a inscrição apagou-se pouco a pouco e nós acordamos. Com receio de esquecer essas palavras singulares, apressamo-nos em transcrevê-las.

Qual podia ser o sentido dessa visão, que nada absolutamente em nossos pensamentos e preocupações podia ter provocado? Não nos ocupando de invenções nem de pesquisas industriais, isto não podia ser um reflexo de nossas ideias. Depois, que podia significar essa *borracha* que, enrolada sob uma roda, faz uma légua em dez minutos? Era a revelação de alguma nova propriedade dessa substância? Seria ela chamada a representar um papel na locomoção? Quereriam pôr-nos na via de uma descoberta? Mas então, por que dirigir-se a nós em vez de a homens especiais, com oportunidade de fazer os estudos e as experiências necessárias? Contudo, esse sonho era muito característico, muito especial, para ser posto entre os sonhos de fantasia; devia ter um objetivo. Qual? Foi o que tentamos descobrir inutilmente.

Durante o dia, tendo tido ocasião de consultar o Dr. Demeure sobre a nossa saúde, aproveitamos para lhe pedir que nos dissesse se esse sonho apresentava algo de sério. Eis o que ele respondeu:

"Os numerosos sonhos que vos assediarem nestes últimos dias são o resultado do próprio sofrimento que experimentais. Todas as vezes que há enfraquecimento do corpo, há tendência para o desprendimento do Espírito; mas quando o corpo sofre, o desprendimento não se opera de maneira regular e normal; o Espírito é incessantemente chamado ao seu posto; daí uma espécie de luta, de conflito entre as necessidades materiais e as tendências espirituais; daí, também, interrupções e misturas que confundem as imagens e as transformam em conjuntos bizarros e desprovidos de sentido. Mais do que se pensa, o caráter dos sonhos se liga à natureza da doença. É um estudo a fazer, e os médicos aí encontrarão muitas vezes diagnósticos preciosos, quando reconhecerem a ação independente do Espírito e o papel importante que ele representa na economia. Se o estado do corpo reage sobre o Espírito, por seu lado o estado do Espírito influi poderosamente sobre a saúde e, em certos casos, é tão útil agir sobre o Espírito quanto sobre o corpo. Ora, a natureza dos sonhos pode, muitas vezes, ser indício do estado do Espírito. Repito que é um estudo a fazer, até hoje negligenciado pela Ciência, que não vê em toda parte senão a ação da matéria e não leva em conta o elemento espiritual

"O sonho que me assinalais, do qual guardastes uma lembrança tão clara, parece-me pertencer a outra categoria. Ele contém um fato notável e digno de atenção. Certamente foi motivado, mas presentemente eu não vos poderia dar uma explicação satisfatória; só poderia dar-vos a minha opinião pessoal, da qual não tenho muita certeza. Tomarei minhas informações em boa fonte, e amanhã vos informarei o que tiver apreendido."

No dia seguinte deu-nos esta explicação:

"O que vistes no sonho que estou encarregado de explicar-vos não é uma dessas imagens fantásticas provocadas pela doença; é incontestavelmente uma manifestação, não de Espíritos *desencarnados*, mas de Espíritos *encarnados*. Sabeis que durante o sono podeis encontrar-vos com pessoas conhecidas ou desconhecidas, mortas ou vivas. Foi este último caso que ocorreu nessa circunstância. Os que vistes são *encarnados* que se ocupam separadamente, e na maioria sem se conhecerem, com invenções tendentes a aperfeiçoar os meios de locomoção, anulando, tanto quanto possível, o excesso de despesa causado pelo gasto de materiais hoje em uso. Uns pensaram na borracha, outros em outros materiais, mas o que há de particular é que *quiseram chamar a vossa atenção,* como assunto de estudo psicológico, sobre a reunião, num mesmo lugar, dos Espíritos de diversos homens perseguindo o mesmo objetivo. A descoberta não tem relação com o Espiritismo; é apenas o conciliábulo dos inventores que vos quiseram fazer ver, e a inscrição não tinha outro objetivo senão especificar, aos vossos olhos o objeto principal de sua preocupação, pois há alguns que procuram outras aplicações para a borracha. Ficai persuadido que isso ocorre muitas vezes, e que quando vários homens descobrem ao mesmo tempo uma nova lei ou um novo corpo, em diversos pontos do globo, seus Espíritos estudaram a questão em conjunto, durante o sono, e, ao despertar, cada um trabalhou por seu lado, colocando em prática o fruto de suas observações.

"*Notai bem que* aí estão ideias de *encarnados*, e que nada prejulgam quanto ao mérito da descoberta. Pode ser que de todos esses cérebros em ebulição saia algo de útil, como é possível que apenas saiam quimeras. Não vos preciso dizer que seria inútil interrogar os Espíritos a respeito, pois sua missão, como dissestes em vossas obras, não é poupar ao homem o trabalho das pesquisas, trazendo-lhe invenções acabadas que seriam outras tantas causas para o encorajamento da preguiça e da ignorância. Nesse grande torneio da inteligência humana, cada um aí está por conta própria, e a vitória será do mais hábil, do mais perseverante, do mais corajoso.

"*Pergunta*. – Que pensar das descobertas atribuídas ao acaso? Não há descobertas que não são fruto de nenhuma pesquisa?

Resposta. – Bem sabeis que não existe acaso; as coisas que vos parecem as mais fortuitas têm sua razão de ser, pois há que se contar com as inumeráveis inteligências ocultas que presidem a todas as partes do conjunto. Se é chegado o momento de uma descoberta, os elementos são postos à luz por essas mesmas inteligências. Vinte homens, cem homens passarão ao lado sem notá-la; um apenas nela fixará a atenção. O fato insignificante para a multidão é para ele um facho de luz. Encontrá-lo não era tudo; o essencial era saber pô-lo em ação. Não foi o acaso que o pôs sob os olhos, mas os bons Espíritos que lhe disseram: "Olha, observa e aproveita, se quiseres." Depois, ele próprio, nos momentos de liberdade de seu Espírito, durante o sono do corpo, pode ser posto no caminho e, ao despertar, instintivamente, ele se dirige para o lugar onde deve encontrar a coisa que está chamado a fazer frutificar por sua inteligência."

"Não. Não há acaso. Tudo é inteligente na Natureza."

VISÃO RETROSPECTIVA DAS VÁRIAS ENCARNAÇÕES DE UM ESPÍRITO

Sono dos Espíritos

PELO DR. CAILLEUX

(Sociedade Espírita de Paris, 11 de maio de 1866)
(Médium: Sr. Morin)

Vosso bom acolhimento e as boas preces que fizestes em minha intenção obrigam-me a vos agradecer vivamente e vos assegurar o meu eterno devotamento. Desde a minha entrada na verdadeira vida, bem depressa familiarizei-me com todas as novidades, nas muito suaves exigências de minha situação atual. Hoje me chamam de todos os lados, não mais, como outrora, para dar meus cuidados aos corpos doentes, mas para levar alívio às doenças da alma. A tarefa é suave para desempenhar, e com mais rapidez do que outrora eu chegava à cabeceira dos doentes, hoje atendo ao chamado das almas sofredoras. Posso mesmo – e isto nada tem de admirável para mim – transportar-me quase que instantaneamente de um a outro ponto, com a mesma facilidade com que o meu pensamento passa de um a outro assunto. Apenas o que me admira é que eu possa fazê-lo, eu mesmo!...

Meus bons amigos, tenho que vos falar de um fato espiritual que me acontece, e que venho submeter ao vosso julgamento, para que me ajudeis a reconhecer o meu erro, se eu estiver enganado em minhas apreciações a respeito. Sabeis que como médico, em minha última encarnação, eu tinha-me dedicado com ardor aos estudos de minha profissão. Tudo quanto se referia à Medicina era para mim assunto de observação. Devo dizer, sem orgulho, que tinha adquirido alguns conhecimentos, talvez porque nem sempre seguisse ao pé da letra a rota traçada pela rotina. Muitas vezes buscava no moral o que pudesse trazer perturbação ao físico; talvez seja por isto que eu conhecia minha profissão um pouco melhor do que certos colegas. Enfim, eis o caso: Há alguns dias senti uma espécie de torpor apoderar-se de meu Espírito, e embora conservando a consciência de mim mesmo, senti-me transportado no espaço; quando cheguei a um lugar que para vós não tem nome encontrei-me numa reunião de Espíritos que em vida tinham adquirido alguma celebridade pelas descobertas que haviam feito.

Lá fiquei muito surpreso ao reconhecer nesses anciãos de todas as idades, nesses nomes de todas as épocas, uma semelhança perispiritual comigo. Perguntei-me o que tudo aquilo significava; dirigi-lhes as perguntas que me sugeria a minha posição, mas minha admiração foi ainda maior, ouvindo-me responder a mim mesmo. Voltei-me, então, para eles, e encontrei-me só.

Eis minhas deduções...

DR. CAILLEUX

NOTA: Tendo parado aí, o Espírito continuou na sessão seguinte.

A questão dos fluidos, que constitui o fundo dos vossos estudos, representou um papel muito grande no fato que eu vos relatava na última sessão. Hoje posso explicar-vos melhor o que aconteceu e, em vez de vos dizer quais eram as minhas conjecturas, posso dizer-vos o que me revelaram os bons amigos que me guiam no mundo dos Espíritos.

Quando meu Espírito sofreu uma espécie de entorpecimento, eu estava, por assim dizer, magnetizado pelo fluido de meus amigos espirituais; por uma permissão de Deus, daí devia resultar uma satisfação moral que, dizem eles, é a minha recompensa e, ademais, um encorajamento para marchar num caminho que meu Espírito percorre há um bom número de existências.

Eu estava, pois, adormecido num sono magnético-espiritual; vi o passado formar-se num presente fictício; reconheci individualidades desaparecidas na esteira do tempo, ou melhor, que tinham sido um mesmo indivíduo. Vi um ser começar uma obra médica; um outro, mais tarde, continuar a obra que o primeiro deixara esboçada, e assim por diante. Cheguei a ver em menos tempo do que levo para vos dizer, de geração em geração, formar-se, crescer e tornar-se ciência, o que, no princípio, não passava dos primeiros ensaios de um cérebro ocupado em estudos para o alívio da Humanidade sofredora. Vi tudo isso, e quando cheguei ao último desses seres que sucessivamente tinham trazido um complemento à obra, então me reconheci. Então tudo se extinguiu e eu voltei a ser o Espírito ainda atrasado do vosso pobre doutor. Ora, eis aqui a explicação.

Não vo-la dou para me envaidecer, longe disso, mas principalmente para vos fornecer um assunto de estudo, falando-vos do sono espiritual que, sendo elucidado por vossos guias, só me pode ser útil, pois assisto a todos os vossos trabalhos.

Nesse sono, vi os diferentes corpos que meu Espírito animou em algumas encarnações e todos trabalharam na ciência médica, sem jamais se afastar dos princípios que o primeiro havia elaborado. Esta última encarnação não era para aumentar o conhecimento, mas simplesmente para praticar o que ensinava a minha teoria.

Com tudo isto, fico sempre vosso devedor. Mas, se o permitirdes, virei pedir-vos lições, e eventualmente dar minha opinião pessoal sobre certas questões.

DR. CAILLEUX

ESTUDO

Há aqui um duplo ensinamento: para começar, há o fato da magnetização de um Espírito por outros Espíritos, e do sono que se lhe segue; e, em segundo lugar, da visão retrospectiva dos diferentes corpos que ele animou.

Há, pois, para os Espíritos, uma espécie de sono, o que é um ponto de contato a mais entre o estado corporal e o estado espiritual. É verdade que aqui se trata de um sono magnético; mas existiria para eles um sono natural semelhante ao nosso? Isto nada teria de surpreendente, quando se veem ainda Espíritos de tal modo identificados com o estado corporal que tomam seu corpo fluídico por um corpo material, que creem trabalhar como o faziam na Terra, e que sofrem fadiga. Se sentem fadiga, devem experimentar a necessidade de repouso, e podem crer deitar-se e dormir, como creem trabalhar e viajar em estrada de ferro. Dizemos que eles o creem, para falar do nosso ponto de vista, porque tudo é relativo, e em relação à sua natureza fluídica, a coisa é tão real quanto as coisas materiais o são para nós.

Não são senão Espíritos de ordem inferior que têm semelhantes ilusões; quanto menos avançados, mais o seu estado se aproxima do estado corporal. Ora, este não pode ser o caso do Dr. Cailleux, Espírito adiantado que tem perfeita noção de sua situação. Mas não é menos verdade que ele teve consciência de um entorpecimento análogo ao sono, durante o qual viu suas diversas individualidades.

Um membro da Sociedade explica esse fenômeno da seguinte maneira: No sono humano, só o corpo repousa, mas o Espírito não dorme. Deve dar-se o mesmo no estado espiritual; o sono magnético, ou outro, só deve afetar o corpo espiritual ou perispírito, e o espírito deve achar-se num estado relativamente análogo ao do Espírito encarnado durante o sono do corpo, isto é, conservar a consciência de seu ser. As diferentes encarnações do Sr. Cailleux, que os seus guias espirituais queriam fazê-lo ver, para sua instrução, puderam apresentar-se a ele como lembrança, da mesma maneira que as imagens se oferecem nos sonhos.

Essa explicação é perfeitamente lógica. Ela foi confirmada pelos Espíritos que, provocando o relato do Dr. Cailleux, quiseram dar-nos a conhecer uma nova fase da vida de Além-Túmulo.

QUESTÕES E PROBLEMAS

ESTÁ NO AR

(Paris, 13 de maio de 1866 – Médium: Sr. Tail...)

Pergunta. – Quando alguma coisa é pressentida pelas massas, geralmente se diz que *está no ar*. Qual a origem dessa expressão?

Resposta. – Sua origem, como a de uma porção de coisas de que a gente não se dá conta e que o Espiritismo vem explicar, está no sentimento íntimo e intuitivo da realidade. A expressão é mais verdadeira do que se pensa.

Esse pressentimento geral à aproximação de algum acontecimento grave tem duas causas: a primeira vem das massas inumeráveis de Espíritos que incessantemente percorrem o espaço e que têm conhecimento das coisas que se preparam;

em consequência de sua desmaterialização, eles estão mais em condições de seguir o seu desenrolar e prever o seu desenlace. Esses Espíritos, que incessantemente *roçam* a Humanidade, comunicam-lhe os seus pensamentos pelas correntes fluídicas que ligam o mundo corporal ao mundo espiritual. Embora não os vejais, seus pensamentos vos chegam como o aroma das flores ocultas na folhagem, e vós os assimilais inadvertidamente. O ar é literalmente sulcado por essas correntes fluídicas que por toda parte semeiam a ideia, de tal sorte que a expressão *está no ar* não é apenas uma imagem, mas é positivamente verdadeira. Certos Espíritos são mais especialmente encarregados pela Providência de transmitir aos homens o pressentimento das coisas *inevitáveis*, visando dar-lhes um secreto aviso, e eles cumprem essa missão, espalhando-se entre estes. São como vozes íntimas que retinem no seu foro íntimo.

A segunda causa desse fenômeno está no desprendimento do Espírito encarnado, durante o repouso do corpo. Nesses momentos de liberdade, ele se reúne com Espíritos semelhantes, aqueles com os quais ele tem mais afinidade; penetra-se de seus pensamentos, vê o que não pode ver com os olhos do corpo, relata a sua intuição ao despertar, como uma ideia que lhe fosse totalmente pessoal. Isso explica como a mesma ideia surge ao mesmo tempo em cem pontos diversos e em milhares de cérebros.

Como sabeis, certos indivíduos são mais aptos que outros para receber o influxo espiritual, quer pela comunicação direta de Espíritos estranhos, quer pelo desprendimento mais fácil de seu próprio Espírito. Muitos gozam, em graus diversos, da segunda vista ou visão espiritual, faculdade muito mais comum do que pensais, e que se revela de mil maneiras; outros conservam uma lembrança mais ou menos nítida do que viram em momentos de emancipação da alma. Em consequência dessa aptidão, eles têm noções mais precisas das coisas; não é neles um simples pressentimento vago, mas a intuição, e nalguns o conhecimento da própria coisa, cuja realização preveem e anunciam. Se lhes perguntarmos como sabem, a maioria deles não saberá explicar: uns dirão que uma voz interior lhes falou, outros que tiveram uma visão reveladora; outros, enfim, que o sentem sem saber como. Nos tempos de ignorância, e aos olhos das pessoas supersticiosas, eles passam por adivinhos e feiticeiros, apesar de serem apenas pessoas dotadas de uma mediunidade espontânea e inconsciente, faculdade inerente à natureza humana, e que nada tem de sobrenatural, mas que aqueles que nada admitem fora da matéria não podem compreender.

Essa faculdade existiu em todos os tempos, mas é de notar que ela se desenvolve e se multiplica sob o império das circunstâncias que dão um aumento de atividade ao espírito, nos momentos de crise e na iminência de grandes acontecimentos. As revoluções, as guerras, as perseguições de partidos e seitas sempre fizeram nascer um grande número de videntes e inspirados que foram qualificados de iluminados.

Dr. DEMEURE

OBSERVAÇÃO: As relações entre o mundo corporal e o mundo espiritual nada têm de surpreendente, se considerarmos que esses dois mundos são formados dos mesmos elementos, isto é, dos mesmos indivíduos, que passam alternativamente de um para o outro. Aquele que hoje está entre os encarnados da Terra, estará amanhã entre os desencarnados do espaço, e vice-versa. O mundo dos Espíritos não é, pois, um mundo à parte. É a própria Humanidade despojada de seu envoltório material, e que continua sua existência sob uma nova forma e com mais liberdade.

As relações desses dois mundos, em contato permanente, fazem parte, pois, das leis naturais. A ignorância da lei que as rege foi a pedra de tropeço de todas as filosofias. É por falta de seu conhecimento que tantos problemas ficaram insolúveis. O Espiritismo, que é a ciência dessas relações, nos dá a única chave que pode resolvê-los. Quantas coisas, graças a ele, já não são mais mistérios!

POESIAS ESPÍRITAS

PARA O TEU LIVRO

(Sociedade de Paris, 11 de maio de 1866 – Médium: Sr. V...)

Em breve, criança, tu irás deixar
O teto humilde que te viu nascer,
Para o mundo correr e enfrentar
Os seus perigos e talvez morrer,
Sem haver alcançado o teu destino.
Antes de fugir do nosso lado,
Escuta, como outrora, ó meu menino,
A voz que te guiou no teu passado.

Ai de mim! meu filho, em teu caminho,
Muitas vezes a sarça orgulhosa
Rasgará as tuas brancas mãos,
E o seu venenoso espinho
Fará coxear o teu pé atingido
Mais de uma vez, na tua estrada.
Não importa! Longe daqui será preciso
Seguir a estrela que te ilumina,
E marchar sempre à frente;
Não ter saudades da pátria,
Da aldeia, do lar ausente,
E morrer sem chorar tua vida,
Se tinhas que perdê-la um dia,
Pregando a todos como doutrina
A fé, a caridade e o amor,
Únicos deveres de tua lei divina;
Por toda parte o orgulho extirpando,
Como o falso saber e o egoísmo,
Que se estendem qual mortalha
Sobre o berço do Espiritismo;
Repetindo o que a voz
De todos esses mundos invisíveis
por vezes parece revelar-te
Em murmúrios indizíveis;
Lamentando um século grosseiro,
Que junta insulto e injúria
Quando te chama feiticeiro

Ou simples ledor da sorte;
Perdoando-lhe o seu desprezo;
Tentando pela prece
Pôr os seus muitos amigos
Sob tua santa e humilde bandeira.

Eu disse: Parte, meu filho! Adeus!
Difícil e pesada é a tua tarefa.
Mas crê e espera em teu Deus.
Ele a fará mais fácil.

Um Espírito Poeta

Na sessão seguinte, de 18 de maio, o mesmo médium escreveu espontaneamente o seguinte:

"Resposta a uma crítica a meus versos *'Para o teu Livro'*, feita um pouco levianamente, sexta-feira última, por um desconhecido que aqui não vejo esta noite."

"Num bosque misterioso,
Oculto pela folhagem nascente
De verde lilás, todos os anos
Ouvia-se, na primavera,
Uma graciosa cotovia
Cantar sua linda cançoneta.
Os pássaros do bosque vizinho
Vinham, cada manhã,
Colocar-se perto dela, em silêncio,
Para melhor escutar a cadência
Que sua pura voz soltava,
Desferia, perolava, modulava
Com uma graça infinita.

A multidão encantada, deslumbrada,
Aplaudia a diva
Quando por acaso chegou
Um jovem melro de negra plumagem
E pôs-se a assobiar de raiva
A monótona canção
Que admiravam sem razão.
Súbito a cotovia parou,
Sorriu e disse ao desmancha prazer:
Vós que assobiais tão bem, deveis bem cantar.
Não se podia, belo melro, um dia vos escutar?
Sem responder, o melro foi fugindo.
Por quê? Adivinhai-o... Boa noite! Eu vos deixo.

ALFRED DE MUSSET

A LAGARTA E A BORBOLETA

(Fábula do Espírito batedor de Carcassonne)

De um ramo de jasmins trabalhando os contornos,
Trêmula, uma lagarta, ao declinar de seus dias,
Dizia: "Estou muito doente,
Já nem digiro a folha de salada;
Mal e mal a couve provoca-me apetite;
Eu morro pouco a pouco;
Como é triste morrer! Mais valia não nascer.
Sem murmurar é preciso submeter-se.
Outros, depois de mim, que tracem o seu caminho.
– Mas tu não morrerás, lhe diz a borboleta;

Se tenho boa memória, foi sobre a mesma planta
Que contigo vivi; pois eu sou da família.
O futuro te prepara destino mais feliz;
Talvez um mesmo amor nos unirá os dois.
Espera!... Rápida é a passagem do sono.
Como eu, tu serás uma crisálida;
Como eu poderás, em cores brilhantes,
Respirar o perfume das flores."
A velha respondeu: "Impostora! Impostora!
Nada viria mudar as leis da Natureza;
O espinheiro jamais será jasmim.
Aos meus anéis partidos, às minhas juntas fracas
Que hábil operário virá ligar as asas?
Jovem louca, segue o teu caminho.
– Lagarta! Tens razão. O possível tem limites!
Responde um caracol, triunfante em seus cornos.
Um sapo aplaudiu. Com seu dardo, um zangão
Insultou a linda borboleta.
Não, nem sempre é a verdade que brilha.
Aqui na Terra, quantos cegos de nascença
Negando a alma dos mortos. Doutores, raciocinais
Mais ou menos como a lagarta.

DISSERTAÇÕES ESPÍRITAS

OCUPAÇÕES DOS ESPÍRITOS
(Sociedade de Paris, 16 de fevereiro de 1866) (Médium: Sr. Leymarie)

Fostes tão bons para comigo, senhores, tão atenciosos para com um recém-vindo, que volto para vos pedir alguns instantes de atenção.

Desde quando cheguei ao mundo dos Espíritos, estou com vontade de transmitir algumas reflexões que aproveitei, pois me dão a faculdade onipotente de mudar completamente minhas ideias adquiridas na última encarnação. Vou, pois, se mo permitirdes, transmitir algumas destas reflexões sugeridas por falsas ideias de certos detratores do Espiritismo.

Não é raro ouvir de todos os detratores: Mas os que fizeram o achado espírita bem poderiam dizer-nos em que trabalham os Espíritos que entraram na posse dessa famosa erraticidade. Têm eles um corpo correspondente ao nosso ou um corpo fluídico? Têm a ciência infusa? Sabem mais do que nós? Então por que tanta comunicação terra-a-terra, num francês ordinário ao alcance de todo mundo? Mas o primeiro que chega pode dizer outro tanto!...

E ainda acrescentam: Mas esses Espíritos farsistas, a que ginástica se entregam nos trapézios eternos? De que vivem? Com que se divertem? Mas se estão no ar ambiente, ocupados em nos ver trabalhar, não devem achar divertidas todas as nossas ações vis, todos os nossos pensamentos ridículos. Talvez estejam na contemplação eterna. E se eles veem Deus, como é constituída a Divindade? Que ideia nos podem dar de sua grandeza? Ai de nós! Ilusão! Repetem eles. E dizer que tem gente que se diz sensata e acredita em todas essas quimeras!

Eu os ouvi repetirem essas ideias, e, rindo como os outros, ou lamentando amargamente os adeptos de uma doutrina que, segundo nós, levava à loucura, muitas vezes perguntei a razão de tal aberração mental no século dezenove.

Um dia encontrei-me livre como todos os meus irmãos terrenos e, chegando a este mundo que tanto me tinha feito alçar os ombros, eis o que eu vi:

Os Espíritos, conforme as faculdades adquiridas na Terra, buscam o meio que lhes é próprio, a menos que, não podendo estar desprendidos, estejam na noite, nada vendo nem ouvindo, nessa terrível espera que é realmente o verdadeiro inferno do Espírito.

A faculdade que tem o Espírito desprendido de ir a qualquer parte por um simples efeito de sua vontade lhe permite encontrar um meio onde suas faculdades possam desenvolver-se pelos contrastes e pela diferença das ideias. Quando da separação do Espírito e do corpo, somos conduzidos por almas simpáticas para junto daqueles que nos esperam, prevendo a nossa volta.

Naturalmente fui acolhido por amigos tão incrédulos quanto eu. Mas como neste mundo tão conspurcado, todas as virtudes estão em evidência, todos os méritos brilham, todas as reflexões são bem recebidas, todos os contrastes se transformam numa difusão de luzes. Atraído, por curiosidade, a visitar grupos numerosos que preparam outras encarnações estudando todos os detalhes que o Espírito chamado a voltar à Terra deve elucidar, concebi uma grande ideia da reencarnação.

Quando um Espírito se prepara para uma nova existência, submete suas ideias às decisões do grupo a que pertence. O grupo discute; os Espíritos que o compõem vão aos grupos mais avançados ou à Terra; procuram entre vós elementos de aplicação. O Espírito aconselhado, fortalecido, esclarecido sobre todos os pontos poderá, daí por diante, se quiser, seguir seu caminho sem vacilar. Terá em sua peregrinação terrena uma multidão de Espíritos invisíveis, que não o perderão de vista; tendo participado em seus trabalhos preparatórios, eles aplaudem os seus resultados, os esforços para vencer, a sua vontade firme que, dominando a matéria, lhe permitiu trazer aos outros encarnados um contingente de quitações e de amor, isto é, o bem, segundo as grandes instruções, segundo Deus, enfim, que as dita em todas as afirmações da ciência, da vegetação, de todos os problemas, enfim, que são a luz do Espírito, quando ele sabe resolvê-los de forma racional.

Pertencendo ao grupo de alguns cientistas que se ocupam de economia política, aprendi a não desprezar nenhuma das faculdades de que tanto ri outrora. Compreendi que o homem, muito inclinado ao orgulho, se recusa a admitir, mesmo sem estudo, tudo quanto é novo e fora do seu gênero de espírito. Também me disse que muitos de meus antigos amigos seguiam por falsos caminhos, tomando a sombra pela realidade. Não obstante, segui o conjunto dos trabalhos da Humanidade, onde nada é inútil. Compreendi a grande lei da igualdade e da equidade que Deus derramou em todo o elemento humano e disse para mim mesmo que aquele que em nada crê, e que, apesar disso, faz o bem e ama os seus semelhantes, sem esperança de remuneração, é um nobre Espírito, muito mais nobre do que muitos daqueles que, prevendo uma outra vida e crendo no progresso do Espírito, esperam uma recompensa. Enfim, aprendi a ser tolerante, vendo essas legiões de Espíritos entregues a tantos trabalhos diversos, formigueiro inteligente que pressente Deus e procura coordenar todos os elementos do futuro. Eu disse para mim mesmo que o homem, esse pigmeu, é de tal modo orgulhoso que se ama e se adora desprezando os outros, em vez de entregar-se aos grandes instintos e sobretudo às ideias sãs e conscienciosas que a vida futura revela, desenvolvidas pelas ideias espiritualistas e sobretudo pelo Espiritismo, esta lei magnífica que a cada dia mais fortalece a solidariedade do mundo terreno e o da erraticidade. É ele que vos inicia em nossos pensamentos, em nossas esperanças, em tudo o que nos preparamos para o vosso adiantamento, para o fim desejado da geração que deve em breve emigrar para as regiões superiores.

Até outra vez, obrigado.

GUI

OBSERVAÇÃO: Este Espírito, do qual demos uma notável comunicação na *Revista* de dezembro de 1865 era, em vida, um distinto economista, mas imbuído de ideias materialistas e um dos trocistas do Espiritismo. Contudo, como era um homem adiantado intelectual e moralmente, e que buscava o progresso, não demorou em reconhecer o seu erro, e seu maior desejo foi trazer seus amigos ao caminho da verdade. Foi na intenção destes que ditou várias comunicações. Por mais profunda e lógica que seja esta, vê-se que o mundo dos Espíritos ainda não lhe é perfeitamente conhecido. Ele está equivocado quando diz que a geração atual em breve deve emigrar para regiões superiores. Sem dúvida, no grande movimento regenerador que se opera, uma parte desta geração deixará a Terra e irá para mundos mais adiantados; mas, como a Terra regenerada será, ela própria, mais adiantada do que é, muitos acharão uma recompensa aqui reencarnando. Quanto aos endurecidos, que aqui são uma chaga, como aqui estariam deslocados, seriam um entrave ao progresso, perpetuando aqui o mal, é em mundos mais atrasados que eles irão esperar que a luz se faça para eles. É o que resulta da generalidade das instruções dadas pelos Espíritos sobre este assunto.

SUSPENSÃO DA ASSISTÊNCIA DOS ESPÍRITOS

(Douai, 13 de outubro de 1865)

Num grupo modelo, que conhecia e punha em prática deveres espíritas, notava-se com surpresa que certos Espíritos de escol e assistentes habituais há algum tempo abstinham-se de ali dar instruções, o que motivou a seguinte pergunta:

Pergunta. – Por que os Espíritos elevados que nos assistem de ordinário comunicam-se mais raramente conosco?

Resposta. – Caros amigos, há duas causas para esse abandono de que vos queixais. Mas, para começar, não é um abandono; é apenas um afastamento momentâneo e necessário. Sois como estudantes que, bem instruídos e bem *providos* de repetições preliminares, são obrigados a fazer os seus deveres sem o concurso dos professores; eles buscam na memória; eles espreitam um sinal, eles tentam descobrir uma palavra de auxílio: nada vem, nada *deve* vir.

Esperais nosso encorajamento, nossos conselhos sobre a vossa conduta, sobre as vossas determinações: nada vos satisfaz, porque nada vos deve satisfazer. Fostes providos de ensinamentos sábios, afetuosos, de encorajamentos frequentes, cheios de amenidade e de verdadeira sabedoria; tivestes muitas provas de nossa presença, da eficácia de nosso auxílio; a fé vos foi dada, comunicada; vós a tomastes, raciocinastes, adotastes. Numa palavra, como o estudante, fostes *providos* para o *dever*. É preciso cumpri-lo sem erros, com os vossos próprios recursos, e não com o nosso concurso. Onde estaria o vosso mérito? Não poderíamos senão repetir incessantemente a mesma coisa. Cabe-vos agora aplicar o que vos ensinamos. É preciso voar com vossas próprias asas e caminhar sem andadeiras.

A cada homem, num dado momento, Deus fornece uma arma e uma força para continuar a vencer novos perigos. O momento em que uma força nova se lhe revela é sempre para o homem uma hora de alegria, de entusiasmo. Então, a fé ardente aceita qualquer dor sem analisá-la, porque o amor não conta as penas. Entretanto, depois desses fatos subitâneos que são a festa, é preciso o trabalho, e nada mais do que o trabalho. A alma acalmou-se, o coração se asserenou, e eis que a luta e a provação chegam; eis o inimigo, é preciso aguentar o choque; é o momento decisivo. Então, que o amor vos transporte e vos faça desdenhar a Terra! É preciso que o vosso coração conquiste a vitória sobre os maus instintos do egoísmo e do abatimento; é a prova.

Há muito tempo vos temos dito, vos temos advertido que teríeis necessidade de vos reunirdes, de vos unirdes, de vos fortalecerdes pela luta. O momento é chegado, e aí estais. Como ides sustentá-la? Nada mais podemos fazer, do mesmo modo que o professor não pode soprar a composição do aluno. Ganhará ele o prêmio? Isto depende do proveito que ele tiver tirado das lições recebidas. Assim é convosco. Possuís um código de instruções suficiente para vos conduzir até um determinado ponto. Relede essas instruções, meditai-as e não peçais outras antes de tê-las seriamente aplicado, coisa de que só nós somos os juízes, e quando chegardes ao ponto em que elas forem insuficientes, em relação ao vosso progresso moral, nós bem saberemos dar-vos outras.

A segunda razão desta espécie de isolamento de que vos queixais é a seguinte: Muitos de vossos conselheiros simpáticos têm, junto a outros homens, missões análogas às que inicialmente quiseram desempenhar junto a vós, e essa quantidade de evocações de que são objeto muitas vezes os demovem do propósito de serem assíduos em vosso grupo. Vossa amiga Madalena desempenha longe daqui uma tarefa difícil, e sua solicitude, estando junto a vós, vai também para aqueles a quem ela se propôs salvar. Mas todos eles voltarão; reencontrareis, em dado momento, vossos amigos reunidos como outrora, num só pensamento de simpático concurso junto aos seus protegidos. Ponde esse tempo em proveito de vosso melhoramento, a fim de que, quando eles vierem, possam dizer-vos: Estamos contentes convosco.

PAMPHILE, Espírito Protetor

OBSERVAÇÃO: Esta comunicação é uma resposta aos que se lamentam da uniformidade do ensinamento dos Espíritos. Se refletíssemos no número de verdades que eles nos ensinaram, veríamos que elas nos oferecem um vastíssimo campo para a meditação, até que nós as tenhamos assimilado, e que tenhamos deduzido todas as suas aplicações. Que diríamos de um doente que diariamente pedisse um novo remédio ao seu médico, sem seguir as suas prescrições? *Se os Espíritos não nos ensinam novidades todos os dias, com o auxílio da chave que nos puseram nas mãos e das leis que nos revelaram, por nós mesmos aprendemos coisas novas todos os dias, compreendendo o que para nós era incompreensível.*

O TRABALHO

(Extraído do jornal espírita italiano *La Voce di Dio*;
Traduzido do italiano)

A medida do trabalho imposto a cada Espírito encarnado ou desencarnado é a certeza de ter realizado escrupulosamente a missão que lhe foi confiada. Ora, cada um tem uma missão a cumprir: este numa grande escala, aquele em escala menor. Contudo, relativamente, as obrigações são todas iguais, e Deus vos pedirá contas do óbolo posto entre vossas mãos. Se ganhastes juros, se dobrastes a soma, certamente cumpristes o vosso dever, porque obedecestes à ordem suprema. Se em vez de ter aumentado esse óbolo o tivésseis perdido, é certo que teríeis abusado da confiança que o vosso Criador tinha posto em vós; assim, sereis tratado como um ladrão, porque tomastes e não restituístes. Longe de aumentar, dissipastes. Ora, se, como acabo de dizer, cada criatura é obrigada a receber e dar, quanto mais, espíritas, tendes de obedecer a essa divina lei; quanto esforço deveis fazer para cumprir esse dever perante o Senhor que vos escolheu para partilhar seus trabalhos, que vos convidou à sua mesa. Pensai, meus irmãos, que o dom que vos é feito é um dos supremos dons de Deus. Não vos envaideçais por isso, mas fazei todos os esforços para merecer esse alto favor. Se os títulos que poderíeis receber de um grande da Terra; se os seus favores são algo de belo aos vossos olhos, quanto mais vos deveríeis sentir felizes com os dons do senhor dos mundos, dons incorruptíveis e imperecíveis que vos elevam acima de vossos irmãos e serão para vós a fonte de alegrias puras e santas!

Mas quereis ser os seus únicos possuidores? Como egoístas, quereríeis guardar só para vós tanta felicidade e alegria? Oh! Não. Fostes escolhidos como depositários. As riquezas que brilham aos vossos olhos não são para vós, mas pertencem a todos os vossos irmãos. Deveis, pois, aumentá-las e distribuí-las. Como o bom jardineiro que conserva e multiplica suas flores e vos apresenta no rigor do inverno as delícias da primavera; como no triste mês de novembro nascem rosas e lírios, assim estais encarregados de semear e cultivar, em vosso campo moral, flores de todas as estações, flores que desafiarão o sopro do aquilão e o vento sufocante do deserto; flores que uma vez abertas em suas hastes, não passarão nem fanarão jamais, mas, brilhantes e vivazes, serão o emblema da verdura e das cores eternas. O coração humano é um solo fértil em afeição e doces sentimentos, um campo cheio de sublimes aspirações quando cultivado pelas mãos da caridade e da religião.

Oh! Não reserveis apenas para vós essas hastes sobre as quais surgem sempre tão doces frutos! Oferecei-os aos vossos irmãos, convidai-os a vir saborear, sentir o perfume de vossas flores, a aprender a cultivar os vossos campos. Nós vos assistiremos; nós encontraremos regatos frescos que correndo suavemente darão força às plantas exóticas que são os germes da terra celeste. Vinde! Trabalharemos convosco, partilharemos vossa fadiga, a fim de que vós também possais amontoar esses bens e deles fazer participar outros irmãos necessitados. Deus nos dá, e nós, reconhecidos por seus dons, os multiplicamos o mais possível. Deus nos manda melhorar os outros e a nós próprios; cumpriremos nossas obrigações e santificaremos sua sublime vontade.

Espíritas, é a vós que me dirijo. Preparamos o vosso campo; agora, agi de maneira que todos os que necessitarem, dele possam gozar largamente. Lembrai-vos que todos os ódios, todos os rancores, todas as inimizades devem desaparecer diante de vossos deveres. Instruir os ignorantes, assistir os fracos, ter compaixão dos aflitos, defender os inocentes, lamentar os que estão no erro, perdoar aos inimigos. Todas estas virtudes devem crescer em abundância no vosso campo, e deveis implantá-las no dos vossos irmãos. Recolhereis uma ampla colheita e sereis abençoados por vosso Pai que está nos céus!

Meus caros filhos, quis dizer-vos todas essas coisas a fim de vos encorajar a suportar com paciência todos aqueles que, inimigos da nova doutrina, buscam vos denegrir e vos afligir. Deus está convosco, não o duvideis. A palavra de nosso Pai celeste desceu sobre o vosso globo, como no dia da criação. Ele vos envia uma nova luz, luz cheia de esplendor e de verdade.

Aproximai-vos, ligai-vos estreitamente a ele e segui corajosamente o caminho que se abre à vossa frente.

SANTO AGOSTINHO

NOTÍCIAS BIBLIOGRÁFICAS

OS EVANGELHOS EXPLICADOS
Pelo Sr. Roustaing[1]

Esta obra compreende a explicação e a interpretação dos Evangelhos, artigo por artigo, com a ajuda de comunicações ditadas pelos Espíritos. É um trabalho considerável que tem,

---

[1] Os Quatro Evangelhos, seguidos dos mandamentos explicados em espírito e em verdade pelos evangelistas assistidos pelos apóstolos. Recolhidos e postos em ordem por J. B. Roustaing, advogado na corte imperial de Bordéus, antigo chefe da ordem. 3 volumes in-12 – Preço 10,50 francos. Em Paris, na Livraria Central, Boulevard des Italiens, 24. – Em Bordéus, em todos os livreiros.

para os espíritas, o mérito de não estar, em nenhum ponto, em contradição com a doutrina ensinada em *O Livro dos Espíritos* e *O Livro dos Médiuns*. As partes correspondentes às que tratamos em *O Evangelho segundo o Espiritismo* o são em sentido análogo. Ademais, como nos limitamos às máximas morais que, com raras exceções, são geralmente claras, estas não poderiam ser interpretadas de diversas maneiras; assim, jamais foram assunto para controvérsias religiosas. É por esta razão que por aí começamos, a fim de ser aceito sem contestação, esperando, quanto ao resto, que a opinião geral estivesse mais familiarizada com a ideia espírita.

O autor desta nova obra julgou que deveria seguir um outro caminho. Em vez de proceder gradualmente, ele quis atingir a meta de um salto. Assim, tratou certas questões que não julgamos oportuno abordar ainda, e das quais, por consequência, lhe deixamos a responsabilidade, como aos Espíritos que as comentaram. Consequente com o nosso princípio, que consiste em regular a nossa marcha pelo desenvolvimento da opinião, até nova ordem não daremos às suas teorias nem aprovação nem desaprovação, deixando ao tempo o trabalho de sancioná-las ou contraditá-las. Convém, pois, considerar essas explicações como opiniões pessoais dos Espíritos que as formularam, opiniões que podem ser justas ou falsas, e que, em todo caso, necessitam da sanção do controle universal, e até mais ampla confirmação, não poderiam ser consideradas como partes integrantes da Doutrina Espírita.

Quando tratarmos destas questões fá-lo-emos decididamente. É que então teremos recolhido documentos bastante numerosos nos ensinos dados *de todos os lados* pelos Espíritos, a fim de poder falar afirmativamente e ter a certeza de estar *de acordo com a maioria*. É assim que temos feito, todas as vezes que se trata de formular um princípio capital. Dissemos cem vezes que para nós a opinião de um Espírito, seja qual for o nome que ele traga, tem apenas o valor de uma opinião individual. Nosso critério está na concordância universal, corroborada por uma rigorosa lógica, para as coisas que não podemos controlar com os próprios olhos. De que nos serviria dar prematuramente uma doutrina como uma verdade absoluta, se mais tarde devesse ser combatida pela generalidade dos Espíritos?

Dissemos que o livro do Sr. Roustaing não se afasta dos princípios do *Livro dos Espíritos* e do *Livro dos Médiuns*. Nossas observações são feitas sobre a aplicação desses mesmos princípios à interpretação de certos fatos. É assim, por exemplo, que ele dá ao Cristo, em vez de um corpo carnal, um corpo fluídico concretizado, com todas as aparências da materialidade e dele faz um *agênere*. Aos olhos dos homens que não tivessem então podido compreender sua natureza espiritual, ele deve ter passado EM APARÊNCIA – expressão incessantemente repetida no curso de toda a obra – por todas as vicissitudes da Humanidade. Assim seria explicado o mistério de seu nascimento: Maria teria tido apenas as aparências da gravidez. Posto como premissa e pedra angular, este ponto é a base em que ele se apoia para a explicação de todos os fatos extraordinários ou miraculosos da vida de Jesus.

Sem dúvida, nisto nada há de materialmente impossível para quem quer que conheça as propriedades do envoltório perispiritual. Sem nos pronunciarmos pró ou contra essa teoria, diremos que ela é no mínimo hipotética, e que se um dia fosse reconhecida errônea, por falta de base, o edifício desabaria. Esperamos, pois, os numerosos comentários que ela não deixará de provocar da parte dos Espíritos, e que contribuirão para elucidar a questão. Sem prejulgá-la, diremos que já foram feitas objeções sérias a essa teoria e que, em nossa opinião, os fatos podem ser perfeitamente explicados sem sair das condições da humanidade corporal.

Estas observações, subordinadas à sanção do futuro, em nada diminuem a importância da obra que, ao lado de coisas duvidosas, em nosso ponto de vista, encerra outras incontestavelmente boas e verdadeiras, e será consultada com proveito pelos espíritas sérios.

Se o conteúdo de um livro é o principal, a forma não deve ser desdenhada, pois contribui com algo para o sucesso. Achamos que certas partes são desenvolvidas muito extensamente, sem proveito para a clareza. A nosso ver, se fosse limitada ao estritamente necessário, a obra poderia ter sido reduzida a dois, ou mesmo a um só volume, e teria ganho em popularidade.

LA VOCE DI DIO

A VOZ DE DEUS

Jornal ditado pelos Espíritos, na Sociedade de Scordia, Sicília

A Itália conta com uma nova publicação espírita periódica. Esta é exclusivamente consagrada ao ensino dos Espíritos. O primeiro número só contém, na verdade, produções mediúnicas, inclusive o prefácio e o discurso preliminar. Eis a lista dos assuntos tratados nesse número:

Prefácio: Conselhos dados à Sociedade, para a formação do jornal.

Discurso preliminar, assinado por Santo Agostinho.

Alegoria sobre o Espiritismo.

Reverberação da alma.

Previsões.

Arrependimento de um Espírito sofredor (Conversa).

O trabalho.

A morte do Cristo.

A prece coletiva.

Resposta a uma pergunta.

Todas essas comunicações têm um cunho incontestável de superioridade, do ponto de vista da moral e da elevação dos pensamentos. Pode-se fazer uma ideia por aquela sobre *O Trabalho*, que publicamos acima.

Os Espíritos terão, pois, o *seu jornal* e certamente não faltarão redatores. Mas, assim como entre os encarnados, há Espíritos de todos os graus de mérito. Contamos com o julgamento dos *editores* para uma escolha rigorosa entre essas produções de Além-Túmulo, que só terão a ganhar em clareza e interesse se, conforme as circunstâncias, forem acompanhadas de alguns comentários.

ALLAN KARDEC

REVISTA ESPÍRITA

JORNAL DE ESTUDOS PSICOLÓGICOS

| ANO IX | JULHO DE 1866 | VOL. 7 |

DO PROJETO DE CAIXA GERAL DE SOCORRO E OUTRAS INSTITUIÇÕES PARA OS ESPÍRITAS

Num dos grupos espíritas de Paris, um médium recebeu ultimamente a comunicação que segue, do Espírito de sua avó:

"Meu caro filho, vou falar-te um instante das questões de caridade que te preocupavam esta manhã, a caminho do trabalho.

"As crianças que são entregues a amas mercenárias e as mulheres pobres que são forçadas, com desprezo do pudor que lhes é caro, a servir, nos hospitais, de material experimental para os médicos e para os estudantes de medicina, são duas grandes chagas que todos os bons corações devem aplicar-se em curar, e isto não é impossível. Que os espíritas façam como os católicos. Que eles economizem um pouquinho por semana e, capitalizando esses recursos, chegarão a fundações sérias, grandes e realmente eficazes. A caridade que alivia um mal presente é uma caridade santa, que eu encorajo com todas as minhas forças, mas a caridade que se perpetua em fundações imortais como as misérias que são destinadas a aliviar, é uma caridade inteligente e que me tornaria feliz ao vê-la posta em prática.

"Gostaria que um trabalho fosse elaborado com o fito de criar de início um primeiro estabelecimento de proporções restritas. Quando se tivesse visto o bom resultado dessa primeira criação, passar-se-ia a outra, que seria aumentada pouco a pouco, como Deus quer que seja aumentada, porque o progresso se realiza por uma marcha lenta, sábia, calculada. Repito que o que proponho não é difícil; não haverá um único espírita verdadeiro que ousaria faltar ao apelo para o alívio de seus semelhantes, e os espíritas são bastante numerosos para formar, pela acumulação de um tanto por semana, um capital suficiente para um primeiro estabelecimento a serviço das mulheres doentes, que seriam cuidadas por mulheres, e que deixariam então de ocultar seus sofrimentos para salvaguardar o seu pudor.

"Entrego estas reflexões à meditação das pessoas benevolentes que assistem à sessão, e estou bem convicta que elas darão bons frutos. Os grupos do interior ligar-se-iam prontamente a uma ideia tão bela e ao mesmo tempo tão útil e paternal. Além do mais, seria um monumento do valor moral do Espiritismo tão caluniado, e que continuará a ser encarniçadamente caluniado ainda por muito tempo.

"Eu disse que a caridade local é boa e que é útil a um indivíduo, mas ela não eleva o espírito das massas como uma obra duradoura. Não seria belo que se pudesse repelir a calúnia dizendo aos caluniadores: "Eis o que nós fizemos. A árvore se reconhece pelo fruto; uma árvore má não dá bons frutos, e a boa árvore não os dá maus."

"Pensai também nas pobres crianças que saem dos hospitais e que vão morrer em mãos mercenárias, dois crimes simultâneos: o de entregar a criança desarmada e fraca e o daquele que a sacrificou sem piedade. Que todos os corações elevem seus pensamentos para as tristes vítimas da sociedade imprevidente, e que procurem encontrar uma boa solução para salvá-las de suas misérias. Deus quer que tentemos, e dá os meios de alcançar o objetivo; é preciso agir. Triunfamos quando temos fé, e a fé transporta montanhas. Que o Sr. Kardec trate da questão em seu jornal, e vereis como será aclamada com dedicação e entusiasmo.

"Eu disse que era necessário um monumento material que atestasse a fé dos espíritas, como as pirâmides do Egito atestam a vaidade dos Faraós, mas, em vez de fazer loucuras, fazei obras que levam a marca do próprio Deus. Todo mundo deve compreender-me; não insisto.

"Retiro-me, meu caro filho. Tua boa avó, como vês, ama sempre os seus netos, como te amava quando eras criancinha. Quero que tu os ames como eu, e que penses em encontrar uma boa organização. Tu podes, se quiseres e, se necessário, nós te ajudaremos. Eu te abençoo.

MARIE G...

A ideia de uma caixa central e geral de socorro formada entre os espíritas já foi concebida e emitida por homens animados de excelentes intenções, mas não basta que uma ideia seja grande, bela e generosa, é preciso, antes de tudo, que ela seja exequível. Certamente demos mostras suficientes de nosso devotamento à causa do Espiritismo para não ser suspeito de indiferença a respeito disso. Ora, é precisamente por força de nossa própria solicitude que buscamos alertar contra o entusiasmo que cega. Antes de empreender uma coisa, é preciso friamente calcular-lhe os prós e os contras, a fim de evitar revezes sempre desagradáveis, que não deixariam de ser explorados por nossos adversários. O Espiritismo só deve marchar com passo firme, e quando põe os pés num lugar, deve estar seguro de pisar em terreno firme. Nem sempre a vitória é do mais apressado, mas muito mais seguramente daquele que sabe aguardar o momento propício. Há resultados que não podem ser senão obra do tempo e da infiltração da ideia no espírito das massas. Saibamos, pois, esperar que a árvore esteja formada, antes de lhe pedir uma colheita abundante.

Há muito tempo nós vos propúnhamos tratar a fundo da questão em tela, para situá-la no seu verdadeiro terreno e premunir contra as ilusões de projetos mais generosos do que refletidos, cujo abortamento teria consequências lamentáveis. A comunicação relatada acima, sobre a qual tiveram a bondade de pedir nossa opinião, nos oferece a ocasião muito natural. Examinaremos, pois, tanto o projeto de centralização dos recursos quanto o de algumas outras instituições e estabelecimentos especiais para o Espiritismo.

Antes de tudo convém sondar o estado real das coisas. Sem dúvida os espíritas são muito numerosos e seu número cresce incessantemente. Sob este ponto de vista, ele oferece um espetáculo único, o de uma propagação inusitada na história das doutrinas filosóficas, porque não há uma só, sem excetuar o Cristianismo, que tenha ligado tantos partidários em tão poucos anos. Isto é um fato notório que confunde os próprios antagonistas. E o que não é menos característico, é que essa propagação, em vez de fazer-se num centro único, opera-se simultaneamente em toda a superfície do globo e em milhares de centros. Disso resulta que os adeptos, embora sejam muito numerosos, ainda não formam, em parte alguma, uma aglomeração compacta.

Essa dispersão, que à primeira vista parece uma causa de fraqueza, é, ao contrário, um elemento de força. Cem mil espíritas disseminados num país fazem mais pela propagação da ideia do que se estivessem amontoados numa cidade. Cada individualidade é um foco de ação, um germe que produz brotos; por sua vez, cada broto produz mais ou menos, e os ramos, que se reúnem pouco a pouco, cobrirão a região mais prontamente do que se a ação partisse de um ponto único. É absolutamente como se um punhado de grãos tivesse sido atirado ao vento, em vez de serem postos todos no mesmo buraco. Graças a essa quantidade de pequenos centros, a doutrina é menos vulnerável do que se tivesse um só, contra o qual seus inimigos poderiam dirigir toda a sua força. Um exército primitivamente compacto que é dispersado pela força ou por qualquer outra causa, é um exército perdido. Aqui o caso é diferente. A disseminação dos espíritas não é um caso de dispersão, é o estado primitivo tendendo à concentração, para formar uma vasta unidade. A primeira está no fim; a segunda está no seu nascedouro.

Àqueles, pois, que se lamentam de seu isolamento numa localidade, respondemos: Agradecei ao céu, ao contrário, por vos haver escolhido como pioneiros da obra em vossa região. Cabe a vós lançar aí as primeiras sementes. Talvez elas não germinem imediatamente; talvez não chegueis a recolher os frutos; talvez mesmo tenhais que sofrer em vosso trabalho, mas pensai que não se prepara uma terra sem trabalho, e tende certeza de que, mais cedo ou mais tarde, o que tiverdes semeado frutificará. Quanto mais ingrata for a tarefa, mais méritos tereis, ainda que apenas rasgásseis o caminho aos que virão depois de vós.

Sem dúvida, se os espíritas devessem ficar sempre no estado de isolamento, seria uma causa permanente de fraqueza; mas a experiência prova quanto a doutrina é vivaz, e sabemos que para cada ramo abatido, há dez que renascem. Sua generalização é, pois, uma questão de tempo. Ora, por mais rápida que seja a sua marcha, ainda é preciso o tempo suficiente e, enquanto se trabalha na obra, é preciso saber esperar que o fruto esteja maduro antes de colhê-lo.

Essa disseminação momentânea dos espíritas, essencialmente favorável à propagação da doutrina, é um obstáculo à execução de obras coletivas de certa importância, pela dificuldade, senão pela impossibilidade, de reunir num mesmo ponto elementos bastante numerosos.

Dirão que é precisamente para obviar esse inconveniente, para apertar os laços de confraternidade entre os membros isolados da grande família espírita, que se propõe a criação de uma caixa central de socorro. Certamente este é um pensamento grande e generoso que seduz à primeira vista, mas já se refletiu nas dificuldades de execução?

Uma primeira questão se apresenta. Até onde estender-se-ia a ação dessa caixa? Limitar-se-ia à França, ou compreenderia os outros países? Há espíritas em todo o globo. Os de todos os países, de todas as castas e de todos os cultos não são nossos irmãos? Se, pois, a caixa recebesse contribuições de espíritas estrangeiros, o que aconteceria infalivelmente, teria ela o direito de limitar sua assistência a uma única nacionalidade? Poderia conscienciosamente e caridosamente perguntar ao que sofre se é russo, polonês, alemão, espanhol, italiano ou francês? A menos que faltasse ao seu objetivo, ao seu dever, ela deveria estender a sua ação do Peru à China. Basta pensar na complicação das engrenagens de tal empresa para ver quanto ela é quimérica.

Suponhamo-la circunscrita à França, e não seria menos uma administração colossal, um verdadeiro ministério. Quem quereria assumir a responsabilidade de um tal manejo de fundos? Para uma gestão dessa natureza não bastariam integridade e devotamento: seria necessária uma alta capacidade administrativa. Admitindo-se, entretanto, vencidas as primeiras dificuldades, como exercer um controle eficaz sobre a extensão e a realidade das necessidades, sobre a sinceridade da qualidade de espírita? Semelhante instituição em breve veria surgirem adeptos, ou que tais se dizem, aos milhões, mas não seriam estes que iriam alimentar a caixa. A partir do momento que ela existisse, julgá-la-iam inesgotável, e em breve ela se veria impossibilitada de satisfazer a todas as exigências de seu mandato. Fundada sobre tão vasta escala, consideramo-la impraticável, e de nossa parte, não lhe daríamos a mão.

Por outro lado, não teria ela que temer oposição à sua própria constituição? O Espiritismo apenas nasce e ainda não está, por toda parte, em odor de santidade, para que se julgue ao abrigo de suposições malévolas. Não poderiam enganar-se quanto às suas intenções numa operação de tal gênero? Não poderiam supor que, sob uma capa, oculte ele outro objetivo? Numa palavra, fazer assimilações, de que seus adversários alegariam exceção de justiça para excitar a desconfiança contra ele? Por sua natureza, o Espiritismo não é nem pode ser uma filiação, nem uma congregação. Ele deve, pois, no seu próprio interesse, evitar tudo quanto lhe desse aquela aparência.

Então é preciso que, por medo, o Espiritismo fique estacionário? Não é agindo, perguntarão, que ele mostrará o que é, que dissipará a desconfiança e vencerá a calúnia? Sem sombra de dúvida, mas não se deve pedir à criança o que exige as forças da idade viril. Longe de servir ao Espiritismo, seria comprometê-lo e expô-lo aos golpes e à chacota de seus adversários e ligar seu nome a coisas quiméricas. Certamente ele deve agir, mas no limite do possível. Deixemos-lhe, pois, tempo de adquirir as forças necessárias, e então ele dará mais do que se pensa. Ele não está nem sequer completamente constituído em teoria. Como querem que ele dê o que só pode ser o resultado da completude da doutrina?

Aliás, há outras considerações que importa levar em conta.

O Espiritismo é uma crença filosófica, e basta simpatizar com os princípios fundamentais da doutrina para ser espírita. Falamos dos espíritas convictos e não dos que afivelam a máscara, por motivos de interesses ou outros também pouco confessáveis. Esses não se contam, porquanto neles não há nenhuma convicção. Dizem-se espíritas hoje, na esperança de daí tirar vantagens; serão adversários amanhã, se não encontrarem o que buscam, ou então far-se-ão de vítimas de sua dedicação fictícia, e acusarão os espíritas de ingratidão por não sustentá-los. Não seriam os últimos a explorar a caixa geral, para se compensar de especulações abortadas ou reparar desastres causados por sua incúria ou por sua imprevidência, e a lhe atirar pedras, se ela não os satisfizesse. Isso tudo não deve parecer estranho, porquanto todas as crenças contam com semelhantes auxiliares e testemunham a representação de semelhantes comédias.

Há também a massa considerável dos espíritas por intuição; os que são espíritas pela tendência e pela predisposição de ideias, sem estudo prévio; os indecisos, que ainda flutuam, à espera dos elementos de convicção que lhes são necessários. Sem exagero, podemos estimá-los em um quarto da população. É o grande canteiro onde se recrutam os adeptos, mas eles ainda não podem ser levados em conta.

Entre os espíritas reais, aqueles que constituem o verdadeiro corpo dos adeptos, há certas distinções a fazer. Na primeira linha há que colocar os adeptos de coração, animados de fé sincera, que compreendem o objetivo e o alcance da doutrina e aceitam todas as consequências para si mesmos; seu devotamento é a toda prova e sem segundas intenções; os interesses da causa, que são os da Humanidade, são sagrados para eles, e eles jamais os sacrificarão a uma questão de amor-próprio ou de interesse pessoal. Para eles, o lado moral não é uma simples teoria; eles esforçam-se por pregar pelo exemplo; não só têm a coragem de sua opinião, mas consideram-na uma glória, e, conforme a necessidade, sabem pagar com sua pessoa.

Vêm a seguir os que aceitam a ideia como filosofia, porque ela lhes satisfaz a visão, mas cuja fibra moral não é suficientemente tocada para compreenderem as obrigações que a doutrina impõe aos que a adotam. O homem velho está sempre ali, e a reforma de si mesmo lhes parece tarefa muito pesada. Mas como não estão menos firmemente convencidos, entre eles encontram-se propagadores e zelosos defensores.

Depois, há pessoas levianas, para quem o Espiritismo está todo inteiro nas manifestações. Para eles é um fato, e nada mais. O lado filosófico passa desapercebido. O atrativo de curiosidade é para eles o móvel principal. Extasiam-se ante o fenômeno e ficam frios ante uma consequência moral.

Enfim, há o número ainda muito grande dos espíritas mais ou menos sérios que não puderam colocar-se acima dos preconceitos e do que os outros dirão, retidos pelo medo do ridículo, bem como aqueles cujas considerações pessoais ou de família e interesses por vezes respeitáveis a administrar, são forçados, de certo modo, a se manterem afastados. Todos esses, numa palavra, que por uma ou por outra causa, boa ou má, não se põem em evidência. A maioria não desejaria mais do que confessar-se espírita, mas não ousam ou não podem. Isso virá mais tarde, à medida que virem outros fazê-lo e perceberem que não há perigo. Esses serão os espíritas de amanhã, como outros são os da véspera. Contudo, não se pode esperar muito deles, porque é necessária uma força de caráter que não é dada a todos, para enfrentar a opinião em certos casos. É preciso, pois, levar em consideração a fraqueza humana. O Espiritismo não tem o privilégio de transformar subitamente a Humanidade, e se a gente pode admirar-se de uma coisa, é do número de reformas que ele já operou em tão pouco tempo. Ao passo que nuns, onde encontra o terreno preparado, ele entra, por assim dizer, de uma vez, noutros só penetra gota a gota, conforme a resistência que encontra no caráter e nos hábitos.

Todos esses adeptos se incluem no cômputo, e por mais imperfeitos que sejam, são sempre úteis, embora num limite restrito. Até nova ordem, se não servissem senão para diminuir as fileiras da oposição, isto já seria alguma ciosa. É por isso que não se deve desdenhar nenhuma adesão sincera, mesmo parcial.

Mas quando se trata de uma obra coletiva importante, para a qual cada um deve trazer seu contingente de ação, como seria a de uma caixa geral, por exemplo, convém levar em conta essas considerações, porque a eficácia do concurso que se pode esperar está na razão da categoria a que pertencem os adeptos. É bem evidente que não se pode contar muito com os que não levam a sério o lado moral da doutrina e, ainda menos, com os que não ousam mostrar-se.

Restam, pois, os adeptos da primeira categoria. Desses, certamente, tudo se pode esperar. São os soldados da vanguarda, que o mais das vezes não atendem ao apelo quando se trata de dar provas de abnegação e devotamento, mas numa cooperativa financeira, cada um contribui conforme os seus recursos, e o pobre não pode dar senão o seu óbolo. Aos olhos de Deus, esse óbolo tem um grande valor, mas para as necessidades materiais ele tem apenas o seu valor intrínseco. Deduzindo todos aqueles cujos meios de subsistência são limitados, aqueles próprios que tiram a subsistência do seu trabalho, o número dos que poderiam contribuir um pouco largamente e de maneira eficaz é relativamente restrito.

Uma observação ao mesmo tempo interessante e instrutiva é a da proporção dos adeptos segundo as categorias. Essa proporção variou sensivelmente e se modifica em razão do progresso da doutrina. Mas, neste momento ela pode ser avaliada aproximadamente da maneira seguinte:

1ª categoria, espíritas completos, de coração e devotamento, 10%;

2ª categoria, espíritas incompletos, buscando mais o lado científico que o lado moral, 25%;

3ª categoria, espíritas levianos, só interessados nos fatos materiais, 5%, (esta proporção era inversa há dez anos);

4ª categoria, espíritas não confessos ou que se ocultam, 60%.

Relativamente à posição social, evidenciam-se duas classes gerais: de um lado, aqueles cuja fortuna é independente; do outro, os que vivem do trabalho. Em 100 espíritas da 1ª categoria, há em média 5 ricos para 95 trabalhadores; na 2ª, 70 ricos para 30 trabalhadores; na 3ª, 80 ricos para 20 trabalhadores; e na 4ª, 99 ricos para l trabalhador.

Seria ilusão pensar que em tais condições uma caixa geral pudesse satisfazer a todas as necessidades, quando a do mais rico banqueiro não bastaria. Não seriam milhares de francos necessários anualmente, mas alguns milhões.

De onde vem essa diferença na proporção entre os que são ricos e os que não são? A razão é muito simples: os aflitos acham no Espiritismo uma imensa consolação que os ajuda a suportar o fardo das misérias da vida; dá-lhes a razão dessas misérias e a certeza de uma compensação. Assim, não nos surpreende que, tirando mais proveito do benefício, eles o apreciem mais e o tomem mais a sério do que os felizes do mundo.

As pessoas se admiraram que, quando semelhantes projetos vieram a público, nós não nos apressamos em apoiá-los e patrociná-los. É que, antes de tudo, apegamo-nos a ideias positivas e práticas; o Espiritismo é para nós uma coisa muito séria para empenhá-lo prematuramente em vias onde pudesse encontrar decepções. De nossa parte, não há nisso nem despreocupação nem pusilanimidade, mas prudência, e sempre que ele estiver maduro para avançar, não ficaremos na retaguarda. Não é que nos atribuamos mais perspicácia do que aos outros; é que a nossa posição, permitindo-nos a visão de conjunto, permite-nos julgar os pontos fortes e os fracos talvez melhor do que aqueles que se acham num círculo mais restrito. Aliás, damos a nossa opinião e não pretendemos impô-la a ninguém.

O que acaba de ser dito a respeito da criação de uma caixa geral e central de socorro, aplica-se naturalmente aos projetos de fundação de estabelecimentos hospitalares e outros. Ora, aqui a utopia é ainda mais evidente. Se é fácil pôr um projeto no papel, não é o mesmo quando se chega às vias e meios de execução. Construir um edifício *ad hoc* já é uma enormidade, e quando estivesse pronto, seria preciso provê-lo de pessoal suficiente e *capaz*, depois assegurar a sua manutenção, porque tais estabelecimentos custam muito e nada rendem. Não são apenas grandes capitais que se requerem, mas grandes rendimentos. Admitamos, entretanto, que à força de perseverança e de sacrifícios chegue-se a criar, como dizem, um pequeno modelo; quão mínimas não seriam as necessidades que ele poderia satisfazer em relação à massa e à disseminação dos necessitados em um vasto território! Seria uma gota d'água no oceano, e se há tantas dificuldades para um só, mesmo em pequena escala, muito pior seria se se tratasse de multiplicá-los. O dinheiro assim empregado, portanto, não resultaria em proveito senão de alguns indivíduos, ao passo que, judiciosamente repartido, ajudaria a viver um grande número de infelizes.

Seria um modelo, um exemplo, que seja, mas por que aplicar-se em criar quimeras, quando as coisas existem prontas, montadas, organizadas, com meios poderosos de que jamais disporão os particulares? Esses estabelecimentos deixam a desejar; há abusos; eles não suprem todas as necessidades, isto é evidente, contudo, se os compararmos ao que eram há menos de um século, constataremos uma imensa diferença e um progresso constante. A cada dia vê-se a introdução de um melhoramento. Não podemos, pois, duvidar que com o tempo novos progressos sejam realizados, pela força das coisas. As ideias espíritas devem, infalivelmente, apressar a reforma de todos os abusos, porque, melhor que outras, elas penetram os homens com o sentimento do dever; por toda parte onde elas penetrarem, os abusos cairão e o progresso se efetivará. Portanto, em difundi-las é que se faz necessário empenhar-se: aí está a coisa possível e prática; aí está a verdadeira alavanca, alavanca irresistível quando ela tiver adquirido uma força suficiente pelo desenvolvimento completo dos princípios e pelo número dos adeptos sérios. A julgar o futuro pelo presente, podemos afirmar que o Espiritismo terá levado à reforma de muitas coisas muito antes que os espíritas tenham podido acabar o primeiro estabelecimento do gênero desse de que falamos, se algum dia o empreendessem, mesmo que todos tivessem que dar um cêntimo por semana. Por que, então, gastar suas energias em esforços supérfluos, em vez de concentrá-las no ponto acessível e que seguramente deve conduzir ao objetivo? Mil adeptos ganhos para a causa e espalhados em mil lugares diversos apressarão mais a marcha do progresso do que um edifício.

Diz o Espírito que ditou a comunicação acima que o Espiritismo deve se afirmar e mostrar o que é por um monumento durável à caridade. Mas de que serviria um monumento à caridade, se a caridade não estiver no coração? Ele ergue uma obra mais durável que um monumento de pedra: é a doutrina e suas consequências, para o bem da Humanidade. É para isso que cada um deve trabalhar com todas as suas forças porque ele durará mais que as pirâmides do Egito.

Pelo fato de que esse Espírito se engana, segundo nós, sobre tal ponto, isto nada lhe tira de suas qualidades. Incontestavelmente, ele está animado de excelentes sentimentos, mas um Espírito pode ser muito bom, sem ser um apreciador infalível de todas as coisas; nem todo bom soldado é necessariamente um bom general.

Um projeto de realização menos quimérica é o da formação de sociedades de socorros mútuos entre os espíritas de uma mesma localidade. Mas, ainda aqui, não é possível isentar-se de algumas das dificuldades que assinalamos: a falta de aglomeração e a cifra ainda pequena daqueles com os quais se pode contar para um concurso efetivo. Outra dificuldade vem da falsa assimilação que fazem dos espíritas a certas classes de indivíduos. Cada profissão apresenta uma delimitação claramente marcada. Pode facilmente estabelecer-se uma sociedade de socorro mútuo entre gente de uma mesma profissão, entre pessoas de um mesmo culto, porque elas se distinguem por alguma coisa de característica, e por uma posição de certo modo oficial e reconhecida. Assim não se dá com os espíritas, que não são registrados como tais em parte alguma, e cuja crença não é atestada por nenhum título. Há espíritas de todas as classes sociais, em todas as profissões, em todos os cultos, e em parte alguma eles constituem uma classe distinta. Sendo o Espiritismo uma crença fundada numa convicção íntima, *da qual não se deve satisfação a ninguém*, conhecemos apenas aqueles que se põem em evidência ou que frequentam os grupos, e não o número considerável daqueles que, sem se ocultar, não fazem parte de nenhuma reunião regular. Eis por que, a despeito da certeza em que se está de que os adeptos são numerosos, é difícil chegar a uma cifra suficiente, quando se trata de uma operação coletiva.

Acerca das sociedades de socorros mútuos, apresenta-se outra consideração. O Espiritismo não forma, nem deve formar classe distinta, pois se dirige a todos; por seu princípio, ele deve estender sua caridade indistintamente, sem inquirir sobre a crença, porque todos os homens são irmãos. Se ele fundar instituições de caridade exclusivas para os seus adeptos, é forçado a perguntar ao que reclama assistência: "Sois dos nossos? Que prova nos dais? Se não, nada podemos fazer por vós." Assim, ele mereceria a censura de intolerância que dirige aos outros. Não! Para fazer o bem, o espírita não deve sondar a consciência e a opinião, e mesmo que tenha diante de si um inimigo de sua fé, mas infeliz, ele deve ir em seu auxílio, no limite de suas faculdades. É agindo assim que o Espiritismo mostrará o que ele é, e provará que vale mais do que aqueles que se lhe opõem.

As sociedades de socorros mútuos se multiplicam por todos os lados e em todas as classes de trabalhadores. É uma excelente instituição, prelúdio do reino da fraternidade e da solidariedade, de que se sente necessidade. Elas beneficiam os espíritas que delas participam, como a todo mundo. Porque fundá-las só para eles, com exclusão dos outros? Que ajudem a propagá-las, porque são úteis; que, para torná-las melhores, nelas façam penetrar o elemento espírita, nelas entrando eles próprios, o que seria mais proveitoso para eles e para a doutrina.

Em nome da caridade evangélica inscrita em sua bandeira; em nome dos interesses do Espiritismo, nós os concitamos a evitar tudo quanto possa estabelecer uma barreira entre eles e a Sociedade. Agora que o progresso moral tende a reduzir as que dividem os povos, o Espiritismo não deve erigi-las; sua essência é de penetrar em toda parte; sua missão, melhorar tudo o que existe; ele nisso falharia se se isolasse.

Deve a beneficência ser individual e, neste caso, sua ação não será mais limitada do que se for coletiva? A beneficência coletiva tem vantagens incontestáveis, e longe de censurá-la, nós a encorajamos. Nada mais fácil do que praticá-la nos grupos, recolhendo por meio de cotizações regulares ou de donativos facultativos os elementos de um fundo de socorro. Mas então, agindo num círculo restrito, o controle das verdadeiras necessidades é fácil; o conhecimento que delas se pode ter permite uma distribuição mais justa e mais proveitosa. Com uma módica quantia, bem distribuída e dada *com discernimento,* podem ser prestados mais serviços reais do que com uma grande soma dada sem conhecimento de causa e por assim dizer ao acaso. É, pois, necessário dar-se conta de certos detalhes, se não se quiser gastar seus recursos sem proveito. Ora, compreende-se que tais cuidados seriam impossíveis se se operasse em vasta escala. Aqui nada de dédalo administrativo, nada de pessoal burocrático. Algumas pessoas de *boa vontade,* e eis tudo.

Não podemos senão encorajar com todas as forças a beneficência coletiva nos grupos espíritas. Nós conhecemos alguns em Paris, no interior e no Estrangeiro, que são fundados, senão exclusivamente, pelo menos principalmente com esse objetivo, e cuja organização nada deixa a desejar. Lá, membros dedicados vão a domicílio inquirir dos sofrimentos e levar o que às vezes vale mais do que os socorros materiais: as consolações e o encorajamento. Honra a eles, porque bem merecem do Espiritismo! Que cada grupo assim aja em sua esfera de atividade, e todos juntos realizarão maior soma de bens do que uma caixa central quatro vezes mais rica.

ESTATÍSTICA DA LOUCURA

O *Moniteur* de 16 de abril de 1866 trazia o relatório quinquenal dirigido ao Imperador, pelo Ministro da Agricultura, do Comércio e dos Trabalhos Públicos, sobre o estado da alienação mental na França. Esse relatório, muito extenso, sábia e conscienciosamente feito, é uma prova da solicitude com que o Governo trata essa grave questão de humanidade. Os preciosos documentos que ela encerra atestam uma observação atenta. Eles nos interessam tanto mais quanto são um desmentido formal e autêntico às acusações lançadas pelos adversários do Espiritismo, por eles designado como causa preponderante da loucura. Dele extraímos as passagens mais importantes.

É verdade que tais documentos constatam um crescimento considerável do número de alienados, mas veremos que isso nada tem a ver com o Espiritismo. Esse número, que nos asilos especiais, em 1835, era de 10.539, em 1861 é de 30.229; é um aumento de 19.700 em 26 anos, ou seja, em média 750 por ano, como se vê no quadro seguinte, a 1º de janeiro de cada ano:

1835	10.539	1842	15.280	1849	20.231	1856	25.485
1836	11.091	1843	15.786	1850	20.061	1857	26.305
1837	11.429	1844	16.255	1851	21.353	1858	27.028
1838	11.982	1845	17.089	1852	22.495	1859	27.878
1839	12.577	1846	18.013	1853	23.795	1860	28.761
1840	13.283	1847	19.023	1854	24.524	1861	30.239
1841	13.887	1848	19.570	1855	24.896		

O relatório constata, além disso, este fato capital: o aumento foi progressivo, de ano a ano, entre 1835 e 1846, e desde então foi decrescendo, como indica o quadro abaixo:

De 1836 a 1841, crescimento anual de 5,04%
De 1841 a 1846, crescimento anual de 5,94%
De 1846 a 1851, crescimento anual de 3,71%
De 1851 a 1856, crescimento anual de 3,87%
De 1856 a 1861, crescimento anual de 3,14%

Diz o senhor Ministro:

"Em face dessa desaceleração, que se verificou também nas admissões, como demonstrarei mais adiante, é provável que o crescimento realmente excepcional da população de nossos asilos em breve cessará.

"O número de doentes que podiam abrigar convenientemente os nossos asilos era, em fins de 1860, de 31.550. O efetivo dos doentes mantidos na mesma época se elevava a 30.239. O número de lugares disponíveis, em consequência, era de apenas 1.321.

"Do ponto de vista da natureza de sua enfermidade, os doentes em tratamento, a 1º de janeiro de cada um dos anos de 1856 a 1861 (únicos anos para os quais a distinção foi feita), assim se classificavam:

Anos	Loucos	Idiotas	Cretinos
1856	22.602	2.840	43
1857	23.283	2.976	46
1858	23.851	3.134	43
1859	24.395	3.443	40
1860	25.147	3.577	37
1861	26.450	3.746	43

"O fato marcante deste quadro é o aumento considerável, em relação aos loucos, do número de idiotas tratados nos asilos. Em cinco anos ele foi de 32%, ao passo que, no mesmo intervalo, o efetivo de loucos elevou-se apenas 14%. Essa diferença é consequência da admissão nos asilos de um grande número de idiotas que antes ficavam no seio das famílias.

"Dividido por sexo, o efetivo da população total dos asilos oferece, a cada ano, um excedente numérico do sexo feminino sobre o masculino. Eis os números constatados para os doentes existentes no fim de cada um dos anos de 1854 a 1860:

Ano	Sexo masc.	Sexo fem.
1854	12.036	12.860

1855	12.221	13.264
1856	12.632	13.673
1857	12.930	14.098
1858	13.392	14.486
1859	13.876	14.885
1860	14.582	15.657

"A média anual, calculada para este período de seis anos é, para 100 doentes, de 51,90 mulheres e 48,10 homens. Esta desproporção dos sexos, que se repete anualmente desde 1842, com poucas diferenças, é muito notável em presença da superioridade numérica bem constatada do sexo masculino nas admissões, onde se contam 52,91 homens para cada 100 doentes admitidos. Isto se deve, como foi explicado na publicação precedente, à maior mortalidade destes últimos e, além disso, a que sua permanência no asilo é notavelmente menos longa que a das mulheres.

"A partir de 1856, os doentes em tratamento nos asilos foram classificados segundo as chances de cura que seu estado parecia oferecer. As cifras abaixo resumem os fatos constatados para a categoria dos loucos em tratamento a 1º de janeiro de cada ano:

Ano Presumidos curáveis-Presumidos incuráveis-Total

1856	4.404	18.198	22.602
1857	4.389	18.894	23.283
1858	4.266	19.585	24.851
1859	4.613	19.782	24.395
1860	4.499	19.648	25.147

"Assim, mais de quatro quintos dos loucos mantidos em nossos asilos não oferecem nenhuma chance de cura. Esse triste resultado é consequência da incúria ou da ternura cega da maioria das famílias, que se separam o mais tarde possível de seus alienados, isto é, quando seu mal inveterado não deixa nenhuma esperança de cura.

"Sabe-se com que cuidado os médicos de nossos asilos de alienados, no momento da admissão de um doente, procuram determinar a causa de sua loucura, a fim de poder chegar a atacar o mal em seu princípio e então aplicar um remédio apropriado à sua natureza. Por mais escrupulosas, por mais conscienciosas que sejam essas investigações médicas, seus resultados, é preciso não esquecer, estão longe de equivaler a fatos suficientemente estabelecidos. Com efeito, eles não repousam senão em apreciações cuja exatidão pode ficar prejudicada em diversas circunstâncias. É, em primeiro lugar, a extrema dificuldade de descobrir entre as várias influências sofridas pela razão do doente, a causa decisiva, aquela da qual saiu a alienação. Mencionamos, em segundo lugar, a repugnância das famílias em fazer ao médico confidências completas. Talvez se tenha que levar em conta, igualmente, a tendência atual da maioria dos médicos em considerar as causas morais como inteiramente secundárias e acidentais, para, de preferência, atribuir o mal a causas puramente físicas.

"É com base nestas observações que vou abordar o exame dos quadros relativos às causas presumíveis da alienação dos 38.988 doentes admitidos de 1856 a 1860.

"A loucura se produz mais sob a influência de causas físicas do que causas morais? Eis os fatos colhidos sobre o assunto – abstraída a hereditariedade - para os loucos admitimos em cada um dos cinco anos do período de 1856 a 1860:

Ano	Causas físicas	Causas morais
1856	2.730	1.724
1857	3.213	2.171
1858	3.202	2.217
1859	3.277	1.986
1860	3.444	2.259
Totais	15.866	10.357

"Conforme estas cifras, em l.000 casos de loucura, 607 foram atribuídos a causas físicas e 393 a causas morais. A loucura produzir-se-ia, pois, mais frequentemente por influências físicas. Esta observação é comum a um e a outro sexo, com a diferença, entretanto, que para as mulheres o número de casos cuja origem foi atribuída a causas morais é relativamente mais elevado do que para os homens.

"Os 15.866 casos em que a loucura foi aparentemente provocada por uma causa física decompõem-se da seguinte maneira:

Efeito da idade (demência senil)	2.098
Nudez e miséria	1.008
Onanismo e abusos venéreos	1.026
Excesso alcoólico	3.455
Vício congênito	474
Moléstias próprias da mulher	1.592
Epilepsia	1.498
Outras moléstias do sistema nervoso	1.136
Golpes, quedas, ferimentos etc.	398
Doenças diversas	2.866
Outras causas físicas	1.164
Total	15.866[1]

"Quanto aos fenômenos de ordem moral, os que parecem produzir a loucura com mais frequência são: para começar, os pesares domésticos e a exaltação do sentimento religioso; a seguir vêm os reveses da fortuna e a ambição insatisfeita. Eis, além disso, a enumeração detalhada dos 10.357 casos de loucura assinalados como consequência imediata dos diversos incidentes da vida moral:

Excesso de trabalho intelectual	358
Pesares domésticos	2549
Pesares resultantes da perda da fortuna	851
Pesares resultantes da perda de ente querido	803
Pesares resultantes da ambição insatisfeita	520
Remorso	102

[1] Observar que a soma não confere. Preferimos manter como no original, pois não sabemos se a diferença está nas parcelas ou no total. (N. Editora)

Cólera 123
Alegria 31
Pudor ferido 69
Amor 767
Ciúme 456
Orgulho 368
Acontecimentos políticos 123
Passagem súbita da vida ativa à inativa e vice-versa 82
Isolamento e solidão 115
Prisão simples 113
Prisão celular 26
Nostalgia 78
Sentimento religioso levado ao excesso 1.095
Outras causas morais <u>1.728</u>
Total 10.357

"Em suma, abstração feita da hereditariedade, resulta das observações colhidas de doentes admitidos em nossos asilos de alienados, durante o período de 1856 a 1860 que, de todas as causas que concorrem para provocar a loucura, a mais comum é o alcoolismo. Vêm a seguir os pesares domésticos, a idade, as doenças de diversos órgãos, a epilepsia, a exaltação religiosa, o onanismo e as privações de toda espécie.

"O quadro seguinte dá o número de paralíticos, epilépticos, surdos-mudos, escrofulosos e escrofulosos da garganta entre os doentes admitidos pela primeira vez de 1856 a 1860:

	Loucos	*Idiotas-cretinos*
Paralíticos	3.775	69
Epilépticos	1.763	347
Surdos-mudos	133	61
Escrofulosos	381	146
Escrofulosos da garganta (papeira)	123	32

"A loucura se complica com a paralisia muito mais na mulher. Entre os epilépticos, há igualmente mais homens do que mulheres, mas em proporção menor.

"Agora, se pesquisarmos distinguindo os sexos, em que proporções se produzem as curas, anualmente, em relação ao número de doentes tratados, os resultados são os seguintes:

Anos	Homens	Mulheres	Os dois sexos
1854	8,93%	8,65%	8,79%
1855	8,92%	8,81%	8,86%
1856	8,00%	7,69%	7,83%
1857	8,11%	7,45%	7,62%
1858	8,02%	6,74%	7,37%
1859	7,69%	6,71%	7,19%
1860	7,05%	6,95%	7,00%

"Vê-se que, se a loucura é curável, o número proporcional das curas é ainda muito restrito, malgrado os melhoramentos de toda natureza levados ao tratamento dos doentes e a adequação dos asilos. De 1856 a 1860, a proporção média das curas foi, para os loucos de ambos os sexos, em conjunto, de 8,24% dos doentes tratados. É apenas 1/12 (um doze avos). Essa proporção seria muito mais elevada se as famílias não praticassem o grave erro de não se separar de seus alienados senão quando a doença já houvesse feito progressos inquietantes.

"Um fato digno de nota é que o número proporcional de homens curados excede, anualmente, o das mulheres. Em 100 loucos tratados, de 1856 a 1860, contaram-se, em média, 8,69 curas para homens e apenas 7,81 para mulheres, ou seja, cerca de um nono a mais para os alienados do sexo masculino.

"Entre os 13.687 loucos que tiveram alta após a cura, de 1856 a 1860, há somente 9.789 para os quais foi possível determinar as influências diversas que tinham ocasionado sua afecção mental. Eis o resumo das indicações recolhidas sob esse ponto de vista:

Causas físicas   5.253 curados

Causas morais   4.536 curados
Total   9.789

"Representando por 1.000 esse número total, constata-se que em 536 doentes curados, a loucura tinha sobrevindo devido a causas físicas e em 464 devido a causas morais. Essas proporções numéricas diferem muito sensivelmente das precedentemente constatadas, no que concerne às admissões de 1856 a 1860, ocasião em que se contaram, em 1.000 admitidos, 393 doentes, apenas, cuja loucura tinha uma causa moral, de onde resulta que, nessa categoria de doentes, as curas obtidas teriam sido relativamente mais numerosas que entre aqueles cuja loucura teve uma causa física.

"Quase metade dos casos curados, para os quais a causa do mal foi colhida, eram devidos às seguintes circunstâncias: alcoolismo 1.738; pesares domésticos 1.171; moléstias diversas 761; moléstias próprias da mulher 723; exaltação dos sentimentos religiosos 460.

"Em 1.522 doentes curados, constatou-se uma predisposição hereditária. É uma proporção de 15% em relação à cifra dos loucos curados"

Desses documentos resulta, em primeiro lugar, que o aumento da loucura constatado desde 1835 é aproximadamente vinte anos anterior ao aparecimento do Espiritismo na França, onde não se ocuparam das mesas girantes mais como divertimento do que como coisa séria senão a partir de 1852, e da parte filosófica senão a partir de 1857. Em segundo lugar, esse aumento seguiu, ano a ano, uma marcha ascendente de 1835 a 1846; de 1847 a 1861 ela foi diminuindo de ano a ano, e a diminuição foi a mais forte de 1856 a 1861, precisamente no período em que o Espiritismo iniciava o seu desenvolvimento. Ora, também foi precisamente nessa época que foram publicadas brochuras e que os jornais se apressaram em repetir que as casas de alienados estavam cheias de loucos espíritas, a tal ponto que várias tinham sido obrigadas a aumentar as suas construções; que ali se contavam, ao todo, mais de quarenta mil. Como podia haver ali mais de 40.000, se o relatório constata um número máximo de 30.339? Em que fonte mais exata que a das autoridades aqueles senhores tomaram os seus dados? Eles provocavam um inquérito: ei-lo feito tão minuciosamente quanto possível, e se vê se ele lhes dá razão.

O que igualmente ressalta do relatório é o número de idiotas e de cretinos que entra com uma parte considerável no cômputo geral, e o aumento anual desse número, que não pode, evidentemente, ser atribuído ao Espiritismo.

Quanto às causas predominantes da loucura, elas foram, como se vê, minuciosamente estudadas, entretanto o Espiritismo aí não figura nem nominalmente nem por alusão. Teria ele passado desapercebido se, como pretendem alguns, ele sozinho tivesse povoado os hospícios?

Não pensamos que se atribua ao ministro o pensamento de ter querido poupar os espíritas abstendo-se de mencioná-los, se ele tinha lugar para fazê-lo. Em todo caso, certas cifras viriam refutar qualquer preponderância do Espiritismo no estado das coisas. Se fosse de outro modo, as causas morais superariam em número as causas físicas, ao passo que o contrário é o que se verifica. A quantidade de alienados considerados incuráveis não seria quatro e cinco vezes maior que a dos presumivelmente curáveis, e o relatório não diria que quatro quintos dos loucos mantidos nos asilos não oferecem qualquer chance de cura.

Enfim, em face do desenvolvimento que diariamente toma o Espiritismo, o ministro não diria que, em razão do retardamento que se produziu, é provável que o aumento inteiramente excepcional na população dos asilos em breve será detido.

Em resumo, esse relatório é a mais peremptória resposta que se pode dar aos que acusam o Espiritismo de ser a causa preponderante da loucura. Aqui não são hipóteses nem raciocínios, são números autênticos em contraposição a números fantasiosos; fatos materiais em contraposição a alegações mentirosas de seus detratores interessados em desacreditá-lo perante a opinião pública.

MORTE DE JOSEPH MÉRY

Um homem de talento, inteligência de escol, poeta e literato distinto, o Sr. Joseph Méry morreu em Paris a 17 de junho de 1866, com 67 anos e meio de idade. Embora não fosse adepto confesso do Espiritismo, pertencia à numerosa classe dos que podem ser chamados de *espíritas inconscientes*, isto é, nos quais as ideias fundamentais do Espiritismo existem no estado de intuição. Podemos, em vista disto, sem sair de nossa especialidade, consagrar algumas linhas que não serão inúteis à nossa instrução.

Seria supérfluo repetir aqui as informações que a maioria dos jornais publicaram, por ocasião de sua morte, sobre a sua vida e as suas obras. Reproduziremos apenas a seguinte passagem da notícia do *Siècle* (19 de junho), porque é uma justa homenagem prestada ao caráter do homem. Depois de ter enumerado os seus trabalhos literários, o autor do artigo o pinta assim: "Joseph Méry era pródigo na conversação; conversador brilhante, improvisador de estâncias e de finais rimados, semeava ditos engenhosos e paradoxos, com uma veia infatigável; e, particularidade que o honra, jamais privou alguém de um dito engenhoso, uma piada, e jamais deixou de ser benevolente para com todos. É um dos mais belos elogios que pode fazer a uma escritor."

Dissemos que o Sr. Méry era espírita por intuição. Ele não só acreditava na alma e na sua sobrevivência, no mundo espiritual que nos rodeia, mas na pluralidade das existências, e essa crença nele era o resultado de *lembranças*. Ele estava persuadido de ter vivido em Roma sob Augusto, na Alemanha, nas Índias etc. Certos detalhes estavam tão presentes em sua memória, que ele descrevia com exatidão lugares que jamais tinha visto. É a essa faculdade que o autor do artigo precitado faz alusão, quando diz: "Sua imaginação inesgotável criava as regiões que não tinha visto, adivinhava os costumes, descrevendo os habitantes com uma fidelidade tanto mais maravilhosa porque a *possuía, malgrado seu.*

Citamos os fatos mais importantes que lhe concernem a respeito disso no número da *Revista* de novembro de 1864, reproduzindo, sob o título de *Lembranças de existências passadas,* o artigo biográfico publicado pelo Sr. Dangeau no *Jornal literário* de 25 de setembro de 1864, e que acompanhamos de algumas reflexões. Essa faculdade era perfeitamente conhecida de seus confrades em literatura. Que pensavam disso? Para alguns não passava de singular efeito da imaginação, mas como o Sr. Méry era um homem estimado, de caráter simples e reto, que sabiam incapaz de uma impostura, – a exatidão de certas descrições locais, aliás, tinha sido reconhecida – e não poderiam racionalmente taxá-lo de louco, muitos diziam que aí podia haver algo de verdadeiro. Assim, esses fatos foram lembrados num dos discursos pronunciados em seu enterro. Ora, se tivessem-nos considerado como aberrações de seu espírito, teriam passado em silêncio. É, pois, em presença de um imenso concurso de ouvintes da elite da literatura e da imprensa, numa circunstância grave e solene, uma das que mais respeito impõem, que foi dito que o Sr. Méry se lembrava de ter vivido em outras épocas e o provava por fatos. Isto não pode deixar de dar espaço para reflexão, tanto mais quanto fora do Espiritismo, muitas pessoas adotam a ideia da pluralidade das existências como sendo a mais racional. Os fatos dessa natureza, no que diz respeito ao Sr. Méry, sendo uma das particularidades mais notáveis de sua vida, e tendo tido repercussão por ocasião de sua morte, não poderão senão acreditá-lo.

Ora, quais são as consequências dessa crença, abstração feita do Espiritismo? Se admitirmos que já vivemos uma vez, podemos e devemos mesmo ter vivido várias vezes, e podemos reviver depois desta existência. Se revivemos várias vezes, não pode ser com o mesmo corpo, portanto, há em nós um princípio inteligente independente da matéria, que *conserva sua individualidade.* É, como se vê, a negação das doutrinas materialistas e panteístas. Considerando-se que esse princípio, essa alma, *revivendo na Terra,* pode conservar a intuição de seu passado, ela não pode perder-se no infinito após a morte, como se crê vulgarmente; deve, no intervalo de suas existências corporais, ficar no meio em que vivem os homens; devendo retomar novas existências nesta mesma Humanidade, não deve perdê-la de vista; deve seguir as suas peripécias. Eis reconhecido, portanto, o mundo espiritual que nos cerca, em meio ao qual vivemos. Nesse mundo naturalmente se acham os nossos parentes e amigos que devem continuar a interessar-se por nós, como nós nos interessamos por eles, e que não estão perdidos para nós, pois existem e podem estar perto de nós. Eis o que chegam forçosamente a crer e as consequências a que não podem deixar de chegar aqueles que admitem o princípio da pluralidade das existências, e eis no que acreditava Méry. Que faz a mais o Espiritismo? Ele chama esses mesmos seres invisíveis de *Espíritos*, e diz que, estando em nosso meio, eles podem manifestar sua presença e comunicar-se com os encarnados. Quando o resto foi admitido, isto é tão desarrazoado?

Como vemos, a distância que separa o Espiritismo da crença íntima de uma porção de pessoas é muito pequena. O fato das manifestações não passa de um acessório e de uma confirmação prática do princípio fundamental admitido em teoria. Por que, então, alguns dos que admitem a base repelem o que deve servir de prova? Pela ideia falsa que disto fazem. Mas aqueles que se dão ao trabalho de estudá-lo e nele aprofundar-se, logo reconhecem que estão mais próximos do Espiritismo do que o julgavam, e que a maioria deles são espíritas sem o saber: só lhes falta o nome. Eis por que se veem tantas ideias espíritas emitidas a cada passo pelos mesmos que impugnam o vocábulo e por que essas mesmas ideias são tão facilmente aceitas por certas pessoas. Quando se trata apenas de uma questão de palavras, está-se muito próximo do entendimento.

Tocando em tudo, o Espiritismo entra no mundo por uma infinidade de portas. Uns a ele são trazidos pelo fato das manifestações; outros, pela desgraça que os fere e contra a qual acham nesta crença a única verdadeira consolação; outros pela ideia filosófica e religiosa; outros, enfim, pelo princípio da pluralidade das existências. Méry, contribuindo para dar credibilidade a esse princípio num certo meio, talvez faça mais pela propagação do Espiritismo do que se fosse abertamente espírita confesso.

É precisamente no momento em que esta grande lei da Humanidade vem afirmar-se por fatos e pelo testemunho de um homem honrado, que a Corte de Roma, por seu lado, acaba de desautorizá-la, pondo no índex a *Pluralidade das existências da alma,* por Pezzani (Jornal *le Monde* de 22 de junho de 1866). Essa medida inevitavelmente terá como efeito chamar a atenção sobre a questão e provocar o seu exame. A pluralidade das existências não é uma simples opinião filosófica; é uma *lei da Natureza* que nenhum anátema pode impedir de existir, e com a qual, mais cedo ou mais tarde, a Teologia terá que se pôr de acordo. É um certo excesso apressar-se em condenar, em nome da Divindade, uma lei que, como todas as que regem o mundo, é uma obra da Divindade. Tememos muito que em breve aconteça com essa condenação o que aconteceu com as que foram lançadas contra o movimento da Terra e os períodos de sua formação.

A comunicação seguinte foi obtida na Sociedade de Paris, a 22 de junho de 1866, pelo médium Sr. Desliens.

Pergunta. – Sr. Méry, não tínhamos o privilégio de conhecer-vos senão pela reputação, mas os vossos talentos e a merecida estima de que éreis cercado nos levam a esperar encontrar, nas conversas que teremos convosco, uma instrução que teremos a felicidade de aproveitar, todas as vezes que quiserdes vir entre nós.

As perguntas que hoje desejaríamos dirigir-vos, se a proximidade de vossa morte vos permitir responder, são estas:

1º – Como se realizou vossa passagem desta para outra vida, e quais as vossas impressões ao entrar no mundo espiritual?

2º – Em vida conhecíeis o Espiritismo? O que pensáveis dele?

3º – O que dizem de vossas lembranças de vidas passadas é exato? Que influência essas lembranças exerceram sobre vossa vida terrena e os vossos escritos?

Julgamos supérfluo perguntar se sois feliz em vossa nova posição. A bondade do vosso caráter e vossa honorabilidade nos permitem esperar isto.

Resposta. – Senhores, estou extremamente tocado pelo testemunho de simpatia que acabais de me dar, que está contido nas palavras do vosso honrado presidente. Sinto-me feliz de atender ao vosso chamado, porque minha situação atual me afirma a realidade de um ensinamento cuja intuição eu trazia ao nascer, e também porque pensais no que resta de Méry, o romancista, e no futuro de minha parte viva e íntima, em minha alma, enfim, ao passo que meus numerosos amigos pensavam, sobretudo, ao me deixar, na personalidade que os abandonava. Eles me lançavam seu último adeus desejando que a terra me fosse leve! Que resta de Méry para eles?... Um pouco de poeira e obras sobre cujo mérito não sou chamado a pronunciar-me... De minha vida nova, nenhuma palavra!

Lembraram das minhas teorias como uma das singularidades de meu caráter; a imposição de minhas convicções como um efeito magnético, um encanto que desapareceria com a minha ausência; mas do Méry que sobreviveu ao corpo, desse ser inteligente que hoje tem consciência de sua vida de ontem e que pensa em sua vida de amanhã, que disseram?... Nada!... Eles nem mesmo pensaram... O romancista tão alegre, tão triste, por vezes tão divertido, partiu; deram-lhe uma lágrima, uma lembrança! Daqui a oito dias nele não pensarão mais, e as peripécias da guerra farão esquecer a volta do pobre exilado à sua pátria.

Insensatos! Há muito tempo eles diziam: "Méry está doente; ele está enfraquecendo; ele está envelhecendo." Como se enganavam!... Eu ia para a juventude, crede; o menino que chora ao entrar na vida é que avança para a velhice; o homem maduro que morre reencontra a juventude eterna no Além-Túmulo!

A morte foi para mim de uma doçura inefável! Meu pobre corpo, afligido pela doença, teve algumas convulsões finais e nada mais, mas o meu Espírito saía pouco a pouco de seus cueiros e planava, ainda prisioneiro, já aspirando ao infinito!.. Fui libertado sem perturbação, sem abalos; não tive surpresas, porque o túmulo não mais tinha véu para mim. Eu atingia uma margem conhecida; sabia que amigos devotados me esperavam nessa praia, pois não era a primeira vez que eu fazia essa viagem.

Como eu dizia aos meus ouvintes admirados, conheci a Roma dos Césares; comandei como conquistador subalterno nessa Gália que habitava recentemente como cidadão; ajudei a conquistar a vossa pátria, a subjugar vossos bravos antepassados, depois parti para retemperar minhas forças na fonte da vida intelectual para escolher novas provas e novos meios de progresso. Vi as margens do Ganges e dos rios da China; assimilei civilizações tão diferentes da vossa e contudo tão grandes, tão avançadas em seu gênero. Vivi na zona tórrida e nos climas temperados, sempre filósofo e sonhador...

Esta última existência foi para mim como um resumo de todas as precedentes. Adquiri há muito tempo; ainda ontem gastava os tesouros acumulados numa série de existências, de observações e de estudos.

Sim, eu era espírita de coração e de espírito, senão de raciocínio. A preexistência para mim era um fato, a reencarnação uma lei, o Espiritismo uma verdade. Quanto às questões de detalhe, confesso de boa-fé não haver ligado grande importância. Acreditava na sobrevivência da alma, na pluralidade de suas existências, mas nunca tentei investigar se ela podia, após ter deixado o corpo mortal, livre, manter relações com os que ainda estão ligados à cadeia. Ah! Victor Hugo disse com acerto: "A Terra não é senão a galé do Céu!..." Por vezes quebramos suas cadeias, mas para retomá-la. Certamente não saímos daqui senão deixando aos guardas o cuidado de, chegado o momento, desatar os laços que nos prendem à provação.

Estou feliz, muito feliz, porque tenho consciência de ter vivido bem!

Perdoai-me, senhores, é ainda Méry, o sonhador, quem vos fala, e permiti que eu volte a uma reunião onde me sinto à vontade. Deve haver o que aprender convosco e, se me quiserdes receber no número de vossos ouvintes invisíveis, é com felicidade que ficarei entre vós escutando, instruindo-me e falando, se se oferecer ocasião.

J. MÉRY

QUESTÕES E PROBLEMAS

IDENTIDADE DOS ESPÍRITOS NAS COMUNICAÇÕES PARTICULARES

Por que os Espíritos evocados por um sentimento de afeição muitas vezes se recusam a dar provas incontestáveis de sua identidade?

Compreende-se todo o valor ligado às provas de identidade da parte dos Espíritos que nos são caros. Tal sentimento é muito natural e parece que pelo fato dos Espíritos poderem manifestar-se deve ser-lhes muito fácil atestar sua personalidade. A falta de provas materiais é, para certas pessoas, sobretudo para as que não conhecem o mecanismo da mediunidade, isto é, a lei das relações entre os Espíritos e os homens, uma causa de dúvida e de penosa incerteza. Embora tenhamos tratado várias vezes desta questão, vamos examiná-la novamente, para responder a algumas perguntas que nos são dirigidas.

Nada temos a acrescentar ao que foi dito sobre a identidade dos Espíritos que vêm unicamente para nossa instrução, e que deixaram a Terra há algum tempo. Sabemos que ela não pode ser atestada de maneira absoluta e que devemo-nos limitar ao julgamento do valor da linguagem.

A identidade não pode ser constatada com certeza senão para os Espíritos que partiram recentemente, cujo caráter e hábitos se refletem em suas palavras. Nestes, a identidade se revela por mil particularidades. Algumas vezes a prova ressalta de fatos materiais, característicos, mas o mais das vezes de nuanças da própria linguagem e de uma porção de pequenos nadas que, por serem pouco evidentes, não são menos significativos.

Muitas vezes as comunicações deste gênero encerram mais provas do que se pensa, e que descobrimos com mais atenção e menos prevenção. Infelizmente, na maior parte do tempo, as pessoas não se contentam com o que o Espírito quer ou pode dar; querem provas à sua maneira; pedem-lhe para dizer ou fazer isto ou aquilo; que lembre um nome ou um fato, e isso num momento dado, sem pensar nos obstáculos que por vezes a isto se opõem, e paralisam sua boa vontade. Depois, obtido o que desejam, muitas vezes querem mais. Acham que ainda não é bastante concludente; após um fato, pedem outro e mais outro. Numa palavra, nunca têm bastante para se convencer. É então que, muitas vezes, fatigado por tal insistência, o Espírito cessa completamente de se manifestar, esperando que a convicção chegue por outros meios. Mas muitas vezes também sua abstenção lhe é imposta por uma vontade superior, como punição ao solicitante muito exigente, e também como prova para sua fé, porque, se por algumas decepções e não obtenção do que quer e pela maneira pela qual o quer, ele viesse a abandonar os Espíritos, esses por sua vez o abandonariam, deixando-o mergulhado nas angústias e nas torturas da dúvida, feliz quando o seu abandono não tem consequências mais graves.

Mas, numa porção de casos, as provas materiais de identidade são independentes da vontade do Espírito e do desejo que ele tem de as dar. Isto se deve à natureza ou ao estado do instrumento pelo qual ele se comunica. Há na faculdade mediúnica uma infinita variedade de nuanças que tornam o médium apto ou impróprio à obtenção de tais ou quais efeitos que, à primeira vista, parecem idênticos, mas que dependem de influências fluídicas diferentes. O médium é como um instrumento de muitas cordas, e não pode emitir som pelas cordas que lhe faltam.

Eis um exemplo notável:

Conhecemos um médium que pode ser posto entre os de primeira ordem, tanto pela natureza das instruções que recebe quanto pela aptidão para se comunicar com quase todos os Espíritos, sem distinção. Inúmeras vezes, em evocações particulares, obteve irrefutáveis provas de identidade, pela reprodução da linguagem e do caráter de pessoas que jamais tinha conhecido. Há algum tempo, fez para uma pessoa que acabava de perder subitamente vários filhos, a evocação de um destes últimos, uma menina. A comunicação refletia perfeitamente o caráter da menina e era tanto mais satisfatória porque respondia a uma dúvida do pai acerca de sua posição como Espírito. Contudo, só havia provas de certo modo morais. O pai achava que um outro filho teria podido dizer o mesmo; queria algo que só a filha pudesse dizer; admirava-se, sobretudo, que o chamasse de *pai*, em vez do apelido familiar que lhe dava, e que não era um nome francês, partindo da ideia de que se ela dizia uma palavra, podia dizer-lhe outra. Tendo o pai perguntado a razão, eis a resposta que, a respeito, deu o guia do médium:

"Embora inteiramente desprendida, vossa filhinha não estaria em condições de vos fazer compreender por que ela não pode fazer com que o médium repita os termos por vós conhecidos que ela lhe transmite. Ela obedece a uma lei em se comunicando, mas não a compreende suficientemente para explicar seu mecanismo. A mediunidade é uma faculdade cujas nuanças variam ao infinito e os médiuns que de ordinário tratam de assuntos filosóficos só obtêm raramente, e sempre espontaneamente, essas particularidades que fazem reconhecer a personalidade do Espírito de maneira evidente. Quando os médiuns desse gênero pedem uma prova de identidade, no desejo de satisfazer o evocador, as fibras cerebrais tensas por seu desejo já não são bastante maleáveis para que o Espírito as faça mover-se à sua vontade. Daí se segue que as palavras características não podem ser reproduzidas. O pensamento fica, mas a forma não mais existe. Não há, pois, nada de estranhável que vossa filha vos tenha chamado de *pai* em vez de vos dar a qualificação familiar que esperáveis. Por um médium especial obtereis resultados que vos satisfarão. É só ter um pouco de paciência."

Depois de alguns dias, achando-se esse senhor no grupo de um dos nossos sócios, obteve de outro médium, pela tiptologia, e em presença do primeiro, não só o nome que desejava, sem que tivesse pedido especialmente, mas outros fatos de notável precisão. Assim, a faculdade do primeiro médium, por mais desenvolvida e flexível que fosse, não se prestava a esse gênero de produção mediúnica. Ele podia reproduzir as palavras que são a tradução do pensamento transmitido, e não termos que exigem um trabalho especial. Por isso, o conjunto da comunicação refletia o caráter e a disposição das ideias do Espírito, mas sem sinais materiais característicos. Um médium não é um mecanismo próprio para todos os efeitos. Assim como não se encontram duas pessoas inteiramente semelhantes no físico e no moral, não há dois médiuns cuja faculdade seja absolutamente idêntica.

É de notar que as provas de identidade quase sempre vêm espontaneamente, no momento em que menos se pensa, ao passo que são dadas raramente quando pedidas. Capricho da parte do Espírito? Não; há uma causa material, que é a seguinte:

As disposições fluídicas que estabelecem as relações entre o Espírito e o médium oferecem nuanças de extrema delicadeza, inapreciáveis por nossos sentidos e que variam de um momento a outro no mesmo médium. Muitas vezes um efeito que não é possível num desejado momento, sê-lo-á uma hora, um dia ou uma semana mais tarde, porque as disposições ou a energia das correntes fluídicas terão mudado. Dá-se aqui como se dá na fotografia, onde uma simples variação na intensidade ou na direção da luz basta para favorecer ou impedir a reprodução da imagem. Um poeta faz versos à vontade? Não. É-lhe necessária a inspiração; se não estiver em condições favoráveis, por mais que cave o cérebro, nada obtém. Perguntai-lhe por quê. Nas evocações, o Espírito deixado à vontade aproveita disposições que encontra no médium, aproveita o momento propício. Mas, quando essas disposições não existem, ele não pode mais que o fotógrafo com a ausência de luz. A despeito de seu desejo, portanto, ele não pode sempre satisfazer instantaneamente a um pedido de provas de identidade. Eis por que é preferível esperá-las do que solicitá-las.

Além disto, é preciso considerar que as relações fluídicas que devem existir entre o Espírito e o médium jamais se estabelecem completamente desde a primeira vez, pois a assimilação só se faz com o tempo e gradualmente. Disso resulta que, inicialmente, o Espírito sempre experimenta uma dificuldade que influi na clareza, na precisão e no desenvolvimento das comunicações, ao passo que, quando o Espírito e o médium estão habituados um ao outro, quando seus fluidos estão identificados, as comunicações se dão naturalmente, porque não há mais resistências a vencer.

Vê-se por aí quantas considerações há que levar em conta no exame das comunicações. É por não fazê-lo e por não conhecer as leis que regem essas espécies de fenômenos que muitas vezes se pede o que é impossível. É absolutamente como se alguém que não conhecesse as leis da eletricidade se admirasse que o telégrafo pudesse experimentar variações e interrupções e concluísse que a eletricidade não existe.

O fato da constatação da identidade de certos Espíritos é um acessório no vasto conjunto dos resultados que o Espiritismo abarca. Se essa constatação fosse impossível, ela nada prejulgaria contra as manifestações em geral, nem contra as consequências morais daí decorrentes. Seria preciso lamentar os que se privassem das consolações que ela proporciona, por não terem obtido uma satisfação pessoal, pois isto seria sacrificar o todo à parte.

QUALIFICAÇÃO DE SANTO APLICADA A CERTOS ESPÍRITOS

Num grupo de província, tendo-se apresentado um Espírito sob o nome de "São José, santo, três vezes santo", deu lugar a que se fizesse a seguinte pergunta:

Um Espírito, mesmo canonizado em vida, pode dar-se a qualificação de santo, sem faltar à humildade, que é um dos apanágios da verdadeira santidade e, invocando-o, concorda que lhe deem esse título? O Espírito que o toma deve, por esse fato, ser tido por suspeito?

Um outro Espírito respondeu:

"Deveis rejeitá-lo imediatamente, pois tanto valeria um grande capitão se vos apresentando exibindo pomposamente seus numerosos feitos de armas, antes de declinar o seu nome, ou um poeta que começasse gabando os seus talentos. Veríeis nessas palavras um orgulho deslocado. Assim deve ser com homens que tiveram algumas virtudes na Terra e que foram julgados dignos de canonização. Se eles se vos apresentam com humildade, crede neles; se vierem se fazendo preceder da santidade, agradecei, e nada perdereis. O encarnado não é santo porque foi canonizado: só Deus é santo, porque só ele possui todas as perfeições. Vede os Espíritos superiores, que conheceis pela sublimidade de seus ensinamentos. Eles não ousam dizer-se santos; qualificam-se simplesmente de Espíritos de verdade."

Esta resposta requer algumas retificações. A canonização não implica a santidade no sentido absoluto, mas simplesmente um certo grau de perfeição. Para alguns, a qualificação de santo tornou-se uma espécie de título banal, fazendo parte integrante do nome, para distingui-los de seus homônimos, ou se lhes dá por hábito. Santo Agostinho, São Luís, Santo Tomás podem, pois, antepor o vocábulo santo à sua assinatura, sem que o façam por um sentimento de orgulho, que estaria muito mais deslocado em Espíritos superiores porque, melhor que outros, nenhum caso fazem das distinções conferidas pelos homens. Seria o mesmo com os títulos nobiliárquicos ou com as patentes militares. Seguramente o que foi duque, príncipe ou general na Terra não o é mais no mundo dos Espíritos. Entretanto, ao assinarem, eles poderão tomar essas qualificações, sem que isto tenha consequência para o seu caráter. Alguns assinam:

Aquele que em vida na Terra foi o duque de tal. O sentimento do Espírito se revela pelo conjunto de suas comunicações e por sinais inequívocos em sua linguagem. É assim que não nos podemos enganar quanto àquele que começa por se dizer "São José, santo, três vezes santo." Só isto basta para revelar um Espírito impostor, enfeitando-se com o nome de São José. Assim, ele pôde ver que, graças ao conhecimento dos princípios da doutrina, sua malandragem não encontrou crédulos no círculo onde quis introduzir-se.

O Espírito que ditou a comunicação acima é, pois, muito absoluto no que concerne à qualificação de santo, e não está certo quando diz que os Espíritos superiores se dizem simplesmente *Espíritos de verdade*, qualificação que não passaria de um orgulho disfarçado sob outro nome, e que poderia induzir em erro, se tomado ao pé da letra, porque nenhum se pode gabar de possuir a verdade absoluta, nem a santidade absoluta. A qualificação de *Espírito de verdade* não pertence senão a um só, e pode ser considerada como um nome próprio. Ela está especificada no Evangelho. Aliás, esse Espírito se comunica raramente e apenas em circunstâncias especiais. É preciso manter-se em guarda contra os que indevidamente se enfeitam com esse título. Eles são fáceis de reconhecer, pela prolixidade e pela vulgaridade de sua linguagem.

VISÃO RETROSPECTIVA DAS EXISTÊNCIAS DO ESPÍRITO

A propósito do Dr. Cailleux.

Um dos nossos correspondentes de Lyon nos escreve o seguinte:

"Fiquei surpreso que o Espírito do Dr. Cailleux tenha sido posto em estado magnético para ver desenrolar-se à sua frente o quadro de suas existências passadas *(Revista* de junho de 1866). Isto parece indicar que o Espírito em questão não as conhecia, porque, em *O Livro dos Espíritos*, eu leio que 'Depois da morte, a alma vê e abarca de um golpe de vista suas emigrações passadas' (Item 243). Esse fato não parece implicar uma contradição?"

Não há aí nenhuma contradição, pois, ao contrário, o fato vem confirmar a possibilidade, para o Espírito, de conhecer suas existências passadas. *O Livro dos Espíritos* não é um tratado completo do Espiritismo; ele apenas apresenta as bases e os pontos fundamentais que se devem desenvolver sucessivamente pelo estudo e pela observação. Ele diz, em princípio, que após a morte a alma vê as suas migrações passadas, mas não diz quando nem como isto se dá. Eis os detalhes de aplicação, que são subordinados às circunstâncias. Sabe-se que nos Espíritos atrasados a visão é limitada ao presente, ou pouco mais, como na Terra. Ela se desenvolve com a inteligência e à medida que eles adquirem consciência de sua situação. Ademais, não deveríamos acreditar que, mesmo em se tratando de Espíritos adiantados, como o Sr. Cailleux, por exemplo, tão logo eles tenham adentrado o mundo espiritual, todas as coisas lhes apareçam subitamente, como uma mudança de decoração ao vivo, nem que tenham constantemente sob os olhos o panorama do tempo e do espaço. Quanto às suas existências anteriores, eles as veem como uma lembrança, como vemos, pelo pensamento, o que éramos e fazíamos nos anos anteriores: as cenas de nossa infância, as posições sociais que ocupamos. Essa lembrança é mais ou menos precisa ou confusa, às vezes nula, segundo a natureza do Espírito, e conforme a Providência julgue conveniente apagá-la ou reavivá-la, como recompensa, punição ou instrução. É um grande erro crer que as aptidões, as faculdades e as percepções sejam iguais em todos os Espíritos. Como na encarnação, eles têm percepções morais e aquelas que podemos chamar de materiais, que variam conforme os indivíduos.

Se o Dr. Cailleux tivesse dito que os Espíritos não podem ter conhecimento de suas existências passadas, aí estaria a contradição, pois isto seria a negação de um princípio admitido. Longe disto, ele afirma o fato; apenas as coisas nele aconteceram de maneira diferente do que nos outros, sem dúvida por motivos de utilidade para ele, e para nós é um motivo de ensinamento, pois isso nos mostra um dos lados do mundo espiritual. O Sr. Cailleux estava morto há pouco tempo; suas existências passadas podiam, pois, não se retratarem ainda claramente em sua memória. Notemos, além disso, que aqui não era uma simples lembrança; era a própria visão das individualidades que ele tinha animado; a imagem de suas antigas formas perispirituais que se lhe apresentavam. Ora, o estado magnético no qual ele se encontrou provavelmente era necessário à produção do fenômeno.

O Livro dos Espíritos foi escrito na origem do Espiritismo, em uma época em que se estava longe de ter feito todos os estudos práticos que foram feitos depois. As observações ulteriores vieram desenvolver e completar os princípios cujo germe ele havia lançado, e é mesmo digno de nota que até hoje elas apenas os confirmaram, sem jamais contradizê-los nos pontos fundamentais.

POESIA ESPÍRITA

A PRECE PELOS ESPÍRITOS

(Sociedade de Paris, 4 de maio de 1866. – Médium: Sr. V...)

Estou realmente tocado ao te ver, caro filho,
Às minhas ordens submisso, orando a invocar-me,
Censurar, corajoso, a lógica enganadora
E os vãos argumentos de uma seita orgulhosa,
Que pretende que o Espírito cumpre um dever
Vindo à tua voz, muito feliz ao poder,
Submisso à lei, fugir e deixar mais depressa
O repouso aborrecido do mundo que habita,
Para voar enfim, às barrancas sem limite,
Que entristecem mais a sombra e o lamento dos mortos.
Aí estão grandes palavras e pomposas frases.
Mas se vêm desvendar as belezas maravilhosas

Dos mundos desconhecidos abrir os horizontes
Dos tempos e ensinar-te, em compridas lições,
O princípio e o fim de tua alma imortal,
A grandeza de Deus e seu poder eterno,
Sua justiça infinita e seu sublime amor,
Nobre conversador, sê franco: Dirás que em paga,
Se ele te pedir, um dia, uma prece bem curta,
Será muito exigente, quando por vezes na Terra,
Para obter ou pagar um pequeno favor,
És visto suplicante, enterrar o pudor
E mendigar bastante, como um pobre mendigo,
Suspirando, o pão que a vida alimenta?
Oh! crê-me, caro filho! desgraça! três vezes!
Àquele que sempre, esquecendo sua dor
E as lágrimas de sangue deste mundo invisível,
Escutando nossa voz ainda fica insensível,
E não vem de joelhos
Orar a Deus por nós.

CASIMIR DELAVIGNE

ALLAN KARDEC

REVISTA ESPÍRITA

JORNAL DE ESTUDOS PSICOLÓGICOS

| ANO IX | AGOSTO DE 1866 | VOL. 8 |

MAOMÉ E O ISLAMISMO

Há, por vezes, sobre os homens e sobre as coisas, opiniões nas quais acreditamos e que passam ao estado de coisas aceitas, por mais errôneas que sejam, porque achamos mais cômodo aceitá-las prontas e acabadas. Assim é com Maomé e sua religião, da qual se conhece quase só o lado legendário. O antagonismo das crenças, quer por espírito de partido, quer por ignorância, houve por bem fazer ressaltar os pontos mais acessíveis à crítica, muitas vezes e de propósito deixando na sombra as partes favoráveis. Quanto ao público imparcial e desinteressado, é preciso dizer em seu favor que faltaram elementos necessários para julgar por ele mesmo. As obras que poderiam tê-lo esclarecido, escritas numa língua apenas conhecida de raros cientistas, eram-lhe inacessíveis; e como, em definitivo, não havia para ele nenhum interesse direto, ele acreditou sob palavra naquilo que lhe disseram, sem perguntar mais. Disto resultou que sobre o fundador do Islamismo se fizeram ideias muitas vezes falsas ou ridículas, baseadas em preconceitos que não encontravam nenhuma contestação na discussão.

Os trabalhos perseverantes e conscienciosos de alguns sábios orientalistas modernos, tais como Caussin de Perceval, na França, o Dr. W. Muir, na Inglaterra, G. Weil e Sprenger, na Alemanha, hoje permitem encarar a questão sob seu verdadeiro prisma[1]. Graças a eles, Maomé nos aparece completamente diverso dos contos populares. O lugar considerável que sua religião ocupa na Humanidade e sua influência política hoje

---

[1] O Sr. Barthélemy Saint-Hilaire, do Instituto, resumiu esses trabalhos numa interessante obra intitulada *Mahomet et le Coran*. I volume in-12. Preço 3,50 francos. Livraria Didier.

fazem desse estudo uma necessidade. A diversidade das religiões foi durante muito tempo uma das principais causas de antagonismo entre os povos. No momento em que elas têm uma tendência manifesta para aproximar-se, para fazer desaparecerem as barreiras que as separam, é útil conhecer o que, em suas crenças, pode favorecer ou retardar a aplicação do grande princípio da fraternidade universal. De todas as religiões, o Islamismo é a que, à primeira vista, parece encerrar maiores obstáculos a essa aproximação. Deste ponto de vista, como se vê, este assunto não poderia ser indiferente aos espíritas, e é esta a razão pela qual julgamos dever tratá-lo aqui.

Sempre julgamos mal uma religião quando tomamos por ponto de partida exclusivo suas crenças pessoais, porque então é difícil nos alhearmos de um sentimento de parcialidade na apreciação dos princípios. Para compreender o seu ponto forte e o fraco, é preciso vê-la de um ponto de vista mais elevado; abarcar o conjunto de suas causas e efeitos. Se nos reportarmos ao meio onde ela surgiu, aí encontraremos, quase sempre, senão uma justificativa completa, pelo menos uma razão de ser. É necessário, sobretudo, penetrar-se do primeiro pensamento do fundador e dos motivos que o guiaram. Longe de nós a intenção de absolver Maomé de todos os seus erros, bem como sua religião de todos os erros que ferem o mais vulgar bom senso. Contudo, a bem da verdade, devemos dizer que também seria tão pouco lógico julgar essa religião conforme o que dela fez o fanatismo, quanto o seria julgar o Cristianismo segundo a maneira pela qual alguns cristãos o praticam. É bem certo que, se os muçulmanos seguissem em espírito o *Alcorão* que o Profeta lhes deu por guia, eles seriam, sob muitos aspectos, muito diferentes do que são. Entretanto, esse livro, tão sagrado para eles que só o tocam com respeito, leem-no e o releem sem cessar; os fervorosos até o sabem de cor. Mas quantos o compreendem? Comentam-no, mas do ponto de vista de ideias preconcebidas, de cujo afastamento fariam um caso de consciência. Aí não veem, pois, senão o que querem ver. Aliás, a linguagem figurada permite aí encontrar tudo o que se quer, e os sacerdotes que, lá como alhures, governam pela fé cega, não buscam ali descobrir o que pudesse contrariá-los. Não é, pois, junto aos doutores da lei que se deve inquirir do espírito da lei de Maomé. Os cristãos também têm o Evangelho, muito mais explícito que o *Alcorão,* como código de moral, o que não impede que em nome desse mesmo Evangelho, que manda amar até os inimigos, tenham torturado e queimado milhares de vítimas, e que de uma lei toda de caridade tenham feito uma arma de intolerância e perseguição. Podemos exigir que povos ainda meio bárbaros façam uma interpretação mais sã de suas Escrituras do que o fazem os cristãos civilizados?

Para apreciar a obra de Maomé é preciso remontar à fonte, conhecer o homem e o povo ao qual ele se havia imposto a missão de regenerar, e só então compreenderemos que, para o meio onde ele vivia, seu código religioso era um progresso real.

Lancemos, inicialmente, um golpe de vista sobre a região.

Em época imemorial, a Arábia era povoada por diversas tribos, quase todas nômades, e perpetuamente em guerra umas contra as outras, suplementando pela pilhagem a pouca riqueza que proporcionava um trabalho penoso, sob um clima causticante. Os rebanhos eram sua principal fonte de recursos; algumas se dedicavam ao comércio, que era feito por caravanas partindo anualmente do Sul, para irem à Síria ou à Mesopotâmia. Sendo quase inacessível o centro da península, as caravanas pouco se afastavam das bordas do mar; as principais seguiam o Hidjaz, região que forma, nas margens do Mar Vermelho, uma faixa estreita, na extensão de quinhentas léguas, separada do centro por uma cadeia de montanhas, prolongamento das da Palestina. A palavra árabe *hidjaz* significa barreira, e se dizia da cadeia de montanhas que borda essa região e a separa do resto da Arábia. O Hidjaz e o Yemen, ao sul, são as partes mais férteis; o centro quase que não passa de um vasto deserto.

Essas tribos haviam estabelecido mercados para onde eles convergiam de todas as partes da Arábia. Ali se regulavam os negócios comuns; as tribos inimigas trocavam os seus prisioneiros de guerra, e muitas vezes resolviam as suas divergências por arbitragem. Coisa singular, essas populações, inteiramente bárbaras que eram, apaixonavam-se pela poesia. Nesses lugares de reunião, durante os intervalos de lazer deixados pelo cuidado dos negócios, havia desafios entre os poetas mais hábeis de cada tribo. O concurso era julgado pelos assistentes e era para uma tribo uma grande honra conquistar a vitória. As poesias de mérito excepcional eram transcritas em letras de ouro e pregadas nos muros sagrados da Caaba, em Meca, onde lhes veio o nome de *Moudhahabat,* ou poemas dourados.

Como para ir a esses mercados anuais e voltar com segurança era preciso certo tempo, havia quatro meses do ano em que os combates eram interditos e nos quais não era permitido perturbar as caravanas e os viajantes. Combater durante esses meses reservados era visto como um sacrilégio, que provocava as mais terríveis represálias.

Os pontos de estação das caravanas, que paravam nos lugares onde encontravam água e árvores tornaram-se centros onde pouco a pouco formaram-se cidades, das quais as duas principais, no Hidjaz, são Meca e Yathrib, hoje Medina.

A maior parte dessas tribos consideravam-se descendentes de Abraão. Assim, esse patriarca era tido em grande honra entre eles. Sua língua, pelas semelhanças com o hebraico, realmente atestava uma identidade de origem entre o povo árabe e o povo judeu. Mas não parece menos certo que o sul da Arábia tenha tido seus habitantes indígenas.

Entre essas populações havia uma crença, tida como certa, de que a famosa fonte de Zemzem, no vale do Meca, era a que tinha feito jorrar o anjo Gabriel, quando Agar, perdida no deserto, ia morrer de sede com o seu filho Ismael. A tradição dizia igualmente que Abraão, tendo vindo ver seu filho exilado, tinha construído com suas próprias mãos, não longe dessa fonte, a *Caaba*, casa quadrada de nove côvados[2] de altura por trinta e dois de comprimento e vinte e dois de largura. Essa casa, religiosamente conservada, tornou-se um lugar de grande devoção, que era um dever visitar, e foi transformada em templo. As caravanas aí paravam naturalmente e os peregrinos aproveitavam a companhia para viajar com mais segurança. É assim que as peregrinações a Meca existiram desde tempos imemoriais. Maomé nada mais fez que consagrar e tornar obrigatório um costume estabelecido. Para tanto teve um objetivo político, que veremos mais adiante.

Num dos ângulos externos do templo estava incrustada a famosa *pedra negra,* trazida dos céus, ao que se diz, pelo anjo Gabriel, para marcar o ponto onde deviam começar os giros que os peregrinos deviam fazer sete vezes em redor da Caaba. Dizem que originalmente essa pedra era de uma brancura deslumbrante, mas que o toque dos pecadores a enegreceu. No

---
[2] O côvado equivale a cerca de 45 centímetros. É uma medida natural das mais antigas, que tinha por base a distância entre o cotovelo e a ponta dos dedos.

dizer dos viajantes que a viram, ela não tem mais de seis polegadas de altura por oito de comprimento. Pareceria um simples pedaço de basalto, ou talvez um aerólito, o que explicaria a sua origem celeste, segundo as crenças populares.

Construída por Abraão, a Caaba não tinha porta que a fechasse e era ao nível do solo. Destruída por uma torrente que irrompeu pelo ano 150 da era cristã, foi reconstruída e elevada acima do solo, para pô-la ao abrigo de semelhantes acidentes. Cerca de cinquenta anos mais tarde, um chefe de tribo do Yemen aí pôs uma cobertura de estofos preciosos e mandou colocar uma porta com fechadura para pôr em segurança os presentes preciosos acumulados incessantemente pela piedade dos peregrinos.

A veneração dos árabes pela Caaba e pelo território que a circundava era tão grande que eles não tinham ousado aí construir habitações. Essa área tão respeitada, chamada o Haram, compreendia todo o vale do Meca, cuja circunferência é de cerca de quinze léguas. A honra de guardar esse templo venerado era muito cobiçada; as tribos a disputavam e o mais das vezes essa atribuição era direito de conquista. No século quinto, Cossayy, chefe da tribo dos coraicitas, quinto antepassado de Maomé, tendo-se tornado senhor do Haram e tendo sido investido do poder civil e religioso, mandou construir um palácio ao lado da Caaba e permitiu que os de sua tribo aí se estabelecessem. Assim foi fundada a cidade de Meca. Parece que ele foi o primeiro que colocou uma cobertura de madeira na Caaba. A Caaba está hoje na área de uma mesquita, e Meca é uma cidade de cerca de quarenta mil habitantes, depois de ter tido, ao que se diz, cem mil.

No princípio, a religião dos árabes consistia na adoração de um Deus único, a cujas vontades o homem deve ser completamente submisso. Essa religião, que era a de Abraão, chamava-se *Islã* e os que a professavam diziam-se *muçulmanos,* isto é, submetidos à vontade de Deus. Mas, pouco a pouco, o puro Islã degenerou em grosseira idolatria; cada tribo tinha os seus deuses e os seus ídolos, que defendia obstinadamente pelas armas, para provar a superioridade de seu poder. Muitas vezes foram essas as causas ou pretextos de guerras longas e encarniçadas.

A fé de Abraão havia, pois, desaparecido entre esses povos, malgrado o respeito que conservavam por sua memória, ou pelo menos tinha sido de tal modo desfigurada que em realidade não mais existia. A veneração pelos objetos considerados sagrados tinha descido ao mais absurdo fetichismo; o culto da matéria tinha substituído o do espírito. Atribuía-se um poder sobrenatural aos mais vulgares objetos consagrados pela superstição, a uma imagem, a uma estátua. Tendo o pensamento abandonado o princípio pelo seu símbolo, a piedade não passava de uma série de práticas exteriores minuciosas, nas quais a menor infração era olhada como um sacrilégio.

Contudo, ainda se encontravam, em certas tribos, alguns adoradores do Deus único, homens piedosos que praticavam a mais inteira submissão à sua vontade suprema e condenavam o culto aos ídolos. Eles eram chamados de *hanyfes*. Eram os verdadeiros muçulmanos, os que tinham conservado a fé pura do Islã. Mas eles eram pouco numerosos e sem influência sobre o espírito das massas. Há muito tempo colônias judias se haviam estabelecido no Hidjaz e haviam conquistado um certo número de prosélitos ao Judaísmo, principalmente entre os hanyfes. O Cristianismo também aí teve os seus representantes e propagadores nos primeiros séculos de nossa era, mas nem uma nem outra dessas crenças aí lançaram raízes profundas e duráveis. A idolatria tinha-se transformado em religião dominante. Ela convinha melhor, por sua diversidade, à independência turbulenta e à divisão infinita das tribos, que a praticavam com o mais violento fanatismo. Para triunfar dessa anarquia religiosa e política, era preciso um homem de gênio, capaz de se impor por sua energia e firmeza, bastante hábil para partilhar dos costumes e do caráter desses povos, e cuja missão fosse exaltada aos seus olhos pelo prestígio de suas qualidades de profeta. Esse homem foi Maomé.

Maomé nasceu em Meca a 27 de agosto do ano 570 da era cristã, no ano dito do elefante. Não era, como pensam vulgarmente, um homem de condição obscura. Ao contrário, ele pertencia a uma família poderosa e considerada, da tribo dos coraicitas, uma das mais importantes da Arábia, que então dominava em Meca. Fazem-no descender em linha reta de Ismael, filho de Abraão e de Agar. Seus últimos antepassados, Cossayy, Abd-Menab, Hachim e Abd-el-Moutalib, seu avô, se haviam ilustrado por eminentes qualidades e altas funções que tinham desempenhado. Sua mãe, Amina, era de nobre família coraicita e descendia também de Cossayy. Seu pai Abd-Allah morreu dois meses antes de seu nascimento; assim, ele foi criado com muita ternura por sua mãe, que o deixou órfão com a idade de seis anos; depois por seu avô Abd-el-Moutalib, que o queria muito e se comprazia muitas vezes em lhe predizer altos destinos, mas que, ele próprio, morreu dois anos depois.

A despeito da posição que tinha ocupado sua família, Maomé passou sua infância e sua juventude numa situação bem próxima da miséria; sua mãe lhe havia deixado por única herança um rebanho de carneiros, cinco camelos e uma fiel escrava negra, que havia cuidado dele, e pela qual ele conservou sempre um vivo apego. Depois da morte de seu avô, ele foi recolhido pelos tios, cujos rebanhos pastoreou até a idade de vinte anos; ele os acompanhava inclusive em suas expedições guerreiras contra as outras tribos; mas, sendo de humor suave e pacífico, nelas não tomava parte ativa, sem contudo fugir ou temer o perigo, limitando-se a ir apanhar suas flechas. Quando ele chegou ao topo da glória, gostava de lembrar que Moisés e David, ambos profetas, tinham sido pastores, como ele.

Tinha o espírito meditativo e sonhador; seu caráter, de uma solidez e de uma maturidade precoces, a par de uma extrema direitura, de um perfeito desinteresse e de costumes irrepreocháveis, lhe valeram uma tal confiança da parte de seus companheiros que o designavam pela alcunha de *El-Amin*, "o homem seguro, o homem fiel". Embora jovem e pobre, convocavam-no às assembleias da tribo para os negócios mais importantes. Ele fazia parte de uma associação formada entre as principais famílias coraicitas, com vistas a prevenir as desordens da guerra, a proteger os fracos e a lhes fazer justiça. Considerava sempre uma glória ter concorrido para isto, e, nos últimos anos de sua vida, sempre se via ligado pelo juramento que neste sentido havia prestado na mocidade. Dizia que estava sempre pronto a responder ao apelo que lhe fizesse o homem mais obscuro em nome desse juramento, e que não queria, pelos mais belos camelos da Arábia, faltar à fé que ele havia jurado. Por esse juramento, os associados juravam ante uma divindade vingadora, que eles tomariam a defesa dos oprimidos e perseguiriam a punição dos culpados enquanto houvesse uma gota d'água no oceano.

Fisicamente, Maomé era de estatura pouco acima da média, fortemente constituído; a cabeça muito grande; sua fisionomia, sem ser bela, era agradável e respirava calma e tranquilidade e era marcada por uma suave gravidade.

Aos vinte e cinco anos de idade, casou-se com sua prima Khadidja, viúva rica, mais velha do que ele pelo menos quinze anos, da qual ele havia conquistado a confiança, pela inteligente probidade que ele havia desenvolvido na condução de uma de suas caravanas. Era uma mulher superior. Essa união, que durou vinte e quatro anos e que só terminou pela morte de Khadidja, aos sessenta e quatro anos de idade, foi constantemente feliz. Maomé tinha então quarenta e nove anos e essa perda lhe causou uma dor profunda.

Depois da morte de Khadidja, seus costumes mudaram. Desposou várias mulheres; teve doze ou treze em casamentos legítimos, e ao morrer deixou nove viúvas. Incontestavelmente isto foi um erro capital, cujas lamentáveis consequências veremos mais tarde.

Até os quarenta anos sua vida pacífica nada oferece de saliente. Só um fato o tirou um instante da obscuridade. Ele tinha, então, trinta e cinco anos. Os coraicitas resolveram reconstruir a Caaba, que ameaçava ruir. Só com muito trabalho apaziguaram, pela divisão dos trabalhos, as diferenças suscitadas pela rivalidade das famílias que aí queriam participar. Esses conflitos reapareceram com extrema violência quando se tratou de recolocar a famosa pedra negra. Ninguém queria ceder seu direito. Os trabalhos tinham sido interrompidos e de todos os lados corriam às armas. Por proposta do decano, concordaram em aceitar a decisão da primeira pessoa que entrasse na sala das deliberações: foi Maomé. Quando o viram, todos gritaram: *"El-amin! El-amin!* o homem firme e fiel", e aguardaram o seu julgamento. Por sua presença de espírito, ele resolveu a dificuldade. Tendo estendido seu manto no chão, nele pôs a pedra e pediu a quatro dos principais chefes facciosos que o tomassem, cada um por uma ponta, e o levantassem, todos juntos, à altura que a pedra deveria ocupar, isto é, a quatro ou cinco pés acima do solo. Então tomou-a e a colocou com suas próprias mãos. Os assistentes se declararam satisfeitos e a paz foi restabelecida.

Maomé gostava de passear sozinho nos arredores de Meca, e todos os anos, durante os meses sagrados de trégua, retirava-se para o monte Hira, numa gruta estreita, onde se entregava à meditação. Ele estava com quarenta anos quando, num de seus retiros, teve uma visão durante o sono. O anjo Gabriel lhe apareceu, mostrando-lhe um livro que o aconselhou a ler. Três vezes Maomé resistiu a essa ordem, e só para escapar ao constrangimento exercido sobre ele é que consentiu em ler. Ao despertar disse ter sentido "que um livro tinha sido escrito em seu coração." O sentido desta expressão é evidente. Significa que havia tido a inspiração de um livro. Mais tarde, porém, ela foi tomada ao pé da letra, como geralmente acontece com as coisas ditas em linguagem figurada.

Um outro fato prova a que erros de interpretação podem conduzir a ignorância e o fanatismo. Diz Maomé, em algum lugar, no *Alcorão*: "Nós não abrimos teu coração e não tiramos o fardo de teus ombros?" Estas palavras, relacionadas com um acidente ocorrido com Maomé quando ela era ainda garoto, deram lugar à fábula, propagada entre os crentes e ensinada pelos sacerdotes como um fato miraculoso, de que dois anjos abriram o ventre do menino e tiraram de seu coração uma mancha negra, sinal do pecado original. Deve-se acusar Maomé por esses absurdos, ou aqueles que não o compreenderam? Dá-se o mesmo com uma porção de histórias ridículas sobre as quais o acusam de haver apoiado sua religião. É por isso que não hesitamos em dizer que um cristão esclarecido e imparcial está em melhores condições de fazer uma interpretação sadia do *Alcorão* do que um muçulmano fanático.

Seja como for, Maomé foi profundamente perturbado em sua visão, que se apressou em contar à sua mulher. Tendo voltado ao monte Hira, presa da mais viva agitação, julgou-se possuído por Espíritos malignos e, para escapar do mal que temia, ia precipitar-se do alto de um rochedo, quando uma voz, partida do céu, se fez ouvir e lhe disse: "Ó Maomé! Tu és o enviado de Deus; eu sou o anjo Gabriel!" Então, levantando os olhos, viu o anjo sob forma humana, que desapareceu pouco a pouco no horizonte. Essa nova visão apenas aumentou a sua perturbação. Comunicou-a a Khadidja, que se esforçou por acalmá-lo; mas, pouco segura de si mesma, foi procurar seu primo Varaka, velho famoso por sua sabedoria e convertido ao Cristianismo, que lhe disse: "Se o que acabas de dizer-me é verdade, teu marido foi visitado pelo grande *Nâmous*, que outrora visitou Moisés, e ele será profeta deste povo. Anuncia-lho, e que ele se tranquilize." Algum tempo depois, Varaka, tendo encontrado Maomé, fê-lo contar suas visões e lhe repetiu as palavras que havia dito à sua mulher, acrescentando: "Tratar-te-ão como impostor e te expulsarão; combater-te-ão violentamente. Que eu possa viver até essa hora para te assistir nessa luta!"

O que resulta destes fatos e de muitos outros é que a missão de Maomé não foi um cálculo premeditado de sua parte; ela foi confirmada por outros, antes de ser confirmada por ele. Ele custou muito a persuadir-se, mas a partir de quando ficou persuadido, tomou-a muito a sério. Para convencer-se, ele desejava uma nova aparição do anjo, que, segundo uns, demorou dois anos, segundo outros, seis meses. É a esse intervalo de incerteza e de hesitação que os muçulmanos chamam de *fitreh*. Durante todo esse tempo seu espírito foi presa de perplexidade e dos mais vivos temores. Parecia-lhe que ia perder a razão e esta era também a opinião de alguns daqueles que o rodeavam. Ele era sujeito a desfalecimentos e síncopes que os escritores modernos atribuíram, sem outras provas além de sua opinião pessoal, a ataques de epilepsia, que poderiam antes ser o efeito de um estado extático, cataléptico ou sonambúlico espontâneo. Nesses momentos de lucidez extracorpórea, muitas vezes se produziam, como se sabe, fenômenos estranhos, dos quais o Espiritismo se dá conta perfeitamente. Aos olhos de certas pessoas, ele deveria passar por louco; outros viam nesses fenômenos, para si singulares, algo de sobrenatural que colocava o homem acima da Humanidade. Diz o Sr. Barthélemy Sainte-Hilaire que "Quando se admite a ação da Providência nos negócios humanos, não se pode deixar de vê-la também nessas inteligências dominadoras que surgem de tempos em tempos para esclarecer e conduzir o resto dos homens

O *Alcorão* não é uma obra escrita por Maomé com a cabeça fria e de maneira continuada, mas o registro feito por seus amigos das palavras que ele pronunciava quando estava inspirado. Nesses momentos, dos quais não era senhor, ele caía num estado extraordinário e muito apavorante; o suor corria-lhe da fronte; os olhos tornavam-se vermelhos de sangue; ele soltava gemidos e a crise terminava, o mais das vezes, por uma síncope que durava mais ou menos tempo, o que por vezes lhe acontecia em meio à multidão, e mesmo quando montado em seu camelo, tanto quanto em casa. A inspiração era irregular e instantânea, e ele não podia prever o momento em que seria tomado.

Segundo o que hoje conhecemos desse estado, por uma porção de exemplos análogos, é provável que, sobretudo no princípio, ele não tivesse consciência do que dizia, e que se suas palavras não tivessem sido recolhidas, teriam ficado perdidas. Mais tarde, porém, quando ele tomou a sério o seu papel de reformador, é evidente que ele tenha falado com mais conhecimento de causa e tenha mesclado às inspirações o produto de seus próprios pensamentos, conforme os lugares e as circunstâncias, as paixões ou os sentimentos que o agitavam, em vista do objetivo que queria atingir, acreditando, talvez de boa-fé, falar em nome de Deus.

Esses fragmentos avulsos, recolhidos em diversas épocas, em número de 114, formam no *Alcorão* os capítulos chamados *suratas*. Eles ficaram esparsos durante sua vida, e só após a sua morte foram reunidos num corpo oficial de doutrina, pelos cuidados de Abu-Becr e de Omar. Dessas inspirações súbitas, recolhidas à medida que ocorriam, resultou uma falta absoluta de ordem e de método. Os assuntos mais díspares são aí tratados sem nenhuma ordem, por vezes na mesma surata, e apresentam tamanha confusão e tão numerosas repetições que uma leitura sequencial é penosa e fastidiosa para quem quer que não seja um fiel.

Segundo a crença vulgar, tornada artigo de fé, as páginas do *Alcorão* foram escritas no Céu e trazidas prontas e acabadas a Maomé pelo anjo Gabriel, porque numa passagem está escrito que: "Teu Senhor é misericordioso e poderoso, e o *Alcorão* é uma revelação do senhor do Universo. O Espírito fiel (o anjo Gabriel) o trouxe do alto e depositou-o em teu coração, ó Maomé, para que fosses apóstolo." Maomé se exprime da mesma maneira a respeito do livro de Moisés e do Evangelho. Ele diz, na surata III, versículo 2: "Ele fez descer do alto o Pentateuco e o Evangelho, para servir de direção aos homens", querendo dizer com isto que esses dois livros tinham sido inspirados por Deus a Moisés e a Jesus, como lhe havia sido inspirado o *Alcorão*.

Suas primeiras prédicas foram secretas durante dois anos, e nesse intervalo ele se ligou a uns cinquenta adeptos, entre os membros de sua família e seus amigos. Os primeiros convertidos à nova fé foram Khadidja, sua mulher; Ali, seu filho adotivo, de dez anos; Zeïd, Varaka e Abu-Becr, seu mais íntimo amigo, que devia ser o seu sucessor. Ele tinha quarenta e três anos quando começou a pregar publicamente, e a partir desse momento realizou-se a predição que lhe havia feito Varaka. Sua religião, fundada na unidade de Deus e na reforma de certos abusos, sendo a ruína da idolatria e dos que dela viviam, os coraicitas, guardas da Caaba e do culto nacional, levantaram-se contra ele. A princípio o trataram de louco; depois o acusaram de sacrilégio; amotinaram o povo. Perseguiram-no, e a perseguição tornou-se tão violenta que por duas vezes seus partidários tiveram que buscar refúgio na Abissínia. Entretanto, aos ultrajes ele sempre opunha a calma, o sangue-frio e a moderação. Sua seita crescia e seus adversários, vendo que não podiam reduzi-la pela força, resolveram desacreditá-la pela calúnia. A troça e o ridículo não lhe foram poupados. Como se viu, os poetas eram numerosos entre os árabes; eles manejavam a sátira habilmente e seus versos eram lidos com avidez. Era o meio empregado pela crítica malévola, que não deixavam de empregar contra ele. Como ele resistisse a tudo, seus inimigos finalmente recorreram aos conluios para matá-lo, e ele só escapou pela fuga do perigo que o ameaçava. Foi então que se refugiou em *Yathrib,* depois chamada *Medina (Medinet-en-Nabi,* cidade do Profeta), em 622, e é dessa época que data a *Hégira,* ou era dos muçulmanos. Ele tinha mandado antecipadamente a essa cidade, em pequenas tropas, para não levantar suspeitas, todos os seus partidários de Meca, e ele foi o último a se retirar, com Abu-Becr e Ali, seus discípulos mais devotados, quando soube que os outros estavam em segurança.

Nessa época inicia-se, para Maomé, uma nova fase em sua existência. De simples profeta que era, ele foi constrangido a tornar-se guerreiro.

(Continua no próximo número).

OS PROFETAS DO PASSADO

Uma obra intitulada *Les Prophètes du Passé,* pelo Sr. Barbey d'Aurévilly, contém o elogio de Joseph de Maistre e de Bonald, porque eles ficaram ultramontanos durante toda a vida, ao passo que Chateaubriand aí é censurado e Lamennais insultado e apresentado sob aspecto odioso.

A passagem seguinte mostra o espírito com que esse o livro é concebido.

"Neste mundo, onde o espírito e o corpo estão unidos por um mistério indissolúvel, *o castigo corporal tem sua razão espiritual de existir,* porque o homem não tem o encargo de desdobrar a criação. Ora, se em vez de queimar os escritos de Lutero, *cujas cinzas caíram na Europa como uma semente, tivessem queimado o próprio Lutero,* o mundo estaria salvo pelo menos por um século. Queimado Lutero, vão gritar, mas não me apego essencialmente à fogueira, desde que o erro seja *suprimido* em sua manifestação do momento e em sua manifestação contínua, isto é, *o homem* que o disse ou o escreveu e que a chama de verdade. É muito para os cordeiros da anarquia *não balir senão a liberdade!* Um homem de gênio, o mais positivo que existiu desde Maquiavel e que absolutamente não era católico, mas, ao contrário, um pouco liberal, dizia, com a brutalidade de uma decisão necessária: 'Minha política é *de matar dois homens,* quando necessário, para salvar três.' Ora, *matando Lutero,* não são três homens que se salvariam ao custo de dois; seriam milhares de homens ao preço de um só. Além disto, há mais do que a economia do sangue dos homens, há o respeito à consciência e à inteligência do gênero humano. Lutero falseava uma e outra. Depois, quando há um ensinamento e uma fé social, – era, então, o Catolicismo – é mesmo preciso protegê-los e defendê-los, sob pena de perecer, um dia ou outro, como Sociedade. Daí os tribunais e as instituições para identificar os delitos contra a fé e o ensino. *A inquisição é, pois, uma necessidade lógica numa sociedade qualquer."*

Se os princípios que acabamos de citar não passassem de opinião pessoal do autor, não mereceriam mais preocupação do que muitas outras excentricidades, mas ele não fala apenas em seu nome, e o partido do qual se faz porta-voz, não os desaprovando, dá pelo menos uma adesão tácita. Aliás, não é a primeira vez que, em nossos dias, essas mesmas doutrinas são preconizadas publicamente e é bem certo que elas ainda hoje constituem a opinião de certa classe de pessoas. Se as pessoas não se comovem o bastante, é que a Sociedade tem muita consciência de sua força para amedrontar-se. Todos compreendem que tais anacronismos prejudicam, antes de tudo, aos que os praticam, porque cavam mais profundamente o abismo entre o passado e o presente; esclarecem as massas e as mantêm despertas.

Como se vê, o autor não disfarça o seu pensamento e não toma precauções oratórias; aqui ele vai direto ao ponto, sem rodeios: "Teria sido necessário queimar Lutero; teria sido preciso queimar todos os autores de heresias, para maior glória de Deus e para a salvação da religião." Ele é claro e preciso. É triste para uma religião ter semelhantes expedientes como base de sua autoridade e de sua estabilidade; é mostrar pouca confiança em seu ascendente moral. Se a sua base é a verdade absoluta, ela deve desafiar todos os argumentos contrários; como o Sol, deve bastar-lhe mostrar-se para dissipar as trevas. Toda religião que vem de Deus nada tem a temer do capricho nem da malícia dos homens; ela haure a sua força no raciocínio, e se um homem tivesse o poder de derrubá-la, de duas, uma, ou ela não seria obra de Deus, ou esse homem seria mais lógico do que Deus, porquanto seus argumentos prevaleceriam sobre os de Deus.

O autor teria preferido antes queimar Lutero do que os seus livros, porque, diz ele, as cinzas destes caíram sobre a Europa como uma semente. Ele concorda, portanto, que os autos de fé dos livros beneficiam mais à ideia que se quer destruir do que a prejudicam. Eis uma grande e profunda verdade constatada pela experiência. Assim, queimar o homem lhe parece mais eficaz porque, em sua opinião, é parar o mal na fonte. Mas acredita ele que as cinzas do homem sejam menos fecundas que as dos livros? Refletiu ele em todos os rebentos que produziram as de quatrocentos mil heréticos queimados pela Inquisição, sem contar o número imensamente grande dos que pereceram em outros suplícios? Os livros queimados apenas dão cinzas, mas as vítimas humanas dão sangue que produz marcas indeléveis e cai sobre os que o derramam. Foi desse sangue que saiu a febre de incredulidade que atormenta o nosso século, e se a fé se extingue, é que quiseram cimentá-la pelo sangue e não pelo amor a Deus. Como amar um Deus que manda queimar os seus filhos? Como crer em sua bondade, se a fumaça das vítimas é um incenso que lhe é agradável? Como crer em seu poder infinito, se ele necessita do braço do homem para fazer prevalecer a sua autoridade pela destruição?

Dirão que isto não é a religião, mas o abuso. Com efeito, se fosse essa a essência do Cristianismo, nada haveria a invejar ao paganismo, mesmo quanto aos sacrifícios humanos, e o mundo pouco teria ganho com a troca. Sim, certamente é abuso; mas quando o abuso é obra de chefes que têm autoridade, que dela fazem uma lei e a apresentam como a mais santa ortodoxia, não é de admirar que mais tarde as massas pouco esclarecidas confundam tudo na mesma reprovação. Ora, foram precisamente os abusos que engendraram as reformas, e aqueles que as preconizaram colhem o que semearam.

É notável que 90% das trezentas e sessenta e tantas seitas que dividiram o Cristianismo desde a sua origem tiveram por objetivo aproximar-se dos princípios evangélicos, de onde é racional concluir que, se não tivessem dele se afastado, essas seitas não se teriam formado. E com que armas as combateram? Sempre pelo ferro, pelo fogo, pelas proscrições e pelas perseguições. Tristes e pobres meios de convencer! Foi no sangue que quiseram sufocá-las. Na falta de raciocínio, a força pôde triunfar sobre indivíduos, destruí-los, dispersá-los, mas não pôde aniquilar a ideia. É por isto que, com algumas variantes, nós as vemos reaparecerem incessantemente, sob outros nomes ou sob novos chefes.

O autor desse livro, como vimos, é a favor dos remédios heróicos. Contudo, como ele teme que a ideia de queimar faça *gritar* no século em que estamos, declara "não se ater essencialmente à fogueira, desde que o erro seja *suprimido* na sua manifestação do momento e na sua manifestação contínua, isto é, *o homem* que o disse ou o escreveu, e que o chama de verdade." Assim, desde que o homem desapareça, pouco lhe importa a maneira. Sabe-se que os recursos não faltam, pois o fim justifica os meios. Eis para a manifestação *do momento*; mas, para que o erro seja destruído na sua manifestação *contínua,* é necessário fazer desaparecer todos os adeptos que não quiserem render-se de boa vontade. Vê-se que isto nos leva longe. Além do mais, se o meio é duro, é infalível para desembaraçar-se de qualquer oposição.

Tais ideias, no século em que vivemos, não podem deixar de ser importações e reminiscências de existências precedentes. Quanto aos *cordeiros que balem a liberdade*, aí ainda está um anacronismo, uma lembrança do passado. Realmente, outrora não podiam senão *balir*, mas hoje os cordeiros tornaram-se aríetes: não balem mais a liberdade; eles a tomam.[3]

Entretanto, vejamos se queimando Lutero teriam detido o movimento, do qual ele foi o instigador. O autor não parece muito certo disto, pois que diz: "O mundo estaria salvo, pelo menos por *um século*." Um século de espera, eis tudo o que teriam ganho! E por quê? Eis a razão:

Se os reformadores só exprimissem as suas ideias pessoais, não reformariam absolutamente nada, porque não encontrariam eco. Um homem sozinho é impotente para agitar as massas se as massas estiverem inertes e não sentirem nelas vibrar alguma fibra. É de notar que as grandes renovações sociais jamais chegam bruscamente; como as erupções vulcânicas, elas são precedidas por sintomas precursores. As ideias novas germinam, fervem em muitas cabeças; a Sociedade é agitada por uma espécie de frêmito, que a põe à espera de alguma coisa.

É nesses momentos que surgem os verdadeiros reformadores, que assim se veem como representantes, não de uma ideia individual, mas de uma ideia coletiva, vaga, à qual o reformador dá forma precisa e concreta, e ele só triunfa porque encontra os espíritos prontos a recebê-la. Tal era a posição de Lutero. Mas Lutero não foi o primeiro nem o único promotor da reforma. Antes dele, houve apóstolos como Wicklif, João Huss, Jerônimo de Praga. Estes dois últimos foram queimados por ordem do concílio de Constança; os hussitas, perseguidos tenazmente, após uma guerra encarniçada, foram vencidos e massacrados. Os homens foram destruídos, mas não a ideia, que foi retomada mais tarde sob outra forma e modificada nalguns detalhes por Lutero, Calvino, Zwingle e outros, de onde é permitido concluir que, se tivessem queimado Lutero, isto para nada teria servido, e nem mesmo dado um século de espera, porque a ideia da reforma não estava só na cabeça de Lutero, mas em milhares de outras, de onde deveriam sair homens capazes de sustentá-la. Não teria sido senão um crime a mais, sem proveito para a causa que o tivesse provocado. Tanto é certo que, quando uma corrente de ideias novas atravessa o mundo, nada poderá detê-la.

---

[3] Aqui Kardec faz um trocadilho: *Bélier* ou *belier* significa carneiro e aríete. (Nota do revisor Boschiroli)

Lendo tais palavras, julgar-se-iam escritas durante a febre das guerras religiosas, e não nos tempos em que se julgam as doutrinas com a calma da razão.

CRIAÇÕES FANTÁSTICAS DA IMAGINAÇÃO

AS VISÕES DA SENHORA CANTIANILLE

L'*Événement* de 19 de junho contém o seguinte artigo.

"Fatos estranhos, ainda inexplicados, produziram-se no ano passado em Auxerre e abalaram a população. Os partidários do Espiritismo neles viram manifestações de sua doutrina, e o clero os considerou como novos exemplos de possessão. Falaram de exorcismos, como se tivessem voltado os belos tempos das Ursulinas de Loudun. A pessoa em torno da qual se fazia todo esse alvoroço chamava-se Cantianille B... Um vigário da catedral de Sens, o Sr. Padre Thorey, autorizado por seu bispo, constatou essas aparentes derrogações das leis naturais. Hoje esse padre publica o resultado de suas observações, sob o título de *Relações maravilhosas da senhora Cantianille B... com o mundo sobrenatural.* Ele nos traz uma prova de seu trabalho e é com prazer que dele destacamos um trecho, curioso sob vários aspectos.

"No prefácio, depois de haver exposto o plano de seu livro, o autor acrescenta:

"Que o meu leitor, ao percorrer estas páginas, não precipite o seu julgamento. Sem dúvida esses fatos lhe parecerão incríveis, mas lhe peço lembrar-se que *afirmamos sob juramento*, Cantianille e eu, a sua veracidade. No relato abaixo, nada de exagerado nem inventado ao bel-prazer; tudo aí é perfeitamente exato.

"Além disto, esses fatos, essas manifestações prodigiosas do mundo superior, se repetem todos os dias e todas as vezes que o desejo, e pedimos que não nos acreditem por nossa simples afirmação. Ao contrário, pedimos insistentemente que os estudem; que se façam reuniões de homens competentes, apenas desejosos da verdade e dispostos a buscá-la lealmente. Todas essas maravilhas reproduzir-se-ão à sua vista e tantas vezes quantas forem necessárias para convencê-los. Nós assumimos o compromisso.

"Possam os Espíritos com ideias largas considerar este livro como uma boa nova!"

No correr da obra, a senhora Cantianille B... conta como ela mesma se tornou membro e presidente de uma sociedade de Espíritos, em 1840, durante sua passagem por um convento de religiosas:

"Ossian, Espírito de segunda ordem, tendo vindo, como de hábito, buscar-me no convento, logo me vi transportada para o meio da reunião. Colocou-me sobre um trono, onde os aplausos mais barulhentos acolheram a minha aparição.

"Fizeram-me proferir o juramento ordinário: 'Juro ofender a Deus por todos os meios possíveis e não recuar ante coisa alguma para fazer triunfar o inferno sobre o Céu. Amo Satã! Odeio Deus! Quero a queda do Céu e o reino do inferno!...'

"Depois disto, cada um me veio felicitar e encorajar-me para me mostrar forte nas provas que me restavam a passar. Prometi.

"Esses gritos, esse tumulto, esse interesse de cada um, a música e os feixes de luz que clareavam a sala, tudo me eletrizava, me inebriava!... Então eu gritava com voz forte: 'Estou pronta; não temo vossas provas; ides ver se sou digna de estar entre os vossos.' Logo cessou todo ruído, toda luz desapareceu. 'Anda', disse-me uma voz. Avancei sem hesitação por um estreito corredor, pois sentia de cada lado como duas muralhas, e essas muralhas pareciam aproximar-se cada vez mais. Pensei que ia ser esmagada, e o terror apoderou-se de mim. Quis voltar, mas no mesmo instante senti-me nos braços de Ossian. Ele exerceu sobre todo o meu corpo uma pressão tão viva que soltei um grito penetrante. 'Cala-te, disse-me ele, ou estarás morta.' O perigo restaurou-me a coragem...

"Não, não gritarei mais; não, não recuarei." E fazendo um esforço sobre-humano, transpus como um raio esse longo corredor, que a cada passo se tornava mais escuro e estreito. A despeito de meus esforços, meu espanto redobrava e eu talvez fosse fugir, quando de repente, fugindo a terra de meus pés, caí num abismo cuja profundidade não podia avaliar. Fiquei um instante atordoada nessa queda, entretanto sem me desencorajar. Um pensamento infernal acabava de atravessar-me o espírito. "Ah! Eles querem me apavorar!... Eles verão se eu temo os demônios..." E logo me levantei para buscar uma saída. Mas... eis que de todos os lados apareciam chamas!... Elas se aproximavam de mim como para me queimar...

"E no meio desse fogo, os Espíritos gritando, urrando, que terror!

"– Para que me queres? Perguntei a Ossian.

"– Quero que sejas a presidente de nossa associação... Quero que nos ajudes a odiar a Deus; quero que jures ser nossa, por nós e conosco, em toda parte e para sempre!

"Tão logo fiz essas promessas, o fogo apagou-se subitamente.

"– Não me fujas, disse-me ele, eu te trago a felicidade e a grandeza. Olha."

"Achei-me em meio aos associados, no meio da sala que haviam embelezado ainda mais em minha ausência. Um repasto suntuoso foi servido.

"Então me deram o lugar de honra, e no fim, quando todos estavam aquecidos pelo vinho e pelos licores e superexcitados pela música, fui nomeada presidente.

"Aquele que me havia entregue ressaltou nalgumas palavras a coragem que eu havia mostrado nessas provas terríveis e, em meio a mil bravos, aceitei o título fatal de presidente.

"Eu estava, assim, à testa de alguns milhares de pessoas atentas ao menor sinal. Não tive senão um pensamento: merecer sua confiança e sua submissão. Infelizmente, fui muito bem sucedida."

O autor tem razão ao dizer que os partidários do Espiritismo podem ver nestes fatos manifestações de sua doutrina. É que, com efeito, o Espiritismo, para os que o estudaram alhures que não na escola dos senhores Davenport e Robin, é a revelação de um novo princípio, de uma nova lei da Natureza, que nos dá a razão daquilo que, na falta de melhor, convencionou-se atribuir à imaginação. Esse princípio está no mundo extracorpóreo, intimamente ligado à nossa existência. Aquele que não admite a alma individual e independente da matéria, rejeitando a causa *a priori*, não pode compreender os seus efeitos. Contudo, esses efeitos saltam incessantemente aos nossos olhos, inumeráveis e patentes. Seguindo-os passo a passo em sua sucessão, chega-se à fonte. É o que faz o Espiritismo, sempre procedendo pela observação, remontando do efeito à causa, e jamais pela teoria preconcebida.

Eis um ponto capital sobre o qual não seria demasiado insistir. O Espiritismo não adotou como ponto de partida a existência dos Espíritos e do mundo invisível, a título de suposição gratuita, a não ser para mais tarde provar essa existência, mas na observação dos fatos, e dos fatos constatados ele concluiu pela teoria. Essa observação o levou a reconhecer não apenas a existência da alma como ser principal, pois que nela residem a inteligência e as sensações, e ela sobrevive ao corpo, mas que fenômenos de uma ordem particular se passam na esfera da atividade da alma, encarnada ou desencarnada, fora da percepção dos sentidos. Como a ação da alma se liga essencialmente à do organismo durante a vida, é um campo de exploração vasto e novo aberto à psicologia e à fisiologia, e no qual a Ciência encontrará o que inutilmente procura há tanto tempo.

O Espiritismo, portanto, encontrou um princípio fecundo, mas não se segue que tudo possa explicar. O conhecimento das leis da eletricidade deu a explicação dos efeitos do raio. Ninguém tratou desse assunto com mais saber e lucidez do que Arago, contudo, no fenômeno tão vulgar do raio, há efeitos que ele declara, sábio que é, não poder explicar, como por exemplo o dos relâmpagos bifurcados. Nega-os por isso? Não, pois tem muito bom senso e, aliás, não se pode negar um fato. Que faz ele? Ele diz: Observemos e esperemos estar mais adiantados. O Espiritismo não age diferentemente. Ele confessa a sua ignorância sobre aquilo que não sabe e, esperando sabê-lo, busca e observa.

As visões da senhora Cantianille pertencem a essa categoria de questões sobre as quais, de certo modo, não se pode, até mais ampla informação, senão tentar uma explicação. Cremos achá-la no princípio das criações fluídicas pelo pensamento.

Quando as visões têm por objeto uma coisa positiva, real, cuja existência é constatada, sua explicação é muito simples: A alma vê, por efeito de sua radiação, o que os olhos do corpo não podem ver. Se o Espiritismo tivesse explicado apenas isto, já teria levantado o véu de muitos mistérios. Mas a questão se complica quando se trata de visões que, como as da senhora Cantianille, são puramente fantásticas. Como pode a alma ver o que não existe? De onde vêm essas imagens que, para os que as veem, têm toda a aparência de realidade? Dizem que são efeitos da imaginação. Que seja, mas esses efeitos têm uma causa. Em que consiste esse poder da imaginação? Como e sobre o que age ela? Se uma pessoa medrosa ouve um ruído de camundongos durante a noite, é tomada de pavor e imagina ouvir passos de ladrões; se toma uma sombra ou uma forma vaga por um ser vivo que a persegue, aí estão verdadeiros efeitos da imaginação. Mas nas visões do gênero das de que aqui se trata, existe algo mais, porque não é mais apenas uma ideia falsa, é uma imagem com suas formas e cores, tão claras e precisas que poderiam ser desenhadas. Contudo, não passam de ilusão! De onde vem isto?

Para nos darmos conta do que se passa nessa circunstância, é necessário sair de nosso ponto de vista exclusivamente material e penetrar, pelo pensamento, no mundo incorpóreo; identificarmo-nos com a sua natureza e com os fenômenos especiais que se devem passar num meio completamente diferente do nosso. Estamos aqui embaixo na posição de um espectador que se admira de um efeito cênico, porque não compreende o seu mecanismo, mas se ele for para trás dos bastidores, compreenderá tudo.

Em nosso mundo tudo é matéria tangível; no mundo invisível tudo é, se assim nos podemos exprimir, *matéria intangível,* isto é, intangível para nós que só percebemos por órgãos materiais, mas tangível para os seres desse mundo, que percebem por sentidos espirituais. Tudo é fluídico nesse mundo, homens e coisas, e as coisas fluídicas aí são também reais, relativamente, como as coisas materiais são reais para nós. Eis um primeiro princípio.

O segundo princípio está nas modificações que o pensamento imprime ao elemento fluídico. Pode-se dizer que ele o modela à vontade, como modelamos um pouco de terra para dela fazer uma estátua. Apenas, sendo a terra uma matéria compacta e resistente, para a manipular é necessário um instrumento resistente, ao passo que a matéria etérea sofre sem esforço a ação do pensamento. Sob essa ação, ela é susceptível de revestir todas as formas e todas as aparências. É assim que vemos os Espíritos ainda pouco desmaterializados se apresentarem tendo em suas mãos os objetos que tinham em vida; vestir-se com as mesmas roupas; usarem os mesmos ornamentos e tomarem, à vontade, a mesma aparência. A rainha de Oude, cuja comunicação publicamos na *Revista* de março de 1858, sempre se via com suas joias e dizia que elas não a haviam deixado. Para isto basta-lhes um ato do pensamento, sem que, o mais das vezes, se deem conta da maneira pela qual a coisa se opera, como entre os vivos muita gente anda, vê e ouve sem poder dizer como e por quê. Acontecia o mesmo também com o Espírito do zuavo de Magenta (*Revista* de julho de 1859), que dizia ter o mesmo traje, e quando lhe perguntavam onde o tinha obtido, pois o seu havia ficado no campo de batalha, respondia: Isto é lá com o meu alfaiate. Citamos vários fatos deste gênero, entre outros o do homem da caixa de rapé (agosto de 1859), e o de Pierre Legay (novembro de 1864), que pagava sua passagem de ônibus. Essas criações fluídicas por vezes podem revestir, para os vivos, aparências momentaneamente visíveis e tangíveis, porque, na verdade, elas são devidas a uma transformação da matéria etérea. O princípio das criações fluídicas parece ser uma das mais importantes leis do mundo incorpóreo.

Nos seus momentos de emancipação, gozando a alma encarnada parcialmente das faculdades de Espírito livre, pode produzir efeitos análogos. Aí pode estar a causa das visões ditas fantásticas. Quando o Espírito está fortemente imbuído de uma ideia, seu pensamento pode criar uma imagem fluídica correspondente, que para ele tem todas as aparências da realidade, como no caso do dinheiro de Pierre Legay, embora a coisa não exista por si mesma. Tal é, sem dúvida, o caso que aconteceu com a senhora Cantianille. Preocupada com as descrições que tinha ouvido fazer do inferno, dos demônios e de suas tentações, dos pactos pelos quais eles se apoderam das almas, das torturas dos danados, seu pensamento criou um quadro fluídico que só tinha realidade para ela.

Podemos colocar na mesma categoria as visões da Irmã Elmerick, que afirmava ter visto todas as cenas da Paixão e encontrado o cálice no qual Jesus tinha bebido, bem como outros objetos análogos aos que são utilizados no culto atual, que certamente não existiam naquela época, e dos quais, entretanto, ela fazia uma descrição minuciosa. Dizendo que tinha visto tudo isso, ela agia de boa-fé, porque realmente tinha visto, pelos olhos da alma, mas uma imagem fluídica, criada por seu pensamento.

Todas as visões têm seu princípio nas percepções da alma, como a vista corporal tem a sua na sensibilidade do nervo óptico. Mas elas variam em sua causa e em seu objeto. Quanto menos desenvolvida é a alma, mais susceptível de criar ilusão sobre o que vê. Suas imperfeições a tornam sujeita ao erro. As mais desmaterializadas são aquelas cujas percepções são mais extensas e mais justas. Mas, por mais imperfeitas que sejam, são faculdades não menos úteis para estudo.

Se esta explicação não oferece uma certeza absoluta, pelo menos tem um caráter evidente de probabilidade. Ela prova sobretudo uma coisa, é que os espíritos não são tão crédulos quanto pretendem os seus detratores e não concordam com tudo o que parece maravilhoso. Todas as visões estão, pois, longe de ser para eles artigos de fé; mas, sejam o que forem, ilusão ou verdade, são *efeitos* que não poderiam ser negados. Eles os estudam e procuram compreendê-los, sem a pretensão de tudo saber e de tudo explicar. Só afirmam uma coisa quando está demonstrada pela evidência, pois seria tão inconsequente tudo aceitar quanto tudo negar.

QUESTÕES E PROBLEMAS

CRIANÇAS, GUIAS ESPIRITUAIS DOS PAIS

Tendo perdido um filho de sete anos, e tendo-se tornado médium, a mãe teve essa mesma criança como guia. Um dia lhe fez a seguinte pergunta:

– Caro e bem-amado filho, um espírita meu amigo não compreende e não admite possas ser o guia espiritual de tua mãe, porque ela existia antes de ti e, indubitavelmente, deve ter tido um guia, mesmo que fosse apenas durante o tempo em que tivemos a felicidade de ter-te ao nosso lado. Podes dar-nos algumas explicações?

Resposta do Espírito da criança – Como quereis aprofundar tudo quanto vos parece incompreensível? Aquele que vos parece mesmo o mais adiantado no Espiritismo está apenas nos primeiros elementos da doutrina e não sabe mais do que esse ou aquele que vos parece a par de tudo e capaz de vos dar explicações. Eu existi muito tempo antes de minha mãe, e ocupei, em outra existência, uma posição eminente por meus conhecimentos intelectuais.

"Mas um imenso orgulho se havia apoderado de meu Espírito, e durante várias existências consecutivas fui submetido à mesma provação, sem poder dela triunfar, até chegar à existência em que estava junto de vós. No entanto, como já era adiantado, e minha partida devia servir ao vosso adiantamento, para vós, tão atrasados na vida espírita, Deus me chamou antes do fim de minha carreira, considerando minha missão junto a vós mais aproveitável como Espírito do que como encarnado.

"Durante minha última estada na Terra, minha mãe teve o seu anjo de guarda junto a ela, mas temporariamente, porque Deus sabia que era eu que devia ser o seu guia espiritual, e que eu a levaria mais eficazmente para o caminho do qual ela estava tão afastada. O seu guia foi chamado para outra missão, quando vim tomar seu lugar junto a ela.

"Perguntai aos que sabeis mais adiantados do que vós se esta explicação é lógica e boa, porque pode ser que, considerando-se que esta é minha opinião pessoal, talvez eu me engane. Enfim, isto vos será explicado, se perguntardes. Muitas coisas ainda vos são ocultas e vos parecerão claras mais tarde. Não queirais aprofundar muito, porque dessa constante preocupação nasce a confusão de vossas ideias. Tende paciência, pois assim como um espelho embaciado por um sopro ligeiro pouco a pouco vai ficando límpido, vosso espírito tranquilo e calmo atingirá esse grau de compreensão necessário ao vosso adiantamento.

"Coragem, pois, bons pais; marchai com confiança, e um dia bendireis a hora da provação terrível que vos trouxe ao caminho da felicidade eterna, sem a qual teríeis ainda muitas existências infelizes a percorrer."

OBSERVAÇÃO: Esse garoto tinha uma precocidade intelectual rara para a sua idade. Mesmo gozando de um bom estado de saúde, parecia pressentir seu fim próximo. Ele se alegrava nos cemitérios e sem jamais ter ouvido falar em Espiritismo, no qual seus pais não acreditavam, muitas vezes perguntava se, quando se estivesse morto, não se poderia voltar para os que se tinha amado. Ele aspirava a morte como uma felicidade e dizia que quando morresse sua mãe não deveria afligir-se, porque ele voltaria para junto dela. Com efeito, foi a morte de três filhos em alguns dias que levou os pais a buscar uma consolação no Espiritismo. Eles encontraram largamente essa consolação, e sua fé foi recompensada pela possibilidade de conversar a cada instante com os filhos. Dentro de bem pouco tempo a mãe se tornou excelente médium, tendo seu próprio filho como guia, Espírito que se revela de uma grande superioridade.

COMUNICAÇÃO COM OS SERES QUE NOS SÃO CAROS

Por que todas as mães que choram os filhos e ficariam felizes se se comunicassem com eles muitas vezes não o podem? Por que a visão deles lhes é recusada, mesmo em sonhos, a despeito de seu desejo e de suas preces ardentes?

Além da falta de aptidão especial que, como se sabe, não é dada a todos, há por vezes outros motivos cuja utilidade a sabedoria da Providência aprecia melhor do que nós. Essas comunicações poderiam ter inconvenientes para naturezas muito impressionáveis; certas pessoas poderiam delas abusar e a elas se entregar com um excesso prejudicial à saúde. A dor, em semelhantes casos, sem dúvida é natural e legítima; mas algumas vezes é levada a um ponto desarrazoado. Nas pessoas de caráter fraco, muitas vezes essas comunicações reavivam a dor em vez de acalmá-la, por isso nem sempre lhes é permitido recebê-las, mesmo por outros médiuns, até que se tenham tornado mais calmas e bastante senhoras de si para dominar a emoção. A falta de resignação, em casos tais, é quase sempre uma causa de retardamento.

Depois, é preciso dizer que a impossibilidade de nos comunicarmos com os Espíritos que mais amamos, quando podemos com outros, é muitas vezes uma prova para a fé e a perseverança e, em certos casos, uma punição. Aquele a quem esse favor é recusado deve, pois, dizer-se que sem dúvida a mereceu. Cabe-lhe procurar a causa *em si mesmo*, e não atribuí-la à indiferença ou ao esquecimento do ser lamentado.

Enfim, há temperamentos que, não obstante a força moral, poderiam sofrer pelo exercício da mediunidade com certos Espíritos, mesmo simpáticos, conforme as circunstâncias.

Admiremos em tudo a solicitude da Providência, que vela pelos menores detalhes, e saibamos submeter-nos à sua vontade sem murmúrio, porque ela sabe melhor do que nós o que nos é útil ou prejudicial. Ela é para nós como um bom pai, que nem sempre dá a seu filho o que ele deseja.

As mesmas razões ocorrem no que concerne aos sonhos. Os sonhos são a lembrança do que a alma viu em estado de desprendimento durante o sono. Ora, essa lembrança pode ser interdita. Mas aquilo de que a gente não se lembra não está, por isto, perdido para a alma. As sensações experimentadas durante as excursões que ela faz no mundo invisível, deixam, ao despertar, impressões vagas, e a gente se lembra de pensamentos e ideias cuja origem muitas vezes não suspeita. Portanto, podemos ter visto, durante o sono, os seres aos quais temos afeição, termo-nos entretido com eles, mas não guardamos a lembrança. Então dizemos que não sonhamos.

Mas se o ser lamentado não pode manifestar-se de uma maneira extensiva qualquer, nem por isso estará menos junto aos que o atraem por seu pensamento simpático. Ele os vê, ouve as suas palavras e muitas vezes adivinha a sua presença por uma espécie de intuição, uma sensação íntima, algumas vezes mesmo por certas impressões físicas. A certeza de que ele não está no nada; de que ele não está perdido nas profundezas do espaço nem nos abismos do inferno; de que ele é mais feliz, agora isento dos sofrimentos corporais e das tribulações da vida; de que o verão, após uma separação momentânea, mais belo, mais resplendente, sob seu envoltório etéreo imperecível, e não sob a pesada carapaça carnal, eis a imensa consolação que recusam aqueles que creem que tudo acaba com a vida; eis o que dá o Espiritismo.

Em verdade, não se compreende o encanto que se pode encontrar em comprazer-se na ideia do nada para si mesmo e para os seus, e na obstinação de certas pessoas em repelir até a esperança de que pode ser diferente, e os meios de adquirir a sua prova. Diga-se a um doente agonizante: "Amanhã estareis curado; vivereis ainda muitos anos, alegre, saudável", e ele aceitará o augúrio com alegria. O pensamento da vida espiritual indefinida, isenta das enfermidades e preocupações da vida não é muito mais satisfatório?

Pois bem! O Espiritismo dela não dá apenas a esperança, mas a certeza. É por isto que os espíritas consideram a morte de maneira completamente diferente dos incrédulos.

PERFECTIBILIDADE DOS ESPÍRITOS

(Paris, 3 de fevereiro de 1866. Grupo do Sr. Lat...
Médium, Sr. Desliens)

Pergunta. – Se os Espíritos ou almas se melhoram indefinidamente, conforme o Espiritismo, eles devem tornar-se infinitamente aperfeiçoados ou puros. Chegados a esse grau, por que não são iguais a Deus? Isto não está de acordo com a justiça.

Resposta. – O homem é uma criatura realmente singular! Sempre acha o seu horizonte muito limitado. Quer tudo compreender, tudo captar, tudo conhecer! Quer penetrar o insondável e despreza o estudo do que lhe toca imediatamente; quer compreender Deus, julgar os seus atos, fazê-lo justo ou injusto; diz como queria que ele fosse, sem suspeitar que ele é tudo isso e muito mais!... Mas, verme miserável, algum dia compreendeste de modo absoluto algo do que te cerca? Sabes por que lei a flor se colore e se perfuma aos beijos vivificantes do sol? Sabes como nasces, como vives e por que teu corpo morre?... – Tu vês fatos, mas as causas para ti ficam envoltas num véu impenetrável, e querias julgar o princípio de todas as coisas, a causa primeira, Deus enfim! – Há muitos outros estudos mais necessários ao desenvolvimento de teu ser, que merecem toda a tua atenção!...

Quando resolves um problema de álgebra, vais do conhecido para o desconhecido e, para compreender Deus, esse problema insolúvel desde tantos séculos, queres dirigir-te a ele diretamente! Então tendes todos os elementos necessários para estabelecer tal equação? Não te falta algum documento para julgar teu criador em última instância? Por acaso vais acreditar que o mundo seja limitado a este grão de areia perdido na imensidade do espaço onde te agitas mais imperceptível que o menor dos infusórios, e que o Universo seja uma gota d'água? Contudo, raciocinemos e vejamos por que, conforme teus conhecimentos atuais, Deus seria injusto não se deixando jamais atingir por sua criatura.

Em todas as ciências há axiomas ou verdades irrecusáveis, que se admitem como bases fundamentais. As ciências matemáticas, e em geral todas as ciências, são baseadas no axioma de que a parte jamais poderia igualar o todo. O homem, criatura de Deus, segundo esse princípio, jamais poderia atingir aquele que o criou.

Suponde que um indivíduo tenha que percorrer uma estrada de extensão infinita. De uma *extensão infinita*, pesai bem a expressão. Aí está a posição do homem em relação a Deus, considerado como o seu objetivo.

Dir-me-eis que, por pouco que se marche, a soma dos anos e dos séculos de marcha permitirá atingir o fim. É um erro!... O que fizerdes num ano, num século, num milhão de séculos, será sempre uma quantidade finita; um outro espaço igual não vos permitirá acrescentar senão uma quantidade igualmente finita, e assim por diante. Ora, para o mais noviço matemático, uma soma de quantidades finitas jamais formará uma quantidade infinita. O contrário seria absurdo, pois nesse caso o infinito poderia ser medido, o que faria com que ele perdesse sua qualidade de infinito. – O homem progredirá sempre e incessantemente, mas em quantidade finita; a soma de seus progressos não será jamais senão uma perfeição finita, que não poderia atingir Deus, o infinito em tudo. Não há, pois, injustiça da parte de Deus em que suas criaturas jamais o possam igualar. A natureza de Deus é um obstáculo intransponível a um tal objetivo do Espírito; sua justiça não poderia permiti-lo, porque se um Espírito se igualasse a Deus, seria o próprio Deus. Ora, se dois Espíritos forem tais que tenham ambos o mesmo poder infinito em todos os sentidos e um for idêntico ao outro, eles se confundirão num só e não haverá mais que um Deus. Um deles deveria, pois, perder a sua individualidade, o que seria uma injustiça muito mais evidente do que não poder atingir um fim infinitamente distanciado, dele se aproximando constantemente. Deus faz bem o que faz e o homem é demasiadamente pequeno para permitir-se pesar as suas decisões.

MOKI

OBSERVAÇÃO: Se há um mistério insondável para o homem, é o princípio e o fim de todas as coisas. A visão do infinito lhe dá vertigem. Para compreendê-lo, são necessários conhecimentos e um desenvolvimento intelectual e moral que ele ainda está longe de possuir, malgrado o orgulho que o leva a julgar-se chegado ao topo da escala humana. Em relação a certas ideias, ele está na posição de uma criança que quisesse fazer cálculo diferencial e integral, antes de saber as quatro operações. À medida que avançar para a perfeição, seus olhos abrir-se-ão à luz, e a névoa que os cobre se dissipará. Trabalhando seu melhoramento no presente, ele chegará mais cedo do que perdendo-se em conjecturas.

VARIEDADES

A RAINHA VITÓRIA E O ESPIRITISMO

Lê-se em *Le Salut Public,* de Lyon, de 3 de junho de 1866, nas notícias de Paris:

"Lord Granville, durante sua curta estada em Paris, dizia a alguns amigos que a rainha Vitória se mostrava mais preocupada do que jamais se viu em qualquer época de sua vida, por causa do conflito austro-prussiano. Acrescentava o nobre lorde, presidente do conselho privado de sua majestade britânica, que a rainha acreditava obedecer à voz do defunto príncipe Alberto, nada poupando para evitar uma guerra que poria na fogueira a Alemanha inteira. Foi sob essa impressão, que não a deixa, que ela escreveu várias vezes ao rei da Prússia, bem como ao imperador da Áustria, e que também teria dirigido uma carta autógrafa à imperatriz Eugênia, suplicando-lhe unir seus esforços aos dela em favor da paz."

Este fato confirma o que publicamos na *Revista Espírita* de março de 1864, sob o título de *Uma rainha médium.* Ali era dito, de acordo com uma correspondência de Londres, reproduzida por vários jornais, que a Rainha Vitória se comunicava com o Espírito do Príncipe Alberto e tomava seus conselhos em certas circunstâncias, como o fazia enquanto ele estava vivo. Remetemos a esse artigo, para os detalhes do fato e para as reflexões que ele suscitou. Ademais, podemos afirmar que a rainha Vitória não é a única cabeça coroada ou próxima à coroa, que simpatiza com as ideias espíritas, e todas as vezes que dissemos que a doutrina tinha adeptos até nos mais altos graus da escala social, não exageramos.

Muitas vezes perguntaram por que os soberanos, convictos da verdade e da existência desta doutrina, não consideravam um dever apoiá-la abertamente com a autoridade de seu nome. É que os soberanos talvez sejam os homens menos livres; mais que simples particulares, estão submetidos às exigências do mundo e obrigados, *por razões de Estado*, a certas manobras. Não nos permitiríamos citar a rainha Vitória, a propósito do Espiritismo, se outros jornais não houvessem tomado a iniciativa, e porque não houve desmentidos para o fato, nem reclamações, julgamos poder fazê-lo sem inconveniente. Sem dúvida, dia virá em que os soberanos poderão confessar-se espíritas, como se confessam protestantes, católicos gregos ou romanos. Enquanto se espera, sua simpatia não é tão estéril quanto se poderia crer, porque, em certos países, se o Espiritismo não é entravado e perseguido oficialmente, como o era o Cristianismo em Roma, ele o deve a altas influências. Antes de ser oficialmente protegido, deve contentar-se em ser tolerado, aceitar o que lhe dão e não pedir muito, com risco de nada obter. Antes de ser carvalho, ele não passa de caniço, e se o caniço não se quebra é porque se dobra ao vento.

POESIAS ESPÍRITAS

MÉRY, O SONHADOR

(Grupo do Sr. L..., 4 de julho de 1866 Médium: Sr Vavasseur).

Apenas recém-nascido em vossa margem,
Vi uma mulher atenta
Dizer, espiando meu despertar:
Não perturbeis seu doce sono,
Ele sonha; e eu apenas nascia!
Um pouco mais tarde, na planície,
Eu desfolhava o trevo florido,
E diziam que Joseph Méry
Sonhava; e quando a pobre mãe
Me sentava na pedra branca
Que guardava a borda do riacho,
Ela também dizia: Sonha ainda,
Meu filho. Mais tarde, no colégio,
Por ódio ou por desprezo, O que sei eu!
Fugiam-me os amigos para longe,
Deixando-me só, a um canto,
A sonhar. E quando a louca ebriez
Dos prazeres perturbou-me a juventude
A turma me apontava com o dedo,
Dizendo: "É Méry, que deve
Sonhar ainda." E quando, mais prudente,
Quase em meio do caminho,
Fui julgado como escritor,
Diziam de mim: "É em vão
Que ele evoca a poesia
Em seus versos. É o devaneio
Que me vem ao seu apelo. Méry,
Faça o que quiser, será Méry."
E quando a última prece
Abençoou-me a fria poeira,
Atento sob o meu sepulcro,
Ouvi uma palavra, uma só:
"Sonhador!" Ah! sim, na Terra
Sonhei. Por que calar, então,
Um sonho que não findou
E que começo aqui?

J. MÉRY

A PRECE DA MORTE PELOS MORTOS
(Sociedade de Paris, 13 de julho de 1866 *Médium:* Sr. Vavasseur).

Os séculos rolaram no vórtice do tempo
Sem piedade, flores e frutos, frios invernos, doces primaveras,
E a morte passou sem bater à porta
Que escondia o tesouro que ela leva em segredo;
A vida! Ó morte! A mão que tua mão dirige,
Cansada de bater, não poderá amanhã
Suspender seus golpes? Tua fome insaciada
Ainda quer perturbar o banquete da vida?
Mas, se vens sem cessar, a qualquer hora do dia,
Buscar mortos entre nós para encher tua morada,
O universo é pouco para teus abismos profundos,
Ou teu vórtice é sem fundo para as pobres vítimas.
Ó morte! Tu vês chorar a virgem sem chorar,
E murchas as flores que deviam orná-la,
Sem permitir que sua fronte cinja a coroa
De rosas e de lírios, que lhe dá o esposo.
Ó morte! Tu não ouves os gritos da pobre criança,
E vens, impiedosa, feri-la ao nascer,
Sem deixar que seus olhos conheçam sua mãe
Que lhe dava o Céu quando lhe dava a Terra.
Ó morte! Tu não ouves os desejos desse velho
Implorando o favor, à hora da partida,
De abraçar seu filho e abençoar a filha,
Para dormir depressa e morrer mais tranquilo.
Mas, cruel! Diz pra mim: o que será dos mortos
Que deixam nossa margem e vão às tuas praias?
Sofrerão sempre as dores da Terra
Durante a eternidade, e a prece
Não poderia, ao menos, lhes suavizar um dia?
E a morte respondeu: "Nesta sombria morada

Onde, livre, instalei meu tenebroso império,
A prece é poderosa e é Deus que a inspira
Aos meus súditos e a mim. Quando venho, à tarde,
Em meu trono sangrento sentar-me pomposa,
Olho os céus e sou a primeira
A recitar baixinho a prece pelos mortos.
Escuta, filho, escuta: "Ó Deus Onipotente,
Do alto sobre eles, sobre mim, lança de relance
Um olhar piedoso. Que um raio de esperança
Aclare enfim estes lugares onde chora o sofrimento.
Faze-nos ver, ó Deus, a terra do perdão,
Essa margem sem fim, essa plaga sem nome,
A terra dos eleitos, a pátria eterna
Onde a todos criaste a eterna vida;
Faze que cada um de nós, ante a tua vontade,
Se incline com respeito; perante a majestade
De teus secretos desígnios, se prosterne e adore;
Ante teu nome se curve e ainda se erga,
Exclamando: Senhor! Se me banistes
Da morada dos vivos, se me haveis punido
Na morada dos mortos, ante vós confesso
Ter merecido mais; batei, batei sem cessar,
Senhor, eu sofrerei sem jamais murmurar,
E meus olhos jamais chorarão bastante
Para lavar a indelével mancha do passado
Que sempre ao presente se liga vergonhosa.
Sofrerei vossos golpes, levarei minha cruz
Sem jamais maldizer vossas leis justas,
E quando julgardes finda a minha prova,
Senhor, se me derdes à pálida sombra
Os bens que ela perdeu no cativeiro,
A brisa, o sol, o ar puro, a liberdade,
O repouso e a paz, ante vós me comprometo
A orar, por meu lado, em minha nova plaga,
Pelos irmãos curvados ao peso das correntes
Que os retêm no fundo de seu inferno;

Por suas sombras em pranto, às bordas da outra margem,
Mudas, olhando a minha fugitiva,
Afastar-se dizendo-lhes: Coragem, meus amigos,
Eu cumprirei no Céu o que aqui prometi."

CASIMIR DELAVIGNE

Já publicamos outras poesias recebidas por esse médium nos números de junho e julho, sob os títulos de *A teu livro e A prece pelos Espíritos.* O Sr. Vavasseur é um médium versificador na acepção da palavra, pois só muito raramente obtém comunicações em prosa, e embora muito letrado e conhecedor das regras de poesia, jamais fez versos próprios. Perguntarão o que sabemos a respeito e quem nos disse que aquilo que supostamente é mediúnico não é produto de sua composição pessoal? Nós acreditamos, em primeiro lugar porque ele o afirma, e nós o consideramos incapaz de enganar, e em segundo lugar porque nele sendo a mediunidade completamente desinteressada, nenhuma razão teria de se dar a um esforço inútil e de representar uma comédia indigna de um caráter honesto. Sem dúvida a coisa seria mais evidente e, sobretudo, mais extraordinária se ele fosse completamente iletrado, como se vê em certos médiuns, mas os conhecimentos que ele possui não infirmariam a sua faculdade, porquanto ela é demonstrada por outras provas.

Que expliquem por que, por exemplo, se ele quiser compor algo dele mesmo, um simples soneto, nada obtém, ao passo que, sem o buscar, e sem desígnio premeditado, escreve trechos de grande fôlego, de um jato, mais rapidamente e mais correntemente do que escreveríamos prosa, sobre um assunto improvisado, no qual não pensava? Qual o poeta capaz de semelhante esforço, renovado quase que diariamente? Não poderíamos duvidá-lo, porque os trechos que citamos, e muitos outros, foram escritos às nossas vistas, na sociedade e em diferentes grupos, em presença de uma assembleia por vezes numerosa. Que todos os malabaristas que pretendem descobrir os supostos fios dos médiuns imitando mais ou menos grosseiramente alguns efeitos físicos venham, pois, desafiar certos médiuns escreventes e tratar, mesmo em simples prosa, instantaneamente, sem preparação nem retoque, o primeiro assunto surgido e as mais abstratas questões! É uma prova a que nenhum detrator jamais quis submeter-se.

A propósito, recordamo-nos que há seis ou sete anos um escritor e jornalista cujo nome por vezes figura na imprensa entre os trocistas do Espiritismo, veio nos procurar, dando-se por médium escrevente *intuitivo* e oferecer seu concurso à Sociedade. Dissemos-lhe que antes de aceitar sua *obsequiosa* oferta, era-nos preciso conhecer a extensão e a natureza de sua faculdade. Convocamo-lo, em consequência, para uma sessão particular de ensaio, na qual se encontravam quatro ou cinco médiuns. Apenas estes tomaram do lápis, começaram a escrever com uma rapidez que o deixou estupefato. Ele rabiscou três ou quatro linhas, com muitas rasuras, e reclamou que estava com dor de cabeça, o que perturbava a sua faculdade. Prometeu voltar, mas não o vimos mais. Ao que parece, os Espíritos só o assistem com a cabeça fresca e em seu gabinete.

É verdade que apareceram improvisadores, como o finado Eugène de Pradel, que cativaram os ouvintes por sua facilidade. Admiraram-se que eles nada tivessem publicado. A razão é muito simples. É que o que seduzia a audição não era suportável como leitura; não passava de um arranjo de palavras saídas de uma fonte abundante, onde excepcionalmente brilhavam alguns traços espirituosos, mas cujo conjunto era vazio de ideias sérias e profundas, e eivado de incorreções revoltantes. Não é essa a censura que se pode fazer aos versos que citamos, embora obtidos com quase tanta rapidez quanto os improvisos verbais. Se eles fossem fruto de um trabalho pessoal, seria uma singular humildade da parte do autor atribuir o mérito a outro e não a si, e privar-se da honra que daí poderia tirar.

Embora a mediunidade do Sr. Vavasseur seja recente, ele já possui uma coleção bem importante de poesias de um mérito real, que pretende publicar. Apressamo-nos em anunciar essa obra antes que apareça e que, não temos dúvida, será lida com interesse.

NOTÍCIA BIBLIOGRÁFICA

CANTATA ESPÍRITA

Letra do Sr. Herczka e música do Sr. Armand Toussaint, de Bruxelas, com acompanhamento de piano.

Esse trecho não é dado como produção mediúnica, mas como obra de um artista inspirado por sua fé espírita. As pessoas competentes que ouviram a sua execução concordam em lhe conferir um mérito real, digno do assunto. Temos dito muitas vezes que o Espiritismo bem compreendido será uma fecunda mina para as artes, onde a poesia, a pintura, a escultura e a música haurirão novas inspirações. Haverá a arte espírita, como houve a arte pagã e a cristã.

(Venda em benefício dos pobres. Preço líquido, 1,50 franco, porte franqueado para a França. À venda em Bruxelas, na sede da Sociedade Espírita, Rue de la Montagne, 51; em Paris, no escritório da *Revista*).

ALLAN KARDEC

REVISTA ESPÍRITA

JORNAL DE ESTUDOS PSICOLÓGICOS

ANO IX	SETEMBRO DE 1866	VOL. 9

OS IRMÃOS DAVENPORT EM BRUXELAS

Os irmãos Davenport acabam de passar algum tempo na Bélgica, onde pacificamente deram representações. Temos numerosos correspondentes nesse país, mas nem por eles nem pelos jornais soubemos que tais senhores ali tenham sido alvo de cenas lamentáveis como aquelas que ocorreram em Paris. Será que os belgas dariam lições de urbanidade aos parisienses? Poder-se-ia crê-lo comparando as duas situações. O que é evidente é que em Paris havia uma ideia preconcebida, uma conspiração organizada contra eles, e a prova disso é que os atacaram antes de saber o que iam fazer, antes mesmo que tivessem começado. Que vaiem os que fracassam, que não fazem o que anunciaram, é um direito comprado em toda parte, quando se paga a entrada. Mas que os escarneçam, que os insultem, que os maltratem, que lhes quebrem os instrumentos, antes mesmo que entrem em cena, é o que não se permitiria contra o último baderneiro de feira. Seja qual for a maneira pela qual sejam considerados esses senhores, tais procedimentos não têm desculpa num povo civilizado.

De que os acusam? De se apresentarem como médiuns? De pretenderem operar com a ajuda dos Espíritos? Se era, da parte deles, um meio fraudulento de atrair a curiosidade do público, quem tinha o direito de se lastimar? Os espíritas podiam achar ruim a exibição de uma coisa respeitável. Ora, quem lamentou? Quem gritou contra o escândalo, a impostura e a profanação? Precisamente os que não creem nos Espíritos. Mas, entre os que gritam mais alto que não há Espíritos, que fora do homem nada existe, alguns deles, de tanto ouvirem falar de manifestações, acabam, senão por crer, ao menos por temer que haja alguma coisa. O medo de que os irmãos Davenport viessem prová-lo claramente desencadeou contra eles uma verdadeira cólera que, se tivessem certeza de que eles não passavam de hábeis malabaristas, não haveria mais razão de ser do que se fosse dirigida contra o primeiro escamoteador que aparecesse. Sim, estamos convencidos de que o medo de vê-los vitoriosos foi a causa principal dessa hostilidade que tinha precedido o seu aparecimento em público e preparado os meios de fazer abortar sua primeira exibição.

Mas os irmãos Davenport não passavam de um pretexto; não era a eles, pessoalmente, que visavam, mas ao Espiritismo, ao qual pensavam que poderiam dar uma sanção e que, para o grande desapontamento de seus antagonistas, desfruta os efeitos da malevolência, pela prudente reserva da qual jamais se afastou, a despeito de tudo quanto fizeram para forçá-lo a dela afastar-se. Para muita gente, é um verdadeiro pesadelo. Era preciso conhecê-lo muito pouco para crer que aqueles senhores, colocando-se em condições que ele desaprova, lhe pudessem servir de auxiliares. Contudo, eles serviram à sua causa, fazendo as pessoas falarem dele, na ocasião, e a crítica, sem querer, lhe deu a mão, provocando o exame da doutrina. É de notar que todo o alvoroço feito em torno do Espiritismo é obra desses mesmos que queriam abafá-lo. Por mais que tivessem feito contra ele, ele jamais gritou. Foram seus adversários que gritaram, como se já se julgassem mortos.

Extraímos do *Office de Publicité,* jornal de Bruxelas, que, ao que se diz, tem uma tiragem de 25.000 exemplares, as passagens seguintes de dois artigos publicados nos números de 8 e de 22 de julho último, sobre os irmãos Davenport, bem como duas cartas de refutação lealmente inseridas no mesmo jornal. Embora um tanto gasto, o assunto não deixa de ter o seu lado instrutivo.

CRÔNICA DE BRUXELAS

"É bem verdade que tudo acontece e que não se deve dizer: 'Desta água não beberei.' Se me tivessem dito que eu jamais veria o armário dos irmãos Davenport nem esses ilustres feiticeiros, eu teria sido capaz de jurar que isto não teria importância, pois basta que me digam de alguém que ele é feiticeiro para me tirar toda curiosidade a seu respeito. O sobrenatural e a feitiçaria não têm inimigo mais teimoso do que eu. Eu não iria ver um milagre quando o mostrassem de graça: essas coisas me inspiram aversão, tanto quanto bezerros de duas cabeças, mulheres de barba e todos os monstros. Considero idiotas os Espíritos batedores e as mesas sábias, e não há superstição que me faça fugir para o fim do mundo. Julgai se com tais disposições eu teria podido ir engrossar a multidão junto aos irmãos Davenport, quando diziam que eles mantinham comércio regular com os Espíritos! Confesso que também não me teria vindo a ideia de desmascarar a trapaça, de quebrar o seu armário e provar que realmente não eram feiticeiros, pois me parece que assim eu teria dado a prova de que eu mesmo tinha acreditado em seus aparatos e em suas artes. Ter-me-ia parecido infinitamente mais simples afastar, de saída, essa suposta feitiçaria e supor que tendo enganado tanta gente, eles deveriam ser criaturas muito hábeis em seus exercícios. Quanto a compreender, eu não me teria dado a esse trabalho. Desde que os Espíritos aí não se metem, valeria a pena? E se tivesse havido muitos pobres Espíritos no outro mundo para neste vir fazer o papel de comparsas, *ainda valeria a pena*?

"Li oportunamente com muita atenção, embora tivesse em que empregar melhor o meu tempo, a maior parte dos livros em uso pelos espíritas e aí encontrei tudo quanto era necessário para satisfazer a necessidade de uma religião nova, mas não com que me converter a essa velha novidade. Consultados todos os Espíritos, cujas respostas são citadas, nada disseram que não tivesse sido dito antes deles e em melhores termos do que as repetiram. Ensinaram-nos que é preciso amar o bem e detestar o mal; que a verdade é o contrário da mentira; que a alma é imortal; que o homem deve tender incessantemente a tornar-se melhor e que a vida é uma provação, coisas todas sabidas há milhares de anos, para a revelação das quais era inútil evocar tantos mortos ilustres e até personagens que, por mais célebres que sejam, cometeram, entretanto, o erro de não terem existido. Não falo do Judeu-Errante, mas imaginai que eu vá evocar Dom Quixote e que ele volte, isto não seria divertido ao máximo?

"Eu não tinha mais que uma objeção a respeito dos irmãos Davenport, pois não passavam de hábeis prestidigitadores. Essa objeção se resumia em que, *afastado de boa vontade e de comum acordo todo Espiritismo*, seus exercícios bem podiam não passar de um divertimento medíocre. É provável que não me tivesse vindo a ideia de ir vê-los se, feita a oferta graciosa de lá ir, eu não tivesse considerado que a crônica obriga, que nem tudo são rosas na vida e que o cronista deve ir aonde vai o público e aborrecer-se um pouco, em compensação. Resolvido a fazer as coisas conscienciosamente, para começar fui de dia à sala do *Círculo Artístico e Literário*, onde se ocupavam na montagem do famoso armário. Vi-o ainda incompleto, à luz do dia, e despido de toda a sua 'poesia'. Se às ruínas são necessárias a solidão e as sombras da noite, aos 'truques' dos prestidigitadores são necessárias a luz do gás, a multidão crédula e a distância. Mas os irmãos Davenport são bons artistas e põem as cartas na mesa. Podia-se ver, e entrava quem quisesse. Um criado americano montava o armário com tranquilidade; os violões, os pandeiros, as cordas, as campainhas lá estavam, de mistura com cofres, roupas, pedaços de tapetes, panos de embalagem; tudo ao abandono, ao alcance de qualquer um, como um desafio à curiosidade. Aquilo parecia dizer: Virai, revirai, examinai, procurai, mexei, sacudi! Nada sabereis.

"Nada há de mais insolentemente simples que o armário. É um guarda-roupa, que absolutamente não tem aparência de ter sido feito para alojar Espíritos. Pareceu-me de nogueira. Tem na frente três portas em vez de duas, e parece cansado das viagens que fez e dos assaltos que sofreu. Lancei-lhe um olhar, não muito de perto, porque, escancarado como estava, imaginei que um móvel tão misterioso devia exalar cheiro de mofo, como a espineta mágica na qual encerravam Mozart em criança.

"Declaro formalmente que, a menos que aí pusesse roupas, não saberia o que fazer do armário dos irmãos Davenport. A cada um a sua função. Eu o revi à noite, isolado sobre o estrado, diante da rampa: já tinha um aspecto monumental. A sala estava cheia, como jamais esteve nos dias em que Mozart, Beethoven e seus intérpretes bancaram sozinhos os custos do espetáculo. O mais belo público possível: os mais amáveis, os mais espirituosos, as mais belas mulheres de Bruxelas, depois os conselheiros da Corte de Cassação, presidentes políticos, judiciários e literários; todas as academias, senadores, ministros, representantes, jornalistas, artistas, empreiteiros de construções, entalhadores *que eram como um buquê de flores!* O honrado Sr. Rogier, ministro dos negócios estrangeiros, estava naquele serão, onde lhe fazia companhia um antigo presidente da Câmara. O Sr. Vervoort que, desiludido das grandezas humanas, só conservou a presidência do Círculo, aliás uma realeza encantadora. À vista disso, senti-me seguro. Um de nossos melhores pintores, o Sr. Robie, fez eco ao meu pensamento dizendo-me: 'Vedes! A Áustria e a Prússia podem bater-se quanto queiram. Desde que a crise europeia não perturbe o nosso ministro dos negócios estrangeiros, a Bélgica pode dormir em paz.' Isso me pareceu peremptório, vós mesmo o julgareis, e sabendo que o Sr. Rogier assistiu sorridente ao sarau dos irmãos Davenport, dormireis descansados. É o que tendes de melhor a fazer.

"Vi todos os exercícios dos irmãos Davenport e *absolutamente não procurei compreender o seu mistério.* Tudo quanto posso dizer, sem pensar o mínimo em lhes diminuir o sucesso, é que me é impossível sentir o menor prazer com essas coisas. Elas não me interessam. Em minha presença amarraram os irmãos Davenport; disseram que os amarraram muito bem; depois puseram farinha em suas mãos e os trancaram no armário, baixaram a luz e ouvi um grande ruído de violões, de campainhas e de pandeiros no armário. De repente o armário se abriu – bruscamente um pandeiro rolou violentamente até os meus pés, e os irmãos Davenport apareceram desamarrados, saudando o público, sacudindo a farinha posta em suas mãos. Aplaudiram muito; aí está!

– Enfim, como explicais isto?

– Há pessoas do Círculo que o explicam muito bem. Quanto a mim, por mais que dê tratos à bola, não sinto absolutamente nenhuma vontade de entender. Eles se desataram, eis tudo, e o golpe da farinha foi bem feito. Acho os preparativos demorados, o ruído aborrecido e tudo pouco divertido. E nada de espírito, nem no singular nem no plural.

– Então, não acreditais?

– Sim; acredito no aborrecimento que senti.

– E o Espiritismo? Não acreditais nele?

– Isto é pergunta de Sganarello a Don Juan. Logo ireis perguntar se acredito no Frade-Cabeçudo (Moine-Bourru). Responderei como Don Juan, que acredito que dois e dois são quatro e que quatro e quatro são oito. Ainda não sei se, vendo o que se passa na Alemanha e alhures, não seria forçado a fazer reservas.

– Então sois ateu?
– Não. Sem modéstia, sou o homem mais religioso da Terra.
– Assim, acreditais em Deus, na imortalidade da alma, na ...
– Creio. É a minha felicidade e a minha esperança.
– E tudo isso se concilia com vosso quatro mais quatro são oito!
– Precisamente. Tudo está aí. *O turco é uma bela língua!*
– Então ides à missa?
– Não, mas não vos impeço de ir. O pássaro no galho, o verme brilhando na grama, os globos no espaço e meu coração cheio de adoração me cantam a missa noite e dia. Amo a Deus apaixonadamente e sem medo. Que quereis que eu faça, com isso, das religiões e de outras variedades do davenportismo?
– E o Espiritismo? E Allan Kardec?
– Creio que o Sr. Allan Kardec, que faria muito melhor em usar o seu nome verdadeiro, é tão bom cidadão quanto vós e eu. Sua moral não difere da moral comum, que me basta. Quanto às suas revelações, gosto tanto quanto do armário dos Davenport, com ou sem violões. Li as revelações dos Espíritos; seu estilo não vale o de Bossuet, e, salvo as citações feitas das obras dos homens ilustres, é pesado e por vezes comum. *Eu não gostaria de escrever como o mais forte do grupo.* Meu editor me diria que o macarrão é bom, mas que dele não se deve abusar. O Espiritismo tem sobrenatural e dogmas e eu desconfio desse bloco enfarinhado. Eu disse isto há cinco anos, falando da doutrina, pois é uma doutrina: Ela tem tudo o que é preciso para *instituir* uma religião nova. Seria melhor ser simplesmente religioso e não ir além das revelações do Universo.

"Vejo essa religião despontar. Já é uma seita, e considerável, porque não podeis avaliar o número e a seriedade das cartas que já recebi, por haver tratado de Espiritismo ultimamente. Ele tem os seus fanáticos, terá os seus intolerantes, os seus sacerdotes, porque o dogma se presta à ação intermediária, pois os Espíritos têm classes e preferências. Assim que houver dez por cento a ganhar com esse novo dogma, ver-se-lhe-á um clero. Eu o creio destinado a herdar do Catolicismo, em razão de seus aspectos sedutores. Esperai apenas que os espertos aí se misturem, e os profetas e os evocadores privilegiados surgirão através do mistério da coisa, que é suave e poética, como as ervas parasitas num campo de trigo.

"Eis duas cartas que me foram dirigidas. Vêm de pessoas leais, simples e convictas. Por isto as publico.

"Ao Sr. Bertram.

"Há quatro anos eu era o que se pode chamar um franco retardatário: católico sincero, acreditava nos milagres, no diabo, na infalibilidade papal. Assim, teria acertado sem discutir a Encíclica de Pio IX, com todas as suas consequências na ordem política.

"Mas, perguntareis, com qual finalidade tal confissão de um desconhecido? Palavra, Sr. Bertram, vou informar-vos, com o risco de excitar a vossa veia trocista ou *de vos fazer fugir até o fim do mundo.*

"Um dia, em Antuérpia, vi uma mesinha (vulgarmente chamada mesa falante) que me respondeu a uma pergunta mental em meu idioma natal, desconhecido dos assistentes; entre eles havia espíritos fortes, maçons que não acreditavam nem em Deus nem na alma. A coisa lhes deu motivos para refletir; eles leram com avidez as obras espíritas de Allan Kardec; eu fiz como eles, sobretudo quando vários sacerdotes me haviam assegurado que tais fenômenos eram obra exclusiva do... demônio, e eu vos asseguro que não lamentei o tempo que isso me custou, muito pelo contrário. Nesses livros não só achei uma solução racional e muito natural do fenômeno acima, mas uma saída para muitas questões, para muitos problemas que antes me haviam surgido. Aí encontrastes matéria para uma religião nova; mas credes, Sr. Bertram, que haveria um grande mal nisso, se ocorresse? O Catolicismo está de tal modo vinculado às necessidades de nossa Sociedade que não possa ser renovado nem substituído vantajosamente? Ou acreditais que a Humanidade possa prescindir de toda crença religiosa? O liberalismo proclama belos princípios, mas é, em grande parte, céptico e materialista. Nessas condições, jamais ligaria as massas a si, tanto quanto o Catolicismo ultramontano. Se o Espiritismo um dia for chamado a tornar-se uma religião, será a religião natural, bem desenvolvida e bem compreendida, e certamente não é nova. É, como dizeis, uma velha novidade.

Mas é também um terreno neutro, onde todas as opiniões, tanto políticas quanto religiosas, um dia poderão dar-se as mãos.

"Seja como for, desde que me tornei espírita, algumas más línguas me acusam de me haver tornado livre pensador. É verdade que a partir de então, assim como os Espíritos fortes dos quais eu falava acima, não mais creio no sobrenatural nem no diabo; mas, em compensação, todos cremos um pouco mais em Deus, na imortalidade da alma, na pluralidade das existências; filhos do século dezenove, percebemos uma estrada segura e queremos por ela empurrar o carro do progresso, em vez de retardá-lo. Vedes, pois, que o Espiritismo tem ainda coisas boas, porquanto pode operar tais mudanças.

"E agora, para voltar aos irmãos Davenport, seria erro evitar as experiências ou concluir com ideia preconcebida contra elas, pelo simples fato de serem novas. Quanto mais extraordinários os fatos que nos apresentem, mais merecem ser observados conscienciosamente e sem ideias preconcebidas, porque, quem poderia gabar-se de conhecer todos os segredos da Natureza? Jamais vi os irmãos Davenport, mas li o que a imprensa francesa escreveu sobre eles e fiquei admirado da má-fé posta no caso. Os amadores poderão ler com proveito *Des forces naturelles inconnues* (As forças naturais desconhecidas), de Hermès (Paris, Didier, 1865). É uma refutação, do ponto de vista da Ciência, das críticas contra eles dirigidas. Se é verdade que aqueles senhores não se apresentam como espíritas e não conhecem a doutrina, o Espiritismo não tem que lhes tomar a defesa. Tudo o que se pode dizer é que fatos semelhantes aos que eles apresentam são possíveis, em virtude de uma lei natural hoje conhecida e pela intervenção de Espíritos inferiores. Apenas, até aqui, esses fatos não se haviam produzido em condições tão pouco favoráveis, em horas fixas e com tanta regularidade.

"Espero, senhor, que acolhais estas observações desinteressadas e lhes deis hospitalidade em vosso jornal. Possam elas contribuir para elucidar uma questão mais interessante para os vossos leitores do que poderíeis supor.

"Vosso assinante,
H. VANDERYST

"Ei-la publicada! Não me poderão acusar de 'pôr a luz sob o velador'.

"Para começar, não tenho velador; depois, sem a sombra da troça, não vejo aqui muita luz. Jamais fiz objeção à moral espírita; ela é pura. Os espíritas são honestos e benfeitores. Seus donativos para as creches mo provaram. Se eles se apegam aos seus Espíritos superiores e inferiores, não vejo nisso inconveniente. É uma questão entre o seu instinto e a sua razão.

"Há um postscriptum na carta que diz: 'Permiti chame a vossa atenção para a obra que acaba de ter as honras do Index: *A Pluralidade das Existências da Alma,* de Pezzani, advogado, onde essa questão é tratada fora da revelação espírita.'

"Passemos à outra carta:

(Segue-se uma segunda carta no mesmo sentido da precedente, e que assim termina):

"Tenho a convicção que, no dia em que a imprensa empenhar-se em desenvolver tudo o que o Espiritismo encerra de belo, o mundo fará progressos imensos, moralmente. Tornar perceptível ao homem que cada um traz em si a verdadeira religião, *a consciência*; deixá-lo em presença de si mesmo para responder por seus atos ante o Ser Supremo, que coisa importante! Não seria matar o materialismo, que faz tanto mal no mundo? Não seria uma barreira contra o orgulho, a ambição, a inveja, coisas que tornam o homem infeliz? Ensinar ao homem que deve fazer o bem para merecer sua recompensa: certamente há homens que estão convencidos de tudo isto, mas quantos em relação à totalidade? E tudo isto pode-se ensinar ao homem. De minha parte, evoquei meu pai e, graças às respostas obtidas, a dúvida não é mais possível.

"Se eu tivesse a felicidade de manejar a pena como vós, trataria o Espiritismo como chamado a nos inculcar uma moral suave e agradável. Meu primeiro artigo teria por título *O Espiritismo, ou a destruição de todo fanatismo. A queda dos Jesuítas e de todos os que vivem da credulidade humana.* Bebem-se todas essas ideias no excelente livro de Allan Kardec. Como eu gostaria que tivésseis a minha maneira de encarar o Espiritismo! Como faríeis bem à moral! Mas, meu caro Bertram, como pudestes encontrar sobrenatural e feitiçaria no Espiritismo? Não acho mais extraordinário em nos comunicarmos com nossos pais e amigos que passaram para o outro mundo, por meio do fluido que nos põe em contato com eles, do que nos comunicarmos com os nossos irmãos deste globo, a distâncias fabulosas, por meio do fio elétrico!"

"Tudo publicado sem observação nem comentários, para provar apenas que o Espiritismo na Bélgica tem partidários ardentes em sua fé. Positivamente, a seita faz progressos, e em breve o Catolicismo terá que contar com ela.

"A imprensa parisiense não foi de má-fé com os irmãos Davenport. O que ela deixa bem claro é que eles não mais exibem pretensões ao sobrenatural. Eles não mais fazem exibições a cinquenta francos por cabeça, ao menos que eu saiba. Contudo, creio que as pessoas que quisessem pagar esse preço por um lugar, não seriam mal recebidas. Para concluir, afirmo que seus exercícios não me parecem feitos para exercer grande influência sobre o futuro das sociedades humanas.

BERTRAM

Depois das duas cartas que acabamos de ler, pouco temos a dizer sobre o artigo. Sua moderação contrasta com a acrimônia da maioria dos que outrora eram escritos sobre o mesmo assunto. Ao menos o autor não contesta aos espíritas o direito de ter uma opinião, que ele respeita, embora não a compartilhe. Em consonância com certos apóstolos do progresso, ele reconhece que a liberdade de consciência é um direito de todos. Já é alguma coisa. Ele concorda mesmo que os espíritas têm coisas boas e são de boa-fé. Constata, enfim, os progressos da doutrina, e confessa que ela tem um lado sedutor. Assim, faremos apenas ligeiras observações.

O Sr. Bertram nos considera mesmo tão bom cidadão quanto ele, e nós agradecemos, mas acrescenta que faríamos muito bem em usar o nosso nome verdadeiro. Por nosso lado, permitimo-nos perguntar-lhe por que assina seus artigos *Bertram,* em vez de *Eugène Landois,* o que nada tira de suas qualidades pessoais, pois sabemos que ele é o principal organizador da creche de Saint-Josse-Tennoode, da qual se ocupa com a mais louvável solicitude.

    Se o Sr. Bertram tivesse lido os livros espíritas com tanta atenção quanto diz, saberia se os espíritas são tão simplórios para evocar o Judeu-Errante e Dom Quixote; saberia o que o Espiritismo aceita e o que rejeita; não tentaria apresentá-lo como uma religião, porque, da mesma forma, todas as filosofias seriam religiões, porquanto faz parte de sua essência discutir as bases de todas as religiões: Deus e a natureza da alma. Ele compreenderia, enfim, que se jamais o Espiritismo se tornasse uma religião, não poderia tornar-se intolerante sem renegar seu princípio, que é a fraternidade universal, sem distinção de seita e de crença; sem abjurar sua divisa: *fora da Caridade não há salvação,* o mais explícito símbolo do amor ao próximo, da tolerância e da liberdade de consciência. Ele jamais diz: *"Fora do Espiritismo não há salvação."* Se uma religião se apoiasse no Espiritismo com exclusão de seus princípios, não seria mais Espiritismo.

    O Espiritismo é uma doutrina filosófica que toca em todas as questões humanitárias. Pelas modificações profundas que traz às ideias, faz encarar as coisas de outro ponto de vista, daí, para o futuro, inevitáveis modificações nas relações sociais. É uma mina fecunda onde as religiões, como as ciências, como as instituições civis, colherão elementos de progresso. Mas, porque toca em certas crenças religiosas, não constitui um culto novo, assim como não é um sistema particular de política, de legislação ou de economia social. Seus templos, suas cerimônias e seus sacerdotes estão na imaginação de seus detratores e daqueles que temem vê-lo tornar-se religião.

    O Sr. Bertram critica o estilo dos Espíritos e coloca o seu muito acima: é direito seu e não o contestaremos. Também não contestamos sua opinião de que em questão de moral os Espíritos nada de novo nos ensinam. Isto prova uma coisa, é que os homens são disso os maiores culpados por praticá-la tão pouco. É, pois, de admirar que Deus, em sua solicitude, lha repita sob todas as formas? Se, sob esse ponto de vista, o ensino dos Espíritos é inútil, o do Cristo o era igualmente, porquanto ele apenas desenvolveu os mandamentos do Sinai. Os escritos de todos os moralistas também são inúteis, pois não fazem senão repetir a mesma coisa em outros termos. Com um tal sistema, quanta gente cujos trabalhos seriam inúteis, sem aí incluir os cronistas que, por sua condição, nada devem inventar.

É forçoso convir, portanto, que a moral dos Espíritos é tão velha quanto o mundo, o que nada tem de surpreendente se levarmos em consideração que não sendo a moral senão a lei de Deus, essa lei deve existir de toda a eternidade e que a criatura nada pode acrescentar à obra do Criador. Mas não há nada de novo no modo de ensinar? Até agora o código de moral não tinha sido promulgado senão por algumas individualidades; foi reproduzido em livros que nem todo mundo lê e nem todos compreendem. Pois bem! Hoje esse mesmo código é ensinado, não mais por alguns homens, mas por milhões de Espíritos, que foram homens, em todos os países, em cada família e, por assim dizer, em cada indivíduo. Credes que aquele que tiver sido indiferente à leitura de um livro, que tiver tratado as máximas que o mesmo encerra como lugares-comuns, não ficará diversamente impressionado se seu pai, sua mãe ou um ser que lhe é caro e que ele respeita, lhe vem dizer, mesmo num estilo inferior ao de Bossuet: "Não estou perdido para ti, como pensaste; estou aqui junto a ti, vejo-te e te escuto, conheço-te melhor que quando estava vivo, porque leio o teu pensamento. Para ser feliz no mundo onde estou, eis a regra de conduta a seguir; tal ação é boa e tal outra é má etc." Como vedes, é um ensino direto ou, se preferirdes, um novo meio de publicidade, tanto mais eficaz porque vai direto ao coração; porque nada custa; porque dirige-se a todo mundo, ao pequeno como ao grande, ao pobre como ao rico, ao ignorante como ao letrado, e porque desafia o despotismo humano que gostaria de impor-lhe uma barreira.

Mas, perguntareis, isto é possível? Não será uma ilusão? Essa dúvida seria natural se tais comunicações fossem feitas a um só homem privilegiado, pois nada provaria que não se engane. Mas quando milhares de indivíduos recebem mensagens semelhantes diariamente, em todos os países do mundo, é racional pensar que todos sejam alucinados? Se o ensino do Espiritismo estivesse encerrado exclusivamente nas obras espíritas, não teria conquistado a centésima parte dos adeptos que possui. Esses livros nada mais fazem que resumir e coordenar esse ensino, e o que constitui seu sucesso é que cada um encontra em seu íntimo a confirmação do que eles encerram.

Ter-se-á razão para dizer que o ensino moral dos Espíritos é supérfluo quando for provado que os homens são suficientemente *bons* para dispensá-lo. Até lá não é de admirar vê-lo repetido sob todas as formas e em todos os tons.

Que me importa, dizeis vós, Sr. Bertram, que me importa que haja ou não Espíritos! É possível que isto vos seja indiferente, mas não é assim com todos. É absolutamente como se dissésseis: "Que me importa que haja habitantes na América, e que o cabo elétrico me venha prová-lo!" Cientificamente, é apenas a prova da existência do mundo invisível; moralmente, é muito, porque a constatação da existência dos Espíritos povoando o espaço que julgávamos desabitado é a descoberta de todo um mundo, a revelação do futuro e do destino do homem, uma revolução nas suas crenças. Ora, se a coisa existe, toda denegação não poderá impedi-la de existir. Seus inevitáveis resultados bem merecem que com ela a gente se preocupe. Sois homem de progresso e repelis um elemento do progresso; um meio de melhorar a Humanidade, de cimentar a fraternidade entre os homens; uma descoberta que conduz à reforma dos abusos sociais contra os quais clamais incessantemente? Credes em vossa alma imortal e não vos preocupais absolutamente em saber o que ela se torna, o que se tornaram vossos pais e amigos? Francamente, isto é pouco racional. Direis que não é no armário dos Davenport que eu a encontrarei. De acordo. Jamais dissemos que aquilo é Espiritismo. Entretanto, esse mesmo armário, precisamente por que, com razão ou sem razão, aí fizeram intervirem os Espíritos, fez com que muito falassem dos Espíritos, mesmo aqueles que neles não acreditavam. Daí pesquisas e estudos que não teriam sido feitos se esses senhores se tivessem apresentado como simples prestidigitadores. Se os Espíritos não estavam em seu armário, bem que puderam provocar esse meio de fazer uma porção de gente sair de sua indiferença. Vedes que vós mesmo, inadvertidamente, fostes levado a semear a ideia entre vossos numerosos leitores, o que não teríeis feito sem esse famoso armário.

Quanto às verdades novas que ressaltam das revelações espíritas fora da moral, recomendamos o artigo publicado na *Revista* de janeiro de 1865 sob o título de *O que o Espiritismo ensina*.

O ESPIRITISMO SÓ PEDE PARA SER CONHECIDO

É um fato constatado que a partir de quando a crítica passou a visar o Espiritismo, ela demonstrou a mais completa ignorância de seus princípios, mesmo dos mais elementares. Ela o provou superabundantemente, fazendo-o dizer precisamente o contrário do que ele diz, atribuindo-lhe ideias diametralmente opostas às que ele professa. Para ela, sendo o Espiritismo uma fantasia, disse de si para si: "Ele deve dizer e pensar tal coisa." Numa palavra, ela julgou pelo que imaginou que ele pudesse ser, e não pelo que ele realmente é. Sem dúvida, fácil lhe era esclarecer-se. No entanto, para isso era preciso ler, estudar, aprofundar uma doutrina puramente filosófica, analisar o pensamento, sondar o alcance das palavras. Ora, eis aí um trabalho sério que não agrada a todo mundo e que é até fatigante para alguns. A maior parte dos escritores, encontrando nos escritos de alguns de seus confrades um julgamento acabado, de acordo com suas ideias cépticas, aceitaram o fundo sem mais exame, limitando-se a nelas realçar algumas variantes formais. Foi assim que as mais falsas ideias se propagaram como ecos na imprensa, e consequentemente numa parte do público.

Isto, entretanto, não poderia durar muito tempo. A Doutrina Espírita, que nada tem de oculto, que é clara, precisa, sem alegorias nem ambiguidades, sem fórmulas abstratas, devia acabar sendo mais bem conhecida. A própria violência com a qual ela era atacada devia provocar o seu exame. Foi isso que aconteceu, e é isso que provoca a reação que hoje se observa. Não quer isto dizer que todos os que a estudam, mesmo seriamente, devam tornar-se seus apóstolos. Certamente não, mas é impossível que um estudo atento, feito sem ideia preconcebida, não atenue pelo menos a prevenção que haviam concebido, se não a dissipa completamente. Era evidente que a hostilidade de que era objeto o Espiritismo deveria provocar esse resultado. É por isso que jamais tivemos preocupações a respeito.

Porque o Espiritismo faz menos alarido neste momento, algumas pessoas imaginam que há uma estagnação em sua marcha progressiva. Mas então não vale nada a reviravolta que se opera na opinião? Será uma conquista insignificante ser visto com maus olhos? Desde o princípio o Espiritismo atraiu para si todos aqueles em quem essas ideias estavam, por assim dizer, no estado de intuição. Bastou mostrar-se para ser aceito com entusiasmo. É o que explica seu rápido crescimento numérico. Hoje, que colheu o que estava maduro, ele age sobre a massa refratária. O trabalho é mais demorado e os meios de ação são diferentes e apropriados à natureza das dificuldades, mas, pelas flutuações da opinião, sente-se que essa massa se abala sob os camartelos dos Espíritos que a ferem incessantemente de mil maneiras. Por ser menos aparente, o progresso não é menos real. É como o de uma construção que sobe com rapidez e que parece parar quando se trabalha no interior.

Quanto aos espíritas, o primeiro momento foi de entusiasmo. Mas um estado de superexcitação não pode ser permanente; ao movimento expansivo exterior, sucedeu um estado mais calmo; a fé também é viva, embora mais fria, mais racional, e por isto mesmo mais sólida. A efervescência deu lugar a uma satisfação íntima mais suave, dia a dia mais apreciada, pela serenidade que proporciona a inabalável confiança no futuro.

Hoje, pois, o Espiritismo começa a ser julgado de outro ponto de vista. Não o acham mais tão estranho e tão ridículo, porque o conhecem melhor. Os espíritas não mais são apontados a dedo, como animais curiosos. Se muitas pessoas ainda repelem o fato das manifestações que não podem conciliar com a ideia que fazem do mundo invisível, não mais contestam o alcance filosófico da doutrina. Seja a sua moral velha ou nova, nem por isso deixa de ser uma doutrina moral, que não pode senão estimular à prática do bem aqueles que a professam. É o que reconhece quem a julgue com conhecimento de causa. Agora, tudo quanto censuram nos espíritas é que eles acreditem na comunicação dos Espíritos, mas lhes desculpam essa pequena fraqueza em favor do resto. Nesse caso, os Espíritos encarregar-se-ão de mostrar se eles existem.

O artigo do Sr. Bertram, de Bruxelas, acima citado, parece-nos a expressão do sentimento que tende a se propagar no mundo dos trocistas ali mencionados, e desenvolver-se-á à medida que o Espiritismo for mais conhecido.

O artigo seguinte trata do mesmo assunto, mas revela uma convicção mais completa. É extraído do *Soleil* de 5 de maio.

"Ao mesmo tempo que aparecia *Os Apóstolos,* do Sr. Ernest Renan, o Sr. J. B. Roustaing, adepto esclarecido do Espiritismo, publicava na Livraria Central uma obra considerável intitulada *Os Quatro Evangelhos,* seguida dos mandamentos explicados em espírito e verdade pelos evangelistas assistidos pelos apóstolos.

"A massa parisiense quase não conhece, em matéria de Espiritismo, senão as mixórdias de alguns escamoteadores que em vão tentaram abusar da credulidade de um público incrédulo. Esses charlatães foram vaiados, o que é muito bem-feito; mas os espíritas, cheios de ardor e de fé, não deixaram de continuar as experiências e sua rápida propaganda.

"Em Paris, as mais sérias coisas são tratadas da mesma forma que as coisas fúteis. É aqui que, na maioria dos casos, se pergunta se se trata de um deus, de uma mesa, ou de uma bacia. As experiências sumárias tentadas entre duas taças de chá por algumas mulheres adúlteras e alguns jovens pretensiosos bastaram à curiosidade dos parisienses. Se a mesa dava sinais de que ia mover-se, riam muito; se, ao contrário, a mesa ficava firme, riam ainda mais, e era assim que a questão era aprofundada. A coisa era diferente entre a população mais refletida do interior. O menor resultado animava os prosélitos, excitava-lhes o ardor. O Espírito de seus parentes respondia à sua expectativa, e cada um deles, conversando com a alma de seu pai e seu irmão defuntos, ficava convencido de haver levantado o véu da morte que, daí por diante, não podia causar-lhe terror.

"Se jamais houve uma doutrina consoladora, certamente é esta: a individualidade conservada além do túmulo, a promessa formal de uma outra vida que é realmente a continuação da primeira. A família subsiste, a afeição não morre com a pessoa; não há separação. Cada noite, no sul e no oeste da França, as reuniões espíritas atentas tornam-se mais numerosas. Eles oram, evocam, creem. Pessoas que não sabem escrever, escrevem; sua mão é guiada pelo Espírito.

"O Espiritismo não é um perigo social. Assim, deixam-no espalhar-se sem lhe opor barreiras. Se o Espiritismo fosse perseguido, ele teria os seus mártires, como o Babismo na Pérsia.

"Ao lado das respostas mediúnicas mais sérias, encontram-se indicações e conselhos que provocam o sorriso. O autor de *Os Quatro Evangelhos,* Sr. Roustaing, advogado na corte imperial de Bordéus, seu antigo presidente, não é um ingênuo – como não é um diletante – e, no seu prefácio, encontra-se a seguinte comunicação:

"É chegado o momento em que te deves pôr em condições de entregar esta obra à publicidade. Não te fixamos limites; emprega com sabedoria e ponderação as tuas horas, a fim de poupar tuas forças... A publicação pode ser começada *a partir do mês de agosto próximo;* a partir de agora, trabalha o mais prontamente possível, mas sem ultrapassar as forças humanas, de tal maneira que a publicação esteja terminada no mês de agosto de 1866."

"Assinado: MOISÉS, MATEUS, MARCOS, LUCAS e JOÃO, Assistidos pelos Apóstolos"

"O leitor fica surpreso por não ver Moisés, Mateus, Lucas e João levarem seu conselho ao extremo e acrescentarem: 'Mandarás imprimir a obra na casa Lavertujon, Rue des Treilles, 7, em Bordéus, e colocarás à venda na Livraria Central, Boulevard des Italiens, 24, em Paris.'

"Também nos detemos um instante na passagem que diz para o autor *não ultrapassar as forças humanas.* Então o autor as teria ultrapassado, sem essa paternal recomendação dos senhores Moisés, Mateus, Marcos, Lucas e João?

"Sem falar inicialmente no Espiritismo, o Sr. Renan faz numerosas alusões a essa nova doutrina, cuja importância parece não desconhecer. O autor dos *Apóstolos* lembra, à pág. 8, uma passagem capital de São Paulo que estabelece: 1º – a realidade das aparições; 2º – a longa duração das aparições. Só uma vez, no curso de sua obra, o Sr. Renan mete o bedelho no Espiritismo. Na pág. 22, na segunda nota, ele diz:

"Para conceber a possibilidade de semelhantes ilusões, basta lembrar as cenas de nossos dias, em que pessoas reunidas reconhecem unanimemente ouvir ruídos inexistentes, e isto com perfeita boa-fé. A espera, o esforço de imaginação, a disposição para acreditar, por vezes complacências inocentes, explicam aqueles, dentre esses fenômenos, que não são produto direto da fraude. Essas complacências, em geral, vêm de pessoas convictas, animadas de um sentimento de benevolência, que não querem que a sessão acabe mal e desejam tirar do embaraço os donos da casa. Quando se crê no milagre, sempre se ajuda sem dar-se conta disso. A dúvida e a negação são impossíveis nessa espécie de reuniões. Seria penoso para os que creem e para os que convidaram. Eis por que tais experiências, que ante pequeno grupo dão resultado, falham geralmente ante um público pagante e sempre falham ante as comissões científicas."

"Aqui, como alhures, ao livro do Sr. Renan faltam boas razões. De estilo suave e encantador, substituindo a lógica pela poesia, *Apóstolos* deveria intitular-se *Os Últimos Abencerages*. As referências a documentos inúteis, as falsas provas de que a obra está sobrecarregada lhe dão todas as aparências da puerilidade com que foi concebida. Não há com que se enganar.

"O Sr. Renan conta que Maria de Magdala, chorando ao pé do túmulo, teve uma visão, uma simples visão. – Quem lhe disse isto? – Ela acreditou ouvir uma voz. – Como ele sabe que ela realmente não a ouviu? Todas as afirmações contidas na obra têm mais ou menos a mesma força.

"Se os espíritas não têm a oferecer senão sua boa-fé como explicação, o Sr. Renan não tem nem mesmo esse recurso.

"Aqui só podemos comentar o livro do Sr. Roustaing; não temos o direito de discuti-lo, nem o de ver para onde ele nos conduz. Aliás, não seria o lugar para entrar em considerações que o leitor não busca em nossas colunas. A obra é séria, o estilo é claro e firme. O autor não caiu no desvio ordinário dos comentadores, que muitas vezes são mais obscuros que o próprio texto que querem elucidar.

"O Espiritismo, que tinha o seu catecismo, terá de agora em diante seus códigos anotados e seu curso de jurisprudência. Só lhe faltará a prova do martírio."

AURÉLIEN SCHOLL

EXTRATO DO *PROGRÈS COLONIAL* DA ILHA MAURÍCIA

COMUNICAÇÃO ESPÍRITA

Não é só em nosso país que os jornais, não diremos ainda simpatizam, mas se humanizam com o Espiritismo, ao qual começam a conceder o direito de cidadania. Lê-se no *Progrès Colonial,* jornal de Port Louis, Ilha Maurícia, de 15 de junho de 1866:

"Todos os dias recebemos duas ou três destas comunicações espíritas, mas se nos abstivemos de reproduzi-las até agora, é porque ainda não estamos em condições de consagrar um lugar a essa coisa extraordinária chamada Espiritismo. Que nossos leitores, que são naturalmente curiosos, tenham um pouco de paciência, pois não esperarão muito. Se publicamos este pequeno escrito assinado *Lázaro,* é que se trata desse pobre Georges, falecido e enterrado tão desgraçadamente:

"Senhor,

"Li hoje uma correspondência inserta em vosso jornal, assinada 'Uma testemunha ocular', relatando como enterraram o cadáver do infortunado G. Lemeure.

"Há muito tempo, senhor, eu sabia perfeitamente que se a miséria não é um vício, é pelo menos uma das maiores calamidades que há no mundo. No entanto, o que eu não queria admitir é que os homens fossem adoradores do bezerro de ouro, a ponto de não mais respeitarem tudo quanto há de mais solene, de maior e de mais sagrado para nós: a morte!...

"Assim, pobre George, dotado de caráter brando, honesto e modesto, condenado a viver na maior pobreza, suportando as provações deste mundo com coragem e até com alegria, sempre pronto a prestar serviços ao próximo, foste morrer assim isolado, longe dos que te amavam e que talvez te lamentem; e ainda é necessário, para humilhar tua sombra, que homens, que irmãos, te cavem um buraco na terra, sozinho, sozinho com o nada, como se tua pobreza te tornasse indigno de partilhar, como os teus semelhantes, um terreno sagrado. Além disto, nem te fizeram a caridade de um caixão, de quatro tábuas! Apesar disto, és muito feliz, pensa esta *boa Humanidade,* por repousar na terra úmida e fria, esquecido de todos! Aliás, que lhes importa que teu corpo lá apodreça, sem que um amigo venha aí derramar uma lágrima, lançar uma flor e trazer uma lembrança?

"Paro aqui, pois ainda estou indignado por não terem cumprido nem mesmo as formalidades estabelecidas em semelhante ocasião para com os infelizes. Em todos os países civilizados, dão aos parentes ou amigos de uma pessoa morta encontrada pelas autoridades, vinte e quatro horas para virem reconhecê-la e reclamá-la. Se ao fim desse prazo ninguém veio, então a depositam em terreno santo, observando sempre as praxes devidas à morte. Mas aqui abstêm-se de semelhantes formalidades e contentam-se, se não tendes com que pagar as despesas do caixão, em vos atirar num recanto qualquer, como um animal, e vos cobrir com dois ou três punhados de poeira.

"Repito, senhor, a miséria é um grande flagelo!

LÁZARO

OS FENÔMENOS APÓCRIFOS

O fato seguinte é relatado pelo *Evénement* de 2 de agosto de 1866:

"Há alguns dias os habitantes do bairro vizinho da igreja de Saint-Médard estavam muito abalados por um fato singular, misterioso, que dava lugar aos mais lúgubres relatos e comentários.

"Estão sendo feitas demolições ao redor da igreja; a maior parte das casas demolidas foram construídas no lugar de um cemitério ao qual ligam a história dos supostos milagres que, no começo do século dezoito, motivaram um decreto do governo que, a 27 de janeiro de 1733, ordenou o fechamento desse cemitério, em cuja porta foi encontrado, no dia seguinte, este epigrama:

"Por ordem do rei... fica proibido a Deus

"Fazer milagres neste lugar.

"Ora, as casas respeitadas pelo martelo demolidor eram, todas as noites, devastadas por uma chuva de pedras, às vezes muito grandes, que quebravam os vidros das janelas e caíam sobre os telhados e os danificavam.

"A despeito das mais ativas pesquisas, ninguém descobriu de onde vinham os projéteis.

"Não deixaram de dizer que os mortos do cemitério, perturbados em seu repouso pelas demolições, assim manifestavam seu descontentamento. Mas pessoas menos crédulas, pensando que essas pedras que continuavam a cair todas as noites fossem lançadas por um ser vivo, foram reclamar a intervenção do Sr. Cazeaux, comissário de polícia, que estabeleceu uma vigilância por seus agentes.

"Enquanto a exerciam, as pedras não apareceram, mas assim que a suspenderam, recaíram ainda mais abundantes.

"Não sabiam o que fazer para penetrar esse mistério, quando a senhora X..., proprietária de uma casa na rua Censier, veio declarar ao comissário que, assustada com o que se passava, tinha ido consultar uma sonâmbula.

"Ela me revelou", disse a declarante, "que as pedras eram lançadas por uma moça afetada por um mal da cabeça. Precisamente a minha criada, Felícia F..., de dezesseis anos, sofre de herpes nessa parte do corpo.

"Embora não ligando importância a essa indicação, o comissário concordou em interrogar Felícia e dela obteve uma confissão completa. Agindo sob a inspiração de um Espírito que lhe apareceu, há alguns meses ela vinha guardando num celeiro grande quantidade de pedras, e todas as noites ela se levantava para atirar uma parte pela janela do celeiro sobre as casas vizinhas.

"Na presunção de que essa moça pudesse ser alienada, o comissário mandou-a à Prefeitura, para que aí fosse examinada por médicos especialistas."

Este fato prova que se deve evitar atribuir a uma causa oculta todos os fatos desse gênero e que, quando existe uma causa material, sempre se chega a descobri-la, o que nada prova contra a possibilidade de uma outra origem em certos casos que não podem ser julgados senão pelo conjunto de circunstâncias, como no caso de Poitiers. A menos que a causa oculta seja demonstrada pela evidência, a dúvida é o partido mais sábio. Convém, assim, manter reservas. É preciso desconfiar, sobretudo das ciladas preparadas pela malevolência com o objetivo de dar-se ao prazer de mistificar os espíritas. A ideia fixa da maior parte dos antagonistas é que o Espiritismo está inteiramente nos efeitos físicos e não pode viver sem isto; que a fé dos espíritas não tem outro objetivo, motivo pelo qual imaginam matá-lo desacreditando os efeitos, quer *simulando-os,* quer os *inventando* em condições ridículas. Sua ignorância do Espiritismo faz com que, sem perceber, eles não atinjam o lado capital da questão, que é o ponto de vista moral e filosófico.

Alguns, entretanto, conhecem muito bem esse lado da doutrina; mas, como ele é inatacável, lançam-se sobre o outro, mais vulnerável, e que se presta mais facilmente à charlatanice. Eles gostariam de fazer os espíritas passarem por admiradores crédulos e supersticiosos do fantástico, tudo aceitando de olhos fechados. É para eles um grande desapontamento não vê-los extasiados ao menor fato com a menor aparência de sobrenatural e de encontrá-los, em relação a certos fenômenos, mais *cépticos* do que aqueles que não conhecem o Espiritismo. Ora, é precisamente porque o conhecem que eles sabem o que é possível e o que não é, e não veem em tudo a ação dos Espíritos.

No fato exposto acima, é muito curioso ver a verdadeira causa revelada por uma sonâmbula. É a consagração do fenômeno da lucidez. Quanto à moça que diz ter agido sob o impulso de um Espírito, é certo que não foi o conhecimento do Espiritismo que lhe deu tal ideia. De onde lhe veio? É bem possível que ela estivesse sob o domínio de uma obsessão que tomaram, como sempre, por loucura. Se assim é, não será com remédios que a curarão. Em casos semelhantes, vimos muitas vezes pessoas a falar espontaneamente de Espíritos, porque elas os veem, e então dizem que elas estão alucinadas.

Nós a supomos de boa-fé, porque não temos nenhuma razão para dela suspeitar. Infelizmente, porém, há fatos de natureza a suscitar desconfiança. Lembramos de uma mulher que simulou loucura ao sair de uma reunião onde havia sido admitida *às suas instâncias, a única a que ela tinha assistido.* Conduzida imediatamente a um hospício, logo confessou que havia recebido cinquenta francos para representar a comédia. Era a época em que procuravam propagar a ideia que os hospícios regurgitavam de espíritas. Essa mulher se deixou seduzir pela tentação de algum dinheiro; outras podem ceder a outras influências. Não pretendemos que este seja o caso dessa moça; apenas quisemos mostrar que quando se quer denegrir uma coisa, todos os meios são bons. É, para os espíritas, uma razão a mais para se manterem em guarda e tudo observar escrupulosamente. Aliás, se tudo o que se trama em segredo prova que a luta não terminou e que é preciso redobrar a vigilância e a firmeza, é igualmente a prova que nem todo mundo olha o Espiritismo como uma quimera.

Ao lado da guerra surda, há a guerra a céu aberto, mais geralmente feita pela incredulidade trocista. Evidentemente esta modificou-se. Os fatos que se multiplicam; a adesão de pessoas de cuja boa-fé e razão não se pode suspeitar; a impassibilidade dos espíritas, bem como sua calma e moderação em presença das tempestades levantadas contra eles deram motivos para reflexão. Diariamente a imprensa registra fatos espíritas. Se, entre esses fatos, há alguns verdadeiros, outros são evidentemente inventados pelas necessidades da causa da oposição. Ela não nega mais os fenômenos, mas procura torná-los ridículos pelo exagero. É uma tática muito inofensiva, porque hoje não é difícil, em certas matérias, representar o papel da inverossimilhança. Os jornais da América não ficam atrás nas invenções a esse respeito, e os nossos se apressam em imitá-los. É assim que a maior parte deles repetiu a seguinte história, no mês de março último:

"ESTADOS UNIDOS. – Um homem foi executado em Cleveland, Ohio, o Dr. Hughes, que, no momento de morrer, fez um discurso, revelando um espírito de uma firmeza e de uma lucidez extraordinárias. Ele aproveitou a ocasião para fazer uma dissertação, que não durou menos de meia hora, sobre a utilidade e a justiça da pena de morte. Essa penalidade máxima, disse ele, é simplesmente ridícula. Qual a vantagem de tirar-me a vida? Nenhuma. Certamente não será o meu exemplo que dissuadirá outros do crime. Será que me lembro de haver dado esse tiro de pistola? Hoje não tenho absolutamente a menor lembrança. Posso admitir que a lei de Ohio me fira justamente, mas digo, ao mesmo tempo, que ela é tola e vã.

"Se pretendeis que, porque esta corda vai ser amarrada em volta do meu pescoço e apertada até que eu morra, ela tenha por efeito prevenir o assassinato, digo que o vosso pensamento é tolo e vão, pois na situação de espírito em que estava John W. Hughes quando ele assassinou, não há exemplo na Terra que teria podido impedir um homem, fosse quem fosse, de fazer o que eu fiz. Inclino-me ante a lei do Estado, com o pensamento de que é um assassinato tão inútil quanto cruel tirar-me a vida. Espero que meu suplício não fique como um exemplo da pena de morte, mas como um argumento que prova a sua inutilidade.

"Em seguida, Hughes fez um exame de consciência e estendeu-se muito sobre a religião e sobre a imortalidade da alma. Suas teorias, nessas graves matérias, não são positivamente ortodoxas, mas ao menos atestam um sangue-frio singular. Ele falou também do Espiritualismo, ou melhor, do Espiritismo. Disse ele:

"– Eu sei, por experiência própria, que há entre os que saem da vida e os que ficam, comunicações incessantes. Hoje vou sofrer a suprema pena legal, mas, ao mesmo tempo, tenho a certeza de que estarei convosco depois de minha execução, como aqui me encontro agora. Meus juízes e meus carrascos me verão sempre ante os seus olhos, e vós mesmos, que viestes aqui para me ver morrer, não há um só que não me reveja em carne e osso, vestido de preto, como estou, carregando meu próprio luto prematuro, tanto durante seu sono quanto nas horas de suas ocupações diárias. Adeus, senhores. Espero que nenhum de vós faça o que eu fiz. Se houver, porém, algum que se ache no estado mental em que eu mesmo estava quando cometi o crime, não será certamente a lembrança deste dia que o impedirá. Adeus."

"Depois dessa arenga, o estrado foi derrubado e o Dr. Hughes ficou pendurado. Mas suas palavras tinham produzido uma profunda impressão sobre o auditório, do que resultaram singulares efeitos. Eis o que hoje encontramos a respeito no *Herald,* de Cleveland:

"Estando no cadafalso, com a corda no pescoço, o Dr. Hughes disse que estaria com os que o ouviam, assim como estava antes da sua morte, e diríamos que ele levou a sério o cumprimento de sua palavra. Entre as pessoas que o tinham visitado em sua cela antes da execução, achava-se um honesto açougueiro alemão. Esse homem, a partir da entrevista com o condenado, não tira o Dr. Hughes da cabeça. Ele tem incessantemente diante dos olhos, noite e dia, a toda hora, prisões, patíbulos, homens pendurados. Já não dorme, não come, não mais cuida da família e dos negócios, e ontem à noite esta visão quase o matou:

"Ele acabava de entrar no estábulo para tratar dos animais, quando viu de pé, junto de seu cavalo, o doutor Hughes, vestido com a mesma roupa preta que tinha ao deixar o nosso planeta e parecendo gozar de excelente saúde. O pobre açougueiro soltou um grito horrível, um urro do outro mundo, e caiu de costas.

"Correram e ergueram-no; tinha os olhos vagos, a face lívida, os lábios trêmulos e com uma voz ofegante perguntou, ao retomar a consciência, se o Dr. Hughes ainda estava ali. Dizia ter acabado de vê-lo e que se ele não estava mais no estábulo, não podia estar longe. Foi com todo esforço do mundo que o acalmaram e levaram para casa. A visão continuou a persegui-lo, e as últimas notícias nos dão conta que ele estava num estado de agitação que nada podia acalmar.

"Mas eis o que é ainda mais curioso. O açougueiro não é o único a quem o Dr. Hughes apareceu depois de morto. Dois dias após a execução, todos os detentos o viram, com os próprios olhos, entrar na prisão e percorrer os corredores. Ele tinha o semblante perfeitamente natural: estava vestido de preto, como no cadafalso; passava sempre a mão pelo pescoço e ao mesmo tempo deixava sair da boca um som gutural que sibilava entre os dentes. Ele subiu as escadas que levam à sua cela, entrou, sentou-se e pôs-se a escrever versos. Eis o que contaram os detentos, e nada no mundo os teria persuadido que tinham sido vítimas de uma ilusão."

Este fato não deixa de ter o seu lado instrutivo, pelas palavras do paciente. Ele é verdadeiro, quanto ao assunto principal, mas como, em sua última alocução, ele achou que deveria falar do *Espiritualismo* ou *Espiritismo*, o narrador houve por bem rechear seu relato com casos de aparições que só existiram em sua pena, salvo a primeira, a do açougueiro, que parece ser real.

– *Tom, o cego* não é um conto de fantasma, mas um incrível fenômeno de inteligência. Tom é um jovem negro de dezessete anos, cego de nascença, supostamente dotado de um maravilhoso instinto musical. *O Harpers Weekly,* jornal ilustrado de Nova Iorque, consagra-lhe um longo artigo, do qual extraímos as seguintes passagens:

"Há menos de dois anos ele traduzia para o canto tudo o que lhe feria o ouvido, e tal era a justeza e a facilidade com que captava um fragmento melódico que ouvindo as primeiras notas de um canto, podia executar a sua parte. Logo começou a acompanhar, fazendo a segunda voz, embora jamais a tivesse ouvido, mas um instinto natural lhe revelava que algo de semelhante devia cantar-se.

"Aos quatro anos de idade, pela primeira vez ouviu um piano. À chegada do instrumento, ele estava, como de hábito, brincando no pátio. A primeira vibração das cordas o atraiu para a sala. Permitiram-lhe passear os dedos nas teclas, apenas para satisfazer sua curiosidade e não lhe recusar o prazer inocente de fazer um pouco de ruído. Certa vez, depois da meia-noite, ele estava na sala de visitas, onde tinha aprendido a entrar. O piano não tinha sido fechado e as moças da casa despertaram pelos sons do instrumento. Para seu grande espanto, elas ouviram Tom tocando um de seus trechos, e de manhã o encontraram ainda ao piano. Então lhe permitiram tocar quanto quisesse. Ele fez progressos tão rápidos e admiráveis que o piano tornou-se o eco de tudo o que ele ouvia. Desenvolveu assim novas e prodigiosas faculdades, até então desconhecidas no mundo musical, e cujo monopólio parece que Deus tinha reservado a Tom. Ele tinha menos de cinco anos quando, depois de uma tempestade, dela fez o que denominou: *O que me dizem o vento, o trovão e a chuva.*

"Em Filadélfia, setenta professores de música apuseram espontaneamente sua assinatura numa declaração que assim termina: 'De fato, sob qualquer forma de exame musical, execução, composição e improvisação, ele demonstrou um poder e uma capacidade que o classifica entre os mais admiráveis fenômenos cuja lembrança tenha sido guardada pela história da música. Os abaixo assinados pensam que é impossível explicar esses prodigiosos resultados por qualquer das hipóteses que podem fornecer as leis da Arte ou da Ciência.'

"Hoje ele toca as músicas mais difíceis dos grandes autores com uma delicadeza de toque, um poder e uma expressão raramente ouvidos. Na próxima primavera ele deve ir à Europa."

A respeito disto, eis a explicação dada por intermédio do Sr. Morin, médium, numa reunião espírita de Paris, na casa da Princesa O..., a 13 de março de 1866, onde estávamos presente. Ela pode servir de guia em todos os casos análogos.

"Não vos apresseis muito em crer na vinda do famoso músico negro cego. Suas aptidões musicais são muito exaltadas pelos grandes divulgadores de novidades, que não são avaros em fatos imaginários destinados a satisfazer a curiosidade dos assinantes. Deveis desconfiar muito das reproduções e sobretudo dos empréstimos reais ou supostos que fazem os vossos jornalistas aos seus colegas de além-mar. Muitos balões de ensaio são lançados com o fito de fazer os espíritas caírem na armadilha, e na esperança de arrastar o Espiritismo e seus adeptos pelo domínio do ridículo. Portanto, ponde-vos em guarda, e jamais comenteis um fato sem previamente estardes bem informados e sem haver pedido a opinião de vossos guias.

"Não podeis imaginar todas as astúcias empregadas pelos grandes fanfarrões das ideias novas, para chegar a surpreender um descuido, uma falta, um absurdo palpável cometido pelos Espíritos ou seus prosélitos por demais confiantes. Por todos os lados são lançadas *armadilhas aos Espíritos;* todos os dias para aí trazem aperfeiçoamentos; grandes e pequenos estão à espreita, e o dia em que pudessem colher o chefe em erro, as mãos no saco do ridículo, seria o mais belo de sua vida. Eles têm tal confiança em si, que se divertem por antecipação; mas há um velho provérbio que diz: 'Não se deve vender a pele do urso antes de havê-lo matado.' Ora, o Espiritismo, sua besta negra, ainda está de pé, e bem poderia fazê-los usar os sapatos antes de se deixar atingir. É de cabeça baixa que um dia eles virão queimar incenso ante o altar da verdade que, em tempo próximo, será reconhecida por todo mundo.

"Aconselhando-vos a vos manterdes em reserva, não pretendo que os fatos e gestos atribuídos a esse cego sejam impossíveis, mas não deveis neles acreditar antes de tê-los visto e sobretudo ouvido."

EBELMANN

Um tal prodígio, mesmo admitindo larga margem ao exagero, seria a mais eloquente defesa em favor da reabilitação da raça negra, num país onde o preconceito de cor está tão arraigado, e se ele não pode ser explicado pelas conhecidas leis da Ciência, sê-lo-ia de maneira mais clara e mais racional pela reencarnação, não de um negro num negro, mas de branco num negro, porque uma faculdade instintiva tão precoce não poderia ser senão uma lembrança intuitiva de conhecimentos adquiridos numa existência anterior.

Mas então, perguntarão, seria uma retrogradação do Espírito, passar da raça branca à raça negra? Falência de posição social, sem dúvida, o que se vê todos os dias, quando de rico se renasce pobre ou de senhor, servo, mas não retrogradação do Espírito, pois teria conservado suas aptidões e suas aquisições. Esta posição ser-lhe-ia uma prova ou uma expiação; talvez, ainda, uma missão, a fim de provar que essa raça não está votada pela Natureza a uma inferioridade absoluta. Aqui raciocinamos na hipótese da realidade do fato e para casos análogos que pudessem surgir.

Os dois fatos seguintes são da mesma fábrica e não necessitam de outro comentário além do que acaba de ser dado. O primeiro, relatado pelo *Soleil* de 19 de julho, é supostamente de origem americana; o segundo, extraído do *Événement* de abril, é dado como parisiense. São incontestavelmente os Espíritos que se mostrarão os mais incrédulos e mais endurecidos. Quanto aos outros, a curiosidade bem poderia levar mais de um a buscar a causa que dizem produzir tantas maravilhas.

"Os Espíritos batedores e outros parece que fixaram residência em Taunton e que escolheram para teatro de suas aventuras a casa de um infeliz médico daquela cidade. O porão, os corredores, os quartos, a cozinha e até o celeiro do profissional são assombrados durante a noite pelas sombras de todos aqueles que ele enviou para um mundo melhor. São gritos, lamentos, imprecações, ironias sangrentas, conforme o espírito das sombras, que às vezes não têm sombra de espírito.

– Tua última poção me matou, diz uma voz cavernosa.

– Alopata, grita uma voz mais moça, tu não vales um homeopata.

– Eu sou tua vítima número 299, a última de todas, salmodia uma outra aparição. Trata ao menos de fazer uma cruz quando chegares a 300.

"E assim por diante. A vida do infortunado médico não é mais suportável."

A outra anedota é também espirituosa:

"É domingo à noite, durante uma pavorosa tempestade cujas devastações foram enumeradas nos jornais de ontem. Através da chuva e dos relâmpagos, um carro descia a avenida de Neuilly; nele se achavam quatro pessoas; tinham jantado juntas numa casa muito agradável e hospitaleira, perto do parque de Neuilly e, alegres pela noite agradável, os quatro viajantes, despreocupados da tempestade, entregavam-se a uma conversa um tanto leviana.

"Falavam mal das mulheres, até mesmo caluniando-as um pouco. O nome de uma jovem foi colocado na liça e alguém levantou dúvidas quanto à nacionalidade da vítima, insinuando que seguramente não tinha vindo à luz em Nanterre.

"De repente um trovão abalou as portas, um relâmpago iluminou toda a carruagem e a chuva açoitou os vidros quase os quebrando. Ao clarão do raio os quatro viajantes *viram,* então, de pé à sua frente, na carruagem, um quinto viajante, ou antes, uma viajante, uma mulher vestida de branco, um espectro, um anjo. A aparição desapareceu com o relâmpago, e depois, como se o fantasma quisesse protestar contra a calúnia dirigida contra a jovem ausente, uma chuva de flores de laranjeira caiu sobre os quatro companheiros de viagem e os cobriu de uma névoa embalsamada.

"Na verdade havia um médium entre os quatro viajantes.

"Nada nos obriga a crer nesta história inverossímil, a meu ver uma mentira. Foi um dos viajantes que me contou e que a considera real. Ela pareceu-me original, eis tudo!"

CABELOS EMBRANQUECIDOS SOB A IMPRESSÃO DE UM SONHO

Lê-se no *Petit Journal* de 14 de maio de 1866:

O Sr. Émile Gaboriau, comentando o fato atribuído àquele marido que teria assassinado a esposa sonhando, conta no *Pays* o dramático episódio que vamos ler:

"Mas eis que é mais forte, e devo dizer que acredito no fato, cuja autenticidade me foi atestada sob juramento, pelo herói em pessoa.

"O herói, meu camarada de colégio, é um engenheiro de uns trinta anos, homem de espírito e talento, caráter metódico e de temperamento frio.

"Como há dois anos ele percorria a Bretanha, teve que passar a noite num albergue isolado, a algumas centenas de metros de uma mina que ele pretendia visitar no dia seguinte.

"Estava cansado. Foi cedo para a cama e não tardou a dormir.

"Logo sonhou. Acabavam de colocá-lo à frente da exploração dessa mina vizinha.

"Ele fiscalizava os operários, quando chegou o proprietário.

"Esse homem, brutal e mal-educado, censurou-o por ficar fora e de braços cruzados, quando deveria estar no interior, ocupado em traçar o plano.

"– Está bem, eu desço, respondeu o jovem engenheiro.

"Com efeito desceu, percorreu as galerias e traçou um esboço.

"Terminada a tarefa, entrou numa cesta que devia trazê-lo para cima. Um cabo enorme servia para içar esse cesto.

"A mina era extraordinariamente profunda e o engenheiro avaliou que a ascensão duraria bem um quarto de hora. Assim, instalou-se o mais comodamente possível.

"Subia há dois ou três minutos quando, erguendo os olhos por acaso, julgou ver que o cabo ao qual estava suspensa a sua vida estava cortado a alguns pés acima de sua cabeça, muito alto para que pudesse alcançar a ruptura.

"Logo de início seu pavor foi tamanho que ele quase desmaiou. Depois tentou recompor-se, reanimar-se. Não se teria enganado e visto mal? Teve necessidade de fazer um enérgico apelo a toda a sua coragem para ousar olhar de novo.

"Não, ele não estava enganado. O cabo tinha sido danificado pelo atrito na rocha e lentamente, mas visivelmente, se desenrolava. Naquele ponto não tinha mais que uma polegada de diâmetro.

"O infortunado sentiu-se perdido. Um frio mortal o gelou até a medula. Quis gritar, impossível. Além do mais, para quê? Ele estava, então, a meio caminho.

"No fundo, a uma profundidade vertiginosa, percebia, menos brilhantes que vermes luzindo na grama, as lâmpadas dos operários.

"No alto, ele via a abertura do poço, tão apertada que parecia não ter o diâmetro do gargalo de uma garrafa.

"Ele subia sempre, e um a um os fios de cânhamo se rompiam.

"E nenhum meio de evitar a queda horrível porque, ele via, ele sentia, o cabo romper-se-ia muito antes que o cesto tivesse atingido o alto.

"Tal era a sua angústia mortal que ele teve a ideia de abreviar o suplício, precipitando-se.

"Hesitava, quando o cesto chegou à flor da terra. Estava salvo. Foi soltando um grito formidável que saltou para a terra.

"O grito o acordou. A horrível aventura não passara de um sonho. Mas estava num estado horroroso, banhado de suor, respirando com dificuldade, incapaz do menor movimento.

"Enfim, pôde tocar a campainha e lhe vieram em socorro. Mas as pessoas do albergue quase se recusavam a reconhecê-lo. Seus cabelos negros estavam grisalhos.

"Ao pé da cama se achava, esboçada por ele, a planta dessa mina que ele não conhecia. A planta era de uma exatidão maravilhosa."

Não temos outra garantia de autenticidade desse fato senão o relato acima. Sem nada prejulgar a respeito, diremos que tudo quanto relata está dentro do possível. A planta da mina, traçada pelo engenheiro durante o sono, não é mais surpreendente que os trabalhos que executam certos sonâmbulos.

Para fazê-la exata, ele teve que ver. Considerando-se que ele não a viu com os olhos do corpo, viu-a com os olhos da alma. Durante o sono, seu Espírito explorou a mina; a planta é a prova material. Quanto ao perigo, é evidente que nada havia de real; não passara de um pesadelo. O que é mais singular é que, sob a impressão de um perigo imaginário, seus cabelos tenham encanecido.

Este fenômeno se explica pelos laços fluídicos que as impressões da alma transmitem ao corpo, quando esta dele está afastada. A alma não se dava conta dessa separação; seu corpo perispiritual lhe fazia o efeito de seu corpo material, como acontece muitas vezes após a morte com certos Espíritos que ainda se julgam vivos e se imaginam ocupados em seus afazeres habituais. O Espírito do engenheiro, embora vivo, se achava numa situação análoga; tudo era tão real, em seu pensamento, como se ele estivesse em seu corpo de carne e osso. Daí o sentimento de pavor que experimentou vendo-se perto de ser precipitado no abismo.

De onde veio essa imagem fantástica? Ele mesmo criou, por pensamento, um quadro fluídico, uma cena da qual era o ator, exatamente como a senhora Cantianille e a irmã Elmérich de que falamos no número precedente. A diferença provém das ocupações habituais. Naturalmente o engenheiro pensava nas minas, ao passo que a senhora Cantianille, em seu convento, pensava no inferno. Sem dúvida ela se acreditava em estado de pecado mortal, por alguma infração à regra, cometida por instigação dos demônios; exagerando as suas consequências, ela já se via em seu poder. As palavras: "Eu apenas consegui muito bem merecer a sua confiança" provam que sua consciência não estava tranquila. De resto, o quadro que ela faz do inferno tem algo de sedutor para certas pessoas, porquanto aqueles que consentem em blasfemar contra Deus e louvar o diabo, e que têm coragem de desafiar as chamas, são recompensados por prazeres inteiramente mundanos. Nesse quadro foi possível notar-se um reflexo das provas maçônicas, que lhe tinham mostrado como o vestíbulo do inferno. Quanto à irmã Elmérich, suas preocupações são mais suaves. Ela se compraz na beatitude e na veneração das coisas santas; assim, as suas visões são a sua reprodução.

Na visão do engenheiro, há, pois, duas partes distintas: a primeira real e positiva, constatada pela exatidão da planta da mina; a segunda puramente fantástica: a do perigo que ele correu. Esta talvez seja efeito da lembrança de um acidente real dessa natureza no qual ele teria sido vítima em sua precedente existência. Ela pode ter sido provocada como uma advertência para tomar as precauções necessárias. Estando encarregado da direção da mina, depois de semelhante alerta, não terá negligenciado as medidas de prudência.

Eis um exemplo da impressão que se pode conservar das sensações experimentadas numa outra existência. Não sabemos se já o citamos algures; sem tempo para rebuscá-lo, recordamo-lo com risco de repetir, em apoio àquilo que acabamos de dizer.

Uma senhora do nosso conhecimento tinha sido educada num pensionato em Ruão. Quando as alunas saíam para ir à igreja ou a passeio, num certo ponto da rua ela era tomada por uma ideia e uma apreensão extraordinárias: parecia-lhe que ia ser precipitada num abismo, e isso se repetia cada vez que ela passava por aquele lugar, durante todo o período em que esteve no pensionato. Ela havia deixado Ruão há mais de vinte anos, e tendo voltado há poucos anos, teve a curiosidade de ir rever a casa onde tinha morado. Ao passar pela mesma rua, experimentou a mesma sensação. Mais tarde, tendo-se tornado espírita, tendo esse fato voltado à sua memória, pediu uma explicação e lhe foi dito que outrora, naquele lugar, havia barrancos com fossos profundos cheios de água; que ela fazia parte de um grupo de senhoras que concorreram para a defesa da cidade contra os ingleses e que todas tinham sido precipitadas nesses fossos, onde haviam perecido. Esse fato é relatado na história de Ruão.

Assim, muitos séculos depois, a terrível impressão dessa catástrofe ainda não se havia apagado de seu Espírito. Se não tinha mais o mesmo corpo carnal, tinha ainda o mesmo corpo fluídico ou perispiritual que havia recebido a primeira impressão e reagia em seu corpo atual. Assim, um sonho poderia lhe retraçar a imagem e produzir uma emoção semelhante à do engenheiro.

Quantas coisas nos ensina o grande princípio da perpetuidade do Espírito e do laço que une o Espírito à matéria! Talvez jamais os jornais, negando o Espiritismo, relataram tantos fatos em apoio às verdades que ele proclama.

VARIEDADES

MEDIUNIDADE DE VIDÊNCIA NAS CRIANÇAS

De Caen escreve um dos nossos correspondentes:

"Há alguns dias eu estava no hotel São Pedro, em Caen. Tomava um copo de cerveja, lendo um jornal. A filhinha da casa, de aproximadamente quatro anos, estava sentada na escadaria e comia cerejas. Ela não notava que eu a via, e parecia inteiramente envolvida numa conversa com seres invisíveis aos quais oferecia cerejas. Tudo o indicava: a fisionomia, os gestos, as inflexões da voz. Logo ela se voltava bruscamente dizendo:

– Tu, tu não as terás, porque não és boazinha.
– Eis para ti! dizia ela a uma outra.
– Então, o que é que me atiras? perguntava a uma terceira.

Dir-se-ia que ela estava rodeada por outras crianças. Ora estendia as mãos oferecendo o que tinha, ora seus olhos seguiam objetos invisíveis para mim, que a entristeciam ou faziam gargalhar. Essa pequena cena durou mais de meia hora e a conversa só terminou quando a menina percebeu que eu a observava. Sei que muitas vezes as crianças se divertem em *apartes* deste gênero, mas aqui era completamente diferente; o rosto e as maneiras refletiam impressões reais que não eram as de uma representação. Eu pensava que sem dúvida se tratava de uma médium vidente em seu nascedouro, e dizia, de mim para mim, que se todas as mães de família fossem iniciadas nas leis do Espiritismo, aí colheriam numerosos casos de observação e compreenderiam muitos fatos que passam desapercebidos, cujo conhecimento lhes seria útil para a direção de seus filhos."

É lamentável que o nosso correspondente não tenha tido a ideia de interrogar essa menina quanto às pessoas com quem conversava. Teria podido assegurar-se se a conversa realmente tinha sido com seres invisíveis. Nesse caso, daí poderia ter saído uma instrução tanto mais importante quanto, sendo espírita o nosso correspondente, e muito esclarecido, poderia dirigir utilmente essas perguntas. Seja como for, muitos outros fatos provam que a mediunidade vidente, se não é geral, é pelo menos muito comum nas crianças, e isto é providencial. Quando a criança sai da vida espiritual, seus guias vêm conduzi-la ao porto de desembarque para o mundo terreno, como vêm buscá-la em seu retorno. Eles se mostram a ela nos primeiros tempos, para que não haja transição muito brusca; depois se apagam pouco a pouco, à medida que a criança cresce e pode agir em virtude de seu livre-arbítrio. Então a deixam às suas próprias forças, desaparecendo de seus olhos, mas sem perdê-la de vista. A menina em questão, em vez de ser, como pensa o nosso correspondente, médium vidente nascente, bem poderia estar em seu declínio, e não mais gozar dessa faculdade para o resto da vida. (Vide a *Revista* de fevereiro de 1865: *Espíritos instrutores da infância).*

ALLAN KARDEC

REVISTA ESPÍRITA

JORNAL DE ESTUDOS PSICOLÓGICOS

| ANO IX | OUTUBRO DE 1866 | VOL. 10 |

OS TEMPOS SÃO CHEGADOS[1]

Os tempos marcados por Deus são chegados, dizem-nos de todos os lados, nos quais grandes acontecimentos vão realizar-se, para a regeneração da Humanidade. Em que sentido devem ser entendidas essas palavras proféticas?

Para os incrédulos elas não têm qualquer importância. Aos seus olhos não passam de expressão de uma crença pueril sem fundamento. Para a maioria dos crentes, elas têm algo de místico e de sobrenatural que lhes parece precursor do desmoronamento das leis da Natureza. Estas duas interpretações são igualmente errôneas: a primeira, porque implica a negação da Providência e porque os fatos realizados provam a verdade dessas palavras; a segunda, porque elas não anunciam a perturbação das leis da Natureza, mas a sua realização.

Procuremos, pois, o sentido mais racional.

Tudo é harmonia na obra da criação; tudo revela uma previdência que não se desmente nem nas menores nem nas maiores coisas. Então, para começar, devemos afastar toda ideia de capricho, inconciliável com a sabedoria divina; em segundo lugar, se nossa época está marcada para a realização de certas coisas, é que elas têm sua razão de ser na marcha geral do conjunto.

Isto posto, diremos que nosso globo, como tudo o que existe, está submetido à lei do progresso. Ele progride fisicamente pela transformação dos elementos que o compõem, e moralmente

---

[1] Vide *A Gênese*, cap. XVIII (Nota do revisor Boschiroli)

pela depuração dos Espíritos encarnados e desencarnados que o povoam. Esses dois progressos se seguem e marcham paralelamente, porque a perfeição da habitação está em relação com o habitante. Fisicamente, o globo sofreu transformações, constatadas pela Ciência, e que paulatinamente o tornaram habitável por seres cada vez mais aperfeiçoados; moralmente, a Humanidade progride pelo desenvolvimento da inteligência, do senso moral e do abrandamento dos costumes. Ao mesmo tempo que se opera o melhoramento do globo, sob o império das forças materiais, os homens a isso contribuem pelos esforços da inteligência. Eles saneiam regiões insalubres, tornam mais fáceis as comunicações e a terra mais produtiva.

Esse duplo progresso se realiza de duas maneiras: uma lenta, gradual e imperceptível; a outra por mudanças mais bruscas, em cada uma das quais se opera um movimento ascensional mais rápido, que marca, por caracteres distintos, os períodos progressivos da Humanidade. Esses movimentos, subordinados *nos detalhes* ao livre-arbítrio dos homens, são de certo modo fatais em seu conjunto, porque submetidos a leis, como os que se operam na germinação, no crescimento e na maturação das plantas, visto que o objetivo da Humanidade é o progresso, não obstante a marcha retardatária de algumas individualidades. Eis por que o movimento progressivo é algumas vezes parcial, isto é, limitado a uma raça ou a uma nação, outras vezes geral. O progresso da Humanidade se efetua, pois, em virtude de uma lei. Ora, como todas as leis da Natureza são a obra eterna da sabedoria e da presciência divinas, tudo quanto seja efeito dessas leis, é resultado da vontade de Deus, não de uma vontade acidental e caprichosa, mas de uma vontade imutável. Então, quando a Humanidade está madura para transpor um degrau, podemos dizer que os tempos marcados por Deus são chegados, como podemos dizer também que em tal estação eles chegaram para a maturação dos frutos e para a colheita.

Considerando-se que o movimento progressivo da Humanidade é inevitável porque está em a Natureza, não se segue que Deus a isso seja indiferente, e que depois de haver estabelecido leis, ele tenha entrado em inércia, deixando as coisas irem por si mesmas. Suas leis são eternas e imutáveis, sem dúvida, mas porque sua própria vontade é eterna e constante, e seu pensamento anima todas as coisas sem interrupção; porque seu pensamento, que tudo penetra, é a força inteligente e permanente que mantém tudo na harmonia, se esse pensamento deixasse de agir um só instante, o Universo seria como um relógio sem o balancim regulador. Assim, Deus vela incessantemente pela execução de suas leis, e os Espíritos que povoam o espaço são seus ministros encarregados dos detalhes, segundo as atribuições compatíveis com seu grau de adiantamento.

O Universo é, ao mesmo tempo, um mecanismo incomensurável conduzido por um número não menos incomensurável de inteligências; um imenso governo em que cada ser inteligente tem seu quinhão de ação sob o olhar do soberano Senhor cuja vontade *única* mantém a *unidade* por toda parte. Sob o império desse vasto poder regulador, tudo se move, tudo funciona numa ordem perfeita. Aquilo que nos parecem perturbações, são os movimentos parciais e isolados que só nos parecem irregulares porque nossa visão é circunscrita. Se pudéssemos abarcar o seu conjunto, veríamos que essas irregularidades são apenas aparentes e que elas estão em harmonia com o todo.

A previsão dos movimentos progressivos da Humanidade nada tem de surpreendente para os seres desmaterializados, que veem o fim para onde tendem todas as coisas, alguns dos quais possuem o pensamento direto de Deus e julgam, pelos movimentos parciais, o tempo no qual poderá realizar-se um movimento geral, como julgamos previamente o tempo necessário para uma árvore dar frutos, e como os astrônomos calculam a época de um fenômeno astronômico pelo tempo que falta para um astro completar sua revolução.

Mas todos os que anunciam tais fenômenos, os autores de almanaques que predizem os eclipses e as marés, certamente não são, eles próprios, capazes de fazer os necessários cálculos. Eles são simples repetidores. Assim, há Espíritos secundários, cujo olhar é limitado, e que apenas repetem o que aos Espíritos superiores *aprouve* lhes revelar.

Até hoje a Humanidade realizou incontestáveis progressos. Por sua inteligência, os homens chegaram a resultados que jamais haviam atingido em termos de Ciências, Artes e bem-estar material. Resta-lhes ainda um grandioso resultado a atingir:

fazer reinar entre si a caridade, a fraternidade e a solidariedade, para assegurar o seu bem-estar moral. Eles não podiam fazê-lo com suas crenças, nem com suas instituições caducas, restos de outros tempos, boas numa certa época, suficientes para um estado transitório, mas que, tendo dado o que comportavam, seriam hoje uma estagnação. Assim acontece com um menino, cujas motivações do período infantil são impotentes quando chega a idade madura. Já não é mais apenas o desenvolvimento da inteligência que é necessário aos homens, é a elevação do sentimento, e para tanto é preciso destruir tudo quanto poderia neles superexcitar o egoísmo e o orgulho.

É esse o período em que doravante eles vão entrar, e que marcará uma das principais fases da Humanidade. Essa fase que se elabora neste momento é o complemento necessário da etapa precedente, como a idade viril é o complemento da mocidade. Ela podia, pois, ser prevista e predita por antecipação, e é por isto que dizemos que os tempos marcados por Deus são chegados.

Neste tempo não se trata de uma mudança parcial, de uma renovação limitada a um país, a um povo, a uma raça. É um movimento universal que se opera em termos de *progresso moral.*

Uma nova ordem de coisas tende a se estabelecer, e os homens que a ela mais se opõem, nela trabalham malgrado seu. A geração futura, desembaraçada das escórias do velho mundo e formada de elementos mais depurados, achar-se-á animada de ideias e sentimentos completamente diversos dos sentimentos que animam a geração presente, que se afasta a passos de gigante. O velho mundo morrerá e viverá na História, como hoje os tempos medievais, com seus costumes bárbaros e suas crenças supersticiosas.

Ademais, cada um sabe que a ordem atual das coisas deixa a desejar. Depois de ter, de certo modo, esgotado o bem-estar material, que é produto da inteligência, chega-se a compreender que o complemento desse bem-estar não pode estar senão no desenvolvimento moral. Quanto mais se avança, mais se sente o que falta, sem contudo poder ainda defini-lo claramente: é o efeito do trabalho íntimo que se opera para a regeneração; têm-se desejos e aspirações que são como o pressentimento de um estado melhor.

Mas uma mudança tão radical quanto a que se elabora não pode realizar-se sem comoção; há lutas inevitáveis entre as ideias, e quem diz luta, diz alternativa de sucesso e de revés. Entretanto, como as ideias novas são as do progresso, e o progresso está nas leis da Natureza, elas não podem deixar de superar as ideias retrógradas. Desse conflito nascerão, forçosamente, perturbações temporárias, até que o terreno seja varrido dos obstáculos que se opõem à edificação do novo edifício social. É, pois, da luta das ideias que surgirão os graves acontecimentos anunciados, e não de cataclismos ou de catástrofes puramente materiais. Os cataclismos gerais eram consequência do período de formação da Terra; hoje não são mais as entranhas da Terra que se agitam, são as da Humanidade.

A Humanidade é um ser coletivo, no qual se operam as mesmas revoluções morais que em cada ser individual, com a diferença que umas se realizam de ano a ano e as outras de século em século. Acompanhando-as em sua evolução através dos tempos, ver-se-á a vida das diversas raças marcada por períodos que dão a cada época uma fisionomia particular.

Ao lado dos movimentos parciais, há um movimento geral que dá impulso à Humanidade inteira; mas o progresso de cada parte do conjunto é relativo ao seu grau de adiantamento. Tal seria uma família composta de vários filhos, dos quais o caçula está no berço e o mais velho com dez anos, por exemplo. Em dez anos o mais velho terá vinte e será um homem, enquanto o mais novo terá apenas dez, e, embora mais crescido, será ainda uma criança, mas, no devido tempo, tornar-se-á homem. É assim que acontece com as diversas frações da Humanidade: as mais jovens avançam, mas não poderiam atingir de um salto o nível das mais velhas.

Tornando-se adulta, a Humanidade tem novas necessidades, aspirações mais amplas, mais elevadas. Ela compreende o vazio das ideias com que foi embalada, a insuficiência de suas instituições para a sua felicidade, e não mais encontra nesse estado das coisas as satisfações legítimas a que se sente chamada, por isso sacode os cueiros e se atira, impulsionada por uma força irresistível, na direção de plagas desconhecidas, em busca de novos horizontes menos limitados. E é no momento em que se encontra muito sufocada em sua esfera material, quando a vida intelectual transborda, quando se expande o sentimento da espiritualidade, que certos homens, pretensos filósofos, esperam encher o vazio com as doutrinas do niilismo e do materialismo! Estranha aberração! Esses mesmos homens que pretendem levá-la adiante, esforçam-se por contê-la no círculo estreito da matéria, de onde ela aspira sair; obstam-lhe a visão da vida infinita e lhe dizem, mostrando-lhe o sepulcro: *Nec plus ultra.*

A marcha progressiva da Humanidade opera-se de duas maneiras, como dissemos: uma gradual, lenta, imperceptível, se considerarmos as épocas menos remotas, o que se traduz por sucessivas melhoras nos costumes, nas leis, nos usos, e que não percebemos senão com o tempo, como as alterações que as correntes de água provocam na superfície do globo; a outra, por um movimento relativamente brusco, rápido, semelhante ao de uma torrente rompendo seus diques, que lhe faz transpor em alguns anos o espaço que teria levado séculos a percorrer. É então um cataclismo moral que em poucos instantes devora as instituições do passado e ao qual sucede uma nova ordem de coisas que se estabelece pouco a pouco, à medida que a calma se restabelece e se torna definitiva.

Para aquele que vive tempo suficiente para abarcar os dois aspectos da nova fase, parece que um mundo novo saiu das ruínas do antigo; o caráter, os costumes, os usos, tudo é mudado. É que, com efeito, homens novos, ou melhor, regenerados, surgiram. As ideias, sustentadas pela geração que se extingue, deram lugar a ideias novas, na geração que se ergue.

É a um desses períodos de transformação, ou, se quiserem, de *crescimento moral,* que chegou a Humanidade. Da adolescência ela passa à idade viril. O passado já não pode bastar às suas novas aspirações, às suas novas necessidades; ela não mais pode ser conduzida pelos mesmos meios; não mais se permite ilusões e artifícios. A razão amadurecida requer alimento mais substancial. O presente é efêmero; ela sente que seu destino é mais vasto e que a vida corporal é demasiadamente restrita para contê-la inteira. É por isso que ela mergulha o olhar no passado e no futuro, a fim de aí descobrir o mistério de sua existência e nele colher uma segurança consoladora.

Quem quer que haja meditado sobre o Espiritismo e suas consequências e não o circunscreva à produção de alguns fenômenos, compreende que ele abre à Humanidade um novo caminho e lhe desdobra os horizontes do infinito. Iniciando-o nos mistérios do mundo invisível, mostra-lhe seu verdadeiro papel na criação, papel *perpetuamente ativo,* tanto no estado espiritual quanto no estado corporal. O homem já não caminha cegamente. Ele sabe de onde vem, para onde vai e por que está na Terra. O futuro se lhe mostra em sua realidade, livre dos preconceitos da ignorância e da superstição; não é mais uma esperança, é uma verdade palpável, para ele tão certa quanto a sucessão dos dias e das noites. Ele sabe que o seu ser não está limitado a alguns instantes de uma existência cuja duração está submetida ao capricho do acaso; que a vida espiritual não é interrompida pela morte; que ele já viveu e viverá novamente, e que de tudo o que adquire em perfeição pelo trabalho nada fica perdido; encontra nas existências anteriores a razão do que ele é hoje, e do que hoje ele se faz, pode concluir o que será um dia.

Com o pensamento que a atividade e a cooperação individuais na obra geral da civilização são limitadas à vida presente, *que nada fomos e nada seremos,* que interesse tem para o homem o progresso ulterior da Humanidade? Que lhe importa que no futuro os povos sejam mais bem governados, mais felizes, mais esclarecidos, melhores uns para com os outros? Considerando-se que disso ele não tira nenhum proveito, esse progresso para ele não é perdido? De que lhe serve trabalhar pelos que virão depois, se jamais deverá conhecê-los; se serão seres novos que logo mais também eles entrarão no nada? Sob o império da negação do futuro individual, tudo se reduz, forçosamente, às mesquinhas proporções do momento e da personalidade.

Mas, ao contrário, que amplitude dá ao pensamento do homem a *certeza* da perpetuidade de seu ser espiritual! Que força, que coragem não adquire contra as vicissitudes da vida material! Que de mais racional, de mais grandioso, de mais digno do Criador que essa lei, segundo a qual a vida espiritual e a vida corporal não são senão dois modos de existência que se alternam para a realização do progresso! Que de mais justo e consolador que a ideia dos seres progredindo sem cessar, a princípio através das gerações de um mesmo mundo e, a seguir, de mundo em mundo, até a perfeição, sem solução de continuidade! Todas as ações têm, assim, um objetivo, porque, trabalhando para todos, trabalha-se para si, e vice-versa, de sorte que nem o progresso individual nem o progresso geral jamais são estéreis, porquanto beneficiam tanto as gerações quanto as individualidades futuras, que não são outra coisa senão as individualidades passadas que atingiram um mais alto grau de adiantamento.

A vida espiritual é a vida normal e eterna do Espírito e a encarnação não é senão uma forma temporária de sua existência. Salvo a vestimenta exterior, há, pois, identidade entre os encarnados e os desencarnados; são as mesmas individualidades sob dois aspectos diferentes, ora pertencendo ao mundo visível, ora ao mundo invisível, encontrando-se ora num, ora noutro, concorrendo num e noutro para o mesmo objetivo, por meios apropriados à sua situação.

Dessa lei decorre a da perpetuidade das relações entre os seres. A morte não os separa e não põe um termo às suas relações de simpatia, nem aos seus deveres recíprocos. Daí a *solidariedade* de todos para cada um e de cada um para todos; daí, também, a *fraternidade*. Os homens não viverão felizes na Terra senão quando esses dois sentimentos tiverem entrado em seus corações e em seus costumes, porque então a eles sujeitarão suas leis e instituições. Será este um dos principais resultados da transformação que se opera.

Mas como conciliar os deveres da solidariedade e da fraternidade com a crença que a morte torna os homens para sempre estranhos uns aos outros? Pela lei da perpetuidade das relações que liga todos os seres, o Espiritismo funda esse duplo princípio sobre as próprias leis da Natureza. Disto faz não só um dever, mas uma necessidade. Pela da pluralidade das existências, o homem se liga ao que está feito e ao que será feito, aos homens do passado e aos do futuro; ele não mais pode dizer que nada tem de comum com os que morrem, pois uns e outros encontram-se incessantemente, neste e no outro mundo, para subirem juntos a escada do progresso e se prestarem mútuo apoio. A fraternidade não mais está circunscrita a alguns indivíduos que o acaso reúne durante a duração efêmera de uma vida; é perpétua como a vida do Espírito, universal como a Humanidade, que constitui uma grande família cujos membros são todos solidários reciprocamente, *seja qual for a época em que tenham vivido.*

Tais são as ideias que ressaltam do Espiritismo, e que ele suscitará entre todos os homens quando estiver universalmente difundido, compreendido, ensinado e praticado. Com o Espiritismo, a fraternidade, sinônimo da caridade pregada pelo Cristo, já não é uma palavra vã; ela tem a sua razão de ser. Do sentimento de fraternidade nasce o da reciprocidade e dos deveres sociais de homem a homem, de povo a povo, de raça a raça. Destes dois sentimentos bem compreendidos sairão, forçosamente, as mais proveitosas instituições para o bem-estar de todos.

A fraternidade deve ser a pedra angular da nova ordem social. Mas não haverá fraternidade real, sólida e efetiva se não for apoiada em base inabalável, e essa base é *a fé*, não a fé em tais ou quais dogmas particulares, que mudam com os tempos e pelos quais os povos se atiram pedras, porque, anatematizando-se, eles entretêm o antagonismo, mas a fé nos princípios fundamentais que todo mundo pode aceitar: *Deus, a alma, o futuro,* **o progresso individual indefinido, a perpetuidade das relações entre os seres.** Quando todos os homens estiverem convencidos de que Deus é o mesmo para todos, que esse Deus, soberanamente justo e bom, nada pode querer de injusto, que o mal vem dos homens e não dele, olhar-se-ão como filhos de um mesmo pai e dar-se-ão as mãos. Esta é a fé que o Espiritismo dá e que será, de agora em diante, o pivô em torno do qual mover-se-á o gênero humano, sejam quais forem as maneiras de o adorar e suas crenças particulares, que o Espiritismo respeita, mas das quais não tem que se ocupar. Apenas desta fé pode sair o verdadeiro progresso moral, porque só ela dá uma sanção lógica aos direitos legítimos e aos deveres. Sem ela, o direito é o que é dado pela força; o dever, um código humano imposto por constrangimento. Sem ela, o que é o homem? Um pouco de matéria que se dissolve, um ser efêmero que apenas passa. Sem ela o próprio gênio não é senão uma centelha que brilha um instante para extinguir-se para sempre, e certamente nisto não há motivo para reabilitá-lo a seus próprios olhos. Com tal pensamento, onde estão realmente os direitos e os deveres? Qual o objetivo do progresso? Somente esta fé faz o homem sentir sua dignidade pela perpetuidade e pela progressão de seu ser, não em um futuro mesquinho e circunscrito à sua personalidade, mas grandiosa e esplêndida; seu pensamento o eleva acima da Terra; ele se sente crescer, pensando que tem seu papel no Universo; que esse Universo é o seu domínio que um dia ele poderá percorrer, e que a morte não o transformará numa nulidade ou num ser inútil a si e aos outros.

O progresso intelectual realizado até hoje nas mais vastas proporções é um grande passo, e marca a primeira fase da Humanidade, mas ele sozinho é impotente para regenerá-la; enquanto o homem for dominado pelo orgulho e pelo egoísmo, utilizará sua inteligência e seus conhecimentos em proveito de suas paixões e de seus interesses pessoais, motivo pelo qual os aplica ao aperfeiçoamento dos meios de prejudicar os outros e de destruí-los.

Só o progresso moral pode assegurar a felicidade dos homens na Terra, pondo um freio nas paixões más; só ele pode fazer reinar a concórdia entre eles, a paz e a fraternidade. É ele que destruirá as barreiras dos povos; que fará caírem os preconceitos de casta e calar os antagonismos de seitas, ensinando aos homens a se olharem como irmãos chamados a se ajudarem mutuamente e não a viver uns às custas dos outros. É ainda o progresso moral, aqui secundado pelo progresso da inteligência, que confundirá os homens na mesma crença, estabelecida sobre as verdades eternas, não sujeitas a discussões, e por isto mesmo aceita por todos. A unidade de crença será o mais poderoso laço, o mais sólido fundamento da fraternidade universal, em todos os tempos quebrada pelos antagonismos religiosos que dividem os povos e as famílias, que fazem ver, no próximo, inimigos que é preciso afugentar, combater, exterminar, em vez de irmãos que é preciso amar.

Um tal estado de coisas supõe uma radical mudança no sentimento das massas, um progresso geral que não poderia realizar-se senão saindo do círculo das ideias estreitas e terra a terra que fomentam o egoísmo. Em diversas épocas, homens de escol procuraram impelir a Humanidade por esse caminho, mas a Humanidade, ainda muito jovem, ficou surda, e seus ensinamentos foram como a boa semente que caiu sobre a pedra.

Hoje ela está madura para lançar suas vistas para mais alto do que o fez, a fim de assimilar ideias mais amplas e compreender o que não havia compreendido.

A geração que desaparece levará consigo seus preconceitos e seus erros; a geração que surge, fortalecida numa fonte mais depurada, imbuída de ideias mais sãs, imprimirá ao mundo o movimento ascensional no sentido do progresso moral que deve marcar a nova fase da Humanidade.

Essa fase se revela, já, por sinais inequívocos, por tentativas de reformas úteis, pelas ideias grandes e generosas que vêm à luz e que começam a encontrar eco. É assim que vemos serem fundadas muitas instituições protetoras, civilizadoras e emancipadoras, sob o impulso e por iniciativa de homens evidentemente predestinados à obra da regeneração; que as leis penais diariamente se impregnam de um sentimento mais humano. Os preconceitos de raça se abrandam e os povos começam a olhar-se como membros de uma grande família. Pela uniformidade e facilidade dos meios de transporte, eles suprimem as barreiras que os dividiam em todas as partes do mundo, reúnem-se em comissões universais para torneios pacíficos da inteligência. Mas falta para essas reformas uma base para se desenvolverem, para se completarem e se consolidarem, uma predisposição moral mais geral para frutificarem e se fazerem aceitas pelas massas. Isto não é menos um sinal característico do tempo, o prelúdio do que será realizado em mais vasta escala, à medida que o tempo se tornar propício.

Um sinal não menos característico do período em que entramos é a reação evidente que se opera nas ideias espiritualistas. Uma repulsa instintiva se manifesta contra as ideias materialistas, cujos representantes se tornam menos numerosos e menos absolutos. O espírito de incredulidade que se havia apoderado das massas, ignorantes ou esclarecidas, e que havia feito com que elas rejeitassem, juntamente com a forma, o próprio fundo de qualquer crença, parece ter sido um sono, ao sair do qual se experimenta a necessidade de respirar um ar mais vivificante. Involuntariamente, onde se fez o vazio, procura-se alguma coisa, um ponto de apoio, uma esperança.

Nesse grande movimento regenerador, o Espiritismo tem um papel considerável, não o Espiritismo ridículo inventado por uma crítica trocista, mas o Espiritismo filosófico, tal qual o compreende quem se dê ao trabalho de procurar a amêndoa dentro da casca. Pela prova que ele traz das verdades fundamentais, ele enche o vazio que a incredulidade engendra nas ideias e nas crenças; pela certeza que ele dá num futuro conforme à justiça de Deus, e que a mais severa razão pode admitir, ele tempera os amargores da vida e conjura os funestos efeitos do desespero.

Dando a conhecer novas leis da Natureza, ele dá a chave de fenômenos incompreendidos e de problemas até agora insolúveis e mata, ao mesmo tempo, a incredulidade e a superstição. Para ele não há sobrenatural nem maravilhoso; tudo se realiza no mundo em virtude de leis imutáveis. Longe de substituir um exclusivismo por outro, coloca-se como campeão absoluto da liberdade de consciência; combate o fanatismo sob todas as formas e o corta pela raiz, proclamando a salvação para todos os homens de bem e a possibilidade, para os mais imperfeitos, de chegar, pelos próprios esforços, pela expiação e pela reparação, à perfeição que, só ela, conduz à suprema felicidade. Em vez de desencorajar o fraco, encoraja-o, mostrando-lhe o fim que pode atingir.

Ele não diz: *Fora do Espiritismo não há salvação,* mas, com o Cristo: *Fora da caridade não há salvação,* princípio de união, de tolerância, que ligará os homens num sentimento comum de fraternidade, em vez de dividi-los em seitas inimigas. Por este outro princípio: *Não há fé inabalável senão a que pode olhar a razão face a face em todas as idades da Humanidade,* ele destrói o império da fé cega que aniquila a razão e da obediência passiva que embrutece; emancipa a inteligência do homem e levanta o seu moral.

Consequente consigo mesmo, ele não se impõe; diz o que é, o que quer, o que dá, e espera que a ele venham livremente, voluntariamente; quer ser aceito pela razão e não pela força. Ele respeita todas as crenças sinceras e não combate senão a incredulidade, o egoísmo, o orgulho e a hipocrisia, que são as chagas da Sociedade e os mais sérios obstáculos ao progresso moral; mas não lança o anátema a ninguém, nem mesmo aos seus inimigos, porque está convencido que o caminho do bem está aberto aos mais imperfeitos, os quais, mais cedo ou mais tarde nele entrarão.

Se supusermos a maioria dos homens imbuídos desses sentimentos, facilmente poderemos imaginar as modificações que trarão às relações sociais: caridade, fraternidade, benevolência para com todos, tolerância para todas as crenças, tal será a sua divisa. É o objetivo a que, evidentemente, tende a Humanidade, o objeto de suas aspirações, de seus desejos, sem que se dê conta dos meios de realizá-los; ela tenta, tateia, mas é detida pelas resistências ativas ou pela força de inércia dos preconceitos, das crenças estacionárias e refratárias ao progresso. São essas resistências que devem ser vencidas, e isto será a obra da nova geração. Quem acompanhar o curso atual das coisas reconhecerá que tudo parece predestinado a lhe abrir o caminho. Ela terá a seu favor o duplo poder do número e das ideias, além da experiência do passado.

Assim, a nova geração marchará para a realização de todas as ideias humanitárias compatíveis com o grau de adiantamento a que tiver chegado. Caminhando o Espiritismo em busca do mesmo objetivo e realizando os seus planos, encontrar-se-á com ela no mesmo terreno, onde não serão concorrentes, mas colaboradores, prestando-se mútuo apoio. Os homens de progresso encontrarão nas ideias espíritas uma poderosa alavanca, e o Espiritismo encontrará nos homens novos, espíritos absolutamente dispostos a acolhê-lo. Nesse estado de coisas, que poderão fazer os que quiserem criar obstáculos?

Não é o Espiritismo que cria a renovação social, é a maturidade da Humanidade que faz dessa renovação uma necessidade. Por seu poder moralizador, por suas tendências progressistas, pela amplidão de suas vistas, pela generalidade das questões que abarca, o Espiritismo está, mais que qualquer outra doutrina, apto a secundar o movimento regenerador. É por isto que é seu contemporâneo. Ele veio no momento em que podia ser útil, porque também para ele os tempos são chegados. Mais cedo ele teria encontrado obstáculos intransponíveis; inevitavelmente teria sucumbido, porque os homens, satisfeitos com o que tinham, ainda não experimentavam a necessidade daquilo que ele traz. Hoje, nascido com o movimento das ideias que fermentam, ele encontra o terreno preparado para recebê-lo. Cansados da dúvida e da incerteza, apavorados com o abismo que se abre à sua frente, os espíritos o acolhem como uma tábua de salvação e uma suprema consolação.

Dizendo que a Humanidade está madura para a regeneração, isto não quer dizer que todos os indivíduos estejam no mesmo grau, mas muitos têm, por intuição, o germe das ideias novas que as circunstâncias farão brotar; então eles se mostrarão mais adiantados do que se pensava, e seguirão com entusiasmo o impulso da maioria.

Há, entretanto, os que são fundamentalmente refratários, mesmo entre os mais inteligentes, e que certamente jamais se ligarão, pelo menos nesta existência, uns de boa-fé, por convicção; outros por interesse. Aqueles cujos interesses materiais estão ligados ao presente estado de coisas e que não estão suficientemente adiantados para deles libertar-se, aos quais o bem geral sensibiliza menos que o de sua pessoa, não podem ver sem apreensão o menor movimento reformador; a verdade é para eles uma questão secundária, ou melhor, a verdade está toda inteira no que não lhes causa nenhuma perturbação; todas as ideias progressistas são aos seus olhos ideias subversivas e é por isso que lhes votam um ódio implacável e lhes fazem uma guerra encarniçada. Muito inteligentes para não verem no Espiritismo um auxiliar dessas ideias e os elementos da transformação que temem, porque não se sentem à sua altura, eles se esforçam para abatê-lo; se o julgassem sem valor e sem autoridade, com ele não se preocupariam. Em outro momento já dissemos que "Quanto maior é uma ideia, mais adversários encontra, e pode medir-se a sua importância pela violência dos ataques de que ela é objeto."

O número dos retardatários sem dúvida ainda é grande, mas o que podem eles fazer contra a onda que cresce, senão jogar pedras contra ela? Essa onda é a geração que surge, ao passo que eles desaparecem com a geração que diariamente vai se extinguindo a largos passos. Até lá eles defenderão o terreno palmo a palmo. Há, pois, uma luta inevitável, mas desigual, porque é a do passado decrépito que cai aos pedaços, contra o futuro juvenil; da estagnação contra o progresso; da criatura contra a vontade de Deus, pois os tempos marcados para eles são chegados.

Nota: As reflexões que precedem são o desenvolvimento das instruções dadas pelos Espíritos sobre o mesmo assunto, num grande número de comunicações, a nós e a outras pessoas. A que publicamos a seguir é o resumo de várias conversas que tivemos, através de dois dos nossos médiuns habituais, em estado de sonambulismo extático, e que, ao despertar, não conservam nenhuma lembrança. Coordenamos metodicamente as ideias, a fim de lhes dar uma melhor sequência, eliminando todos os detalhes e acessórios supérfluos. Os pensamentos foram reproduzidos com muita exatidão, e as palavras são também tão textuais quanto foi possível recolhê-las pela audição.

INSTRUÇÕES DOS ESPÍRITOS SOBRE A REGENERAÇÃO DA HUMANIDADE

(Paris, abril de 1866 – Médiuns: Srs. M. e T., em sonambulismo)

Os acontecimentos se precipitam com rapidez, por isto não vos dizemos mais, como outrora: "Os tempos estão próximos"; agora dizemos: "Os tempos estão chegados."

Por estas palavras não entendais um novo dilúvio, nem um cataclismo, nem um desabamento geral. Convulsões parciais do globo ocorreram em todas as épocas e ainda se produzem, pois se devem à sua constituição, mas não são sinais dos tempos.

Entretanto, tudo quanto está predito no Evangelho deve realizar-se e se realiza neste momento, como reconhecereis mais tarde. Mas não tomeis os sinais anunciados senão como figuras, cujo espírito, e não a letra, deve ser apreendido. Todas as *escrituras* encerram grandes verdades sob o véu da alegoria e é porque os comentadores se apegaram à letra que se confundiram. Faltou-lhes a chave para que compreendessem o verdadeiro sentido. Essa chave está nas descobertas da Ciência e nas leis do mundo invisível que o Espiritismo vem revelar-vos. De agora em diante, com o auxílio desses novos conhecimentos, o que era obscuro torna-se claro e inteligível.

Tudo segue a ordem natural das coisas, e as leis imutáveis de Deus não serão perturbadas. Assim, não vereis milagres nem prodígios, nem nada de sobrenatural, no sentido vulgar ligado a estas palavras.

Não olheis para o céu a fim de aí buscar sinais precursores, pois não os vereis, e aqueles que vo-los anunciam vos enganarão, mas olhai em torno de vós, entre os homens, e aí os encontrareis.

Não sentis um vento que sopra na Terra e agita todos os Espíritos? O mundo está à espera e como que tomado por um vago pressentimento à aproximação da tempestade.

Não acrediteis, entretanto, no fim do mundo material; a Terra progrediu desde a sua transformação; ela deve continuar progredindo, e não ser destruída. Mas a Humanidade chegou a um de seus períodos de transformação, e a Terra vai elevar-se na hierarquia dos mundos.

Não é, pois, o fim do mundo material que se prepara, mas o fim do mundo moral; é o velho mundo, o mundo dos preconceitos, do egoísmo, do orgulho, do fanatismo que se esboroa. Cada dia leva consigo alguns fragmentos. Tudo acabará para ele com a geração que se vai e a geração nova erguerá o novo edifício que as gerações seguintes consolidarão e completarão.

De mundo de expiação, a Terra está chamada a tornar-se um dia um mundo feliz, e nela habitar será uma recompensa, em vez de ser uma punição. O reinado do bem aí deve suceder o do mal.

Para que os homens sejam felizes na Terra, é necessário que ela seja povoada somente por bons Espíritos, encarnados e desencarnados, que não quererão senão o bem. Como já chegou esse tempo, uma grande emigração se realiza neste momento, entre os que a habitam; aqueles que fazem o mal pelo mal e que não são tocados pelo bem, não sendo mais dignos da Terra transformada, dela serão excluídos, porque aí trariam novamente a perturbação e a confusão e seriam um obstáculo ao progresso. Eles irão expiar seu endurecimento nos mundos inferiores, para onde levarão os conhecimentos adquiridos, e terão por missão promover o progresso desses mundos. Serão substituídos na Terra por Espíritos melhores, que farão reinar entre eles a justiça, a paz, a fraternidade.

A Terra, já o dissemos, não deve ser transformada por um cataclismo que aniquilaria subitamente uma geração. A geração atual desaparecerá gradualmente, e a nova a sucederá, sem que nada seja mudado na ordem natural das coisas. Tudo se passará, pois, exteriormente, como de hábito, com uma única diferença, mas essa diferença é capital: Uma parte dos Espíritos que aí encarnavam não mais encarnarão. Numa criança que nascer, em vez de um Espírito atrasado e votado ao mal que ali encarnaria, será um Espírito mais adiantado e *dedicado ao bem*. Trata-se, pois, muito menos de uma nova geração corporal que de uma nova geração de Espíritos. Assim, aqueles que esperavam ver a transformação operar-se por efeitos sobrenaturais e maravilhosos ficarão decepcionados.

A época atual é de transição. Confundem-se os elementos das duas gerações. Colocados em ponto intermediário, vós assistis à partida de uma e à chegada da outra, e cada um já está marcado no mundo pelos caracteres que lhe são próprios.

As duas gerações que sucedem uma à outra têm ideias e pontos de vista diametralmente opostos. Pela natureza das disposições morais, mas sobretudo das disposições *intuitivas e inatas*, é fácil distinguir a qual das duas pertence cada indivíduo.

A nova geração, que deve estabelecer a era de progresso moral, distingue-se por uma inteligência e uma razão geralmente precoces, aliadas ao sentimento *inato* do bem e das crenças espiritualistas, o que é sinal indubitável de um certo grau de adiantamento anterior. Ela não será composta exclusivamente de Espíritos eminentemente superiores, mas daqueles que, já tendo progredido, estão predispostos a assimilar todas as ideias progressistas e aptos a secundar o movimento regenerador.

Ao contrário, o que distingue os Espíritos atrasados é, para começar, a revolta contra Deus pela negação da Providência e de todo poder superior à Humanidade; depois, a propensão *instintiva* às paixões degradantes, aos sentimentos do egoísmo, do orgulho, do ódio, do ciúme, da cupidez, enfim a predominância do apego a tudo o que é material.

São esses os vícios de que a Terra deve ser expurgada pelo afastamento dos que recusam emendar-se, porque eles são incompatíveis com o reino da fraternidade e porque os homens de bem sofrerão sempre com o seu contato. A Terra deles ficará livre e os homens marcharão sem entraves para o futuro melhor, que lhes está reservado aqui embaixo, como prêmio aos seus esforços e à sua perseverança, enquanto esperam que uma depuração ainda mais completa lhes abra a entrada dos mundos superiores.

Por essa emigração de Espíritos não se deve entender que todos os Espíritos retardatários serão expulsos da Terra e relegados a mundos inferiores. Ao contrário, muitos aqui voltarão, porque muitos cederam ao arrastamento das circunstâncias e do exemplo; neles a casca era pior que o cerne. Uma vez subtraídos à influência da matéria e dos preconceitos do mundo corporal, a maioria deles verá as coisas de maneira completamente diferente do que quando vivos, do que tendes numerosos exemplos. Nisto são ajudados pelos Espíritos benevolentes que por eles se interessam e que se esforçam em esclarecê-los e mostrar-lhes o falso caminho que seguiram. Por vossas preces e exortações, vós mesmos podeis contribuir para seu melhoramento, porque há solidariedade perpétua entre vivos e mortos.

Aqueles poderão, pois, voltar, com o que serão felizes, pois isto será uma recompensa. Que importa o que tiverem sido ou feito, se estão animados de melhores sentimentos! Longe de serem hostis à Sociedade e ao progresso, eles serão auxiliares úteis, porque pertencerão à nova geração.

Não haverá, assim, exclusão definitiva senão para os Espíritos fundamentalmente rebeldes, aqueles que o orgulho e o egoísmo, mais do que a ignorância, tornam surdos à voz do bem e da razão. Mas esses mesmos não estão votados a uma inferioridade perpétua, e dia virá em que repudiarão o seu passado e abrirão os olhos à luz. Orai, pois, por esses endurecidos, a fim de que se emendem enquanto ainda há tempo, pois aproxima-se o dia da expiação.

Infelizmente, a maioria deles, desconhecendo a voz de Deus, persistirá em sua cegueira, e sua resistência marcará o fim de seu reino por lutas terríveis. Em seu desvario, eles próprios correrão para a sua perda; darão impulso à destruição, que gerará uma multidão de flagelos e calamidades, de sorte que, sem o querer, apressarão a chegada da era da renovação.

E como se a destruição não marchasse bastante depressa, ver-se-ão os suicídios multiplicando-se numa proporção incrível, até entre as crianças. A loucura jamais terá ferido um maior número de homens que antes da morte serão riscados do número dos vivos. São estes os verdadeiros sinais dos tempos. E tudo isto realizar-se-á pelo encadeamento das circunstâncias, assim como dissemos, sem que em nada sejam derrogadas as leis da Natureza.

Contudo, através da nuvem sombria que vos envolve e em cujo seio ruge a tempestade, observai que já surgem os primeiros raios da era nova! A fraternidade lança os seus fundamentos em todos os pontos do globo e os povos se estendem as mãos; a barbárie adquire hábitos familiares ao contato da civilização; os preconceitos de raça e de seita, que fizeram correr rios de sangue, se extinguem; o fanatismo e a intolerância perdem terreno, enquanto a liberdade de consciência penetra os costumes e torna-se um direito. Por toda parte fermentam as ideias; vê-se o mal e experimentam-se os remédios, mas muitos andam sem bússola e se tresmalham nas utopias. O mundo está num imenso trabalho de parto que durará um século. Nesse trabalho, ainda confuso, vê-se, entretanto, dominar uma tendência para um objetivo: o da unidade e da uniformidade que predispõem à fraternização.

São ainda sinais dos tempos. Mas, enquanto os outros são os da agonia do passado, estes últimos são os primeiros vagidos da criança que nasce, os precursores da aurora que o próximo século verá levantar-se, porque então a nova geração estará em toda a sua força. Tanto a fisionomia do século dezenove difere da do século dezoito, sob certos pontos de vista, quanto a do século vinte será diferente da do dezenove, sob outros pontos de vista.

Um dos caracteres distintivos da nova geração será a fé *inata*, não a fé exclusiva e cega que divide os homens, mas a fé raciocinada, que esclarece e fortalece, que os une e os confunde num comum sentimento de amor a Deus e ao próximo. Com a geração que se extingue desaparecerão os últimos vestígios da incredulidade e do fanatismo, igualmente contrários ao progresso moral e social.

O Espiritismo é o caminho que conduz à renovação, porque arruína os dois maiores obstáculos que a ela se opõem: a incredulidade e o fanatismo. Ele dá uma fé sólida e esclarecida; ele desenvolve todos os sentimentos e todas as ideias que correspondem às vistas da nova geração, e é por isso que ele é inato e existe em estado de intuição no coração de seus representantes. A era nova vê-lo-á, pois, crescer e prosperar pela própria força das coisas. Ele constituirá a base de todas as crenças, o ponto de apoio de todas as instituições.

Mas, daqui até lá, quantas lutas terá ainda que sustentar contra os seus dois maiores inimigos, a incredulidade e o fanatismo que, coisa bizarra, se dão as mãos para abatê-lo! Eles pressentem o seu futuro e a sua própria ruína, por isso o temem, pois já o veem plantar sobre as ruínas do velho mundo egoísta, a bandeira que deve unir todos os povos. Na divina máxima: *Fora da caridade não há salvação*, leem sua própria condenação, porque é o símbolo da nova aliança fraterna proclamada pelo Cristo[2]. Ela se lhes mostra como as palavras fatais do festim de Baltazar. Entretanto, eles deveriam bendizer essa máxima, porque ela os resguarda de todas as represálias daqueles que eles perseguem. Mas não, uma força cega os constrange a rejeitar a única coisa que poderia salvá-los!

O que poderão eles contra o ascendente da opinião que os repudia? O Espiritismo sairá triunfante da luta, não duvideis, porque ele está nas leis da Natureza, e é, por isto mesmo, imperecível. Vede por intermédio de que multidão de meios a ideia se expande e penetra em toda parte. Crede, mesmo, que esses meios não são fortuitos, mas providenciais, pois aquilo que à primeira vista parece que deveria prejudicá-lo é precisamente o que propicia a sua propagação.

Em breve ele verá surgirem campeões altamente situados entre os homens mais considerados e mais acreditados, que o apoiarão com a autoridade de seu nome e de seu exemplo, e imporão silêncio aos seus detratores, porque esses não ousarão tratá-los de loucos. Esses homens o estudam em silêncio e mostrar-se-ão quando chegar o momento propício. Até lá, é útil que se mantenham à distância.

Em breve também vereis as artes aí haurirem ideias, como numa fonte fecunda, e traduzirem seus pensamentos e os horizontes que descobrem, através da pintura, da música, da poesia e da literatura. Já vos foi dito que haveria um dia uma arte espírita, como houve a arte pagã e a arte cristã, e é uma grande verdade, porque os maiores gênios nele se inspirarão.

Em breve vereis os seus primeiros esboços, e mais tarde ele ocupará o lugar que lhe cabe.

Espíritas, o futuro é vosso e de todos os homens de coração e devotamento. Não temais os obstáculos, pois nenhum poderá entravar os desígnios da Providência. Trabalhai sem desânimo e agradecei a Deus por vos haver colocado na vanguarda da nova falange. É um posto de honra que vós mesmos pedistes, e do qual vos deveis tornar dignos pela vossa coragem, perseverança e devotamento. Felizes os que sucumbirem nesta luta contra a força; mas, no mundo dos Espíritos, a vergonha será

---

[2] Vide *O Evangelho segundo o Espiritismo*, capítulo XV.

para os que sucumbirem pela fraqueza ou pela pusilanimidade. Aliás, as lutas são necessárias para fortalecer a alma; o contato do mal faz apreciar melhor as vantagens do bem. Sem as lutas que estimulam as faculdades, o Espírito deixar-se-ia arrastar por uma despreocupação funesta ao seu adiantamento. As lutas contra os elementos desenvolvem as forças físicas e a inteligência; as lutas contra o mal desenvolvem as forças morais.

OBSERVAÇÕES:

1ª – A maneira pela qual se opera a transformação é muito simples e, como se vê, é toda moral e em nada se afasta das leis da Natureza. Por que, então, os incrédulos repetem essas ideias, se elas nada têm de sobrenatural? É que, segundo eles, a lei de vitalidade cessa com a morte do corpo, ao passo que para nós ela prossegue sem interrupção; eles restringem sua ação e nós a estendemos. Eis por que dizemos que os fenômenos da vida espiritual não saem das leis da Natureza. Para eles o sobrenatural começa onde acaba a apreciação pelos sentidos.

2ª – Quer os Espíritos da nova geração sejam novos Espíritos melhores, ou os antigos Espíritos melhorados, o resultado é o mesmo. Desde que eles tragam melhores disposições, é sempre uma renovação. Os Espíritos encarnados formam assim duas categorias, conforme suas disposições naturais: a dos Espíritos retardatários que partem e a dos Espíritos progressistas que chegam. O estado dos costumes e da Sociedade estará, pois, num povo, numa raça ou no mundo inteiro, na razão do estado da categoria que tiver a preponderância.

Para simplificar a questão, seja dado um povo, num grau qualquer de adiantamento, composto de vinte milhões de almas, por exemplo. Sendo a renovação dos Espíritos feita na mesma proporção das extinções, isoladas ou em massa, necessariamente houve um momento em que a geração dos Espíritos retardatários ultrapassava em número a dos Espíritos progressistas que eram apenas raros representantes sem influência, e cujos esforços para fazer predominar o bem e as ideias progressistas seriam neutralizadas. Ora, partindo uns e chegando outros, após um dado tempo, as duas forças se equilibram e sua influência se contrabalança. Mais tarde, os recém-chegados são maioria e sua influência torna-se preponderante, embora ainda entravada pela dos primeiros; estes, continuando a diminuir enquanto os outros se multiplicam, acabarão por desaparecer; chegará então um momento em que a influência da nova geração será exclusiva.

Nós assistimos a essa transformação, ao conflito que resulta da luta das ideias contrárias que tentam implantar-se. Umas marcham com a bandeira do passado, outras com a do futuro. Se examinarmos o estado atual do mundo, reconheceremos que, tomada em conjunto, a Humanidade terrena ainda está longe do ponto intermediário em que as forças se equilibrarão; que os povos, considerados isoladamente, estão a uma grande distância uns dos outros, nessa escada; que alguns atingiram esse ponto, mas nenhum ainda o ultrapassou. Aliás, a distância que os separa dos pontos extremos está longe de ser igual em duração, e uma vez transposto o limite, o novo caminho será percorrido com mais rapidez, porquanto uma porção de circunstâncias virão aplainá-lo.

Assim se realiza a transformação da Humanidade. Sem a emigração, isto é, sem a partida dos Espíritos retardatários que não devem voltar, ou que não devem voltar senão depois de se haverem melhorado, a Humanidade terrena nem por isto ficará indefinidamente estacionária, porque os Espíritos mais atrasados por sua vez progridem; mas teriam sido necessários séculos, talvez milhares de anos, para atingir o resultado que meio século bastará para realizar.

Uma comparação vulgar dará a compreender ainda melhor o que ocorre em tal circunstância. Suponhamos um regimento composto, em sua grande maioria, de homens turbulentos e indisciplinados. Eles provocarão incessantes desordens que a severidade da lei penal muitas vezes terá dificuldade em reprimir. Esses homens são os mais fortes, porque são mais numerosos; eles se sustentam, encorajam-se e se estimulam pelo exemplo. Os poucos bons não têm influência; seus conselhos são desprezados; eles são escarnecidos e maltratados pelos outros e sofrem com esse contato. Não é esta a imagem da Sociedade atual?

Suponhamos que tais homens sejam retirados do regimento, um a um, dez a dez, cem a cem, e substituídos por número igual de bons soldados, mesmo pelos que tiverem sido expulsos mas que se tenham corrigido. Ao cabo de algum tempo teremos ainda o mesmo regimento, mas transformado; a boa ordem nele terá substituído a desordem. Assim será com a Humanidade regenerada.

As grandes partidas coletivas não têm como objetivo apenas ativar as saídas, mas também transformar mais rapidamente o espírito da massa, desembaraçando-a das más influências, e de imprimir maior ascendente às ideias novas.

É porque muitos, malgrado suas imperfeições, estão maduros para essa transformação, que muitos partem a fim de se retemperar numa fonte mais pura. Se tivessem ficado no mesmo meio e sob as mesmas influências, teriam persistido em suas opiniões e sua maneira de ver as coisas. Uma estada no mundo dos Espíritos basta para lhes abrir os olhos, porque aí veem o que não podiam ver na Terra. O incrédulo, o fanático, o absolutista poderão, assim, voltar com ideias *inatas* de fé, de tolerância e de liberdade. Por sua vez, encontrarão as coisas mudadas e serão submetidos ao ascendente do novo meio onde nascerem. Em vez de fazer oposição às ideias novas, serão seus auxiliares.

A regeneração da Humanidade, portanto, absolutamente não necessita de uma renovação integral dos Espíritos: basta uma modificação em suas disposições morais, e essa modificação se opera na intimidade de todos aqueles que a isto estejam predispostos, quando subtraídos à influência perniciosa do mundo. Aqueles que vêm não são sempre outros Espíritos, mas muitas vezes os mesmos Espíritos, pensando e sentindo diversamente.

Como essa transformação para melhor é isolada e individual, ela passa despercebida, e não tem influência ostensiva no mundo. O efeito, no entanto, é muito diverso, porque ela se opera simultaneamente em grandes massas, e porque então, conforme as proporções, em uma geração, as ideias de um povo ou de uma raça poderão ser profundamente modificadas.

É o que notamos quase sempre depois dos grandes abalos que dizimam populações. Os flagelos destruidores destroem o corpo mas não atingem o Espírito. Eles ativam o movimento de vai-e-vem entre o mundo corporal e o mundo espiritual e, em consequência, o movimento progressivo dos Espíritos encarnados e desencarnados.

É um desses movimentos gerais que se opera neste momento, e que deve determinar o remanejamento da Humanidade. A multiplicidade das causas de destruição é um sinal característico dos tempos, porque elas devem apressar o surgimento dos novos germes. São as folhas de outono que caem, e às quais sucederão novas folhas, cheias de vida, pois a Humanidade tem as suas estações, assim como os indivíduos têm as suas faixas etárias. As folhas mortas da Humanidade caem, levadas pela ventania, mas para renascer mais vivazes, sob o mesmo sopro de vida, que não se extingue, mas se purifica.

Para o materialista, os flagelos destruidores são calamidades sem compensação, sem resultados úteis, pois que, segundo ele, *elas aniquilam os seres sem retorno.* Mas para aquele que sabe que a morte destrói apenas o envoltório, eles não têm as mesmas consequências e não causam o menor pavor, porque ele compreende o seu objetivo e sabe também que os homens não perdem mais morrendo em conjunto do que isoladamente, porque, de um ou de outro modo, é preciso lá chegar.

Os incrédulos rirão destas coisas e as tratarão como quimeras. Mas, digam o que disserem, não escaparão à lei comum. Eles cairão como os outros, quando chegar a sua vez, e então, o que lhes acontecerá? Nada, dizem eles, entretanto, a despeito de si mesmos, um dia eles serão forçados a abrir os olhos.

NOTA: A comunicação seguinte nos foi endereçada durante a viagem que acabamos de fazer, por um dos nossos queridos protetores invisíveis. Embora tenha um caráter pessoal, ela tem tudo a ver com a grande questão que acabamos de tratar, que ela confirma. Por esse motivo, julgamos oportuno colocá-la aqui, porquanto as pessoas perseguidas por suas crenças espíritas, nela encontrarão úteis encorajamentos.

"Paris, lº de setembro de 1866.

"Já faz bastante tempo que não marco minha presença em vossas reuniões dando uma comunicação assinada com o meu nome. Não julgueis, caro mestre, que seja por indiferença ou esquecimento, mas eu não via necessidade de manifestar-me e deixava a outros mais dignos o encargo de vos dar instruções úteis. Entretanto, aí estava e seguia com o maior interesse os progressos desta cara doutrina à qual devo a felicidade e a calma dos últimos anos de minha vida. Eu aí estava, e o meu bom amigo Sr. T... vos deu mais de uma vez essa certeza durante suas horas de sono e de êxtase. Ele inveja minha felicidade e também aspira vir para o mundo que habito agora, quando o contempla brilhando no céu estrelado e remete o seu pensamento às suas rudes provas.

"Eu também as tive muito penosas. Graças ao Espiritismo eu as suportei sem me lastimar e as bendigo agora, pois lhes devo o meu adiantamento. Que ele tenha paciência; dizei-lhe que ele virá para cá um dia, mas que antes deve voltar à Terra, para vos ajudar na conclusão de vossa tarefa. Mas então, como tudo estará mudado! Julgar-vos-eis ambos num mundo novo.

"Meu amigo, enquanto puderdes, repousai o espírito e o cérebro fatigados pelo trabalho; reuni forças materiais, porque em breve muito tereis que gastar. Os acontecimentos, que de agora em diante vão suceder-se com rapidez, vos chamarão à estacada. Sede firme de corpo e de espírito, a fim de estar em condições de lutar com proveito. Então será preciso lutar sem descanso. Mas, como já vos disseram, não estareis só para carregar o fardo; auxiliares sérios mostrar-se-ão, no devido tempo. Escutai, pois, os conselhos do bom doutor Demeure e guardai-vos de toda fadiga inútil ou prematura. Aliás, aí estaremos para vos aconselhar e vos advertir.

"Desconfiai dos dois partidos extremos que agitam o Espiritismo, quer para restringi-lo ao passado, quer para precipitar seu avanço. Temperai os ardores prejudiciais e não vos deixeis arrastar pelas tergiversações dos tímidos ou, o que é mais perigoso, mas que infelizmente é muito verdadeiro, pelas sugestões dos emissários inimigos.

"Marchai com passo firme e seguro, como fizestes até aqui, sem vos inquietar com o que digam à direita ou à esquerda, seguindo a inspiração dos vossos guias e da vossa razão, e não vos arriscareis a deixar a carruagem do Espiritismo sair dos trilhos. Muitos empurram esse invejado carro para precipitar sua queda. Cegos e presunçosos! Ele passará, a despeito dos obstáculos, e não deixará no abismo senão os seus inimigos e os invejosos desconcertados por terem servido ao seu triunfo.

"Os fenômenos já surgem e vão surgir de todos os lados, sob os mais variados aspectos. Mediunidade curadora, doenças incompreensíveis, efeitos físicos inexplicáveis pela Ciência, tudo se reunirá num futuro próximo, para assegurar nossa vitória definitiva, para a qual concorrerão novos defensores.

"Mas quantas lutas ainda será necessário sustentar, e também quantas vítimas! não sangrentas, sem dúvida, mas feridas em seus interesses e em suas afeições. Mais de um desfalecerá ao peso das inimizades desencadeadas contra tudo o que carrega o nome de espírita. Ditosos, porém, aqueles que tiverem mantido sua firmeza na adversidade! Por isto eles serão bem recompensados, mesmo aqui embaixo, materialmente. As perseguições são as provações da sinceridade de sua fé, de sua coragem e de sua perseverança. A confiança que houverem posto em Deus não será vã. Todos os sofrimentos, todos os vexames, todas as humilhações que tiverem suportado pela causa serão valores dos quais nenhum será perdido. Os bons Espíritos velam por eles e os contam e saberão bem separar os devotamentos sinceros das dedicações fictícias. Se a roda da fortuna os trai momentaneamente e os lança no pó, em breve os erguerá mais alto que nunca, dando-lhes a consideração pública e destruindo os obstáculos amontoados em seu caminho. Mais tarde alegrar-se-ão por terem pago seu tributo à causa, e quanto maior for esse tributo, mais bela será a sua parte.

"Nestes tempos de provas, ser-vos-á necessário prodigalizar a todos a vossa força e a vossa firmeza. A todos serão necessários também encorajamento e conselhos. Também será necessário fechar os olhos às defecções dos mornos e dos covardes. De vossa parte, também tereis muito a perdoar...

"Mas eu paro aqui, porque se posso tecer-vos conjeturas acerta do conjunto dos acontecimentos, nada me é permitido precisar. Tudo quanto posso dizer-vos é que não sucumbiremos na luta. Podem cercar a verdade com as trevas do erro, mas é impossível abafá-la. Sua chama é imortal e brilhará mais cedo ou mais tarde.

VIÚVA F...

NOTA: Adiamos para o próximo número a continuação do nosso estudo sobre Maomé e o Islamismo, porque, pelo encadeamento das ideias e para a compreensão das deduções, era útil que ele fosse precedido pelo artigo acima.

O ZUAVO CURADOR DO CAMPO DE CHÂLONS

Lê-se no *Écho de l'Aisne,* de 1º de agosto de 1866:

"Não se fala em nosso interior senão das maravilhas realizadas no campo de Châlons por um jovem zuavo espírita que diariamente faz novos milagres.

"Numerosos comboios de doentes se dirigem a Châlons e, coisa incrível, um bom número deles voltam curados.

"Nestes últimos dias, um paralítico que veio de carro, depois de ter sido visto pelo 'jovem espírita' achou-se radicalmente curado e voltou para casa galhardamente a pé.

"Quem puder explique estes fatos que tocam ao prodígio; sempre há os que são exatos e afirmados por grande número de pessoas inteligentes e dignas de fé.

RENAUD

Este artigo foi reproduzido textualmente pela *Presse Illustrée* de 6 de agosto. O *Petit Journal,* de 17 de agosto, conta o fato nestes termos:

"Depois de ter podido visitar o quartel imperial, que penso já tenhais descrito aos leitores, isto é, a morada mais adequada e ao mesmo tempo a mais simples que possa ter um soberano, mesmo que apenas por alguns dias, passei a tarde a correr à procura do zuavo magnetizador.

"Esse zuavo, um simples músico, é, há três meses, o herói do campo e das imediações. É um homenzinho magro, moreno, de olhos profundamente enterrados nas órbitas; uma verdadeira fisionomia de monge muçulmano. Dele contam coisas incríveis e sou forçado a não falar senão do que contam, porque, há alguns dias, por ordem superior, ele teve que interromper as sessões públicas que fazia no '*Hôtel de la Meuse*'. As pessoas vinham de dez léguas ao redor; ele recebia vinte e cinco a trinta doentes por vez, e à sua voz, ao seu olhar, ao seu toque, pelo menos é o que dizem, subitamente os surdos ouviam, os mudos falavam, os coxos voltavam para casa sobraçando as muletas.

"Tudo isto é mesmo verdadeiro? Não sei. Conversei uma hora com ele. Chama-se Jacob; é simplesmente borgonhês; exprime-se com facilidade; deu-me a impressão de ser dos mais convictos e inteligentes. Sempre recusou qualquer espécie de remuneração e não gosta de agradecimentos. Além disto, prometeu-me um manuscrito que lhe foi ditado por um Espírito. Inútil dizer que vos falarei dele assim que o receber, se o *Espírito* tiver espírito.

RENÉ DE PONT-JEST

Enfim, o *Écho de l'Aisne,* depois de haver citado o fato, em seu número de 1º de agosto, assim o comenta no número de 4:

"No número de quarta-feira última, dissestes que em nossa terra não se falava de outra coisa senão das curas realizadas no campo de Châlons, por um jovem zuavo espírita.

"Julgo conveniente pedir-vos que o reprima, porque um verdadeiro exército de doentes se dirige diariamente para o campo; os que voltam satisfeitos animam outros a imitá-los; os que nada conseguiram, ao contrário, não calam as censuras e as zombarias.

"Entre essas duas opiniões extremas, há uma prudente reserva que 'bom número de doentes' deve tomar como regra de conduta, como guia do que podem fazer.

"Essas 'curas maravilhosas', esses 'milagres', como dizem os comuns dos mortais, nada têm de maravilhoso, nada de miraculoso.

"De saída elas causam admiração, porque não são comuns, mas como nada do que se realiza deixa de ter uma causa, foi preciso procurar o que produz tais fatos, e a *Ciência os explicou.*

"As impressões morais fortes sempre tiveram a faculdade de agir sobre o 'sistema nervoso'; as curas obtidas pelo zuavo espírita não atingem senão as moléstias desse sistema. Em todas as épocas, na Antiguidade como nos tempos modernos, têm sido assinaladas curas apenas pela força da influência da imaginação, influência constatada em grande número de casos;

nada há, pois, de extraordinário que hoje as mesmas causas produzam os mesmos resultados.

"É, portanto, apenas aos doentes do 'sistema nervoso' que é possível 'ir ver e esperar'.

"X"

Antes de qualquer outro comentário, faremos uma ligeira observação sobre este último artigo. O autor constata os fatos e os explica a seu modo. Conforme ele, essas curas *nada têm de maravilhoso ou de miraculoso*. Sobre este ponto estamos perfeitamente de acordo, porquanto o Espiritismo diz claramente que não faz *milagres*; que todos os fatos, *sem exceção,* que se produzem por influência mediúnica, são devidos a uma força natural e se realizam em virtude de uma lei tão natural quanto a que permite transmitir um telegrama ao outro lado do Atlântico em alguns minutos. Antes da descoberta da lei da eletricidade, semelhante fato teria passado pelo milagre dos milagres. Suponhamos por um instante que Franklin, ainda mais iniciado do que ele era sobre as propriedades do fluido elétrico, tivesse estendido um fio metálico através do Atlântico e estabelecido uma correspondência instantânea entre a Europa e a América, sem indicar o processo, que teriam pensado dele? Incontestavelmente teriam gritado que era um milagre; ter-lhe-iam atribuído um poder sobrenatural; aos olhos de muita gente ele teria passado por feiticeiro e por ter o diabo às suas ordens. O conhecimento da lei da eletricidade reduziu esse pretenso prodígio às proporções dos efeitos naturais. O mesmo se dá com uma porção de outros fenômenos.

Mas, conhecemos todas as leis da Natureza e a propriedade de todos os fluidos? Não é possível que um fluido desconhecido, como por tanto tempo foi a eletricidade, seja a causa de efeitos não explicados, produza sobre a economia resultados impossíveis para a Ciência, com a ajuda dos meios limitados de que ela dispõe? Pois bem, aí está todo o segredo das curas mediúnicas, ou melhor, não há segredo nenhum, porque o Espiritismo só tem mistérios para os que não se dão no trabalho de estudá-lo. Essas curas têm muito simplesmente por princípio uma ação fluídica dirigida pelo pensamento e pela vontade, em vez de ser por um fio metálico. Tudo se resume em conhecer as propriedades desse fluido, as condições em que pode agir, e saber dirigi-lo. Além disto, é preciso um instrumento *humano* suficientemente provido desse fluido, e apto a lhe dar a energia suficiente.

Essa faculdade não é privilégio de um indivíduo; pelo fato de estar na Natureza, muitos a possuem, mas em graus muito diferentes, como todo mundo tem a faculdade de ver, embora a maior ou menor distância. Entre os que dela são dotados, alguns agem com conhecimento de causa, como o zuavo Jacob; outros independentemente de sua vontade e sem se dar conta do que se passa com eles; sabem que curam, e eis tudo. Perguntai-lhes como, e nada sabem. Se forem supersticiosos, atribuirão seu poder a uma causa oculta, à virtude de algum talismã ou amuleto que na realidade não serve para nada. É assim com todos os médiuns inconscientes, cujo número é grande. Inúmeras pessoas são, elas próprias, a causa primeira dos efeitos que admiram mas não entendem. Entre os negadores mais obstinados, muitos são médiuns sem o saber.

O Jornal em questão diz: "As curas obtidas pelo zuavo espírita não atingem senão as moléstias do sistema nervoso; elas são devidas à influência da imaginação, constatada por grande números de fatos; houve dessas curas na Antiguidade, como nos tempos modernos; assim, nada têm de extraordinário."

Dizendo que o Sr. Jacob só curou afecções nervosas, o autor se adianta um tanto levianamente, porque os fatos contradizem essa afirmação. Mas admitamos que seja assim; essas espécies de afecções são inumeráveis e precisamente destas em que a Ciência é, o mais das vezes, forçada a confessar a sua impotência. Se por um meio qualquer dela se pode triunfar, não é um resultado importante? Se esse meio estiver na influência da imaginação, que importa? Por que negligenciá-lo? Não é melhor curar pela imaginação do que não curar absolutamente? Entretanto, parece-nos difícil que só a imaginação, ainda que excitada ao mais alto grau, possa fazer andar um paralítico e restaurar um membro anquilosado. Em todo o caso, considerando-se que, segundo o autor, curas de doenças nervosas em todos os tempos foram obtidas por influência da imaginação, os médicos não são menos desculpáveis por se obstinarem no emprego de meios impotentes, quando a experiência lhes mostra outros eficazes. Sem querer, o autor os acusa.

Mas, diz ele, o Sr. Jacob não cura todos. É possível, e até correto, mas o que isto prova? Que ele não tem um poder curador universal. O homem que tivesse tal poder seria igual a Deus, e o que tivesse a pretensão de possuí-lo não passaria de um tolo presunçoso. Se ele curasse apenas quatro ou cinco doentes em dez considerados incuráveis pela Ciência, isto bastaria para provar a existência da faculdade. Há muitos médicos que fazem tanto?

Há muito tempo conhecemos pessoalmente o Sr. Jacob como médium escrevente e propagador zeloso do Espiritismo. Sabíamos que ele havia feito alguns ensaios parciais de mediunidade curadora, mas parece que essa facilidade teve nele um desenvolvimento rápido e considerável durante sua estada no campo de Châlons. Um dos nossos colegas da Sociedade de Paris, o Sr. Boivinet, que mora no departamento do Aisne, teve a bondade de nos enviar um relatório muito circunstanciado dos fatos que são de seu conhecimento pessoal. Seus profundos conhecimentos do Espiritismo, aliados a um caráter isento de exaltação e de entusiasmo, lhe permitiram apreciar as coisas corretamente. Seu depoimento, portanto, tem para nós o valor do testemunho de um homem honrado, imparcial e esclarecido, e o seu relatório tem toda a autenticidade desejável. Temos, assim, os fatos atestados por ele como constatados, como se nós mesmo os tivéssemos testemunhado. A extensão desses documentos não nos permite sua publicação por inteiro nesta revista, mas nós os arquivamos para utilizá-los ulteriormente, limitando-nos por hoje a citar as passagens essenciais:

"...Com o fito de justificar a confiança que tendes em mim, informei-me, tanto por mim mesmo quanto por pessoas inteiramente honestas e dignas de fé, das curas efetivamente constatadas operadas pelo Sr. Jacob. Aliás, essas pessoas não são espíritas, o que tira às suas afirmações toda suspeita de parcialidade em favor do Espiritismo.

"Reduzo em um terço as estimativas do Sr. Jacob quanto ao número de doentes por ele recebidos, mas parece que estou aquém, talvez muito aquém da verdade, estimando tal cifra em 4.000, dos quais um quarto foi curado e os outros três quartos aliviados. A afluência era tal que a autoridade militar inquietou-se e interditou as visitas para o futuro. Eu mesmo obtive informação do chefe da estação que a estrada de ferro transportava diariamente massas de doentes ao campo.

"Quanto à natureza das doenças sobre as quais ele exerceu mais particularmente a sua influência, é-me impossível dizê-lo. São sobretudo os enfermos que a ele se dirigiram, e são eles, por consequência, que figuram em maior número entre os seus *clientes satisfeitos*. Mas muitos outros aflitos poderiam apresentar-se a ele com sucesso.

"Foi assim que em Chartères, aldeia vizinha daquela em que resido, vi e revi um homem de cerca de cinquenta anos que desde 1856 vomitava tudo o que comia. Quando ele foi ver o zuavo, partiu muito doente e vomitava pelo menos três vezes ao dia. Vendo-o, o Sr. Jacob lhe disse: "Estais curado!" e, durante a sessão, convidou-o a comer e beber. O pobre camponês, vencendo a apreensão, comeu e bebeu e não se sentiu mal. Há mais de três semanas ele não mais experimentou o menor mal-estar. A cura foi instantânea. Inútil acrescentar que o Sr. Jacob não o fez tomar qualquer medicamento e não lhe prescreveu nenhum tratamento. Somente a sua ação fluídica, como uma comoção elétrica, tinha bastado para devolver aos órgãos o seu estado normal."

OBSERVAÇÃO: Esse homem é dessas naturezas rudimentares que se exaltam muito pouco. Se, pois, uma só palavra houvesse bastado para superexcitar sua imaginação a ponto de curar instantaneamente uma gastrite crônica, seria preciso convir que o fenômeno seria ainda mais surpreendente que a cura, e bem mereceria alguma atenção.

"A filha do dono do 'Hôtel de la Meuse', em Mourmelon, doente do peito, estava tão fraca a ponto de não sair do leito. O zuavo a convidou a levantar-se, o que ela fez imediatamente; com a estupefação de numerosos espectadores, desceu a escada *sem auxílio* e foi passear no jardim com o seu novo médico. A partir desse dia a moça passa bem. Não sou médico, mas não creio que esta seja uma doença nervosa.

"O Sr. B..., gerente de pensão, que dá pulos à ideia da intervenção dos Espíritos nos nossos assuntos, contou-me que uma senhora, há muito doente do estômago, tinha sido curada pelo zuavo e que desde então tinha engordado notavelmente cerca de vinte libras."

OBSERVAÇÃO: Esse senhor que se exaspera à ideia da intervenção dos Espíritos ficaria muito chocado se quando morresse seu próprio Espírito pudesse vir assistir às pessoas que lhe são caras, curá-las e lhes provar que ele não está perdido para elas?

"Quanto aos enfermos propriamente ditos, os resultados obtidos com eles são mais estupefacientes, porque o olho verifica imediatamente os resultados.

"Em Treloup, aldeia situada a 7 ou 8 quilômetros daqui, um velho de setenta anos estava entrevado e nada podia fazer. Deixar a sua cadeira era quase impossível. A cura foi completa e instantânea. Ainda ontem me falaram do caso. Disseram-me: Ora! Eu vi o Pai Petit; *ele estava ceifando!*

"Uma mulher de Mourmelon tinha a perna encolhida, imobilizada; seu joelho estava à altura do estômago. Agora anda e passa bem.

"No dia em que o zuavo foi interdito, um pedreiro percorreu exasperado o Mourmelon e dizia que queria enfrentar os que impediam o médium de *trabalhar.* Esse pedreiro tinha os punhos voltados para os lados internos dos braços. Hoje os seus punhos se movem como os nossos e ele ganha dois francos a mais por dia.

"Quantas pessoas *chegaram carregadas* e puderam voltar andando, tendo recuperado o uso de seus membros durante a sessão!

"Uma menina de cinco anos, trazida de Reims, que nunca tinha andado, andou imediatamente.

"O fato seguinte foi, por assim dizer, o ponto de partida da faculdade do médium, ou pelo menos do exercício público dessa faculdade tornada notória:

"Chegando a Ferté-sous-Jouarre e dirigindo-se para o campo, o regimento de zuavos estava reunido na praça pública. Antes de debandar, a banda executou uma peça. Entre os espectadores achava-se uma menina num carrinho empurrado por seus pais. Um de seus camaradas chamou a atenção do zuavo para a menina. Terminada a música, ele se dirigiu para ela e dirigindo-se aos pais perguntou:

– Esta menina é doente?'

– Ela não pode andar. Há dois anos tem na perna um aparelho ortopédico.

– Tirai, então, o aparelho, do qual ela não mais precisa.

Isto foi feito, não sem alguma hesitação, e a menina andou. Então foram ao café e o pai, louco de alegria, queria que o vendedor de refrescos abrisse sua adega para que os zuavos bebessem.

"Agora vou contar como o médium procedia, isto é, vou descrever uma sessão que não assisti, mas que me foi minuciosamente detalhada por vários doentes.

"O zuavo mandou entrarem os doentes. As dimensões do local limitam o seu número. Foi por isto, segundo afirmam, que ele teve que transferir-se do Hotel da Europa, onde podia admitir apenas dezoito pessoas por vez, para o 'Hôtel de la Meuse', onde eram admitidos vinte e cinco ou trinta. Entram. Os que moram mais longe são geralmente convidados a vir primeiro. Certas pessoas querem falar. 'Silêncio!' diz ele, 'os que falarem serão postos na rua!' Ao cabo de dez ou quinze minutos de silêncio e imobilidade geral, ele se dirige a alguns doentes, raramente os interroga, mas lhes diz o que eles sentem. Depois, passeando ao longo da grande mesa, em redor da qual estão sentados os doentes, fala a todos, mas sem ordem; toca-os, mas sem gestos que lembrem os magnetizadores; depois despede todos, dizendo a uns: 'Estais curados; ide embora'; a outros: 'Ficareis curados sem nada fazer; apenas tendes fraqueza'; a alguns, mais raramente: 'Nada posso fazer por vós.' Eles querem agradecer, mas ele responde *muito militarmente* que não é preciso fazer agradecimentos e põe os clientes para fora. Às vezes lhes diz: 'Vossos agradecimentos? Dirigi-os à Providência.'

"A 7 de agosto, uma ordem do marechal veio interromper o curso das sessões. Logo após a interdição, e tendo em vista a enorme afluência dos doentes a Mourmelon, tiveram que adotar em relação ao médium uma atitude sem precedentes. Como ele não havia cometido nenhuma falta e observava a disciplina muito rigorosamente, não podiam prendê-lo. Ligaram um plantão à sua pessoa, com ordem de segui-lo a toda parte e impedir que alguém dele se aproximasse.

"Disseram-me que seriam toleradas todas essas curas, contanto que a palavra Espiritismo não fosse pronunciada, e não creio que tenha sido o Sr. Jacob que a pronunciou. Teria sido a partir desse momento que agiram contra ele com rigor.

"De onde vem o pavor que causa o simples nome do Espiritismo, mesmo quando ele só faz o bem, consola os aflitos e alivia a Humanidade sofredora? De minha parte, creio que certas pessoas temem que ele faça muito bem.

"Nos primeiros dias de setembro, o Sr. Jacob quis vir passar dois dias em minha casa, cumprindo uma promessa eventual que ele tinha feito no campo de Châlons. O prazer que tive em recebê-lo foi decuplicado pelos serviços que pôde prestar a bom número de infelizes. Depois de sua partida, quase que diariamente estava ao corrente do estado dos doentes tratados, e aqui dou o resultado de minhas observações. A fim de ser exato como um levantamento estatístico, e a título de informações posteriores, se for o caso, aqui os cito nominalmente. (Segue uma lista de trinta e tantos nomes, com indicação da idade, da doença e dos resultados obtidos).

"O Sr. Jacob é sinceramente religioso. Dizia-me ele: 'O que eu faço não me admira. Eu faria coisas muito mais extraordinárias e não ficaria mais espantado, porque sei que Deus pode fazer o que ele quiser. Só uma coisa me admira: é ter tido o imenso favor de ter sido o instrumento que ele escolheu. Hoje ficam admirados do que obtenho, mas quem sabe se num mês, num ano, não haverá dez, vinte, cinquenta médiuns como eu e ainda mais fortes que eu? O Sr. Kardec, que procura e deve procurar estudar fatos como estes que se passam aqui, deveria ter vindo. Hoje ou amanhã posso perder a minha faculdade, e para ele seria um estudo perdido. Ele deve fazer o histórico de semelhantes fatos.'"

OBSERVAÇÃO: Sem dúvida ter-nos-íamos sentido feliz em ser testemunha pessoal dos fatos relatados acima, e provavelmente teríamos ido ao campo de Châlons, se tivéssemos tido a possibilidade e se tivéssemos sido informado em tempo hábil. Só o soubemos pela via indireta dos jornais, quando estávamos em viagem, e confessamos não ter uma confiança absoluta em seus relatos. Teríamos muito o que fazer se fosse preciso ir em pessoa controlar tudo o que relatam do Espiritismo, ou mesmo tudo quanto nos é relatado em nossa correspondência. Não podíamos lá ir senão com a certeza de não ter uma decepção, e quando o relatório do Sr. Boivinet nos chegou, o campo estava interdito. Aliás, a vista desses fatos nada nos teria ensinado de novo, pois cremos compreendê-los. Ter-se-ia apenas tratado de lhe constatar a realidade, mas o testemunho de um homem como o Sr. Boivinet, ao qual tínhamos mandado uma carta para o Sr. Jacob, pedindo nos informasse do que teria visto, nos bastava completamente. Não houve, pois, perda para nós, a não ser o prazer de ter visto pessoalmente o Sr. Jacob em trabalho, o que esperamos possa dar-se alhures, fora do campo de Châlons.

Não falamos das curas do Sr. Jacob senão porque são autênticas. Se nos tivessem parecido suspeitas ou manchadas pelo charlatanismo e por uma bazófia ridícula que as tivesse tornado mais prejudiciais do que úteis à causa do Espiritismo, ter-nos-íamos abstido, a despeito do que pudessem dizer, como fizemos em várias outras circunstâncias, não querendo fazer-nos o editor responsável por alguma excentricidade, nem secundar as vistas ambiciosas e interesseiras que por vezes se ocultam sob aparências de devotamento. Eis por que somos circunspectos em nossas apreciações dos homens e das coisas e também por que nossa *Revista* não se transforma em incensório em proveito de ninguém.

Mas aqui se trata de uma coisa séria, fecunda em resultados, e fundamental no duplo ponto de vista do fato em si e da realização de uma das previsões dos Espíritos. Com efeito, há muito tempo eles anunciaram que a mediunidade curadora desenvolver-se-ia em proporções excepcionais, de maneira a atrair a atenção geral, e nós felicitamos o Sr. Jacob por ser um dos primeiros a fornecer o exemplo. Mas aqui, como em todos os gêneros de manifestações, para nós a pessoa se apaga diante da questão principal.

Considerando-se que o dom de curar não é resultado do trabalho nem do estudo, nem de um talento adquirido, aquele que o possui não pode considerá-lo um mérito. Louvamos um grande artista, um sábio, porque eles devem o que são a seus próprios esforços, mas o médium mais bem-dotado não passa de instrumento passivo de que os Espíritos se servem hoje e que podem deixar amanhã. O que seria do Sr. Jacob se ele perdesse a sua faculdade, o que ele prudentemente prevê? O que era antes: o músico dos zuavos, ao passo que, embora isto aconteça, ao sábio sempre restará a ciência e ao artista o talento. Ficamos feliz por ver o Sr. Jacob partilhar destas ideias, portanto, não é a ele que se dirigem estas reflexões. Ele compartilhará de nossa opinião, não temos dúvida, quando dissermos que o que constitui um mérito real no médium, o que se deve e pode louvar com razão, é o emprego que faz de sua faculdade; é o zelo, o devotamento, o desinteresse com os quais ele a põe a serviço daqueles a quem ela pode ser útil; é ainda a modéstia, a simplicidade, a abnegação, a benevolência que respiram em suas palavras e que todas as suas ações justificam, porque essas qualidades lhe pertencem mesmo. Assim, não é o médium que devemos pôr num pedestal, porque ele pode descer amanhã: é o homem de bem, que sabe tornar-se útil sem ostentação e sem proveito para a sua vaidade.

O desenvolvimento da mediunidade curadora forçosamente terá consequências de alta importância, que serão objeto de um exame especial e aprofundado em próximo artigo.

ALLAN KARDEC

REVISTA ESPÍRITA

JORNAL DE ESTUDOS PSICOLÓGICOS

| ANO IX | NOVEMBRO DE 1866 | VOL. 11 |

MAOMÉ E O ISLAMISMO

(2º artigo – Vide o nº de agosto de 1866)

Foi em Medina que Maomé mandou construir a primeira mesquita, na qual trabalhou com as próprias mãos e organizou um culto regular. Aí pregou pela primeira vez em 623. Todas as medidas tomadas por ele testemunhavam a sua solicitude e a sua previdência: "Um traço característico, ao mesmo tempo, do homem e do seu tempo", diz o Sr. Barthélemy Saint-Hilaire, "é a escolha feita por Maomé de três poetas de Medina, oficialmente encarregados de defendê-lo contra as sátiras dos poetas de Meca. Provavelmente não era porque nele o amor-próprio fosse mais excitável do que convinha, mas, numa nação espirituosa e viva, esses ataques tinham uma repercussão análoga à que, em nossos dias, podem ter os jornais, e eles eram muito perigosos."

Dissemos que Maomé foi constrangido a fazer-se guerreiro. Com efeito, ele absolutamente não tinha o humor belicoso como o havia provado nos primeiros cinquenta anos de sua existência. Ora, decorridos apenas dois anos de sua residência em Medina, e os coraicitas de Meca, coligados com as outras tribos hostis, vieram sitiar a cidade. Maomé teve que se defender, e a partir de então começou para ele um período guerreiro que durou dez anos, durante o qual se mostrou, sobretudo, um tático hábil. Num povo em que a guerra era o estado normal; que só conhecia o direito da força, ao chefe da nova religião era necessário o prestígio da vitória para firmar a sua autoridade, mesmo sobre os seus partidários. A persuasão tinha pouco domínio sobre essas populações ignorantes e turbulentas; uma mansuetude exagerada teria sido tomada como fraqueza. Em seu pensamento, o Deus forte não podia manifestar-se senão por um homem forte, e o Cristo, com a sua inalterável doçura, teria fracassado nessas regiões.

Portanto, Maomé foi guerreiro pela força das circunstâncias, muito mais do que por seu caráter, e terá sempre o mérito de não ter sido o provocador. Uma vez iniciada a luta, ele tinha que vencer ou morrer; só com essa condição poderia ser aceito como o enviado de Deus; era preciso que os seus inimigos fossem destroçados para se convencerem da superioridade de seu Deus sobre os ídolos que eles adoravam. Com exceção de um dos primeiros combates, no qual ele foi ferido e os muçulmanos derrotados, em 625, suas armas foram constantemente vitoriosas e no espaço de alguns anos ele submeteu a Arábia inteira à sua lei. Quando ele viu sua autoridade consolidada e a idolatria destruída, entrou triunfalmente em Meca, após dez anos de exílio, seguido por aproximadamente cem mil peregrinos, e aí realizou a célebre peregrinação dita do *adeus,* cujos ritos os muçulmanos conservaram escrupulosamente. Ele morreu no mesmo ano, dois meses depois de seu regresso a Medina, a 8 de junho de 632, com sessenta e dois anos de idade.

Temos que julgar Maomé pela história autêntica e imparcial, e não segundo as lendas ridículas que a ignorância e o fanatismo espalharam por sua conta, ou segundo as descrições feitas pelos que tinham interesse em desacreditá-lo, apresentando-o como um ambicioso sanguinário e cruel. Também não se deve considerá-lo responsável pelos excessos de seus sucessores que quiseram conquistar o mundo para a fé muçulmana de espada em punho. Sem dúvida houve grandes manchas no último período de sua vida; ele pode ser censurado por ter abusado, em algumas circunstâncias, do direito de vencedor e de nem sempre ter agido com toda a moderação desejável. Entretanto, ao lado de alguns atos que a nossa civilização reprova, é preciso dizer, em seu favor, que muitíssimas vezes ele se mostrou muito mais humano e clemente para com os inimigos do que vingativo, e que muitas vezes deu provas de verdadeira grandeza de alma. É forçoso reconhecer, também, que mesmo em meio aos seus sucessos e quando havia chegado ao topo de sua glória, até o seu último dia limitou-se a seu papel de profeta, sem jamais usurpar uma autoridade temporal despótica. Ele não se fez rei nem potentado, e jamais, na sua vida privada, se maculou com qualquer ato de fria barbárie, nem de baixa cupidez. Sempre viveu com simplicidade, sem fausto e sem luxo, mostrando-se bom e benevolente para com todos. Isto é da história.

Se nos reportarmos ao tempo e ao meio em que ele vivia; se considerarmos sobretudo as perseguições de que ele e os seus foram vítimas, o encarniçamento dos seus inimigos e os atos de barbárie que estes cometeram contra os seus partidários, é lícito nos admiremos que na ebriez de sua vitória por vezes ele tenha feito uso de represálias?

Podemos censurá-lo por ter implantado sua religião a ferro e fogo no meio de um povo bárbaro que o combatia, quando a Bíblia registra, como fatos gloriosos para a fé, carnificinas de tamanha atrocidade que somos tentados a tomar como lendas? Quando, mil anos depois dele, nas regiões civilizadas do ocidente, cristãos que tinham por guia a sublime lei do Cristo, atirando-se sobre vítimas pacíficas, extinguiam as heresias pelas fogueiras, pelas torturas, pelos massacres e em ondas de sangue?

Se o papel guerreiro de Maomé lhe foi uma necessidade, e se esse papel pode escusá-lo de certos atos políticos, o mesmo não se dá em relação a outros aspectos. Até a idade de cinquenta anos e enquanto viveu sua primeira esposa Khadidja, quinze anos mais velha do que ele, seus costumes foram irrepreensíveis, mas a partir de então suas paixões não conheceram freio, e foi incontestavelmente para justificar o abuso que delas fez que ele consagrou a poligamia na sua religião. Foi o seu mais grave erro, porque foi uma barreira que ele interpôs entre o Islamismo e o mundo civilizado. Assim, sua religião, após doze séculos, não pôde transpor os limites de certas raças. É, também, o lado pelo qual o seu fundador mais se rebaixa aos nossos olhos. Os homens de gênio perdem sempre o seu prestígio quando se deixam dominar pela matéria; ao contrário, crescem tanto mais quanto mais se elevam acima das fraquezas da Humanidade.

Contudo, o desregramento dos costumes era tal na época de Maomé, que uma reforma radical era muito difícil em homens habituados a se entregar às suas paixões com uma brutalidade bestial. Portanto, podemos dizer que regulamentando a poligamia ele pôs limites à desordem e conteve abusos mais graves. Mas nem por isso a poligamia deixará de ser o verme roedor do Islamismo, porque é contrária às leis da Natureza. Pela igualdade numérica dos sexos, a própria Natureza traçou os limites das uniões. Permitindo quatro mulheres legítimas, Maomé não pensou que, para que sua lei abrangesse a universalidade dos homens, era preciso que o sexo feminino fosse ao menos quatro vezes mais numeroso que o masculino.

Malgrado as suas imperfeições, o Islamismo não deixou de ser um grande benefício para a época em que apareceu e para o país onde surgiu, porque fundou o culto da unidade de Deus sobre as ruínas da idolatria. Era a única religião possível para esses povos bárbaros, aos quais não era razoável pedir grandes sacrifícios de suas ideias e costumes. Era-lhes necessário algo de simples como a Natureza, em cujo meio viviam. A religião cristã tinha muitas sutilezas metafísicas; assim, todas as tentativas feitas durante cinco séculos para implantá-la nessas regiões tinham falhado fragorosamente; o próprio Judaísmo, muito questionador, tinha feito poucos prosélitos entre os árabes, embora os judeus propriamente ditos aí fossem bastante numerosos. Superior aos de sua raça, Maomé tinha compreendido os homens de seu tempo; para arrancá-los da baixeza em que os mantinham grosseiras crenças rebaixadas a um estúpido fetichismo, ele lhes deu uma religião apropriada às suas necessidades e ao seu caráter. Essa religião era a mais simples de todas: "Crença num Deus único, onipotente, eterno, infinito, onipresente, clemente e misericordioso, criador dos céus, dos anjos e da Terra, pai do homem, sobre o qual vela e cumula de bens; remunerador e vingador numa outra vida, onde nos espera para nos recompensar ou castigar, conforme os nossos méritos; que vê nossas ações mais secretas e preside o destino de suas criaturas que ele não abandona um só instante, nem neste mundo nem no outro; submissão a mais humilde e confiança absoluta em sua vontade santa", eis os dogmas.

Quanto ao culto, consiste na prece repetida cinco vezes por dia, nos jejuns e nas mortificações do mês de ramadã e em certas práticas, das quais diversas tinham um fim higiênico, mas de que Maomé fez uma obrigação religiosa, tais como as abluções diárias, a abstenção do vinho, das bebidas inebriantes, da carne de certos animais, que os fiéis consideram um caso de consciência observar nos mais minuciosos detalhes. A sexta-feira foi adotada como o dia santo da semana e Meca indicada como o ponto para o qual todo muçulmano deve voltar-se ao orar. O serviço público nas mesquitas consiste na prece em comum, sermões, leitura e explicação do *Alcorão*. A circuncisão não foi instituída por Maomé, mas por ele conservada; era praticada entre os árabes desde tempos imemoriais. A proibição de reproduzir pela pintura ou escultura qualquer ser vivo, homens e animais, foi feita visando destruir a idolatria e impedir que ela se revigorasse. Enfim, a peregrinação a Meca, que todo fiel deve realizar pelo menos uma vez na vida, é um ato religioso; entretanto, ele tinha um outro objetivo nessa época, um objetivo político, o de aproximar, por um laço fraternal, as diversas tribos inimigas, reunindo-as num comum sentimento de piedade num mesmo lugar consagrado.

Do ponto de vista histórico, a religião muçulmana admite o Antigo Testamento por inteiro, até Jesus Cristo, inclusive, que ela reconhece como profeta. Segundo Maomé, Moisés e Jesus eram enviados de Deus para ensinar a verdade aos homens; como a lei do Sinai, o Evangelho é a palavra de Deus, mas os cristãos alteraram o seu sentido. Ele declara, em termos explícitos, que não traz nem crenças novas nem culto novo, mas que vem restabelecer o culto do Deus único professado por Abraão. Não fala senão respeitosamente dos patriarcas e dos profetas que o precederam: Moisés, David, Isaías, Ezequiel e Jesus Cristo; do Pentateuco, dos Salmos e do Evangelho. São os livros que precederam e prepararam o *Alcorão*. Longe de ocultar esses empréstimos, gaba-se disso, e a grandeza deles é o fundamento da sua. Pode-se julgar de seus sentimentos e do caráter de suas instruções pelo fragmento seguinte do último discurso que pronunciou em Meca quando da peregrinação do adeus, pouco tempo antes de sua morte, e conservado na obra de Ibn-Ishâc e de Ibn-Ishâm:

"Ó povos! Escutai minhas palavras, pois não sei se no próximo ano poderei encontrar-me convosco neste lugar. Sede humanos e justos entre vós. Que a vida e a propriedade de cada um sejam invioláveis e sagradas para os outros; que aquele que recebeu um depósito o devolva fielmente àquele que o confiou. Aparecereis diante do vosso Senhor e ele vos pedirá contas de vossas ações. Tratai bem as mulheres; elas são vossas auxiliares e nada podem por si sós. Vós as tomastes como um bem que Deus vos confiou e delas tomastes posse por palavras divinas.

"Ó povos! Escutai minhas palavras e fixai-as em vosso Espírito. Eu vos revelei tudo; deixo-vos uma lei que vos preservará para sempre do erro, se a ela ficardes ligados fielmente, uma lei clara e positiva, o livro de Deus e o exemplo de seu profeta.

"Ó povos! Escutai minhas palavras e fixai-as em vosso Espírito. Sabei que todo muçulmano é o irmão do outro; que todos os muçulmanos são irmãos entre si, que sois todos iguais entre vós e que sois apenas uma família de irmãos. Guardai-vos da injustiça; ninguém deve cometê-la em detrimento de seu irmão: ela arrastará à vossa perdição eterna.

"Ó Deus! Desempenhei minha mensagem e terminei minha missão?

"A multidão que o rodeava respondeu: Sim, tu a cumpriste.

"E Maomé exclamou: Ó Deus, digna-te receber este testemunho!"

Eis agora o julgamento de Maomé e da influência de sua doutrina, feito por um de seus historiógrafos, o Sr. G. Weil, em sua obra alemã intitulada *Mohammet der Prophet,* às páginas 400 e seguintes:

"A doutrina de Deus e dos santos destinos do homem pregada por Maomé num país que estava entregue à mais brutal idolatria e que tinha uma pálida ideia da imortalidade da alma, tanto mais nos deve reconciliar com ele, a despeito de suas fraquezas e de seus erros, quanto sua vida particular não podia exercer sobre os seus aderentes nenhuma influência perniciosa. Longe de se dar jamais por modelo, ele queria sempre que o olhassem como um ser privilegiado, a quem Deus permitia pôr-se acima da lei comum, e de fato ele foi cada vez mais considerado sob esse aspecto especial.

"Seríamos injustos e cegos se não reconhecêssemos que seu povo lhe deve ainda outra coisa de verdadeiro e de bom. Ele reuniu numa só grande nação que fraternalmente crê em

Deus, as inumeráveis tribos árabes, até então inimigas entre si. Em lugar do mais violento arbítrio, do direito da força e da luta individual, ele estabeleceu um direito inquebrantável que, malgrado suas imperfeições, constitui a base de todas as leis do Islamismo. Ele limitou a vingança de sangue que antes dele se estendia até aos parentes mais afastados e a limitou àquele que os juízes reconhecessem como assassino. Prestou relevantes serviços sobretudo ao belo sexo, não só protegendo as filhas contra o atroz costume que muitas vezes permitiam que fossem imoladas por seus pais, mas, além disso, protegendo as mulheres contra os parentes de seus maridos que as herdavam como coisas materiais, e protegendo-as contra os maus-tratos dos homens. Restringiu a poligamia, não permitindo aos crentes senão quatro esposas legítimas, em vez de dez, como era usual, sobretudo em Medina. Sem ter emancipado inteiramente os escravos, foi bom e útil para eles de várias maneiras. Para os pobres, não só recomendou sempre a beneficência para com eles, mas estabeleceu formalmente um imposto em seu favor e lhes concedeu uma parte especial no espólio e no tributo. Proibindo o jogo, o vinho e todas as bebidas inebriantes, preveniu muitos vícios, muitos excessos, muitas querelas e muita desordem.

"Embora não consideremos Maomé como um verdadeiro profeta, porque empregou para propagar sua religião meios violentos e impuros e porque ele próprio foi muito fraco para se submeter à lei comum e porque se dizia o selo dos profetas, declarando que Deus sempre podia substituir o que ele havia dado por algo de melhor, não obstante ele tem o mérito de ter feito penetrar as mais belas doutrinas do Velho e do Novo Testamento num povo que não era esclarecido por nenhum raio da fé e sob este ponto de vista deve parecer, mesmo aos olhos não maometanos, como um enviado de Deus."

Como complemento deste estudo, citaremos algumas passagens textuais do *Alcorão*, tiradas da tradução de Savary:

Em nome do Deus clemente e misericordioso. – Louvor a Deus, soberano dos mundos. – A misericórdia é a sua partilha. – Ele é o rei no dia do juízo. – Nós te adoramos, Senhor, e imploramos a tua assistência. – Dirige-nos no caminho da salvação, – no caminho dos que cumulaste com os teus benefícios; – dos que não mereceram a tua cólera e se preservaram do erro. *(Introdução,* Surata 1).

Ó mortais, adorai o Senhor que vos criou, vós e os vossos pais, a fim de que o temais; que vos deu a terra por leito e o céu por teto; que fez descer a chuva dos céus para produzir todos os frutos de que vos alimentais. Não deis sócio ao Altíssimo; vós o sabeis. (Surata II, v. 19 e 20).

Por que não credes em Deus? Estáveis mortos, ele vos deu a vida; ele extinguirá vossos dias e lhes reacenderá o facho. Voltareis a ele. – Ele criou para vosso refúgio tudo o que há sobre a Terra. Voltando depois seu olhar para o firmamento, formou os sete céus. Sua ciência abarca o Universo. (Surata II, v. 26 e 27).

O Oriente e o Ocidente pertencem a Deus; para qualquer lugar que se voltem vossos olhos, reconhecereis a sua face. Ele enche o Universo com a sua imensidade e com a sua ciência. – Ele formou a Terra e os céus. Quer ele produzir qualquer obra? Ele diz: "Seja feita", e a obra é feita. – Os ignorantes dizem: "Se Deus não nos fala e se tu não nos fazes ver um milagre, nós não cremos." Assim falavam seus pais; seus corações são semelhantes. Fizemos brilhar muitos prodígios para os que têm fé. (Surata II, v. 109 a 112).

Deus não exigirá de cada um de nós senão conforme as suas forças. Cada um terá em seu favor as boas obras e contra si o mal que houver feito. Senhor, não nos castigues por faltas cometidas por esquecimento. Perdoa os nossos pecados; não nos imponhas o fardo que nossos pais carregaram. Não nos carregues além de nossas forças. Faze brilhar para os teus servos o perdão e a indulgência. Tem compaixão de nós; és o nosso socorro. Ajuda-nos contra as nações infiéis. (Surata, II, v. 286).

Ó Deus, rei supremo, dás e tiras à vontade as coroas e o poder. Elevas e rebaixas os humanos à tua vontade; o bem está em tuas mãos: tu és o onipotente. – Mudas o dia em noite e a noite em dia. Fazes sair a vida do seio da morte e a morte do seio da vida. Derramas teus tesouros infinitos sobre quem te apraz. (Surata III, v. 25 e 26).

Ignorais quantos povos fizemos desaparecer da face da Terra? Nós lhes havíamos dado um império mais estável que o vosso. Mandávamos as nuvens derramarem a chuva sobre os seus campos; aí fazíamos correrem os rios. Só os seus crimes causaram a sua ruína. Nós os substituímos por outras nações. (Surata VI, v. 6).

É a Deus que deveis o sono da noite e o despertar da manhã. Ele sabe o que fazeis durante o dia. Ele vos deixa realizar o curso da vida. *Reaparecereis* diante dele e ele vos mostrará vossas obras. – Ele domina os seus servos. Ele vos dá como guardas, anjos encarregados de terminar vossos dias no momento prescrito. Eles executam cuidadosamente a ordem do Céu. – *Voltareis* em seguida diante do Deus da verdade. Não é a ele que cabe julgar? Ele é o mais exato dos juízes. – Quem vos livra das tribulações da terra e dos mares, quando, invocando-o em público ou no íntimo do coração exclamais: "Senhor, se de nós afastas estes males, nós te seremos reconhecidos?" – É Deus que deles vos livra. É sua bondade que vos alivia da pena que vos oprime; e depois voltais à idolatria. (Surata VI, v. 60 a 64)

Todos os segredos são desvelados aos seus olhos; é grande o Altíssimo. – Aquele que fala em segredo; aquele que fala em público; aquele que se envolve nas sombras da noite e aquele que aparece à luz do dia lhe são igualmente conhecidos. – É ele que faz brilhar o raio aos vossos olhos para vos inspirar o medo e a esperança. É ele que eleva as nuvens carregadas de chuva. – O trovão celebra seus louvores. Os anjos tremem em sua presença. Ele lança o raio e este fere as vítimas marcadas. Os homens discutem sobre Deus, mas ele é o forte e o poderoso. – Ele é a verdadeira invocação. Os que imploram a outros deuses não serão exalçados; eles se assemelham ao viajante que, premido pela sede, estende a mão para a água que não pode alcançar. A invocação dos infiéis se perde na noite do erro. (Surata XIII, v. 10 a 15).

Jamais digas: "Farei isto amanhã", sem acrescentar: "se for a vontade de Deus". Eleva a ele o teu pensamento quando tiveres esquecido alguma coisa e diz: "Talvez ele me esclareça e me faça conhecer a verdade." (Surata XVIII, v. 23).

Se as ondas do mar se transformassem em tinta para descrever os louvores do Senhor, esgotar-se-iam antes de haver celebrado todas as suas maravilhas. Um outro oceano semelhante ainda não bastaria. (Surata XVIII, v. 109).

Aquele que busca a verdadeira grandeza a encontra em Deus, fonte de todas as perfeições. Os discursos virtuosos sobem ao seu trono. Ele exalta as boas obras; ele pune rigorosamente o celerado que trama perfídias.

Não, o céu jamais anula o decreto que ele pronunciou. – Eles não percorreram a Terra? Eles não viram que ela foi o fim deplorável dos povos que antes deles marcharam no caminho da iniquidade? Esses povos eram mais fortes e mais poderosos do que eles. Mas nada nos céus e na Terra pode opor-se à vontade do Altíssimo. A ciência e a força são seus atributos. – Se Deus punisse os homens desde o instante em que se tornam culpados, não restaria nenhum ser animado na Terra. Ele difere os castigos até o termo marcado. – Quando chega o tempo, ele distingue as ações de seus servidores. (Surata XXXV, v. 11 e 41 a 45).

Estas citações bastam para mostrar o profundo sentimento de piedade que animava Maomé e a ideia grande e sublime que ele fazia de Deus. O Cristianismo poderia reivindicar esse quadro.

Maomé não ensinou o dogma da fatalidade absoluta, como pensam geralmente. Essa crença, de que estão imbuídos os muçulmanos, e que paralisa sua iniciativa em muitas circunstâncias, não passa de uma falsa interpretação e de uma falsa aplicação do princípio da submissão à vontade de Deus levada além dos limites racionais; eles não compreendem que tal submissão não exclui o exercício das faculdades do homem, e lhes falta como corretivo a máxima: "Ajuda-te, e o céu te ajudará."

As passagens seguintes tratam de pontos particulares da doutrina.

Deus tem um filho, dizem os cristãos. Longe dele esta blasfêmia! Tudo o que está no céu e na Terra lhe pertence. Todos os seres obedecem à sua voz. (Surata II, v. 110).

Ó vós que recebestes as escrituras, não ultrapasseis os limites da fé; não digais de Deus senão a verdade. Jesus é filho de Maria, enviado do Altíssimo e o seu Verbo. Ele o fez descer ao seio de Maria; ele é o seu sopro. Crede em Deus e em seus apóstolos, mas não digais que há uma trindade em Deus. Ele é uno; esta crença vos será mais segura. Longe de ter um filho, ele governa sozinho o Céu e a Terra; ele se basta a si mesmo. – O Messias não corará por ser o servo de Deus, assim como os anjos que rodeiam o seu trono e lhe obedecem. (Surata IV, v. 169, 170).

Aqueles que sustentam a trindade de Deus são blasfemos; não há senão um Deus. Se eles não mudarem de crença, um doloroso suplício será o preço de sua impiedade. (Surata V, v. 77).

Os judeus dizem que Ozaï é o filho de Deus. Os cristãos dizem o mesmo do Messias. Eles falam como os infiéis que os precederam. O céu punirá suas blasfêmias. – Eles chamam senhores aos seus pontífices, seus monges, e o Messias filho de Maria. Mas lhes é recomendado servir a um só Deus: não há outro. Anátema sobre os que eles associam ao seu culto. (Surata IX, 30, 31).

Deus não tem filhos; ele não partilha o império com outro Deus. Se assim fosse, cada um deles quereria apropriar-se de sua criação e elevar-se acima de seu rival. Louvor ao Altíssimo! Longe dele essas blasfêmias! (Surata XXII, v. 93).

Declara, ó Maomé, o que o céu te revelou. – A assembleia dos gênios, tendo escutado a leitura do *Alcorão,* exclamou: "Eis uma doutrina maravilhosa. – Ela conduz à verdadeira fé. Nós cremos nela e não damos um igual a Deus. – Glória à sua Majestade suprema! Deus não tem esposa; ele não gerou." (Surata LXXII, v. I a 4).

Dizei: "Cremos em Deus, no livro que nos foi enviado, no que foi revelado a Abraão, Ismael, Isaac, Jacob e às doze tribos. Cremos na doutrina de Moisés, de Jesus e dos profetas; não fazemos nenhuma diferença entre eles e somos muçulmanos." (Surata II, v. 130).

Não há Deus senão o Deus vivo e eterno. – Ele te enviou o livro que encerra a verdade, para confirmar a verdade das Escrituras que o precederam. Antes dele, fez descer o Pentateuco e o Evangelho, para servirem de guias aos homens; ele enviou o *Alcorão* dos céus. – Os que negarem a doutrina divina só devem esperar suplícios; Deus é poderoso e a vingança está em suas mãos. (Surata III, v. 1, 2, 3).

Há os que dizem: "Juramos a Deus não crer em nenhum profeta, a menos que a oferenda que ele apresenta não seja confirmada pelo fogo do Céu." – Responde-lhes: "Tínheis profetas antes de mim; eles operaram milagres e aquele mesmo de que falais. Por que então manchastes as vossas mãos com seu sangue, se dizeis a verdade?" – Se eles negam a tua missão, trataram do mesmo modo os apóstolos que te precederam, embora fossem dotados do dom dos milagres e tivessem trazido o livro que esclarece (o Evangelho) e o livro dos salmos. (Surata III, v. 179 a 181).

Nós te inspiramos, assim como inspiramos Noé, os profetas, Abraão, Ismael, Isaac, Jacob, as tribos, Jesus, Job, Jonas, Aarão e Salomão. Nós demos os salmos de Davi. (Surata IV, v. 161).

Em muitas outras passagens Maomé fala no mesmo sentido e com o mesmo respeito dos profetas, de Jesus e do Evangelho, mas é evidente que se equivocou quanto ao sentido ligado à Trindade e à qualidade de filho de Deus, que ele toma ao pé da letra. Se esse mistério é incompreensível para tantos cristãos, e se entre estes provocou tantos comentários e controvérsias, não é de admirar que Maomé não o tenha compreendido. Nas três pessoas da Trindade ele viu três deuses e não um só Deus e três pessoas distintas; no filho de Deus ele viu uma procriação. Ora, a ideia que ele fazia do Ser Supremo era tão grande que a menor paridade entre Deus e um ser qualquer e a ideia de que pudesse partilhar o seu poder lhe parecia uma blasfêmia. Não se tendo Jesus jamais apresentado como Deus e não tendo falado da Trindade, esses dogmas lhe pareceram uma derrogação das próprias palavras do Cristo. Ele viu em Jesus e no Evangelho a confirmação do princípio da unidade de Deus, objetivo que ele próprio buscava. Eis por que os tinha em grande estima, ao passo que acusava os cristãos por se haverem afastado desse ensinamento, fracionando Deus e deificando o seu messias. Assim, ele se diz enviado após Jesus para reconduzir os homens à unidade pura da divindade. Toda a parte dogmática do Alcorão repousa nesse princípio que ele repete a cada passo.

Tendo o Islamismo as suas raízes no Antigo e no Novo Testamento, é uma derivação deles. Podemos considerá-lo como uma das numerosas seitas nascidas das dissidências que surgiram desde a origem do Cristianismo devidas à natureza do Cristo, com a diferença que o Islamismo, formado fora do Cristianismo, sobreviveu à maioria dessas seitas e conta hoje com cem milhões de sectários.

Maomé vinha combater a qualquer custo, na sua própria nação, a crença em vários deuses, para aí estabelecer o culto abandonado do Deus único de Abraão e de Moisés. O anátema que ele lançou sobre os infiéis e os ímpios tinha por objetivo principalmente a grosseira idolatria professada pelos da sua raça, mas de contragolpe feria os cristãos. É essa a causa do desprezo dos muçulmanos por tudo quanto leva o nome de cristão, malgrado seu respeito por Jesus e pelo Evangelho. Esse desprezo transformou-se em ódio sob a influência do fanatismo alimentado e estimulado por seus sacerdotes. Digamos, também, que, por seu lado, os cristãos não estão isentos de censuras e que eles próprios alimentaram esse antagonismo por suas próprias agressões.

Embora censurando os cristãos, Maomé não tinha por eles sentimentos hostis e no próprio *Alcorão* ele recomenda habilidade para com eles, mas o fanatismo os englobou na proscrição geral dos idólatras e dos infiéis cuja presença não deve manchar os santuários do Islamismo, razão pela qual a entrada nas mesquitas, em Meca e nos lugares santos, lhes é interdita. Deu-se o mesmo em relação aos judeus, e se Maomé os castigou rudemente em Medina, foi por se haverem coligado contra ele. Aliás, em parte alguma no *Alcorão* se encontra o extermínio dos judeus e dos cristãos erigida em dever, como geralmente se pensa. Seria, pois, injusto imputar-lhe os males causados pelo zelo ininteligente e os excessos de seus sucessores.

Nós te inspiramos para que abraçasses a religião de Abraão, que reconhece a unidade de Deus e que só adora a sua majestade suprema. – Emprega a voz da sabedoria e a força de persuasão para chamar os homens a Deus. Combate com as armas da eloquência. Deus conhece perfeitamente os que estão transviados e os que marcham sob o estandarte da fé. (Surata XVI, v. 124 e 126).

Se eles te acusarem de impostura, responde-lhes: "Tenho por mim as minhas obras; que as vossas falem em vosso favor. Não sereis responsáveis pelo que faço, e sou inocente do que fazeis. (Surata X, v. 42).

Quando se cumprirão tuas ameaças? perguntam os infiéis; marca-nos um termo, se és verdadeiro. Responde-lhes: "Os tesouros e as vinganças celestes não estão em minhas mãos; só Deus é o seu dispensador. Cada nação tem o seu termo fixado; ela não poderia apressá-lo nem retardá-lo um instante." (Surata X, v. 49, 50).

Se negam a tua doutrina, sabe que os profetas vindos antes de ti sofreram a mesma sorte, embora os milagres, a tradição e o livro que esclarece (o Evangelho) atestem a verdade de sua missão. (Surata XXXV, v. 23).

A cegueira dos infiéis te surpreende e eles riem de tua admiração. – Em vão queres instruí-los; seu coração rejeita a instrução. – Se eles vissem milagres, zombariam; – atribuí-los-iam à magia. (Surata XXXVII, v. 12 a 15).

Estas não são ordens de um Deus sanguinário que ordena o extermínio. Maomé não se faz o executor de sua justiça; seu papel é o de instruir; só a Deus cabe castigar ou recompensar neste e no outro mundo. O último parágrafo parece escrito para os espíritas de nossos dias, pois os homens são os mesmos, sempre e por toda parte.

Fazei preces, dai esmolas; o bem que fizerdes encontrareis junto a Deus, pois ele vê as vossas ações. (Surata II, v. 104).

Para ser justificado não basta virar o rosto para o oriente e para o ocidente; ainda é preciso crer em Deus, no juízo final, nos anjos, no *Alcorão,* nos profetas. É preciso, por amor a Deus, socorrer o próximo, os órfãos, os pobres, os viajantes, os cativos e aqueles que pedem. É preciso fazer as preces, guardar as promessas, suportar pacientemente a adversidade e os males da guerra. Tais são os deveres dos verdadeiros crentes. (Surata II, v. 172).

Uma palavra honesta e *o perdão das ofensas* são preferíveis à esmola que fosse consequência da injustiça. Deus é rico e clemente. (Surata II, v. 265).

Se vosso devedor tem dificuldade em vos pagar, concedei-lhe tempo; ou se quiserdes fazer melhor, perdoai-lhe a dívida. Se soubésseis! (Surata II, v. 280).

A vingança deve ser proporcional à injúria, mas o homem generoso que perdoa tem sua recompensa assegurada junto a Deus, que odeia a violência. (Surata XLII, v. 38).

Combatei vossos inimigos na guerra empreendida pela religião, mas não ataqueis primeiro. Deus odeia os agressores. (Surata II, v. 186).

Certamente os muçulmanos, os judeus, os cristãos e os sabeístas, que creem em Deus e no juízo final, *e que fizerem o bem, receberão a recompensa de suas mãos*; eles estarão isentos do medo e dos suplícios. (Surata V, v. 73).

Não façais violência aos homens por causa de sua fé. O caminho da salvação é bem distinto do caminho do erro. Aquele que abjurar o culto dos ídolos pela religião santa terá conquistado uma coluna inabalável. O Senhor sabe e ouve tudo. (Surata II, v. 257).

Não discutais com os judeus e os cristãos senão em termos *honestos e moderados.* Entre eles confundi os ímpios. Dizei: "Nós cremos no livro que nos foi revelado e em vossas escrituras. Nosso Deus e o vosso são apenas um. Nós somos muçulmanos." (Surata XXIX, v. 45).

Os Cristãos serão julgados segundo o Evangelho. Aqueles que os julgarem de outro modo serão prevaricadores. (Surata V, v. 51).

Nós demos o Pentateuco a Moisés. É à sua luz que deve marchar o povo hebreu. *Não duvides de encontrar no céu o guia dos israelitas.* (Surata XXXII, v. 23).

Se os judeus tivessem fé e temor ao Senhor, nós apagaríamos os seus pecados; introduzi-los-íamos no jardim das delícias. A observação do Pentateuco, do Evangelho e dos preceitos divinos proporcionar-lhes-ia o gozo de todos os bens. Há entre eles os que seguem o bom caminho, mas em maioria são ímpios. (Surata V, v. 70).

Dize aos judeus e aos cristãos: "Terminemos nossas diferenças; não admitamos senão um Deus e não lhe demos um igual; que nenhum de nós tenha outro Senhor senão ele." Se recusarem obedecer, dize-lhes: "Pelo menos dareis testemunho que, quanto a nós, nós somos crentes. (Surata III, v. 57).

Eis certas máximas de caridade e de tolerância que gostaríamos de ver em todos os corações cristãos!

Nós te enviamos a um povo que outros povos precederam, para que lhe ensines as nossas revelações. Eles não creem nos misericordiosos. Dizei-lhes: "Ele é o meu Senhor; não há Deus senão ele. Pus minha confiança em sua bondade. Eu *aparecerei* diante de seu tribunal." (Surata XIII, v. 29).

Trouxemos aos homens um livro no qual brilha a ciência que deve esclarecer os fiéis e lhes proporcionar a misericórdia divina. – Esperam eles a realização do *Alcorão*? No dia em que ele for cumprido, os que tiverem vivido no esquecimento de suas máximas, dirão: "Os ministros do Senhor nos pregavam a verdade. Onde encontraremos agora intercessores? Que esperança temos de *voltar à Terra* para nos corrigirmos? Eles perderam sua alma e suas ilusões se desvaneceram. (Surata VII, v. 50, 51).

O vocábulo *voltar* implica a ideia de já ter vindo, isto é, de ter vivido antes da existência atual. Maomé a expressa muito bem quando diz: *"Reapareceis* diante dele e ele vos mostrará as vossas obras. *Voltareis* ante o Deus de Verdade." É o fundo da doutrina da preexistência da alma, ao passo que, segundo a Igreja, a alma é criada no nascimento de cada corpo. A pluralidade das existências terrenas não está indicada no *Alcorão* de maneira tão explícita quanto no Evangelho, entretanto, a ideia de reviver na Terra entrou no pensamento de Maomé, pois tal seria, segundo ele, o desejo dos culpados de se corrigir. Assim ele compreendeu que seria útil poder recomeçar uma nova existência.

Quando lhes perguntamos: Credes no que Deus enviou do céu? Eles respondem: "Cremos nas Escrituras que recebemos." E rejeitam o livro verdadeiro que veio depois para pôr o *selo* em seus livros sagrados. Dizei-lhes: "Por que matastes os profetas se tínheis fé?" (Surata II, v. 85).

Maomé não é o pai de nenhum de vós. Ele é o enviado de Deus e o *selo* dos profetas. A ciência de Deus é infinita. (Surata XXXIII, v. 40).

Considerando-se como o *selo* dos profetas, Maomé anuncia que é o último, a conclusão, porque disse toda a verdade; depois dele não virão outros. Eis um artigo de fé entre os muçulmanos. Do ponto de vista exclusivamente religioso, ele caiu no erro de todas as religiões, que se julgam inamovíveis, mesmo contra o progresso das ciências, mas para ele era quase uma necessidade, a fim de afirmar a autoridade de sua palavra num povo que ele teve tanto trabalho para converter à sua fé. Do ponto de vista social era um erro, porque sendo o *Alcorão* uma legislação civil e religiosa, ele pôs um ponto de estagnação no progresso. Tal a causa que tornou, e tornará ainda por muito tempo os povos muçulmanos estacionários e refratários às inovações e às reformas que não se acham no *Alcorão*. É um exemplo do inconveniente que há em confundir o que deve ser distinto. Maomé não levou em conta o progresso humano. É um erro comum a quase todos os reformadores religiosos. Por outro lado, havia não só que reformar a fé, mas o caráter, os usos, os hábitos sociais de seus povos; era-lhe necessário apoiar suas reformas na autoridade da religião, como o fizeram todos os legisladores dos povos primitivos. A dificuldade era grande, sem dúvida; contudo ele deixa uma porta aberta à interpretação e às modificações, dizendo que "Deus sempre pode substituir o que deu por algo de melhor."

Interdito vos é desposar vossas mães, vossas filhas, vossas irmãs, vossas tias paternas e maternas, vossas sobrinhas, vossas amas, vossas irmãs de leite, as mães de vossas esposas, as filhas confiadas à vossa tutela e filhas de mulheres com as quais tenhais coabitado. Também não desposeis as filhas dos vossos filhos que tiverdes gerado, nem duas irmãs. É-vos proibido desposar mulheres casadas, exceto as que tiverem caído em vossas mãos como escravas. (Surata IV, v. 27 e seguintes).

Estas prescrições podem dar uma ideia da imoralidade desses povos. Para ser obrigado a proibir tais abusos, era preciso que eles existissem.

Esposas do Profeta, ficai no interior de vossas casas. Não vos adorneis faustosamente, como nos dias da idolatria. Fazei preces e dai esmolas. Obedecei a Deus e ao seu apóstolo. Ele quer afastar o vício dos vossos corações. Sois da família do profeta e deveis ser puras. – Zeid repudiou a sua esposa. Nós te unimos com ela, para que os fiéis tenham a liberdade de desposar as mulheres de seus filhos adotivos, após o repúdio. O preceito divino deve ter sua execução. – Ó profeta, a ti é permitido desposar as mulheres que tiveres adotado, as escravas que Deus fez caírem em tuas mãos, as filhas de teus tios e de tuas tias que fugiram contigo, e toda mulher fiel que te der seu coração. É um privilégio que te concedemos. – Não aumentarás o atual número de tuas esposas; não poderás trocá-las por outras cuja beleza te haja tocado. Mas a frequentação de tuas mulheres escravas te é sempre permitida. Deus tudo observa. (Surata XXXIII, v. 37, 49, 52).

É aqui que Maomé realmente desce do pedestal no qual ele havia subido. Lamentamos vê-lo cair tão baixo depois de se haver elevado tanto, e fazer Deus intervir para justificar os privilégios que ele a si próprio concedia para a satisfação de suas paixões. Ele permitia aos crentes quatro esposas legítimas, enquanto ele próprio tinha treze. O legislador deve ser o primeiro a cumprir as leis que faz. É uma mancha indelével que ele lançou sobre si e sobre o Islamismo.

Esforçai-vos por merecer a indulgência do Senhor e a posse do paraíso, cuja extensão iguala os céus e a Terra, morada preparada para os justos, – para aqueles que dão esmola na prosperidade e na adversidade, e que, senhores dos movimentos de sua cólera, sabem perdoar os seus semelhantes. Deus ama a beneficência. (Surata III, v. 127, 128).

Deus prometeu aos fiéis que houverem praticado a virtude a entrada nos jardins onde os rios correm. Eles aí morarão eternamente. As promessas do Senhor são verdadeiras. Que de mais infalível que sua palavra? (Surata IV, v. 121).

Eles habitarão eternamente a morada que Deus lhes preparou, os jardins de delícias regados pelos rios, lugares onde reinará a suprema beatitude. (Surata IX v. 90).

Os jardins e as fontes serão a partilha dos que temem o Senhor. Eles entrarão com a paz e a segurança. – Tiraremos a inveja de seus corações. Eles repousarão em leitos e terão uns para com os outros uma benevolência fraterna. – A fadiga não se aproximará da morada das delícias. Sua posse não lhes será tirada. (Surata XV, v. 45 a 48).

Os jardins do Éden serão a habitação dos justos. Braceletes de ouro ornados de pérolas e roupas de seda formarão sua indumentária. – Louvor a Deus, exclamarão eles; ele afastou de nós o sofrimento; é misericordioso e compassivo. – Ele introduziu-nos

no palácio eterno, morada de sua magnificência. Nem a fadiga nem a dor se aproximam deste asilo. (Surata XXXV, v. 30, 31, 32).
Os habitantes do paraíso beberão a largos sorvos na taça da felicidade. – Deitados em leitos de seda, repousarão junto às suas esposas, em sombras deliciosas. – Eles encontrarão todos os frutos. Todos os seus desejos serão satisfeitos. (Surata XXXVI, v. 55, 56, 57).
Os verdadeiros servos de Deus terão um alimento escolhido, – frutos deliciosos, e serão servidos com honra. – Os jardins das delícias serão seu asilo. – Cheios de mútua benevolência, eles repousarão em poltronas. – Ser-lhes-ão oferecidas taças de uma água pura, límpida e de um gosto delicioso – que não lhes obscurecerá a razão e não os embriagará. – Perto deles estarão virgens de olhar modesto, grandes olhos negros e cuja tez terá a cor dos ovos de avestruz. (Surata XXXVII, v. 30 a 47).
Dir-se-á aos crentes que tiverem professado o Islamismo: Entrai no jardim das delícias, vós e vossas esposas; abri vossos corações à alegria. – Dar-lhes-ão a beber em taças de ouro. O coração encontrará nessa morada tudo quanto pode desejar, o olho tudo quanto pode encantá-lo e esses prazeres serão eternos. – Eis o paraíso que vossas obras vos proporcionaram. – Alimentai-vos dos frutos que ali crescem em abundância. (Surata XLIII, v. 69 a 72).

Eis aí o famoso paraíso de Maomé, do qual tanto zombaram, e que certamente não procuraremos justificar. Apenas diremos que estava em harmonia com os costumes desses povos e que devia agradá-los muito mais que a perspectiva de um estado puramente espiritual, por mais esplêndido que fosse, porque eles eram muito apegados à matéria para compreendê-lo e apreciarem seu valor. Era-lhes preciso algo de mais substancial e pode-se dizer que eles foram servidos a contento. Sem dúvida notar-se-á que os rios, as fontes, os frutos abundantes e as sombras aí representam um grande papel, porque representam o que falta aos habitantes do deserto. Leitos macios e roupas de seda, para pessoas habituadas a dormir no chão vestidas ou cobertas com pele de camelo, também deviam ter grande atrativo. Por mais ridículo que isto nos pareça, pensemos no meio em que vivia Maomé e não o censuremos muito, pois com o auxílio deste atrativo, ele soube tirar um povo da barbárie e dele fazer uma grande nação.

Em próximo artigo examinaremos como o Islamismo poderá ligar-se à grande família da Humanidade civilizada.

SONAMBULISMO MEDIÚNICO ESPONTÂNEO

A última sessão da Sociedade Espírita de Paris, antes das férias, foi uma das mais notáveis do ano, quer pelo número e pelo nível das comunicações obtidas, quer pela produção de um fenômeno espontâneo de sonambulismo mediúnico. Pelo meio da sessão, o Sr. Morin, membro da Sociedade e um dos médiuns habituais, adormeceu espontaneamente sob a influência dos Espíritos, o que jamais lhe havia acontecido. Então falou com calor, com eloquência, sobre um assunto de alta seriedade e do maior interesse, do qual nos ocuparemos futuramente.

A sessão de reabertura de sexta-feira, 5 de outubro, apresentou um fenômeno análogo, mas em mais largas proporções. Havia treze médiuns à mesa. Durante a primeira parte, dois entre eles, a Sra. C... e o Sr. Vavasseur, adormeceram, como o Sr. Morin, sem qualquer provocação e sem que ninguém nisto tivesse pensado, sob a influência dos Espíritos. O Sr. Vavasseur é o médium poeta, que com a maior facilidade obtém notáveis poesias das quais publicamos algumas amostras. O Sr. Morin estava a ponto de adormecer também. Ora, eis o que se passou durante o sono deles, que durou quase uma hora.

O Sr. Vavasseur, com voz grave e solene, disse:

— Toda vontade, toda ação magnética é e deve ficar estranha a este fenômeno. Ninguém deve falar nem à minha irmã nem a mim.

Falando de sua irmã, ele designava a Sra. C..., isto é, irmã espiritual, pois eles não são parentes. Depois, dirigindo-se ao Sr. Morin, colocado no outro extremo da mesa, e estendendo sua mão para ele com um gesto imperativo:

— Proíbo-te de dormir.

O Sr. Morin, com efeito, já quase adormecido, despertou por si mesmo. Além disso foi feita recomendação expressa para não tocar em qualquer dos dois médiuns.

O Sr. V... continuou:

– Ah! Sinto aqui uma corrente fluídica má, que me fatiga... Irmã, tu sentes também?

– Sim, respondeu a Sra. C...

– Olha! A Sociedade é numerosa esta noite. Vês?

– Ainda não muito claramente.

– Sr. V..., quero que vejas.

A Sra. C... – Oh! sim! Os Espíritos são numerosos!

O Sr. V...: – Sim, eles são muito numerosos; são incontáveis! ...Mas, olha à tua frente; vês um Espírito mais luminoso, com auréola mais brilhante... Parece sorrir-nos com benevolência! Dizem que é o meu patrono (São Luís)... Vamos, caminhemos; vamos até ele, nós dois... Oh! Tenho muitos erros a reparar... (dirigindo-se ao Espírito): Caro Espírito! Quando nasci, minha mãe me deu vosso nome. Depois, eu me recordo, essa pobre mãe me dizia todos os dias: "Oh! meu filho, roga a Deus; ora ao teu anjo de guarda; ora sobretudo ao teu patrono." Mais tarde esqueci tudo... tudo!... A dúvida, a incredulidade me perseguiram; em meu transviamento eu vos desconheci, desconheci a vontade de Deus.... Hoje, caro Espírito, venho pedir-vos o esquecimento do passado e o perdão no presente!... Ó São Luís, vedes minha dor e meu arrependimento, esquecei e perdoai." (Estas últimas palavras foram ditas com um tom de desespero dilacerante).

A Sra. C...: – Não deve chorar, irmão... São Luís te perdoa e te abençoa... Os bons Espíritos não têm ressentimento contra os que abandonam seus erros. Digo-te que ele te perdoa!... Oh! este Espírito é bom!... Veja! Ele nos sorri. (Levando a mão ao seu peito.) Oh! Como dói sofrer assim!

O Sr. V...: – Ele me fala... Escuta!... – Coragem, – diz-me – ele, trabalha com teus irmãos. O ano que começa será fértil em grandes acontecimentos. Em torno de vós surgirão grandes gênios, poetas, pintores, literatos. A era das Artes sucede a era da Filosofia. Se a primeira fez prodígios, a segunda fará milagres. (O Sr. V... exprime-se com extraordinária veemência; está no supremo grau do êxtase).

A Sra. C...: – Acalma-te, irmão; nisto pões demasiado calor, e isto te faz mal. Acalma-te."

O Sr. V... (continuando): – Mas aí começa a missão de vossa Sociedade, missão muito grande e muito bela para aqueles que a compreendem... Foco da Doutrina Espírita, ela deve defendê-la e propagar os seus princípios por todos os meios de que dispõe. Aliás, o seu presidente saberá o que deve ser feito.

"Agora, irmã, ele se afasta; ainda nos sorri; diz-nos com a mão: até logo... Vamos, subamos, irmã; deves assistir a um espetáculo esplêndido, a um espetáculo que o olhar terreno jamais viu.., jamais... jamais!... Sobe... sobe... eu quero! (Silêncio). O que vês?... Olha este exército de Espíritos!... Lá estão os poetas que nos cercam... Oh! Cantai também, cantai!... Vossos cantos são cantos do céu, o hino da criação!... Cantai!... E seus murmúrios acariciam os meus ouvidos... e seus acordes adormecem o meu espírito... Tu não ouves?...

A Sra. C...: – Sim, eu ouço... Parece que eles dizem que com o ano espírita que começa, começa uma nova fase para o Espiritismo... fase brilhante, de triunfo e de alegria para os corações sinceros, de vergonha e de confusão para os orgulhosos e para os hipócritas! Para estes, as decepções, o desamparo, o esquecimento, a miséria; para os outros, a glorificação.

O Sr. V...: – Eles já o disseram, e isto se verifica.

A Sra. C...: – Oh! Que festa! Que magnificência! Que esplendor deslumbrante! Meu olhar apenas pode sustentar o seu brilho. Que suave harmonia se faz ouvir e penetra a alma!... Olha todos estes bons Espíritos que preparam o triunfo da doutrina sob a conduta dos Espíritos superiores e do grande Espírito de Verdade!... Como eles são resplandecentes, e quanto lhes deve custar voltar a habitar um globo como o nosso! Isto é doloroso, mas faz progredir.

O Sr. V...: – Escuta!... Escuta!... Escuta, digo-te eu!

O Sr. V. começa o improviso seguinte, em versos. Era a primeira vez que ele fazia poesia mediúnica verbalmente. Até agora as comunicações desse gênero sempre tinham sido dadas por escrito e espontaneamente.

Era uma noite de tempestade.
O mar rolava seus mortos,
Jogando na praia lúgubres acordes!...
Uma criança, ainda pequenina,
De pé sobre um rochedo,
Esperava que a aurora

Clareasse para andar,
Para ir à praia
Procurar sua irmã
Salva do naufrágio,
Ou... com o coração deslumbrado.
Poderia ele, da praia,
Vê-la, como outrora,
Sorridente e ingênua,
Acorrer à sua voz?
Nesta noite horrível,
Sobre as ondas esparsas,
Essa mão invisível
Que os separou,
Reuni-los-á?
Foi esperança vã!
A aurora surgiu bela,
Mas... nada lhe deixou ver;
Nada... senão triste destroço
De um barco destruído!
Nada... senão a onda que lava
O que a noite sujou.
A vaga, com mistério,
Aflorava escorregando,
Espumosa e leve,
Ameaçando o abismo
Que ocultava sua vítima,
Abafava-lhe o soluço
E queria de seu crime
Desculpar as ondas
Pela brisa lamentosa!

A criança, exausta de buscar,
De correr pela praia,
Já não podia andar...
Sufocada, sem ar,
Coxeando... semimorta... quebrada...

Apenas se sustendo,
Tinha-se plantado
Sobre a pedra escaldante
De um rochedo desnudo
E fazia sua prece,
Quando passa um desconhecido.
Surpreso, ele o olha,
Quando orava com fé.
– Oh! meu filho, Deus te guarde,
Diz ele; levanta-te!...
Esse Deus que vê tuas lágrimas,
Me pôs em teu caminho
Para acalmar teus medos
E estender-te a mão!
Que nada te retenha;
Meu lar é teu lar
E minha família é a tua;
Tua desgraça é a minha.
Vem, di-me teu sofrimento;
Abrirei meu coração
E em breve a esperança
Acalmará teu espanto.

(Dirigindo-se à Sra. C...): – Vês, ele pára! Mas deve falar ainda!... Sim, ele se aproxima!... Os sons se tornam mais distintos... eu escuto... ah!

Esta pobre criança... sou eu!
(Dirigindo-se ao Sr. Allan Kardec)
Esse desconhecido... és tu,
Caro e honrado mestre!
Tu que me deste a conhecer
Duas palavras:... Eternidade
E... Imortalidade!
Dois nomes: um, Deus, o outro, alma!
Um, foco, o outro, chama!

E vós, meus caros amigos
Neste lugar reunidos,
Sois minha família
Onde, agora tranquilo,
Vou terminar meus dias!
Oh!... Amai sempre!...

– Ele foge... Casimir Delavigne!... Oh! Caro Espírito... ainda!... Ele foge!... Vamos, não sou bastante forte para assistir a este concerto divino... Sim, é demasiadamente belo... é belíssimo!...

A Sra. C...: – Ele falaria mais se quisesses, mas tua exaltação o impediu. Eis-te quebrado, amortecido, exausto; não podes mais falar.

O Sr. V...: – Sim, eu o sinto; é uma fraqueza (com um vivo sentimento de pesar) e devo despertar-te!... muito cedo... Por que não ficar para sempre neste lugar? Por que voltar à Terra?... Vamos, porque é preciso, irmã, é preciso obedecer esse murmurar... Desperta! Eu quero que despertes. (A Sra. C... abre os olhos). De minha parte, podes despertar-me agitando o teu lenço. Eu sufoco! Ar!.. Ar!...

Estas palavras, e sobretudo os versos, foram ditos com uma ênfase, com uma efusão de sentimentos e um calor de expressão das quais as mais dramáticas e patéticas cenas podem dar uma pálida ideia. A emoção da assistência era geral, porque sentíamos que não era a declamação, mas a própria alma desprendida da matéria que falava...

Esgotado de fadiga, o Sr. V... foi obrigado a deixar a sala e ficou muito tempo aniquilado, dominado por um meio sono do qual só saiu pouco a pouco, por si mesmo, sem querer que ninguém o ajudasse.

Estes fatos vêm confirmar as previsões dos Espíritos quanto às novas formas que não tardaria a tomar a mediunidade. O estado de sonambulismo espontâneo, no qual se desenvolve ao mesmo tempo a mediunidade falante e a vidente, é, com efeito, uma faculdade nova, no sentido em que parece generalizar-se; é um modo particular de comunicação, que tem sua razão de ser neste momento, mais que anteriormente.

Ademais, este fenômeno é muito mais para servir de *complemento* à instrução dos Espíritos do que para a convicção dos incrédulos, que nele veriam apenas uma comédia. Só os espíritas esclarecidos podem, não só o compreender, mas nele descobrir as provas da sinceridade ou da charlatanice, como em todos os outros gêneros de mediunidade; só eles podem dele destacar o que é útil, deduzindo suas consequências para o progresso da Ciência, na qual os faz penetrar mais cedo. Assim, esses fenômenos geralmente só se produzem na intimidade e aí, além de que os médiuns não teriam nenhum interesse em simular uma faculdade inexistente, a trapaça logo seria desmascarada.

As nuanças de observação aqui são tão delicadas e sutis que exigem uma atenção contínua. Nesse estado de emancipação, a sensibilidade e a impressionabilidade são tão grandes, que a faculdade não pode desenvolver-se em todo o seu brilho senão sob a influência fluídica inteiramente simpática; *uma corrente contrária* basta para alterá-la, como o sopro que embacia o gelo. A sensação penosa que, por isso, sente o médium, fá-lo dobrar-se sobre si mesmo, como a sensitiva à aproximação da mão. Sua atenção se volta, então, na direção dessa corrente desagradável; ela penetra o pensamento, que é a sua fonte, ela a vê, ela a lê, e quanto mais a sente antipática, mais ela o paralisa. Por aí se julgue do efeito que deve produzir um concurso de pensamentos hostis! Assim, essas espécies de fenômenos *absolutamente* não se prestam a exibições públicas, nas quais a curiosidade é o sentimento dominante, quando não o da malevolência. Além disso, requerem, da parte das testemunhas, uma excessiva prudência, porque não se deve perder de vista que nesses momentos a alma apenas se liga ao corpo por um fio frágil, e que um abalo pode causar, pelo menos, graves desordens na economia. Uma curiosidade *indiscreta e brutal* pode ter as mais funestas consequências. Eis por que nunca se agiria com demasiada precaução.

Quando, no início, o Sr. V... diz que "toda vontade, toda ação magnética é e deve ficar estranha a este fenômeno", ele dá a compreender que só a ação dos Espíritos é a sua causa e que ninguém poderia provocá-la. A recomendação de não falar nem a um nem a outro tinha por objetivo deixá-los inteiramente no êxtase. Perguntas teriam tido como efeito detê-los no impulso de seu Espírito, trazendo-os ao terra a terra e desviando-lhes o pensamento de seu objetivo principal. A exaltação da sensibilidade tornaria igualmente necessária a recomendação de não tocá-los. O contato teria produzido uma comoção penosa e prejudicial ao desenvolvimento da faculdade.

De acordo com isto, compreende-se por que a maior parte dos homens de ciência chamados a constatar fenômenos desse gênero ficam decepcionados. Não é por causa de sua falta de fé, como eles pretendem, que o efeito é recusado pelos Espíritos. São eles próprios que, por suas disposições morais, produzem uma reação contrária; em vez de se colocarem nas condições do fenômeno, eles querem colocar os fenômenos em sua própria condição. Eles desejariam aí encontrar a confirmação de suas teorias antiespiritualistas, porque, para eles, somente aí está a verdade, e se sentem vexados e humilhados por receberem um desmentido pelos fatos. Então, nada obtendo, ou obtendo somente coisas que contradizem sua maneira de ver, em vez de rever suas opiniões, eles preferem negar, ou dizer que tudo não passa de uma ilusão. E como poderia ser de outro modo entre gente que não admite a espiritualidade? O princípio espiritual é a *causa* de fenômenos de uma ordem particular. Buscar a sua causa fora desse princípio é buscar a causa do raio fora da eletricidade. Não compreendendo as condições especiais do fenômeno, eles fazem experiências com o paciente como se fosse um tubo de ensaio com produtos químicos; eles torturam-no como se se tratasse de uma operação cirúrgica, com o risco de comprometer a sua vida ou a sua saúde.

O êxtase, que é o mais alto grau de emancipação, exige muito mais precauções, porque o Espírito, nesse estado, embriagado pelo espetáculo que tem sob seus olhos, geralmente não deseja nada melhor do que permanecer onde está e deixar a Terra completamente; muitas vezes ele chega a fazer esforços para romper o último laço que o prende ao corpo, e se sua razão não for bastante forte para resistir à tentação, deixar-se-ia ir de boa vontade. É então que se torna necessário vir-lhe em auxílio por uma vontade forte, tirando-o desse estado. Compreende-se que aqui não há uma regra absoluta e que é preciso proceder de conformidade com as circunstâncias.

A respeito disto, um de nossos amigos nos oferece interessante tema de estudo.

Outrora inutilmente tinham tentado magnetizá-lo; de uns tempos para cá, ele cai espontaneamente no sono magnético, sob a influência da mais leve causa; basta que escreva algumas linhas mediunicamente, e por vezes uma simples conversação. Durante seu sono, ele tem percepções de uma ordem mais elevada; fala com eloquência e aprofunda com lógica notável as mais graves questões. Ele vê os Espíritos perfeitamente, mas a sua lucidez apresenta graus diversos, pelos quais ele passa alternativamente; o mais ordinário é o de um *semiêxtase*. Em certos momentos ele se exalta, e se experimenta uma viva emoção, o que é frequente, exclama com uma espécie de terror, e isto muitas vezes em meio da mais interessante conversa: *Despertai-me imediatamente,* o que seria imprudente não fazer. Felizmente ele indicou-nos o meio de despertá-lo *instantaneamente,* e que consiste em soprar fortemente em sua fronte, pois os passes magnéticos produzem um efeito muito lento, ou nulo.

Eis a explicação que nos foi dada sobre sua faculdade por um de nossos guias, com o auxílio de outro médium.

"O Espírito do Sr. T... é entravado em seu impulso pela provação material que ele escolheu. O instrumento de que ele se serve, o seu corpo, no estado atual em que se encontra, não é bastante maleável para lhe permitir assimilar os conhecimentos necessários, ou utilizar os que possui *de motu próprio*, no estado de vigília. Quando ele está adormecido, o corpo deixa de ser um entrave e se torna apenas o *porta-voz* de seu próprio Espírito, ou daqueles com os quais está em relação. A fadiga material inerente às suas ocupações e a relativa ignorância em que sofre esta encarnação, porquanto ele não sabe, em questões de ciência, a não ser o que revelou a si próprio, tudo isto desaparece para dar lugar a uma lucidez de pensamento, a uma extensão de raciocínio e a uma eloquência excepcional que são o resultado do desenvolvimento anterior do Espírito. A frequência de seus êxtases apenas tem por objetivo habituar o seu corpo a um estado que, durante um certo período e com um especial objetivo ulterior, poderá tornar-se, de certo modo, normal. Quando ele pede para ser despertado prontamente, é que se apega ao desejo de realizar sua missão sem falir. Sob o encanto dos quadros sublimes que se lhe oferecem, e do meio em que se encontra, ele gostaria de libertar-se dos laços terrenos e ficar definitivamente entre os Espíritos. Sua razão e seu dever, que o retêm aqui embaixo, combatem esse desejo, e por medo de deixar-se dominar e sucumbir à tentação, ele vos grita para que o desperteis."

Considerando-se que estes fenômenos de sonambulismo mediúnico espontâneo devem multiplicar-se, as instruções que precedem têm por objetivo guiar os grupos onde eles poderiam produzir-se, na observação dos fatos, e de fazê-los compreender a necessidade de usar a mais extrema prudência em tais casos. O de que é preciso abster-se de maneira absoluta é de transformá-los em objeto de experimentação e de curiosidade. Os espíritas poderão aí colher grandes ensinamentos, próprios a esclarecer e a fortalecer a sua fé, mas, repetimo-lo, seriam sem proveito para os incrédulos. Os fenômenos destinados a convencer estes últimos e que se podem produzir em plena luz, são de uma outra ordem, e entre eles, alguns terão lugar e já se produzem, pelo menos em aparência, *fora do Espiritismo*. O vocábulo Espiritismo os apavora. Não sendo pronunciada esta palavra, será para eles uma razão a mais para dele se ocuparem. Os Espíritos são prudentes quando por vezes trocam a etiqueta.

Quanto à utilidade especial dessa mediunidade, ela está na prova, de certo modo palpável, que fornece, da independência do Espírito por seu isolamento da matéria. Como dissemos, as manifestações deste gênero esclarecem e fortalecem a fé; elas nos põem em contato mais direto com a vida espiritual. Qual é o Espírito morno ou incerto que ficaria indiferente em presença de fatos que lhe fazem, por assim dizer, tocar com o dedo a vida futura? Qual o que poderia ainda duvidar da presença e da intervenção dos Espíritos? Qual o coração bastante endurecido para não ficar comovido com o aspecto do futuro que se desdobra à sua frente, e que Deus, em sua bondade, lhe permite entrever?

Mas estas manifestações têm uma outra utilidade mais prática, mais atual, porque, mais que outras, elas terão o condão de erguer a coragem nos momentos duros que devemos atravessar. É no momento da tormenta que nos sentiremos felizes por sentirmos os protetores invisíveis ao nosso lado. É então que reconheceremos o valor desses conhecimentos que nos elevam acima da Humanidade e das misérias da Terra, que acalmam nossos pesares e nossas apreensões, fazendo-nos ver apenas o que é grande, imperecível e digno de nossas aspirações. É um socorro que Deus envia em tempo oportuno a seus fiéis servidores, e aí está mais um sinal de que os tempos marcados são chegados. Saibamos aproveitá-lo para o nosso avanço. Agradeçamos a Deus por ter permitido que fôssemos esclarecidos a tempo e lamentemos os incrédulos por se privarem desta imensa e suprema consolação, porque a luz foi espalhada para todos. Pela voz dos Espíritos que falam por toda a Terra, ele faz um último apelo aos endurecidos. Imploremos sua indulgência e sua misericórdia para os cegos.

O êxtase é, como dissemos, um estado superior de desprendimento, do qual o estado sonambúlico é um dos primeiros graus, mas que não implica, de modo algum, a superioridade do Espírito. O mais completo desprendimento é, certamente, o que se segue à morte. Ora, nós vemos neste momento o Espírito conservar suas imperfeições, seus preconceitos, cometer erros, criar ilusões, manifestar as mesmas inclinações. É que as boas e as más qualidades são inerentes ao Espírito e não dependem de causas exteriores. As causas exteriores podem paralisar as faculdades do Espírito, que as recobra no estado de liberdade, mas elas são impotentes para lhe dar as que ele não tem. O sabor de um fruto está nele mesmo; façamos o que fizermos, coloquemo-lo onde quisermos, se ele for insípido por natureza, não o tornaremos saboroso. Assim é com o Espírito. Se o desprendimento completo, após a morte, não o torna um ser perfeito, com menos forte razão pode tornar-se perfeito num desprendimento parcial.

O desprendimento extático é um estado fisiológico, indício evidente de um certo grau de adiantamento do Espírito, mas não de uma superioridade absoluta. As imperfeições morais, que são devidas à influência da matéria, desaparecem com essa influência, razão por que se nota, em geral, nos sonâmbulos e nos extáticos, ideias mais elevadas que no estado de vigília. Mas aquelas que são devidas às qualidades próprias do Espírito continuam a se manifestar, por vezes mesmo com menos intensidade do que no estado normal. Liberto de todo constrangimento, por vezes o Espírito dá livre curso aos seus sentimentos, que, como homem, procura dissimular aos olhos do mundo.

De todas as tendências más, as mais persistentes e que menos confessamos a nós mesmos, são os vícios radicais da

Humanidade: o orgulho e o egoísmo, que geram o ciúme, as mesquinhas suscetibilidades do amor-próprio, a exaltação da personalidade, que muitas vezes se revelam no estado de sonambulismo. Não é o desprendimento que as faz brotar. Ele apenas as põe a descoberto; de latentes, tornam-se sensíveis por força da liberdade do Espírito.

Portanto, não se deve esperar nenhuma espécie de infalibilidade, nem moral, nem intelectual, nos sonâmbulos e extáticos. A faculdade de que gozam pode ser alterada pelas imperfeições de seu Espírito. Suas palavras podem ser o reflexo de seus pensamentos e de seus sentimentos. Além disso, eles podem sofrer os efeitos da obsessão, tanto quanto no estado ordinário, e ser, por parte dos Espíritos levianos ou mal-intencionados, joguete das mais estranhas ilusões, como demonstra a experiência.

Seria um erro, pois, crer que as visões e as revelações do êxtase não possam ser senão expressão da verdade. Como todas as outras manifestações, é preciso submetê-las ao cadinho do bom senso e da razão, separar o bom do mau, o que é racional do que é ilógico. Se essas espécies de manifestações se multiplicam, é menos com o fito de nos dar revelações extraordinárias do que para nos fornecer novos assuntos de estudo e de observação sobre as faculdades e as propriedades da alma, e nos dar uma nova prova de sua existência e de sua independência da matéria.

CONSIDERAÇÕES SOBRE A PROPAGAÇÃO DA MEDIUNIDADE CURADORA

(Ver o artigo do mês passado sobre o zuavo curador)

Devemos inicialmente fazer algumas retificações em nosso relatório das curas do Sr. Jacob. O próprio Sr. Jacob nos disse que a cura da menina, quando ele chegou a Ferté-sous-Jouarre, não se deu em praça pública; é verdade que foi aí que ele a viu, mas a cura foi na casa de seus pais, onde a fez entrar. Isto em nada altera o resultado, mas a circunstância dá à ação um caráter menos excêntrico.

De sua parte, o Sr. Boivinet nos escreve:

"A respeito da proporção dos doentes curados, eu quis dizer que sobre 4.000, um quarto não experimentou resultados, e que do resto, isto é, de 3.000, um quarto foi curado e três quartos aliviados. De uma outra passagem do artigo poder-se-ia supor que eu tenha afirmado a cura de membros anquilosados; eu quis dizer que o Sr. Jacob tinha endireitado membros enrijecidos, rígidos como se estivessem anquilosados, mas não mais, o que não quer dizer que não tenha havido anquiloses curadas; apenas o ignoro.

Quanto aos membros enrijecidos por dores que paralisam em parte os movimentos, constatei, em último lugar, três casos de cura instantânea. No dia seguinte, um dos doentes estava absolutamente curado; outro tinha liberdade de movimentos com um resto de dor, com a qual, dizia-me ele, acomodar-se-ia para sempre de boa vontade. Não revi o terceiro doente."

Teria sido muito admirável se o diabo não tivesse vindo meter-se neste negócio. Uma outra pessoa nos escreve de uma das localidades onde correu a notícia das curas do Sr. Jacob:

"Aqui grande emoção na comuna e no presbitério. A criada do senhor cura, tendo encontrado duas vezes o Sr. Jacob na única rua da vila, está convicta de que ele é o diabo e que a persegue. A pobre mulher refugiou-se numa casa onde quase teve um ataque de nervos. É verdade que a farda vermelha do zuavo pode tê-la feito crer que ele saía do inferno. Parece que aqui preparam uma cruzada contra o diabo, para dissuadir os doentes de se fazerem curar por ele."

Quem pode ter posto na cabeça dessa mulher a ideia que o Sr. Jacob é o diabo em pessoa e que as curas são uma astúcia de sua parte? Não disseram aos pobres de certa cidade que não deviam receber o pão e as esmolas dos espíritas porque eram uma sedução de Satã, e que, além disto, seria melhor ser ateu do que voltar a Deus pela influência do Espiritismo, porque também isso era uma artimanha do demônio? Em todo caso, atribuindo tantas coisas boas ao diabo, fizeram tudo o que era necessário para reabilitá-lo na opinião das pessoas.

O que é mais estranho é que de semelhantes ideias ainda se alimentem populações a algumas léguas de Paris. Assim, que reação quando a luz se faz nesses cérebros fanatizados! Há que convir que há gente muito desajeitada.

Voltemos ao nosso assunto: as considerações gerais sobre a mediunidade curadora.

Dissemos, e nunca seria demais repetir, que há uma diferença radical entre os médiuns curadores e os que obtêm prescrições médicas da parte dos Espíritos. Estes em nada diferem dos médiuns escreventes ordinários, a não ser pela especialidade das comunicações. Os primeiros curam apenas pela ação fluídica em mais ou menos tempo, às vezes instantaneamente, sem o emprego de qualquer remédio. O poder curativo está todo inteiro no fluido depurado a que eles servem de condutores. A teoria deste fenômeno foi suficientemente explicada para provar que entra na ordem das leis naturais e que nada há de miraculoso. Ele é o produto de uma aptidão especial, tão independente da vontade quanto todas as outras faculdades mediúnicas; não é um talento que se possa adquirir; ninguém pode transformar-se em médium curador, da mesma maneira que pode tornar-se médico. A aptidão para curar é inerente ao médium, mas o exercício da faculdade só tem lugar com o concurso dos Espíritos, de onde se segue que se os Espíritos não querem, ou *não querem mais* servir-se dele, ele é como um instrumento sem músico, e nada obtém. Ele pode, pois, perder instantaneamente a sua faculdade, o que exclui a possibilidade de transformá-la em profissão.

Um outro ponto a considerar é que sendo esta faculdade fundada em leis naturais, ela tem limites traçados por essas mesmas leis. Compreende-se que a ação fluídica possa dar a sensibilidade a um órgão existente; fazer dissolver e desaparecer um obstáculo ao movimento e à percepção; cicatrizar uma ferida, porque então o fluido se torna um verdadeiro agente terapêutico; mas é evidente que não pode remediar a ausência ou a destruição de um órgão, o que seria um verdadeiro milagre. Assim, a visão poderá ser restituída a um cego por amaurose, oftalmia, belida ou catarata, mas não a quem tivesse os olhos vazados. Há, pois, doenças fundamentalmente incuráveis, e seria ilusão crer que a mediunidade curadora vá livrar a Humanidade de todas as suas enfermidades.

Além disto, há que levar em conta a variedade de nuanças apresentadas por essa faculdade, que está longe de ser uniforme em todos os que a possuem. Ela se apresenta sob aspectos muito diversos. Em razão do grau de desenvolvimento do poder, a ação é mais ou menos rápida, extensa ou circunscrita. Tal médium triunfa sobre certas moléstias em certas pessoas e em dadas circunstâncias, e falha completamente em casos aparentemente idênticos. Parece mesmo que em alguns a faculdade curadora se estende aos animais.

Opera-se neste fenômeno uma verdadeira reação química, análoga à produzida por certos medicamentos. Atuando o fluido como agente terapêutico, sua ação varia conforme as propriedades que recebe das qualidades do fluido pessoal do médium. Ora, devido ao temperamento e à constituição deste último, o fluido está impregnado de elementos diversos que lhe dão propriedades especiais. Ele pode ser, para nos servirmos de comparações materiais, mais ou menos carregado de eletricidade animal, de princípios ácidos ou alcalinos, ferruginosos, sulfurosos, dissolventes, adstringentes, cáusticos etc. Daí resulta uma ação diferente, conforme a natureza da desordem orgânica. Essa ação, portanto, pode ser enérgica, muito poderosa em certos casos e nula em outros. É assim que os médiuns curadores podem ter especialidades: este curará as dores ou endireitará um membro, mas não dará a vista a um cego, e vice-versa. Só a experiência pode dar a conhecer a especialidade e a extensão da aptidão, mas, em princípio, pode-se dizer que não há médiuns curadores universais, pela simples razão que não há homens perfeitos na Terra, e cujo poder seja ilimitado.

A ação é completamente diferente na obsessão, e a faculdade de curar não implica a de libertar os obsedados. O fluido curador age, de certo modo, materialmente sobre os órgãos afetados, ao passo que na obsessão é preciso agir moralmente sobre o Espírito obsessor; é preciso ter autoridade sobre ele para fazê-lo largar a presa. São, pois, duas aptidões distintas, que nem sempre se encontram na mesma pessoa. O concurso do fluido curador torna-se necessário quando, o que é bastante frequente, a obsessão se complica com afecções orgânicas. Portanto, pode haver médiuns curadores impotentes para a obsessão, e vice-versa.

A mediunidade curadora não vem suplantar a medicina e os médicos; vem simplesmente provar a estes últimos que há coisas que eles não sabem e convidá-los a estudá-las; que a Natureza tem leis e recursos que eles ignoram; que o elemento espiritual, que eles desconhecem, não é uma quimera, e quando eles o levarem em conta, abrirão novos horizontes à Ciência e terão mais êxito do que agora.

Se essa faculdade fosse privilégio de um indivíduo, passaria despercebida; considerá-la-iam como uma exceção, um efeito do acaso, esta suprema explicação que nada explica, e a má-vontade facilmente poderia abafar a verdade. Mas quando virem os fatos se multiplicarem, serão forçados a reconhecer que eles não se podem produzir senão em virtude de uma lei; que se homens ignorantes triunfam onde os cientistas falham, é que os cientistas não sabem tudo. Isto em nada prejudica a Ciência, que será sempre a alavanca e a resultante do progresso intelectual. Só o amor-próprio daqueles que a circunscrevem aos limites de seu saber e da materialidade apenas pode sofrer com isso.

De todas as faculdades medianímicas, a mediunidade curadora vulgarizada é a que é chamada a produzir mais sensação, porque há, por toda parte, doentes em grande número, e não é a curiosidade que os atrai, mas a necessidade imperiosa de alívio. Mais do que qualquer outra, ela triunfará sobre a incredulidade, tanto quanto sobre o fanatismo, que vê em toda parte a intervenção do diabo. A multiplicidade dos fatos forçosamente conduzirá ao estudo da causa *natural*, e daí à destruição das ideias supersticiosas de feitiçaria, de poder oculto, de amuletos etc. Se considerarmos o efeito produzido nos arredores do campo de Châlons por um só indivíduo, e a multidão de pessoas sofredoras vindas de dez léguas de distância, poderemos imaginar o que isto seria se dez, vinte, cem indivíduos aparecessem nas mesmas condições, quer na França, quer em países estrangeiros. Se disserdes a esses doentes que eles são joguetes de uma ilusão, eles vos responderão mostrando a perna restaurada; que são vítimas de charlatães, eles dirão que nada pagaram e que não lhes venderam nenhuma droga. Se disserdes que eles abusaram de sua confiança, dirão que nada lhes prometeram.

É também a faculdade que mais escapa à acusação de charlatanice e de fraude, porque ela desafia a troça, pois nada há de risível num doente curado que a Ciência havia abandonado. O charlatanismo pode simular mais ou menos grosseiramente a maioria dos efeitos mediúnicos, e a incredulidade neles procura sempre os seus cordões. Mas onde encontrará os fios da mediunidade curadora? Podem ser feitos certos truques para imitar os efeitos mediúnicos, e os efeitos mais reais, aos olhos de certa gente, podem passar por golpes de mestre, mas o que faria quem pretendesse imitar as qualidades de um médium curador? De duas, uma: ou ele cura ou não cura. Não há simulacro que possa produzir uma cura.

Além disso, a mediunidade escapa completamente à lei sobre o exercício ilegal da medicina, porque não prescreve qualquer tratamento. A que penalidade poderiam condenar aquele que cura só por sua influência, secundada pela prece, e que, além disso, nada pede como pagamento por seus serviços? Ora, a prece não é uma substância farmacêutica. É, em vossa opinião, uma tolice; seja, mas se a cura está no fim dessa tolice, que direis vós? Uma tolice que cura vale bem mais do que remédios que não curam.

Puderam proibir o Sr. Jacob de receber os doentes no campo e de ir à casa deles, e se ele se submeteu, dizendo que não retomaria o exercício de sua faculdade senão quando a interdição fosse levantada oficialmente, é porque, sendo militar, quis mostrar-se escrupuloso observador da disciplina, por mais dura que fosse. Nisto ele agiu sabiamente, porque provou que o Espiritismo não conduz à insubordinação, mas aqui é um caso excepcional. Considerando-se que esta faculdade não é privilégio de um indivíduo, por que meio poderiam impedi-la de se propagar? Se ela se propaga, de bom grado ou de mau grado, terão que aceitá-la com todas as suas consequências.

Dependendo a mediunidade curadora de uma disposição orgânica, muitas pessoas a possuem, ao menos em germe, que fica em estado latente, por falta de exercício e de desenvolvimento. É uma faculdade que muitos ambicionam com razão, e se todos os que desejam possuí-la a pedissem com fervor e perseverança pela prece, e com um objetivo exclusivamente humanitário, é provável que desse concurso sairia mais de um verdadeiro médium curador.

Não é de admirar ver pessoas que a princípio dela não parecem dignas e são favorecidas com esse dom precioso. É que a assistência dos bons Espíritos é franqueada a todo mundo, para a todos abrir o caminho do bem, mas ela cessa, se a pessoa não souber tornar-se digna dela, melhorando-se. Dá-se aqui como com os dons da fortuna, que nem sempre vêm ao mais merecedor. É, então, uma prova pelo uso que ele dela faz. Felizes aqueles que dela saem vitoriosos.

Pela natureza de seus efeitos, a mediunidade curadora exige imperiosamente o concurso de Espíritos *depurados,* que não poderiam ser substituídos por Espíritos inferiores, ao passo que há efeitos medianímicos para cuja produção a elevação dos Espíritos não é uma condição necessária e que, por essa razão, são obtidos pouco mais ou menos em qualquer circunstância. Certos Espíritos até, menos escrupulosos que outros quanto a estas condições, preferem os médiuns em quem encontram simpatia. Mas pela obra se conhece o operário.

Há, pois, para o médium curador, a necessidade absoluta de conquistar o concurso dos Espíritos superiores, se quiser conservar e desenvolver sua faculdade, senão, em vez de crescer, ela declina e desaparece pelo afastamento dos bons Espíritos. A primeira condição para isto é trabalhar em sua própria depuração, a fim de não alterar os fluidos salutares que ele está encarregado de transmitir. Esta condição não poderia ser suprida sem o mais completo desinteresse material e moral. O primeiro é o mais fácil; o segundo é o mais raro, porque o orgulho e o egoísmo são os sentimentos mais difíceis de extirpar e porque várias causas contribuem para superexcitá-los nos médiuns. Quando um deles se revela com faculdades um pouco transcendentes, – falamos aqui dos médiuns em geral, escreventes, videntes e outros – ele é procurado, adulado e mais de um sucumbe a essa tentação da vaidade. Em breve, esquecendo que sem os Espíritos nada seria, ele se considera indispensável e como único intérprete da verdade; ele denigre os outros médiuns e se julga acima dos conselhos. O médium que assim se comporta está perdido, porque os Espíritos se encarregam de lhe provar que ele pode ser dispensado, fazendo surgir outros médiuns mais bem assistidos. Comparando a série das comunicações de um mesmo médium, facilmente podemos julgar se ele cresce ou se degenera. Ah! Quantos temos visto, de todos os gêneros, cair triste e deploravelmente no terreno escorregadio do orgulho e da vaidade! Podemos, portanto, esperar o surgimento de uma multidão de médiuns curadores. Entre eles, vários se tornarão frutos secos e eclipsar-se-ão depois de ter emitido um brilho passageiro, ao passo que outros continuarão a elevar-se.

Eis um exemplo disto, há uns seis meses assinalado por um de nossos correspondentes. Num departamento do sul, um médium, que se havia revelado como curador, tinha operado várias curas notáveis e nele depositavam grandes esperanças. Sua faculdade apresentava particularidades que deram, num grupo, a ideia de fazer um estudo a respeito. Eis a resposta que obtiveram dos Espíritos, e que nos foi transmitida na ocasião. Ela pode servir de instrução a todos.

"X... realmente possui a faculdade de médium curador notavelmente desenvolvida. Infelizmente, como muitos outros, ele exagera muito a sua dimensão. É um excelente rapaz, cheio de boas intenções, mas que um orgulho desmesurado e uma visão extremamente curta dos homens e das coisas farão periclitar prontamente. Seu poder fluídico, que é considerável, bem utilizado e ajudado pela influência moral, poderia produzir excelentes resultados. Sabeis por que muitos de seus doentes só experimentam um bem-estar momentâneo que desaparece quando ele lá não mais está? É que ele age por sua presença somente, mas nada deixa ao Espírito para triunfar sobre os sofrimentos do corpo.

"Quando ele parte, nada resta dele, nem mesmo o pensamento que segue o doente, no qual ele não pensa mais, ao passo que a ação mental poderia, em sua ausência, continuar a ação direta. Ele acredita em seu poder fluídico, que é real, mas cuja ação não é persistente, porque não é corroborada pela influência moral. Quando obtém êxito, ele fica mais satisfeito por ser notado do que por ter curado. Contudo, é sinceramente desinteressado, pois coraria se recebesse a menor remuneração. Embora não seja rico, jamais pensou em fazer disto uma fonte de renda. O que ele deseja é fazer que falem de si. Falta-lhe também a afabilidade de coração, que atrai. Os que vêm a ele ficam chocados com as suas maneiras, que não inspiram simpatia, do que resulta uma falta de harmonia que prejudica a assimilação dos fluidos. Longe de acalmar e apaziguar as más paixões, ele as excita, julgando fazer o que é necessário para destruí-las, e isto pela falta de discernimento.

É um instrumento desafinado; por vezes emite sons harmoniosos e bons, mas o conjunto só pode ser mau, ou pelo menos improdutivo. Ele não é tão útil à causa quanto poderia ser, e com muita frequência a prejudica, porque, por seu caráter, faz apreciar muito mal os resultados. É um desses que pregam com violência uma doutrina de doçura e de paz.

Pergunta. – Então pensais que ele perderá seu poder curador?

Resposta. – Estou persuadido disto, a menos que ele mude de atitude, o que infelizmente não acredito que ele seja capaz de fazer. Os conselhos seriam supérfluos, porque ele está convicto de que sabe mais que todo mundo. Talvez ele deixasse transparecer que os escuta, mas não os seguiria. Assim, perde duplamente o benefício de uma excelente faculdade."

O acontecimento justificou a previsão. Soubemos mais tarde que esse médium, depois de uma série de choques que seu amor-próprio teve que sofrer, tinha renunciado a novas tentativas de curas.

O poder de curar independe da vontade do médium; eis um fato constatado pela experiência. O que depende dele são as qualidades que podem tornar esse poder frutuoso e *durável*. Essas qualidades são sobretudo o devotamento, a abnegação e a humildade; o egoísmo, o orgulho e a cupidez são pontos de parada, contra os quais se quebra a mais bela faculdade.

O verdadeiro médium curador, o que compreende a santidade de sua missão, é movido tão somente pelo desejo do bem; não vê no dom que possui senão um meio de tornar-se útil aos seus semelhantes, e não um degrau para elevar-se acima dos outros e pôr-se em evidência. É humilde de coração, isto é, nele a humildade e a modéstia são sinceras, reais, sem segundas intenções, e não se traduzem em palavras que desmentem, muitas vezes, os próprios atos. A humildade por vezes é um manto sob o qual se abriga o orgulho, mas que não iludiria a ninguém. Ela não procura nem o brilho, nem o renome, nem o ruído de seu nome, nem a satisfação de sua vaidade. Não há, em suas maneiras, nem jactância, nem bazófia; não exibe as curas que realiza, ao passo que o orgulhoso as enumera com complacência, muitas vezes as amplifica, e acaba por se persuadir que fez tudo o que diz.

Feliz pelo bem que faz, ele não o é menos pelo que outros podem fazer; não se julgando o primeiro nem o único capaz;

não inveja nem denigre nenhum médium. Os que possuem a mesma faculdade são para ele irmãos que concorrem para o mesmo objetivo. Ele diz que quanto mais médiuns houver, maior será o bem.

Sua confiança em suas próprias forças não vai até a presunção de se julgar infalível e, ainda menos, universal; sabe que outros podem tanto ou mais que ele; sua fé é mais em Deus do que em si mesmo, pois sabe que tudo pode por ele, e nada sem ele. Eis por que nada promete senão sob a reserva da permissão de Deus.

À influência material, ele acrescenta a influência moral, auxiliar poderoso que dobra a sua força. Por sua palavra benevolente, ele encoraja, levanta o moral, faz nascer a esperança e a confiança em Deus. Já é uma parte da cura, porque é uma consolação que dispõe a receber o eflúvio benéfico, ou melhor, o pensamento benevolente já é um eflúvio salutar. Sem a influência moral, o médium tem por si apenas a ação fluídica, material e de certo modo brutal, insuficiente em muitos casos.

Enfim, para aquele que possui as qualidades do coração, o doente é atraído por uma simpatia que predispõe à assimilação dos fluidos, ao passo que o orgulho, a falta de benevolência, chocam e fazem experimentar um sentimento de repulsa que paralisa essa assimilação.

Tal é o médium curador amado pelos bons Espíritos. Tal é, também, a medida que pode servir para julgar o valor intrínseco dos que se revelarão e a extensão dos serviços que eles poderão prestar à causa do Espiritismo. Isto não significa que só existam médiuns nessas condições e que aquele que não reunisse todas essas qualidades não poderia momentaneamente prestar serviços parciais que seria um erro rejeitar. O mal é para ele, porque quanto mais se afasta do modelo ideal, menos pode esperar ver sua faculdade desenvolver-se e mais se aproxima do declínio. Os bons Espíritos só se ligam aos que se mostram dignos de sua proteção, e a queda do orgulhoso, cedo ou tarde é a sua punição. O desinteresse é incompleto sem o desinteresse moral.

SUBSCRIÇÃO EM FAVOR DOS INUNDADOS

A Sociedade Espírita de Paris, na sessão de reabertura de 5 de outubro, abriu uma subscrição em favor dos inundados. Uma primeira coleta de 300 francos foi feita em seu nome no escritório do *Moniteur Universal*. As subscrições continuarão a ser recebidas no escritório da *Revista Espírita*.

ALLAN KARDEC

REVISTA ESPÍRITA

JORNAL DE ESTUDOS PSICOLÓGICOS

| ANO IX | DEZEMBRO DE 1866 | VOL. 12 |

O TRABALHADOR THOMAS MARTIN E LUÍS XVIII

As revelações feitas a Luís XVIII por um trabalhador da Beauce, pouco depois da segunda entrada dos Bourbons, tiveram na época uma grande repercussão, e ainda hoje a sua lembrança não se apagou. Mas poucas pessoas conhecem os detalhes desse incidente, do qual só o Espiritismo pode agora dar a chave, como de todos os fatos desse gênero. É um assunto de estudo, tanto mais interessante quanto os fatos, quase contemporâneos, são de perfeita autenticidade, tendo em vista que eles são constatados por documentos oficiais. Vamos fazer deles um sucinto resumo, mas suficiente para que sejam apreciados.

Thomas-Ignace Martin era um pequeno trabalhador do burgo de Gallardon, situado a quatro léguas de Chartres. Nascido em 1783, ele tinha, consequentemente, trinta e três anos quando se deram os acontecimentos que vamos relatar. Morreu a 8 de maio de 1834. Era casado, pai de quatro filhos em tenra idade e gozava em sua comuna da reputação de um homem perfeitamente honesto. Os relatórios oficiais o pintam como um homem de bom senso, embora de grande ingenuidade, por força de sua ignorância das coisas mais vulgares; de caráter brando e pacífico, não se metia em nenhuma intriga; de uma retidão perfeita em todas as coisas e de completo desinteresse, de que deu numerosas provas, o que exclui toda ideia de ambição de sua parte.

Assim, quando voltou à sua aldeia após a visita ao rei, retomou as suas ocupações habituais como se nada tivesse havido, evitando mesmo falar do que lhe tinha acontecido. Ao partir para Paris, o diretor do hospício de Charenton teve um trabalho imenso para fazê-lo aceitar 25 francos para as despesas de viagem. No ano seguinte, estando sua mulher grávida de um quinto filho, uma pessoa distinta por sua posição e que sabia de seus parcos recursos, mandou propor, por um terceiro, 150 francos para cobrir as necessidades nessa circunstância. Martin recusou, dizendo: "Não pode ser que por causa destas coisas que me acontecem sempre me ofereçam dinheiro, porque sem isto não falariam de mim, nem mesmo me conheceriam. Mas *como a coisa não vem de mim, nada devo receber por isto*. Assim, agradecei a essa pessoa porque, embora eu não seja rico, nada quero receber." Em outras circunstâncias recusou somas mais consideráveis que o teriam deixado em situação confortável.

Martin era simples, mas não era nem crédulo nem supersticioso; praticava seus deveres religiosos escrupulosamente, mas sem exagero ou ostentação e sempre no justo limite do necessário, visitando o seu cura no máximo uma vez por ano. Não havia nele, consequentemente, nem hipocrisia nem superexcitação religiosa. Nada em seus hábitos e em seu caráter era de natureza a exaltar-lhe a imaginação. Ele tinha visto com prazer a volta dos Bourbons, mas sem se ocupar de política de modo algum e sem entrar em qualquer partido. Dedicado inteiramente ao trabalho do campo desde a infância, não lia livros nem jornais.

Compreende-se facilmente a importância destas informações sobre o caráter de Martin no caso de que se trata. Desde que um homem não é movido nem pelo interesse, nem pela ambição, nem pelo fanatismo, nem pela credulidade supersticiosa, ele adquire sérios direitos à confiança. Ora, eis como, sumariamente, se passaram os acontecimentos que lhe advieram.

A 15 de janeiro de 1816, pelas duas e meia da tarde, ele estava ocupado em apagar uma queimada num campo a três quartos de légua de Gallardon, num recanto muito deserto, quando de repente se lhe apresentou um homem de cerca de cinco pés e uma ou duas polegadas, corpo delgado, rosto afilado, delicado e muito branco, vestindo uma levita ou casaco dourado, totalmente abotoado e caindo até os pés, com sapatos amarrados com cordões e com um chapéu redondo de copa alta. Esse homem disse a Martin:

"É preciso que vá encontrar o rei e lhe dizer que sua pessoa está em perigo, bem como a dos príncipes; que gente má ainda tenta derrubar o governo; que vários escritos ou cartas já circularam em algumas províncias de seus Estados a esse respeito; que é preciso que ele faça uma apuração criteriosa e geral em todos esses Estados e, sobretudo, na capital; que também é preciso que ele reabilite o dia do Senhor, a fim de que o santifiquem; que esse dia santo é desconhecido por grande parte de seu povo; é preciso que ele faça cessar os trabalhos públicos nesses dias; que faça ordenar preces públicas pela conversão do povo; que o estimule à penitência; que sejam abolidas e aniquiladas todas as desordens que se cometem nos dias que precedem a santa quaresma; sem todas estas coisas a França cairá em novas desgraças."

Um pouco surpreendido pela aparição súbita, Martin lhe respondeu:

– Mas bem podeis ir encontrar outros que não eu, para uma missão como esta. Imagine que eu iria falar com rei com mãos assim (sujas de excrementos)!

– Não, replicou o desconhecido, é você que irá.

– Mas, replicou Martin, se sabeis tanto, bem podeis ir vós mesmo procurar o rei e lhe dizer tudo isto. Por que vos dirigis a um homem pobre como eu, que nem sabe explicar-se?

– Não serei eu quem irá, disse-lhe o desconhecido, é você; preste atenção ao que digo e você fará tudo o que ordeno.

Depois destas palavras, Martin o viu desaparecer mais ou menos assim: Seus pés pareceram elevar-se do solo, a cabeça baixar e o corpo, se apequenando, acabou por desaparecer à altura da cintura, como se tivesse evaporado no ar. Mais espantado por esta maneira de desaparecer do que pela aparição súbita, Martin quis ir embora, mas não pôde; ele ficou, malgrado seu, e voltou à sua tarefa, que devia durar duas horas e meia mas não durou senão uma hora e meia, o que dobrou o seu espanto.

Talvez achem pueris certas recomendações que Martin deveria fazer ao rei, sobretudo quanto à guarda do domingo, tendo em vista o meio aparentemente sobrenatural empregado para transmiti-las e as dificuldades que esse cometimento deveria encontrar. Mas é provável que não fosse senão uma espécie de passaporte para chegar a ele, porque o objetivo principal da revelação, que era de altíssima gravidade, não deveria ser conhecido, como se verá mais tarde, senão no momento da entrevista. O essencial era que Martin pudesse chegar ao rei, e para isto a intervenção de alguns membros do alto clero era necessária. Ora, sabe-se da importância que o clero liga à guarda do domingo; como o soberano não se daria conta quando a voz do Céu ia fazer-se ouvir por um milagre? Convinha, pois, incentivar Martin, em vez de desencorajá-lo. Contudo, era preciso que as coisas marchassem por si mesmas.

Martin apressou-se em contar ao seu irmão o que lhe havia acontecido e ambos foram comunicá-lo ao cura da paróquia, o Sr. Laperruque, que se esforçou por dissuadir Martin e a atribuir a coisa à conta de sua imaginação.

No dia 18, às seis horas da tarde, tendo Martin descido ao porão para apanhar umas batatas, o mesmo indivíduo lhe apareceu de pé, ao seu lado, enquanto ele estava ajoelhado, ocupado em apanhá-las. Apavorado, ele largou ali mesmo a vela e fugiu. No dia 18, nova aparição à entrada de um lagar, e Martin fugiu novamente.

No domingo, 21 de janeiro, Martin entrava na igreja à hora das vésperas; quando tomava água benta, percebeu o desconhecido, que também a tomava e que o seguiu até a entrada de seu banco. Durante toda a duração do ofício ele esteve muito recolhido e Martin notou que ele não tinha o chapéu na cabeça nem nas mãos. Ao sair da igreja ele o seguiu até a sua casa, caminhando ao seu lado, com o chapéu na cabeça. Quando chegaram no portão, o homem de repente postou-se diante dele, face a face, e lhe disse:

– Cumpra a sua missão e faça o que eu lhe disse; você não ficará tranquilo enquanto a sua missão não for cumprida.

Depois de pronunciar essas palavras, desapareceu, sem que nem dessa vez nem nas aparições seguintes Martin o tivesse visto extinguir-se gradualmente, como da primeira vez. A 24 de janeiro, nova aparição no celeiro, seguida destas palavras:

– Faça o que eu mando; já é tempo.

Notemos estes dois modos de desaparecimento: o primeiro, que não poderia ser o caso de um ser corporal em carne e osso, sem dúvida tinha por objetivo provar que era um ser fluídico, estranho à humanidade material, circunstância que deveria ser ratificada 50 anos depois e explicada pelo Espiritismo, cujas doutrinas confirmava, ao mesmo tempo que devia fornecer um assunto de estudo.

Sabe-se que nestes últimos tempos a incredulidade procurou explicar as aparições por efeitos ópticos e que, quando apareceram no teatro fenômenos artificiais deste gênero, produzidos por uma combinação de espelhos e de luzes, houve um clamor geral na imprensa, para dizer: "Eis que descobrimos, enfim, o segredo de todas as aparições! É com o auxílio de semelhantes meios que essa crença absurda se espalhou em todos os tempos e que todas as pessoas crédulas foram vítimas de subterfúgios!"

Nós refutamos, como deveríamos, (Revista, julho de 1863), essa estranha explicação, digna rival do famoso músculo que range, do Dr. Jobert de Lamballe, que acusava todos os espíritas de loucos, e que ele próprio, ah! enlanguesceu durante vários anos num hospício de alienados. Mas perguntaremos, no presente caso, por que e como os aparelhos dessa natureza, necessariamente complicados e volumosos, poderiam ter sido dispostos e manobrados num campo isolado de qualquer habitação, e onde Martin se achava absolutamente só, sem que ele de nada se tivesse apercebido? Como esses mesmos aparelhos, que funcionam no escuro, com o auxílio de luzes artificiais, poderiam ter produzido uma imagem em pleno sol? Como poderiam ter sido instantaneamente transportados para o porão, para o celeiro, lugares geralmente pouco equipados para a produção de tais efeitos, para uma igreja, e da igreja seguir Martin até a sua casa, sem que ninguém notasse? Estas espécies de imagens artificiais são vistas por todos os espectadores. Como é que dentro da igreja e ao sair da igreja somente Martin viu o indivíduo? Dirão que ele nada viu, mas que, de boa-fé, foi vítima de uma alucinação? Essa explicação é desmentida pelo fato material das revelações feitas ao rei e que, como se verá, não podiam ser do conhecimento prévio de Martin. Há nisso um resultado positivo, material, que não é do campo das ilusões.

O cura de Gallardon, a quem Martin relatava fielmente as aparições, e que as anotava com exatidão, julgou que deveria determinar que ele fosse ver o seu bispo, em Versalhes, para o qual lhe deu uma carta de recomendação circunstanciada. Uma vez lá, Martin repetiu tudo quanto havia visto, e depois de diversas perguntas, o bispo o encarregou de perguntar ao desconhecido, de sua parte, se ele aparecesse novamente, o seu nome, quem era ele e por quem era enviado, recomendando-lhe que tudo dissesse ao seu cura.

Alguns dias depois da volta de Martin, o senhor cura recebeu uma carta de seu bispo, pela qual lhe testemunhava que o homem que ele lhe tinha mandado parecia ter muita lucidez acerca do importante objetivo em questão. A partir desse momento estabeleceu-se uma correspondência contínua entre o bispo e o cura de Gallardon. O Monsenhor, por seu lado, dada a gravidade da primeira aparição, achou que deveria fazer dela um caso ministerial e de polícia; em consequência, enviava cada relatório que recebia do senhor cura ao Sr. Descazes, ministro da polícia geral.

Na terça-feira 30 de janeiro, o desconhecido apareceu de novo a Martin e lhe disse:

– Sua missão foi bem iniciada, mas os que a têm em suas mãos dela não se ocupam; eu estava presente, embora invisível, quando você fez a sua declaração; foi-lhe dito para perguntar meu nome e da parte de quem eu vinha; meu nome ficará desconhecido, e aquele que me enviou (mostrando o céu) está acima de mim.

– Como vos dirigis sempre a mim, para uma missão como esta, eu que sou apenas um campônio? Há tanta gente de espírito!

– É para abater o orgulho, disse o desconhecido, mostrando a terra; de sua parte, você não deve orgulhar-se do que viu e ouviu, porque o orgulho desagrada soberanamente a Deus; pratique a virtude; assista aos ofícios que se fazem em sua paróquia aos domingos e nos feriados; evite os cabarés e as más companhias, onde se comete toda sorte de impurezas e onde há toda sorte de más conversas. Não faça nenhum carreto aos domingos e dias de festa.

Durante o mês de fevereiro, o desconhecido apareceu várias vezes a Martin e lhe disse, entre outras coisas:

– Persista, ó meu amigo, e conseguirá. Você aparecerá diante da incredulidade e a confundirá. Tenho mais uma coisa a lhe dizer que os convencerá e eles nada terão a responder. Apresse a sua missão; eles não fazem nada do que lhe tenho dito; aqueles que têm o caso em suas mãos estão embriagados de orgulho; a França está em estado de delírio; ela será entregue a toda sorte de desgraças. Você irá encontrar o rei e dir-lhe-á o que eu anunciei; ele poderá admitir consigo seu irmão e seus sobrinhos. Quando você estiver diante do rei, eu revelarei coisas secretas do tempo de seu exílio, mas cujo conhecimento só lhe será dado no momento em que você for levado à sua presença.

Neste meio tempo o Sr. Conde de Breteuil, Prefeito de Chartres, recebeu uma carta do ministro da polícia geral, que o convidava a verificar "se essas aparições dadas como miraculosas não passavam de imaginação de Martin, uma verdadeira ilusão de seu espírito exaltado, ou enfim se o pretenso enviado desconhecido, e talvez o próprio Martin, não deveriam ser severamente examinados pela polícia e em seguida entregues ao tribunais."

No dia 5 de março Martin recebeu a visita de seu desconhecido, que lhe disse:

– Em breve você vai aparecer perante o primeiro magistrado de seu departamento; é preciso que você relate as coisas como lhe são anunciadas; é preciso não considerar nem a qualidade nem a dignidade.

Martin não havia sido informado que devia ir ao prefeito; não há aqui, pois, uma simples comunicação sobre uma coisa vaga, é a previsão de um fato que vai acontecer. Isto é constantemente repetido na sequência desses acontecimentos; Martin sempre foi informado por seu desconhecido do que iria acontecer, das pessoas em cuja presença ele iria se encontrar, dos lugares aonde ele seria conduzido. Ora, isto não é resultado da ilusão e de ideias quiméricas. Se o indivíduo diz a Martin que no dia seguinte ele verá tal pessoa, ou será conduzido a tal lugar, e a coisa se realiza, é um fato positivo que não pode provir da imaginação.

No dia seguinte, 6 de março, acompanhado pelo Sr. Cura, Martin foi ver o prefeito, em Chartres. A princípio este conversou longamente em particular com o cura; depois mandou entrar Martin e lhe perguntou:

– Mas se eu o algemasse e o metesse na prisão por anunciar semelhantes coisas, você continuaria a dizer o que diz?

Martin respondeu sem se intimidar:

– Como quiserdes; não posso dizer senão a verdade.

– Mas, prosseguiu o Sr. Prefeito, se você aparecesse ante uma autoridade superior à minha, perante o ministro, por exemplo, sustentaria o que me acaba de dizer?

– Sim, senhor, replicou Martin, e diante do próprio rei.

O prefeito, surpreso por tanta segurança a par de tanta simplicidade, e mais ainda pelos estranhos relatos que lhe havia feito o cura, decidiu enviar Martin ao ministro.

No dia seguinte, 7 de março, Martin partia para Paris escoltado pelo Sr. André, tenente de polícia, que tinha ordem de vigiar todos os seus passos e de não deixá-lo nem de dia nem de noite. Hospedaram-se na Rua Montmartre, hotel de Calais, num quarto de dois leitos.

Na sexta-feira, 5 de março, o Sr. André conduziu Martin ao quartel da polícia geral. Entrando no pátio, o desconhecido lhe apareceu e disse:

– Você vai ser interrogado de várias maneiras; não tema, nem se inquiete, mas diga as coisas como elas são.

Depois destas palavras, desapareceu.

Não relataremos aqui todos os interrogatórios a que submeteram Martin o ministro e os seus secretários, sem que ele se deixasse intimidar pelas ameaças, nem desconcertar pelas armadilhas que lhe armaram para fazê-lo cair em contradição consigo mesmo, vencendo seus interrogadores por suas respostas cheias de senso e de sangue-frio. Tendo Martin descrito seu desconhecido, o ministro lhe disse:

– Ora! Você não o verá mais, porque acabo de prendê-lo.

– Eh! Como pudestes prendê-lo, redarguiu Martin, pois ele desaparece como um relâmpago?

– Se desaparece para você, não desaparece para todo o mundo.

E dirigindo-se a um de seus secretários:

– Ide ver se o homem que mandei prender ainda lá está.

Alguns instantes depois o secretário voltou e respondeu:

– Senhor, ele continua lá.

– Bem! disse Martin, se o prendestes e me mostrardes, eu certamente o reconhecerei. Eu o vi muitas vezes para poder reconhecê-lo.

A seguir veio um homem que examinou minuciosamente a cabeça de Martin, afastando os cabelos para a esquerda e para a direita. O próprio ministro também a examinou, sem dúvida para ver se tinha qualquer sinal indicador de loucura, ao que Martin se contentava em dizer:

– Olhai quanto quiserdes. Eu jamais adoeci em minha vida!

Quando chegou ao hotel, à noite, Martin disse ao Sr. André:

– Mas o ministro me tinha dito que havia posto na prisão o homem que me aparecia. Então ele o soltou, pois me apareceu depois e me disse:

– Você foi interrogado hoje, mas não querem fazer o que eu disse. Aquele que você viu de manhã quis fazer você acreditar que me havia prendido. Pode dizer-lhe que ele não tem nenhum poder sobre mim e que já é tempo para o rei ser avisado.

No mesmo instante o Sr. André foi fazer o seu relato à polícia, enquanto Martin, sem inquietude, deitou-se e dormiu pacificamente.

No dia seguinte, 9, tendo Martin descido para pedir as botas do tenente, o desconhecido se apresentou no meio da escada e lhe disse:

– Você vai ser visitado por um médico que deseja verificar se você tem a imaginação descompensada e se perdeu a razão, mas os que o enviam são mais loucos que você.

Com efeito, no mesmo dia o célebre alienista Sr. Pinel veio visitá-lo e submeteu-o a um interrogatório adequado a esse gênero de informações. "A despeito de sua habilidade", diz o relatório, "ele não pôde conseguir nenhuma indicação, por menor que fosse, de provável alienação. Suas pesquisas não conduziram senão a uma simples conjectura de *possibilidade* de alucinação e de mania intermitente."

Parece que para certas pessoas nada mais é preciso para ser taxado de loucura, além de não pensar como eles. Eis por que os que creem em alguma coisa do outro mundo passam por loucos aos olhos dos que em nada creem.

Depois da visita do Dr. Pinel, o desconhecido apresentou-se a Martin e lhe disse:

– É preciso que você vá falar com o rei. Quando estiver em sua presença eu lhe inspirarei o que terá que lhe dizer. *Eu me sirvo de você para abater o orgulho e a incredulidade.* Eles estão tentando descartar o problema, mas se você não realizar a sua tarefa ela será descoberta por outros caminhos.

A 10 de março, estando Martin só em seu quarto, o desconhecido lhe apareceu e disse:

– Eu lhe havia dito que meu nome ficaria ignorado, mas considerando-se que a incredulidade é tão grande, é preciso que lhe revele o meu nome. Eu sou o anjo Rafael, anjo muito célebre junto a Deus. Eu tenho o poder de ferir a França com toda a sorte de flagelos.

A estas palavras, Martin foi tomado de pavor e experimentou uma espécie de crispação.

Um outro dia, tendo o Sr. André saído com Martin, encontrou um oficial seu amigo, com o qual conversou durante uma hora em inglês, que naturalmente Martin não entendia. No dia seguinte, o desconhecido, que ele agora chama o anjo, lhe disse:

— Os que ontem estavam com você falaram a seu respeito, mas você não entendia sua linguagem. Eles disseram que você vinha para falar com o rei, e um deles pediu que quando voltasse à sua terra o outro lhe desse notícias, para ele saber como a coisa se teria passado.

O Sr. André, a quem Martin dava conta de toda a conversa com o desconhecido, ficou muito surpreendido por ver que o que tinha dito em inglês, para não ser por ele entendido, estava descoberto.

Embora o relatório do Dr. Pinel não concluísse pela loucura, mas apenas por uma *possibilidade* de alucinação, Martin não deixou de ser levado ao hospício de Charenton, onde ficou de 13 de março a 2 de abril. Lá foi objeto de minuciosa vigilância e submetido ao estudo especial dos especialistas. Igualmente fizeram inquéritos em sua terra, quanto aos seus antecedentes e aos de sua família, sem que, malgrado todas as investigações, tivessem constatado a menor aparência ou causa predeterminante de loucura. A bem da verdade, é preciso dizer que ele ali foi constantemente tratado com muito carinho da parte do Sr. Royer-Collard, diretor chefe da casa, e por outros médicos, e que não o submeteram a nenhum desses tratamentos em uso nesse tipo de estabelecimentos. Se ali foi colocado, era muito menos por medida de sequestro do que para ter mais facilidade de observar o seu real estado de espírito.

Durante sua estada em Charenton, ele recebeu visitas muito frequentes de seu desconhecido, as quais não apresentaram nenhuma particularidade notável, a não ser esta em que lhe disse:

— Haverá discussões: uns dirão que é imaginação, outros que é um anjo de luz, e outros que é um anjo das trevas. Eu permito que você me toque.

Então, contou Martin, ele me apertou a mão direita; depois abriu o casaco pela frente e, quando este estava aberto, pareceu-me mais brilhante que os raios do sol e não pude encará-lo; fui obrigado a pôr a mão em frente aos olhos. Quando ele fechou o casaco, nada mais vi brilhando; ele me pareceu como antes. Esse abrir e fechar se operaram sem nenhum movimento de sua parte.

Outra vez, quando escrevia ao seu irmão, ele viu a seu lado o desconhecido, que lhe ditou uma parte da carta, lembrando as predições que havia feito sobre as desgraças de que a França estava ameaçada. Eis, pois, Martin ao mesmo tempo médium vidente e escrevente.

Por mais cuidado que tivessem tido para que não houvesse vazamento do caso, ele não deixou de produzir uma certa sensação nas altas camadas oficiais. Entretanto, é provável que não tivesse atingido o objetivo se o arcebispo de Reims, grande esmoler da França, depois arcebispo de Paris e cardeal de Périgord, por ele não se tivesse interessado. Ele falou com Luís XVIII e lhe propôs receber Martin. O rei lhe declarou que nada tinha ouvido ainda, tanto é certo que muitas vezes os soberanos são os últimos a saber o que se passa em seu redor e que mais lhes interessa. Em consequência, ordenou que Martin lhe fosse apresentado.

A 2 de abril Martin foi conduzido de Charenton à casa do ministro da polícia geral. Enquanto esperava o momento de ser recebido, seu desconhecido lhe apareceu e disse:

– Você vai falar com rei e ficará sozinho com ele; não tenha nenhum receio de aparecer diante do rei; para o que terá que lhe dizer, as palavras lhe virão à boca.

Foi a última vez que o viu. O ministro lhe fez uma acolhida muito benevolente e disse que ia mandar levá-lo às Tulherias.

Geralmente acredita-se que Martin veio por conta própria a Paris, apresentou-se no castelo, insistindo para falar com o rei; que tendo sido repelido, voltou à carga com tanta persistência que Luís XVIII, tendo sido informado, mandou que entrasse. Como vimos, as coisas passaram de outro modo. Só em 1828, quatro anos após a morte do rei, ele deu a conhecer as particularidades secretas que lhe foram reveladas e lhe causaram profunda impressão, pois tal era o objetivo essencial dessa visita, sendo que os outros motivos alegados, como dissemos, não passaram de um meio de chegar a ele. Seu desconhecido lhe deixou ignorar essas coisas até o último momento, com receio de que uma indiscrição arrancada por artifício dos interrogatórios levasse o projeto ao fracasso, o que inevitavelmente teria ocorrido.

Depois de sua visita ao rei, Martin foi dizer seu adeus ao diretor de Charenton e partiu imediatamente para a sua terra, onde retomou o curso habitual de seus trabalhos, sem jamais atribuir-se mérito pelo que lhe havia acontecido.

O objetivo a que nos propúnhamos neste relato era demonstrar os pontos pelos quais ele se liga ao Espiritismo. Sendo as particularidades relatadas a Luís XVIII estranhas ao nosso assunto, abster-nos-emos de relatá-las. Diremos apenas que elas se referiam a coisas de família da maior intimidade; comoveram o rei a ponto de fazê-lo chorar muito, e ele declarou mais tarde que as coisas que lhe tinham sido reveladas só eram conhecidas por Deus e por ele. Elas tiveram por consequência fazer renunciar à sagração cujos preparativos já haviam sido ordenados[1].

Não relataremos nesta entrevista senão algumas passagens da ata de 1828, ditada pelo próprio Martin, e onde se revela o caráter e a simplicidade do homem.

"Chegamos às Tulherias pelas três horas, sem que ninguém houvesse dito qualquer coisa. Chegamos até o primeiro criado de Luís XVIII, a quem entregamos a carta e que, depois de a ter lido, me disse: 'Sigam-me.' Paramos alguns momentos, porque o Sr. Decazes estava com o rei. Quando o ministro saiu eu entrei, e antes que dissesse uma palavra, o rei disse ao criado que se retirasse e fechasse as portas.

"O rei estava sentado à sua mesa, diante da porta; havia penas, papel e livros. Saudei o rei dizendo:

"– Senhor, eu vos saúdo.

"O rei me disse:

"– Bom dia, Martin.

---

[1] Os detalhes circunstanciados e as provas em apoio se acham numa obra intitulada: O passado e o futuro explicados pelos acontecimentos extraordinários ocorridos a Thomas Martin trabalhador de Beauce. – Paris, 1832, BRICON livreiro, Rua du Vieux-Colombier, 19; Marselha, mesma casa, Rua du Saint-Sépulcre, 17. Esta obra está esgotada e é hoje muito rara.

"E eu disse para mim mesmo: Ela sabe o meu nome.

"– Vós sabeis, Senhor, certamente, por que eu venho.

"– Sim, sei que você tem qualquer coisa a me dizer e disseram-me que era algo que só podeis dizer a mim. Sente-se.

"Então eu me sentei numa poltrona em frente ao rei de modo que havia a mesa entre nós. Então lhe perguntei como passava. O rei me disse:

"– Passo um pouco melhor do que nos últimos dias; e você, como vai?

"– Eu estou bem.

"– Qual o assunto de sua viagem?

"E eu lhe disse:

"– Podeis mandar chamar, se quiserdes, vosso irmão e seus filhos.

"O rei me interrompeu, dizendo:

"– É inútil, eu lhes direi o que você tiver que me dizer.

"Depois disto, eu contei ao rei todas as aparições que eu tinha tido e que estão no relato.

"– Eu sei de tudo isto; o arcebispo de Reims me disse tudo, mas parece que você tem algo a me dizer em particular e em segredo.

"Então senti virem à minha boca as palavras que o anjo me havia prometido, e disse ao rei:

"– O segredo que tenho a vos dizer é que... (Seguem detalhes que, como as instruções dadas na continuação da conversa, sobre certas medidas a tomar e a maneira de governar, não podiam senão ser inspiradas no momento, pois estão fora do alcance do grau de cultura de Martin).

"Foi a esse relato que o rei, tocado de espanto e profundamente comovido, disse:

"– Ó meu Deus! Ó meu Deus! Isto é muito verdadeiro; só Deus, você e eu sabemos disto; prometa-me guardar o maior segredo sobre todas estas comunicações.

"E eu lhe prometi, e depois lhe disse:

"– Evitai fazer-vos sagrar, porque se o tentásseis, seríeis ferido de morte na cerimônia da sagração.

"Desse momento até o fim da conversa o rei chorava sem parar.

"Quando eu terminei, ele me disse que o anjo que me havia aparecido era o que conduzia o jovem Tobias a Rages e que o fez casar. Depois perguntou qual de minhas mãos o anjo havia apertado.

"– Esta, respondi, mostrando a direita. O rei ma tomou, dizendo:

"– Que eu toque a mão que o anjo apertou. Ore sempre por mim.

"– Certamente, Senhor; eu e minha família, assim como o Sr. cura de Gallardon, temos sempre orado para que as coisas saíssem bem.

"Saudei o rei, dizendo-lhe:

"– Eu vos auguro boa saúde. Disseram-me que uma vez cumprida minha missão junto ao rei, eu vos pedisse permissão para voltar à minha família, e me foi anunciado que não me recusaríeis e que não me aconteceria nenhum transtorno, nem nenhum mal.

"– Nada mais lhe acontecerá. Dei ordens para que o mandassem de volta. O ministro vai lhe dar jantar e leito e papéis para você voltar amanhã.

"– Mas eu ficaria contente se voltasse a Charenton para lhes dizer adeus e apanhar uma camisa que deixei lá.

"– Não lhe é incômodo ficar em Charenton? Esteve bem lá?

"– Incômodo nenhum, e certamente se lá não tivesse estado bem, não pediria para lá voltar.

"– Então, já que é seu desejo lá voltar, o ministro o fará conduzir em meu nome.

"Voltei a encontrar o meu condutor, que me esperava, e fomos juntos à casa do ministro.

"Feito em Gallardon, a 9 de março de 1828.

"Assinado: THOMAS MARTIN"

A conversa de Martin com o rei durou pelo menos 55 minutos.

Se depois de sua visita ao rei, Martin não mais viu o seu desconhecido, as manifestações não deixaram de continuar sob outra forma. De médium vidente, ele tornou-se auditivo. Eis alguns fragmentos de cartas que ele escrevia ao antigo cura de Gallardon:

28 de janeiro de 1821

"Senhor cura, escrevo para vos dar conhecimento de uma coisa que me aconteceu. Terça-feira última, 23 de janeiro, quando arava no campo, ouvi uma voz que me chamou, sem ter visto ninguém, e disse-me: 'Filho de Japhet! Para e presta atenção às palavras que te são dirigidas.' No mesmo instante os meus cavalos pararam, sem que nada eu tivesse dito, porque estava muito surpreso. Eis o que me disse: 'Nesta grande região uma árvore está plantada e, na mesma camada, está plantada uma outra que é inferior à primeira; a segunda árvore tem dois galhos, dos quais um feneceu e logo depois secou por causa de um vento furioso, e esse vento não cessou de soprar. No lugar desse galho surgiu outro, novo, tenro, que o substituiu; mas esse vento, que é sempre agitado, elevar-se-á um dia com tais abalos que... e depois dessa catástrofe espantosa, os povos estarão na última desolação. Ora, meu filho, para que esses dias sejam abreviados, invoca o Céu para que o vento fatal que sairá do noroeste seja barrado por barreiras poderosas, e que seus progressos nada tenham de danosos. Estas coisas são obscuras para ti, mas outros as compreenderão facilmente.'

"Eis, senhor, o que me aconteceu na terça-feira, cerca de uma hora da tarde. Não compreendo nada disto. Vós me direis se compreendeis alguma coisa. A ninguém falei de tudo isto, nem mesmo à minha mulher, porque o mundo é mau. Estava decidido a guardar tudo isto em silêncio, mas me decidi a vos escrever hoje, porque esta noite não pude dormir, e tenho tido sempre essas palavras na memória. Peço-vos guardá-las em segredo, porque o mundo zombaria delas. Senhor, trataram-me de filho de Japhet. Não conheço ninguém em nossa família com este nome. Talvez ele se tenha enganado; talvez me tivesse tomado por outro."

8 de fevereiro de 1821

"Eu vos tinha proibido de falar do que vos contei. Estava errado, porque isto não pode ficar oculto. Necessariamente é preciso que isto passe diante dos grandes e dos primeiros do

Estado, para que se veja o perigo de que estão ameaçados, pois o vento de que vos falei dentro em pouco vai fazer terríveis desastres, porque esse vento sopra sempre em torno da árvore. Se não prestarem atenção a isto, dentro em pouco ela será arrancada. No mesmo momento, outra árvore, com o que dela sai experimentará a mesma sorte. Ontem a mesma voz me veio falar, e nada vi."

21 de fevereiro de 1821

"Senhor, esta manhã tive um grande pavor. Eram nove horas. Ouvi um grande ruído junto a mim e nada vi, mas ouvi falar, depois de cessado o ruído, e disseram-me: 'Por que tivestes medo? Não temais; não venho fazer mal algum. Estais surpreso por ouvir e nada ver; não vos admireis; é preciso que as coisas sejam descobertas. *Eu me sirvo de vós para vos enviar, como sou enviado.* Os filósofos, os incrédulos, os ímpios não creem que suas manobras sejam vistas, mas é preciso que sejam confundidos... Ficai tranquilo, continuai a ser o que tendes sido; vossos dias estão contados e não vos escapará um só. Eu vos proíbo de vos prosternardes diante de mim, porque sou apenas um servo como vós.'

"Senhor, eis o que me foi dito. Não sei qual a pessoa que me fala; ele tem a voz bastante forte e muito clara. Pensei em falar, mas não ousei, porque não vejo ninguém."

Resta saber qual é a individualidade do Espírito que se manifestou. Era realmente o anjo Rafael? É mesmo permitido duvidar e haveria muito a dizer contra tal opinião. Mas, em nossa opinião, esta é uma questão muito secundária. O fato capital é o da manifestação, da qual não se poderia duvidar e da qual todos os incidentes têm sua razão de ser pelo resultado proposto e hoje têm o seu lado instrutivo.

Um fato que sem dúvida não terá escapado a ninguém é esta palavra de Martin, a respeito de uma soma que lhe ofereceram: "Como a coisa não vem de mim, nada devo receber por isto." Eis, pois, um simples camponês, médium inconsciente que, há cinquenta anos, época na qual se estava longe de pensar no Espiritismo, tem, por si mesmo, a intuição dos deveres impostos pela mediunidade, da santidade deste mandato. Seu bom senso e sua lealdade natural lhe fazem compreender que o que vem de uma fonte celeste e não de si, não deve ser pago.

Talvez se admirem das dificuldades que encontrou Martin para desempenhar a missão de que estava encarregado. Perguntarão por que os Espíritos não o fizeram chegar diretamente ao rei? Essas dificuldades, essa lentidão, como dissemos, tiveram sua utilidade. Era preciso que ele passasse por Charenton, onde sua razão foi submetida às investigações mais rigorosas da ciência oficial e pouco crédula, para que fosse constatado que não era louco nem exaltado. Como se viu, os Espíritos triunfaram dos obstáculos preparados pelos homens; mas como os homens têm o seu livre-arbítrio, eles não podiam impedi-los de pôr entraves.

Notemos, a propósito, que Martin, por assim dizer, não fez, por si mesmo, nenhum esforço para chegar ao rei. As circunstâncias a isso o conduziram quase que malgrado seu, e sem que ele tivesse necessidade de insistir muito. Ora, essas circunstâncias evidentemente foram conduzidas pelos Espíritos, agindo sobre o pensamento dos encarnados, porque a missão de Martin era séria e devia realizar-se.

Dá-se o mesmo em todos os casos análogos. Além da questão de prudência, é evidente que, sem as dificuldades que existem de chegar até eles, os soberanos seriam assaltados por pretensos reveladores. Nestes últimos tempos, quantas pessoas se julgaram chamadas a semelhantes missões, que não eram senão o resultado de obsessões, em que o seu orgulho era posto em jogo, malgrado seu, e não podiam chegar senão a mistificações! A todos os que julgaram dever consultar-nos em semelhantes casos, sempre dissemos, demonstrando-lhes os sinais evidentes pelos quais se traem os Espíritos mentirosos: "Guardai-vos de qualquer manobra que infalivelmente vos levaria à confusão. Ficai certos de que se vossa missão for real, sereis postos em condições de realizá-la; que se tiverdes de vos encontrar, num dado momento, num certo lugar, aí sereis conduzido, malgrado vosso, por circunstâncias que terão a aparência de um efeito do acaso. Além disto, tende a certeza que quando uma coisa está nos desígnios de Deus, é forçoso que ela se realize, e que ele não subordina a sua realização à boa ou má vontade dos homens. Desconfiai das missões anunciadas e pregadas por antecipação, porque não passam de engodos para o orgulho; as missões se revelam por fatos. Desconfiai também das predições com dia e hora certa, porque elas jamais procedem de Espíritos sérios." Temos sido bastante felizes ao deter mais de uma, nas quais os acontecimentos puderam provar a prudência destes conselhos.

Como se vê, há mais de uma similitude entre estes fatos e os de Joana d'Arc, não que haja qualquer comparação a estabelecer quanto à importância dos resultados obtidos, mas quanto à causa do fenômeno, que é exatamente a mesma e, até um certo ponto, quanto ao objetivo. Como Joana d'Arc, Martin foi advertido por um ser do mundo espiritual para ir falar ao rei para salvar a França de um perigo e, também como ela, não foi sem dificuldade que chegou até ele. Contudo, há entre as duas manifestações a diferença que Joana d'Arc apenas ouvia a voz que a aconselhava, ao passo que Martin via constantemente o indivíduo que lhe falava, não em sonho ou em sonho extático, mas sob a aparência de um ser vivo, como seria um agênere.

Mas, de outro ponto de vista, os fatos acontecidos a Martin, embora menos retumbantes, não tiveram menor alcance como prova da existência do mundo espiritual e de suas relações com o mundo corporal e porque, sendo contemporâneos e de incontestável notoriedade, não podem ser postos no rol das histórias lendárias. Por sua repercussão, eles serviriam de balizas ao Espiritismo que devia, poucos anos depois, confirmar a sua possibilidade por uma explicação racional e pela lei em virtude da qual se produzem, e fazê-los passar do domínio do maravilhoso para o dos fenômenos naturais. Graças ao Espiritismo, não há uma só das fases que as revelações de Martin apresentaram das quais não possamos dar conta perfeitamente.

Martin era um médium inconsciente, dotado de uma aptidão de que se serviram os Espíritos, como de um instrumento, para chegar a um resultado determinado, e esse resultado estava longe de estar inteiro na revelação feita a Luís XVIII. O Espírito que se manifestou a Martin o caracteriza perfeitamente, dizendo: "Eu me sirvo de você para abater o orgulho e a incredulidade." Esta missão é a de todos os médiuns destinados a provar, por fatos de todos os gêneros, a existência do mundo espiritual e de uma força superior à Humanidade, porque tal é o objetivo providencial das manifestações. Acrescentaremos que o próprio rei foi um instrumento nesta circunstância. Era preciso uma posição tão elevada quanto a sua, a própria dificuldade de a ele chegar, para que o caso tivesse repercussão e à autoridade de uma coisa oficial. As minuciosas investigações a que Martin foi submetido só podiam aumentar a autenticidade dos fatos, porque não tomariam todas estas precauções para um simples particular; a coisa teria passado quase despercebida, ao passo que ainda hoje dela nos recordamos e ela fornece uma prova autêntica em apoio aos fenômenos espíritas.

O PRÍNCIPE DE HOHENLOHE, MÉDIUM CURADOR

A mediunidade curadora está na ordem do dia, e tudo quanto se liga a esta questão oferece um interesse de atualidade. Transcrevemos da *Vérité* de Lyon, de 21 de outubro de 1866, o artigo seguinte sobre as curas do Príncipe Hohenlohe, que nessa oportunidade fizeram grande sensação. Esta notícia faz parte de uma série de artigos muito instrutivos sobre médiuns curadores.

A este respeito sentimo-nos feliz por constatar que a *Vérité*, que está em seu quarto ano, prossegue com sucesso o curso de suas sábias e interessantes publicações, que lançam luz sobre a história do Espiritismo e no-lo mostram em toda parte, na Antiguidade como nos tempos modernos. Se, sobre certos pontos, não compartilhamos todas as opiniões de seu principal redator, o Sr. A. P..., não deixamos de reconhecer que, por suas laboriosas pesquisas, ele presta à causa um serviço real, que todos os espíritas sérios apreciam.

Com efeito, provar que a Doutrina Espírita atual não é senão a síntese de crenças universalmente espalhadas, partilhadas por homens cuja palavra tem autoridade e que foram nossos primeiros mestres em filosofia, é mostrar que ela não se assenta sobre a base frágil da opinião de um só. Que desejam os espíritas senão encontrar o maior número possível de aderentes às suas crenças? Deve ser para eles uma satisfação, e ao mesmo tempo que uma consagração de suas ideias, encontrá-las mesmo antes deles. Jamais compreendemos que homens de bom senso tenham podido concluir contra o Espiritismo moderno que ele não é o primeiro inventor dos princípios que proclama, ao passo que aí está precisamente o que constitui uma parte de sua força e deve credenciá-lo. Negar a sua ancianidade para o denegrir, é mostrar-se soberanamente ilógico e muito desajeitado, porquanto ele jamais se atribuiu o mérito da primeira descoberta. É, pois, equivocar-se fragorosamente sobre os sentimentos que animam os espíritas, atribuir-lhes ideias tão estreitas e a tola pretensão de pensar em molestá-los objetando-lhes que o que professam era conhecido antes deles, quando eles são os primeiros a encarar o passado para aí descobrir os traços da ancianidade de suas crenças, que eles fazem remontar às primeiras idades do mundo, porque elas são fundadas nas leis da Natureza, que são eternas.

Nenhuma grande verdade saiu em todas os detalhes do cérebro de um indivíduo. Todas, sem exceção, tiveram precursores que as pressentiram ou as entreviram em algumas partes. O Espiritismo tem a honra, pois, de contar os seus por milhares, e entre os homens mais justamente considerados. Pô-los à luz é mostrar o número infinito de pontos pelos quais ele se liga à história da Humanidade.

Mas em parte alguma encontra-se o Espiritismo completo: sua coordenação em corpo de doutrina, com todas as suas consequências e suas aplicações, sua correlação com as ciências positivas, é uma obra essencialmente moderna, mas por toda parte encontram-se os seus elementos esparsos, misturados a crenças supersticiosas de que foi preciso fazer a triagem. Se reunissem as ideias que se acham disseminadas na maioria dos filósofos antigos e modernos, nos escritores sacros e profanos, os fatos inumeráveis e infinitamente variados produzidos em todas as épocas, e que atestam as relações do mundo visível com o mundo invisível, chegar-se-ia a constituir o Espiritismo tal qual é hoje: é o argumento invocado contra ele por certos detratores. Foi assim que ele procedeu? Ele é uma compilação de ideias antigas rejuvenescidas pela forma?

Não, ele saiu inteirinho de observações recentes, mas longe de se julgar diminuído pelo que foi dito e observado antes dele, sente-se fortalecido e engrandecido.

Uma história do Espiritismo antes da época atual ainda está por fazer. Um trabalho dessa natureza, feito conscienciosamente, escrito com precisão, clareza, *sem alongamentos supérfluos e fastidiosos* que tornariam a leitura penosa, seria uma obra eminentemente útil, um documento precioso a consultar. Seria antes uma obra de paciência e de erudição do que uma obra literária, e que consistiria principalmente na citação das passagens dos diversos escritores que emitiram pensamentos, doutrinas ou teorias que se acham no Espiritismo de hoje. Quem fizer tal trabalho conscientemente terá muito merecido da doutrina.

Voltemos ao nosso assunto, do qual nos desviamos um pouco, sem o querer, mas talvez não sem utilidade.

O Espiritismo moderno não descobriu nem inventou a mediunidade curadora e os médiuns curadores, como também não descobriu nem inventou outros fenômenos espíritas. Considerando-se que a mediunidade curadora é uma faculdade natural subordinada a uma lei, como todos os fenômenos da Natureza, ela deve ter-se produzido em diversas épocas, como o constata a História, mas estava reservado ao nosso tempo, com o auxílio das novas luzes que possuímos, dar-lhe uma explicação racional e fazê-la sair do domínio do maravilhoso. O príncipe de Hohenlohe nos oferece um exemplo tanto mais notável por tratar-se de fatos que se passaram antes que se cogitasse do Espiritismo e dos médiuns. Eis o resumo dado pelo jornal *la Vérité:*

"No ano de 1829 veio a Wurtzbourg, cidade considerável da Baviera, um santo sacerdote, o príncipe de Hohenlohe. Enfermos e doentes iam pedir-lhe para obter do céu a sua cura, o socorro de suas preces. Ele invocava sobre aqueles as graças divinas, e em breve se viu um grande número desses infortunados, curados de repente. O rumor dessas maravilhas repercutiu longe. A Alemanha, a França, a Suíça, a Itália, uma grande parte da Europa tiveram notícia. Numerosos escritos foram publicados, que perpetuarão sua lembrança. Entre os testemunhos autênticos e dignos de fé, que certificam a realidade dos fatos, basta aqui transcrever alguns cujo conjunto constitui uma prova convincente.

"Para começar, eis um resumo do que a respeito escreveu o Sr. Scharold, conselheiro de legação em Wurtzbourg e testemunha de grande parte das coisas que relata.

"Há dois anos, uma princesa de dezessete anos, Mathilde de Schwartzemberg, filha do príncipe deste nome, se achava na casa de saúde do Sr. Haine, em Wurtzbourg. Era-lhe absolutamente impossível andar. Em vão os médicos mais famosos da França, da Itália e da Áustria tinham esgotado todos os recursos de sua arte para curar a princesa dessa enfermidade. Somente o Sr. Haine, que obteve ajuda das luzes e da experiência do célebre médico Sr. Textor, tinha conseguido, à força de cuidados prodigalizados à doente, pô-la em condições de manter-se de pé; e ela, fazendo esforços, tinha conseguido executar alguns movimentos como para andar, mas sem andar realmente. Pois bem! A 20 de junho de 1821 ela deixou o leito de repente, e andou muito livremente.

"Eis como a coisa se passou. De manhã, pelas dez horas, o príncipe Hohenlohe foi visitar a princesa, que mora na casa do Sr. Reinach, deão do capítulo. Quando entrou em seu apartamento perguntou-lhe, como em conversa, em presença de sua governanta, se tinha fé firme que Jesus Cristo poderia curá-la de sua doença. À sua resposta de que estava intimamente persuadida, o príncipe disse à piedosa doente que orasse do fundo do coração e pusesse sua confiança em Deus.

"Quando ela parou de orar, o príncipe lhe deu sua bênção e disse: 'Vamos, princesa, levantai-vos; agora estais curada e podeis andar sem dores...' Todas as pessoas da casa foram chamadas imediatamente. Não sabiam como exprimir seu espanto por uma cura tão pronta e tão incompreensível. Todos caíram de joelhos na mais viva emoção e cantaram louvores ao Todo-Poderoso. Felicitaram a princesa por sua felicidade e juntaram suas lágrimas às que a alegria fazia correr de seus olhos.

"Esta notícia, espalhando-se pela cidade, provocou admiração. Corriam em multidão para se assegurarem do acontecimento pelos próprios olhos. A 21 de junho, a princesa já se havia mostrado em público. Impossível descrever o deslumbramento que ela experimentou, vendo-se fora do leito de cruéis sofrimentos.

"A 25, o príncipe de Hohenlohe deu outro exemplo notável da graça que possui. A esposa de um ferreiro da rua Semmels não podia mais ouvir nem mesmo as batidas da marreta de sua forja. Ela foi encontrar o príncipe no pátio do presbitério Hung e pediu-lhe socorro. Enquanto estava de joelhos, ele lhe impôs as mãos sobre a cabeça, e tendo orado algum tempo, com os olhos erguidos para o céu, tomou-a pela mão e a ergueu. Qual não foi o espanto dos espectadores quando essa mulher, levantando-se, disse que ouvia soar o relógio da igreja! Voltando para casa, não deixava de contar a todos que a interrogavam o que acabara de acontecer.

"A 26, uma pessoa ilustre (o príncipe real da Baviera), foi curado imediatamente de uma moléstia que, segundo as regras da medicina, exigia muito tempo e daria muito sofrimento. Esta notícia causou viva alegria nos corações dos habitantes de Wurtzbourg.

"O príncipe de Hohenlohe também teve êxito na cura de uma doente que duas vezes tinha tentado curar, mas que, a cada vez, apenas tinha obtido um ligeiro alívio. Esta cura foi operada na cunhada do Sr. Broili, negociante. Há muito tempo ela era afligida por uma paralisia muito dolorosa. A casa vibrou, em gritos de alegria.

"No mesmo dia foi devolvida a visão à viúva Balzano, que há muitos anos estava completamente cega. Convenci-me por mim mesmo deste fato.

"Logo depois de ter saído do espetáculo dessa cena tocante, fui testemunha de outra cura, operada na casa do Sr. General D... Uma jovem senhora tinha a mão direita de tal modo estropiada, que não podia usá-la nem estendê-la. Ela imediatamente deu prova de sua perfeita cura, levantando com aquela mão uma cadeira muito pesada.

"No mesmo dia, um paralítico cujo braço esquerdo estava completamente anquilosado foi curado completamente. Uma cura de dois outros paralíticos se fez logo depois. Ela também foi completa e ainda mais rápida.

"A 28, eu mesmo vi com que prontidão e solidez o príncipe Hohenlohe curou crianças. Tinham-lhe trazido um menino do campo, que só andava com muletas. Poucos minutos depois, esse menino, transbordando de alegria, corria pela rua sem as muletas. Nesse meio tempo, um menino mudo, que apenas soltava alguns sons inarticulados, foi trazido ao príncipe. Alguns minutos depois, começou a falar. Pouco depois, uma pobre mulher trouxe sua filhinha às costas, com ambas as pernas estropiadas. Pô-la aos pés do príncipe. Um momento depois ele entregou a menina à sua mãe, que então viu a filha correr e pular de alegria.

"A 29, uma mulher de Neustadt, paralítica e cega, lhe foi trazida numa charrete. Estava cega há vinte e cinco anos. Pelas três horas da tarde apresentou-se no castelo de nossa cidade, para implorar o socorro do príncipe de Hohenlohe, no momento em que ele entrava no vestíbulo, que tem a forma de grande tenda. Caindo aos pés do príncipe, ela suplicava, em nome de Jesus Cristo, que lhe prestasse socorro. O príncipe orou por ela, deu-lhe sua bênção e lhe perguntou se acreditava firmemente que em nome de Jesus ela poderia recuperar a vista. Como respondeu que sim, mandou que se erguesse. Ela se retirou. Mas, logo que se afastou alguns passos, de repente seus olhos se abriram. Ela viu, e deu todas as provas que lhe pediram da faculdade que acabara de recuperar. Todas as testemunhas desta cura, entre as quais grande número de senhores da corte, ficaram deslumbrados de admiração.

"A cura de uma mulher do hospital civil, que haviam trazido ao príncipe, não é menos admirável. Essa mulher, chamada Elisabeth Laner, filha de um sapateiro, tinha a língua tão vivamente afetada que por vezes passava quinze dias sem poder articular uma sílaba. Suas faculdades mentais tinham sofrido muito. Quase tinha perdido o uso dos membros, de sorte que ficava no leito como uma massa. Pois bem! Essa pobre mulher foi hoje ao hospital sem ajuda de ninguém. Ela goza de todos os sentidos, como há doze anos, e sua língua soltou-se tão bem que ninguém no hospício fala com tanta volubilidade quanto ela.

"No dia 30, depois do meio-dia, o príncipe deu um exemplo extraordinário de cura. Uma charrete, em volta da qual estavam reunidos milhares de espectadores, tinha vindo de Musmerstadt. Nela estava um pobre estudante aleijado dos braços e das pernas, atrofiados de maneira horrível.

"O príncipe, que ouviu a súplica desse infeliz para aliviá-lo, veio até a charrete. Orou cerca de cinco minutos com as mãos postas e erguidas para o céu, falou várias vezes ao estudante e enfim lhe disse: 'Levantai-vos, em nome de Jesus Cristo.' O estudante efetivamente levantou-se, mas com sofrimentos que não pôde disfarçar. O príncipe lhe disse que não perdesse a confiança. O infortunado, que alguns minutos antes não podia mover braços nem pernas, pôs-se de pé e perfeitamente livre em cima da charrete. Depois, erguendo os olhos para o céu, com a mais terna expressão de reconhecimento, exclamou: 'Ó Deus! Vós me socorrestes!' Os espectadores não puderam conter as lágrimas.

"As curas miraculosas operadas em Wurtzbourg pelo príncipe de Hohenlohe poderiam fornecer assunto para mais de cem quadros de ex-voto."

Notar-se-á a analogia chocante que existe entre estes fatos de curas e os de que somos testemunhas. O Sr. de Hohenlohe se achava nas melhores condições para o desenvolvimento de sua faculdade, e assim a conservou até o fim. Como nessa época não se lhe conhecia a verdadeira origem, era considerada como um dom sobrenatural, e o Sr. de Hohenlohe como operador de milagres. Mas por que é ela vista por centenas de pessoas, numas como um dom do céu e noutras como obra satânica? Não conhecemos nenhum médium curador que tenha dito que recebeu seu poder do diabo: todos, sem exceção, só operam invocando o nome de Deus, e declaram nada poder fazer sem a sua vontade. Mesmo aqueles que ignoram o Espiritismo e agem por intuição recomendam a prece, na qual reconhecem um poderoso auxiliar. Se agissem pelo demônio, cometeriam a ingratidão de o renegar, e o demônio não é tão modesto nem tão desinteressado para deixar àquele que procura combater o mérito do bem que faz, porquanto isto seria perder seus auxiliares em vez de recrutá-los. Alguém já viu um negociante gabar aos seus fregueses a mercadoria do seu vizinho em detrimento da sua e os aconselhar a ir a ele? Na verdade, há razão para rir do diabo, porque dele se faz um ser muito tolo e estúpido.

A comunicação seguinte foi dada pelo príncipe de Hohenlohe na Sociedade de Paris.

(Sociedade de Paris, 26 de outubro de 1866
Médium: Sr. Desliens).

Senhores, venho entre vós com imenso prazer, pois minhas palavras podem tornar-se para todos um útil assunto de instrução.

Fraco instrumento da Providência, pude contribuir para fazer glorificar o seu nome e venho de boa vontade entre aqueles que têm por objetivo principal conduzir-se segundo as suas leis, e avançar tanto quanto lhes for possível no caminho da perfeição. Vossos esforços são louváveis e eu me considerarei muito honrado em assistir a alguns de vossos trabalhos. Vamos, então, desde já, às manifestações que provocaram a minha presença entre vós.

Como dissestes, e com razão, a faculdade de que eu era dotado era simples resultado da mediunidade. Eu era instrumento; os Espíritos agiam e, se algo eu pude, não foi certamente senão por meu grande desejo de fazer o bem e pela convicção íntima que a Deus tudo é possível. Eu cria!... e as curas que obtinha vinham incessantemente aumentar a minha fé.

Como todas as faculdades mediúnicas que hoje concorrem para a vulgarização do ensino espírita, a mediunidade curadora foi exercida em todos os tempos e por indivíduos pertencentes às diversas religiões.

– Deus semeia por toda parte os seus mais adiantados servos, para deles fazer balizas de progresso, entre aqueles que estão mais afastados da virtude e, direi mesmo, sobretudo entre eles... Como um bom pai que ama igualmente a todos os seus filhos, sua solicitude se espalha sobre todos, mas mais particularmente sobre os que mais necessitam de apoio para avançar.

– É assim que não é raro encontrar homens dotados de faculdades extraordinárias para a multidão, entre os simples. E, por esta palavra, eu entendo aqueles cuja pureza de sentimentos não foi manchada pelo orgulho e pelo egoísmo. É verdade que a faculdade pode igualmente existir em pessoas indignas, mas *ela não é, nem poderia ser, senão passageira*. É um meio enérgico de lhes abrir os olhos: tanto pior para eles se teimam em conservá-los fechados.

Eles reentrarão na obscuridade de onde saíram, com a confusão e o ridículo por cortejo, se Deus não punir, desde esta vida, seu orgulho e sua obstinação em desconhecer a sua voz.

Seja qual for a crença íntima de um indivíduo, se suas intenções forem puras e se ele estiver inteiramente convencido da realidade daquilo em que crê, ele poderá, em nome de Deus, operar grandes coisas. A fé transporta montanhas: dá a visão aos cegos e o entendimento espiritual àqueles que antes erraram nas trevas da rotina e do erro.

Quanto à melhor maneira de exercer a faculdade de médium curador, há apenas uma: *É manter-se modesto e puro* e imputar a Deus e às potências que dirigem a faculdade, tudo o que se realiza.

Os que perdem os instrumentos da Providência, é que não se julgam simples instrumentos; eles querem que seus méritos sejam em parte a causa da escolha de sua pessoa; o orgulho os embriaga e o precipício se escancara sob seus passos.

Educado na religião católica, penetrado da santidade de suas máximas, tendo fé em seu ensino, como todos os meus contemporâneos, eu considerava como milagres as manifestações de que era objeto. Hoje sei que é coisa inteiramente natural e que pode e deve acomodar-se com a imutabilidade das leis do Criador, para que sua grandeza e sua justiça permaneçam intactas.

Deus não poderia fazer milagres!... porque *seria dar a presumir que a verdade não é bastante forte para afirmar-se por si mesma,* e, por outro lado, não seria lógico demonstrar a eterna harmonia das leis da Natureza, perturbando-as com fatos em desacordo com a sua essência.

Quanto a adquirir a faculdade de médium curador, não há método para isso, pois todo mundo pode, em certa medida, adquirir essa faculdade, e agindo em nome de Deus, cada um fará suas curas. Os privilegiados aumentarão em número, à medida que a doutrina se vulgarizar, e é muito simples, pois que haverá mais indivíduos animados de sentimentos puros e desinteressados.

PRÍNCIPE HOHENLOHE

VARIEDADES

SENHORITA DUMESNIL, JOVEM ATRAENTE

Vários jornais falaram de uma jovem dotada da singular faculdade de atrair a si os móveis e outros objetos que estejam a uma certa distância, e de erguer, pelo simples contato, uma cadeira na qual esteja sentada uma pessoa. O *Petit Journal* de 4 de novembro trazia, sobre o caso, o artigo seguinte:

"A pega branca de Dinan não é mais surpreendente, como fenômeno, do que a senhorita magnética indicada na correspondência seguinte.

"Senhor,

"Venho assinalar-vos um fato que poderia apresentar muito interesse aos vossos leitores. Se quiserdes ter o trabalho de verificá-lo, nele encontrareis amplo material para numerosos artigos.

"Uma jovem, a senhorita Dumesnil, de treze anos, possui um fluido de uma força atrativa extraordinária, que faz virem a ela todos os objetos *de madeira* que a cercam. Assim, as cadeiras, as mesas e tudo quanto é de madeira se dirige instantaneamente para ela. Esta faculdade se revelou nela há cerca de três semanas. Até o presente este fenômeno extraordinário e ainda não explicado só se manifestou às pessoas do círculo da moça, os vizinhos etc., que constataram o fato há poucos dias. A faculdade surpreendente da senhorita espalhou-se, e disseram-me que ela está em vias de tratar com um empresário que se propõe exibir publicamente o fenômeno.

"Ontem ela foi à casa de um grande personagem a quem a indicaram; a publicidade não tardará em apoderar-se de tal acontecimento, e eu me apresso em vos prevenir, para que tenhais a primazia.

"Esta jovem dedica-se ao trabalho de polidora e mora com seus pais, que são gente pobre.

"Na esperança de que nos explicareis este mistério inexplicável, peço-vos recebais minhas saudações muito sinceras."

BRUNET
Empregado na Casa Christofle, Rua de Bondy, 56.

"Não sei mais do que vós, meu caro correspondente, em assunto de ciência magnética, e olho como simples curiosidade vossa encantadora do carvalho, da faia e do acaju, a quem aconselho, neste inverno, não queimar na lareira... senão carvão..."

Eis um fenômeno certamente estranho, muito digno de atenção, e que deve ter uma causa. Se for constatado que não se trata de nenhum subterfúgio, o que é fácil constatar, e se as leis conhecidas são impotentes para explicá-lo, é evidente que ele revela a existência de uma nova força. Ora, a descoberta de um princípio novo pode ser fecunda em resultados. O que é pelo menos tão surpreendente quanto este fenômeno é ver homens inteligentes não terem por semelhantes fatos senão uma desdenhosa indiferença e piadas de mau gosto. Entretanto, não se trata nem de Espíritos nem de Espiritismo. Que convicção esperar de pessoas que não têm nenhuma, que não a buscam e não a desejam? Que estudo sério é possível esperar disto? Esforçar-se por convencê-los não é perder tempo, usar inutilmente forças que poderiam ser mais bem empregadas com os homens de boa vontade, que não faltam? Temos dito sempre: Com as pessoas que têm ideias preconcebidas, que não querem ver nem ouvir, o que há de melhor a fazer é deixá-las tranquilas e lhes provar que não precisamos delas. Se alguma coisa deve triunfar de sua incredulidade, os Espíritos saberão bem encontrá-la e empregá-la quando chegar o momento.

Para voltar ao caso da moça, seus pais, que estão numa posição precária, vendo a sensação que ela produzia e o concurso de pessoas notáveis que ela atraía, sem dúvida imaginaram que para eles havia uma fonte de fortuna. Não nos cabe criticá-los, porque, ignorando até mesmo o nome do Espiritismo e dos médiuns, eles não podiam compreender as consequências de uma exploração desse gênero. Sua filha era para eles um fenômeno; resolveram, pois, instalá-la nos bulevares, entre os outros fenômenos. Fizeram melhor; instalaram-na no Grand--Hotel, lugar mais conveniente para a aristocracia produtiva. Mas, ah! Os sonhos dourados logo se desvaneceram. Os fenômenos não se produziam mais senão em raros momentos e de maneira tão irregular que foi preciso abandonar quase que imediatamente a esplêndida instalação e voltar ao atelier. Exibir uma faculdade tão caprichosa que falha justamente no momento em que os espectadores que pagaram suas entradas estão reunidos e esperam que lha deem por seu dinheiro! Como fenômeno, mais vale, para especulação, ter um menino com duas cabeças, porque pelo menos ele sempre ali está. Que fazer se eles não têm cordões para substituir os atores invisíveis? A atitude mais honrosa é retirar-se. Contudo, parece, conforme uma carta publicada num jornal, que a menina não perdeu inteiramente o seu poder, mas ele está sujeito a tais intermitências que se torna difícil captar o momento favorável.

Um de nossos amigos, espírita esclarecido e profundo observador, pôde testemunhar o fenômeno e ficou mediocremente satisfeito com o resultado. Disse-nos ele: "Creio na sinceridade dessas pessoas, mas para os incrédulos o efeito não se produz, neste momento, em condições a desafiar suspeitas. Sabendo que a coisa é possível, não nego; constato minhas impressões. Como apanhei supostos médiuns de efeitos físicos em flagrante delito de fraude, dei-me conta das manobras pelas quais certos efeitos podem ser simulados, enganando as pessoas que não conhecem as condições dos efeitos reais, de sorte que não afirmo senão com conhecimento de causa, não confiando em meus olhos. No próprio interesse do Espiritismo, meu primeiro cuidado é examinar se a fraude é possível, com auxílio de habilidade, ou se o efeito pode ser devido a uma causa material vulgar. Ademais, lá é proibido ser espírita, agir pelos Espíritos e até neles acreditar."

Vale observar que desde a desventura dos irmãos Davenport, todos os exibidores de fenômenos extraordinários rejeitam qualquer participação dos Espíritos em seus negócios, e fazem bem, porque o Espiritismo só tem a ganhar em não ser envolvido nessas exibições. É um serviço a mais, prestado por esses senhores, porque não é por tais meios que o Espiritismo recrutará prosélitos.

Uma outra observação é que toda vez que se trata de alguma manifestação espontânea ou de um fenômeno qualquer atribuído a uma causa oculta, eles geralmente contratam como peritos certas pessoas, às vezes sábios, que não sabem o a-bê-cê do que devem observar e que vêm com uma ideia preconcebida de negação. A quem encarregam de decidir se há ou não intervenção dos Espíritos ou uma causa espiritual? Precisamente aos que negam a espiritualidade, que não creem nos Espíritos e não querem que eles existam. Tem-se certeza prévia de sua resposta. Eles evitam ouvir o conselho de quem quer que seja apenas suspeito de acreditar no Espiritismo, porque, em primeiro lugar, seria dar crédito à coisa, e em segundo lugar, eles temeriam uma solução contrária ao que eles querem. Eles não se dão conta que só um espírita *esclarecido* é apto a julgar as circunstâncias em que os fenômenos espíritas podem produzir-se, como só um químico é apto a conhecer a composição de um corpo, e que, a este respeito, os espíritas são mais *cépticos* do que muita gente; que longe de acreditar, por complacência, num fenômeno apócrifo, eles têm o maior interesse em o assinalar como tal e desmascarar a fraude.

Contudo, disto ressalta uma instrução: a própria irregularidade dos fatos é uma prova de sinceridade; se eles fossem o resultado de qualquer meio artificial, produzir-se-iam na hora desejada. É a reflexão que leva um jornalista convidado a ir ao Grand-Hotel. Havia naquele dia alguns convidados notáveis e, a despeito de duas horas de espera, a moça não conseguiu o menor efeito. "A pobre menina," disse o jornalista, "estava desolada, e seu rosto traía a inquietude." "Tranquilize-se," disse-lhe ele, "não só este insucesso não me desencoraja, mas me leva a crer que o seu relato é sincero. Se houvesse algum charlatanismo ou truque de sua parte, o seu golpe não teria falhado. Eu voltarei amanhã." Com efeito, voltou cinco vezes seguidas, sem mais resultados. Na sexta vez ela tinha deixado o hotel. "De onde concluo", acrescenta o jornalista, "que a pobre senhorita Dumesnil, depois de haver construído belos castelos à custa de suas virtudes eletromagnéticas, teve que retomar seu lugar nos ateliers de polimento do Sr. Ruolz."

Tendo sido constatados os fatos, é certo que havia nela uma disposição orgânica especial que se prestava a esse gênero de fenômenos; mas, de lado qualquer subterfúgio, é certo que se sua faculdade dependesse *só do seu organismo,* ela a teria à sua disposição, como se dá com um peixe-elétrico. Considerando-se que sua vontade, seu mais ardente desejo, era impotente para produzir o fenômeno, havia, então, no fato uma causa que lhe era estranha. Qual é esta causa? Evidentemente a que rege todos os fenômenos mediúnicos: o concurso dos Espíritos, sem o qual os médiuns mais bem-dotados nada obtêm. A senhorita Dumesnil é um exemplo de que eles não estão às ordens de ninguém. Por mais efêmera que tenha sido a sua faculdade, ela fez mais para a convicção de certas pessoas do que se tivesse produzido em dias e horas fixas, ao seu comando, diante do público, como nos golpes de prestidigitação.

É verdade que nada atesta de maneira ostensiva a intervenção dos Espíritos nesta circunstância, porque não há efeitos inteligentes, a não ser a impotência da moça de agir à sua vontade. A faculdade, como em todos os efeitos mediúnicos, é inerente a ela; o exercício da faculdade pode depender de uma vontade estranha. Mas, mesmo admitindo que aí não haja Espíritos, não deixa de ser um fenômeno destinado a chamar a atenção para as forças fluídicas que regem o nosso organismo, e que tanta gente se obstina em negar.

Se essa força fosse aqui puramente elétrica, denotaria, contudo, uma importante modificação na eletricidade, porquanto ela age sobre a madeira, com exclusão dos metais. Só isto valeria muito a pena ser estudado.

O QUE DIZ A IMPRENSA SOBRE O ESPIRITISMO

Por mais que digam e façam, as ideias espíritas estão no ar; vêm à luz de qualquer maneira, na forma de romances ou de pensamentos filosóficos, e a imprensa as acolhe desde que não seja pronunciado o nome Espiritismo. Não poderíamos citar todos os pensamentos que ela registra diariamente, assim fazendo Espiritismo sem saber. Que importa o nome, se a coisa aí está? Um dia esses senhores ficarão muito admirados de haver feito Espiritismo, como o Sr. Jourdain ficou por ter falado em prosa. Muita gente anda ao lado do Espiritismo sem o suspeitar; estão na fronteira, quando se julgam bem longe. Com exceção dos materialistas puros, que certamente são minoria, podemos dizer que as ideias da filosofia espírita correm o mundo; o que muitos ainda repelem são as manifestações mediúnicas, uns por sistema, outros porque, tendo observado mal, sofreram decepções; mas como as manifestações são fatos, mais cedo ou mais tarde terão que aceitá-las. Eles se negam a ser espíritas unicamente pela ideia falsa que ligam a essa palavra. Que aqueles que aí não chegam pela porta larga, aí cheguem pela lateral, o resultado é o mesmo; hoje o impulso está dado e o movimento não pode ser detido.

Por outro lado, como é anunciado, uma porção de fenômenos se produzem, que parecem afastar-se das leis comuns e atordoam a Ciência, na qual em vão buscam a sua explicação; passá-los em silêncio, quando têm certa notoriedade, seria difícil. Ora, esses fenômenos, que se apresentam sob os mais variados aspectos, à força de se multiplicarem, acabam despertando a atenção e pouco a pouco familiarizam com a ideia de uma força espiritual fora das forças materiais. É sempre um meio de chegar ao objetivo. Os Espíritos batem de todos os lados e de mil maneiras diferentes, de sorte que os golpes sempre alcançam uns ou outros.

Entre os pensamentos espíritas que encontramos em diversos jornais, citaremos os seguintes:

No discurso pronunciado a 11 de novembro último pelo Sr. Eichthal, um dos redatores do *Temps,* no túmulo do Sr. Charles Duveyrier, assim se exprime o orador:

"Duveyrier morreu numa calma profunda, cheio de confiança em Deus e de fé na eternidade da vida, orgulhoso de seus longos anos consagrados à elaboração e ao desenvolvimento de uma crença que deve resgatar todos os homens da miséria, da desordem e da ignorância, certo de haver pago a sua dívida, de ter dado à geração que o segue mais do que tinha recebido da que o precedeu. Parou como um valente operário, acabada a sua tarefa, deixando a outros o trabalho de continuá-la.

"Se seus despojos mortais não atravessaram os templos consagrados para chegar ao campo de repouso, não foi por um injusto desdém contra as crenças imortais, mas é que nenhuma das fórmulas que tivessem sido pronunciadas sobre seus despojos teriam dado a ideia que ele fazia da vida futura. Duveyrier não desejava, não acreditava ir para o Céu gozar de uma beatitude pessoal sem fim, enquanto a maioria dos homens ficaria condenada a sofrimentos sem esperança. Cheio de Deus e vivendo em Deus, mas ligado à Humanidade, é no seio da Humanidade que ele esperava reviver para concorrer eternamente nessa obra de progresso que a aproxima incessantemente do ideal divino." – (*O Temps,* 14 de novembro de 1866).

O Sr. Duveyrier tinha feito parte da seita sansimonista. É a crença da qual falamos acima, a cujo desenvolvimento ele tinha consagrado vários anos de sua vida; mas as suas ideias sobre o futuro da alma, como se vê, aproximavam-se muito das que a Doutrina Espírita ensina. Contudo, não se deve inferir das palavras: "É no seio da Humanidade que ele esperava reviver" que ele acreditasse na reencarnação. Sobre este ponto ele não tinha qualquer ideia definida; entendia por isto que a alma, em vez de se perder no infinito, ou ser absorvida numa beatitude inútil, ficava na esfera da Humanidade, a cujo progresso concorria por sua influência. Mas esta ideia é precisamente o que também ensina o Espiritismo; é a do mundo invisível que nos rodeia. As almas vivem em meio a nós como vivemos em meio a elas. O Sr. Duveyrier era, pois, ao contrário da maioria de seus confrades da imprensa, não só profundamente espiritualista, mas três quartas partes espírita. O que lhe faltava para ser completamente espírita? Provavelmente ter sabido o que era o Espiritismo, porque lhe possuía as bases fundamentais: a crença em Deus, na individualidade da alma, na sua sobrevivência e na sua imortalidade, em sua presença no meio dos homens após a morte e em sua ação sobre eles. O que diz a mais o Espiritismo? Que essas mesmas almas revelam sua presença por uma ação direta, e que estamos incessantemente em comunicação com elas. Vem provar pelos fatos o que no Sr. Duveyrier e em muitos outros não estava senão no estado de teoria e de hipótese.

Concebe-se que aqueles que só acreditam na matéria tangível repilam tudo, mas é mais surpreendente ver espiritualistas rejeitando a prova do que constitui o fundo de sua crença. Aquele que assim relatava os pensamentos do Sr. Duveyrier sobre o futuro da alma, o Sr. Eichthal, seu amigo e seu correligionário em sansimonismo, que provavelmente partilhava até certo ponto das suas opiniões, não é menos adversário declarado do Espiritismo do que ele. Ele quase não suspeitava que o que dizia em louvor do Sr. Duveyrier não era nada mais nada menos que uma profissão de fé espírita.

As palavras seguintes, do Sr. Louis Jourdan, do *Siècle,* a seu filho, foram reproduzidas pelo *Petit Journal* de 3 de setembro de 1866.

"Eu te sinto vivo, de uma vida superior à minha, meu Prosper, e quando soar a minha última hora, eu me consolarei em deixar os que amamos juntos, pensando que vou encontrar-te e unir-me a ti. Sei que esta consolação não me virá sem esforços; sei que será preciso conquistá-la trabalhando corajosamente por meu próprio melhoramento, como pelo dos outros; farei pelo menos tudo quanto estiver ao meu alcance para merecer a recompensa que ambiciono: reencontrar-te. Tua lembrança é o farol que nos guia e o ponto de apoio que nos sustenta através das trevas que nos envolvem. Percebemos um ponto luminoso na direção do qual avançamos resolutamente; esse ponto é aquele onde vives, meu filho, em companhia de todos aqueles que amei aqui embaixo e que partiram antes de mim para sua vida nova."

Que de mais profundamente espírita do que estas suaves e tocantes palavras! O Sr. Louis Jourdan está ainda mais perto do Espiritismo que o Sr. Duveyrier, porque há muito tempo crê na pluralidade das existências terrenas, como se pôde ver pela citação que fizemos na *Revista* de dezembro de 1862. Ele aceita a filosofia espírita, mas não o fato das manifestações, que não repele absolutamente, mas sobre o qual não está suficientemente esclarecido. É, entretanto, um fenômeno bastante sério quanto às suas consequências, porque só ele pode explicar tantas coisas incompreensíveis que se passam aos nossos olhos, para merecer ser aprofundado por um observador como ele; porque se as relações entre o mundo visível e o mundo invisível existem, é toda uma revolução nas ideias, nas crenças, na filosofia; é a luz projetada sobre uma porção de questões obscuras; é o aniquilamento do materialismo; é, enfim, a sanção de suas mais caras esperanças em relação a seu filho. Que elementos os homens que se fazem campeões das ideias progressistas e emancipadoras colheriam na doutrina se soubessem tudo quanto ela encerra para o futuro! Não resta dúvida que surgirão aqueles que compreenderão o poder desta alavanca e saberão dela tirar proveito!

O *Événement* de 4 de novembro último relatava a seguinte anedota concernente ao célebre compositor Glück. Quando da primeira representação de *Ifigênia*, a 19 de abril de 1774, a que assistiam Luís XVI e a rainha Maria Antonieta, esta quis, em pessoa, coroar seu antigo professor de música. Depois da representação, chamado ao camarote do rei, Glück ficou de tal modo comovido que não pôde proferir uma palavra e apenas teve forças para agradecer à rainha com o olhar. Vendo Maria Antonieta, que naquela noite usava um colar de rubis, Glück inteiriçou-se:

— Grande Deus! exclamou ele, salvai a rainha! Salvai a rainha! Sangue! Sangue!

— Onde? perguntaram de todos os lados.

— Sangue! Sangue! No pescoço! gritou o músico.

Maria Antonieta estava trêmula.

— Depressa, um médico, disse ela, meu pobre Glück está enlouquecendo.

O músico tinha caído numa poltrona.

— Sangue! Sangue, murmurava ele... Salvai a arquiduquesa Maria... Salvai a rainha!

— O infeliz maestro toma o vosso colar por sangue, disse o rei a Maria Antonieta. Ele tem febre.

A rainha levou a mão ao pescoço, arrancou o colar e tomada de terror atirou-o longe. Levaram Glück desfalecido.

O autor do artigo termina assim:

Eis, caro leitor, a história que me contou na ópera o músico alemão, e que reli no dia seguinte numa biografia do imortal autor de *Alceste*. É verdadeira? É fantasia? Ignoro-o. Mas não seria possível que homens de gênio, cujo espírito elevado plana acima da Humanidade, tivessem, em certas horas de inspiração, *essa faculdade misteriosa que se chama a segunda vista? (Albert Wolff).*

O Sr. Albert Wolff arremessou mais de uma flecha no Espiritismo e nos espíritas, e eis que ele próprio admite a possibilidade da segunda vista, e mais do que isto, a previsão pela segunda vista. Provavelmente ele não se dá conta a que consequências conduz o reconhecimento de tal faculdade. Mais um que se acotovela com o Espiritismo sem se aperceber, sem talvez ousar confessá-lo, e que nem por isso deixa de atirar pedras contra ele. Se lhe dissessem que é espírita, ele daria pulos, indignado, exclamando: Eu! Crer nos irmãos Davenport! Porque, para a maioria desses senhores, o Espiritismo está todo inteiro no golpe das cordas. Lembramo-nos que um deles, a quem um correspondente censurava por falar do Espiritismo sem conhecê-lo, respondeu em seu jornal: "Enganai-vos. Eu estudei o Espiritismo na escola dos irmãos Davenport, e a prova é que isto me custou l5 francos." Cremos haver citado o fato nalguma parte da *Revista.* Que se lhes pode mais pedir? Eles não sabem mais do que isso.

O *Siècle* de 27 de agosto de 1866 citava as seguintes palavras da Sra. George Sand, a propósito da morte do Sr. Ferdinand Pajot:

"A morte do Sr. Ferdinand Pajot é um fato dos mais dolorosos e lamentáveis. Esse jovem, dotado de notável beleza e pertencente a excelente família, era, além disso, um homem de coração e de ideias generosas. Pudemos mesmo apreciá-lo, cada vez que invocamos a sua caridade para os pobres do nosso círculo. Dava largamente, mais largamente talvez do que o autorizavam os seus recursos, e dava com espontaneidade, com confiança, com alegria. Ele era sincero, independente, bom como um anjo. Casado há pouco com uma jovem encantadora, será lamentado como o merece. Depois desta cruel morte, devo dar-lhe uma terna e maternal bênção: ilusão, se quiserem, mas creio que entramos melhor na vida que se segue a esta quando aí chegamos escoltados pela estima e a afeição dos que acabamos de deixar."

A Sra. Sand é ainda mais explícita em seu livro *Mademoiselle de la Quintinie*. Na página 318 lê-se: "Senhor padre, quando quiserdes que demos um passo para a vossa igreja, começai por nos fazer ver um concílio reunido e decretando que o inferno das penas eternas é uma mentira e uma blasfêmia, e tereis o direito de exclamar: 'Vinde a nós vós todos que quereis conhecer Deus.'

Na página 320: "Pedir a Deus para extinguir nossos sentidos, para endurecer o nosso coração, para tornarmos odiosos os mais sagrados laços, é pedir-lhe que renegue e destrua a sua obra; é pedir que ele volte sobre seus passos, fazendo-nos voltar nós mesmos, fazendo-nos retrogradar para as existências inferiores, abaixo do animal, abaixo da planta, talvez abaixo do mineral."

Na página 323: "Entretanto, seja qual for a vossa sorte entre nós, vereis claro um dia além da tumba, e como não creio mais nos castigos sem fim, bem como nas provações sem fruto, anuncio-vos que nos encontraremos em qualquer parte onde nos entenderemos melhor e onde nos amaremos em vez de nos combatermos; mas, como vós, não creio na impunidade do mal e na eficácia do erro. Creio, pois, que expiareis o endurecimento do vosso coração por grandes dilacerações de coração numa outra existência."

Ao lado destes pensamentos eminentemente espíritas, aos quais só falta o nome que se obstinam em lhes recusar, por vezes se encontram outros, um pouco menos sérios, que lembram o belo tempo das troças mais ou menos espirituosas sob as quais pensavam que poderiam sufocar o Espiritismo. Pode-se julgar pelas amostras seguintes, que são como os foguetes perdidos do fogo de artifício.

O Sr. Ponson du Terrail, em seu *Dernier mot de Rocambole,* publicado em folhetim no *Figaro,* assim se exprime:

"Contudo os ingleses superariam os americanos em matéria de superstição. As mesas girantes, antes de fazer entre nós a felicidade de *cem mil imbecis,* passaram estações em Londres e aí receberam uma hospitalidade das mais corteses. Pouco a pouco o relato do coveiro tinha feito o giro de Hampstead, cidade célebre por seus jumentos e seus criadores, e os magnatas da região não tinham hesitado um só instante em decidir que a casa de campo, à noite, era assombrada por Espíritos."

O Sr. Ponson du Terrail, que outorga tão generosamente um diploma de imbecilidade a cem mil indivíduos, naturalmente julga ter mais espírito do que eles, mas não crê ter um espírito em si mesmo, sem o que é provável que não os enviasse ao país dos jumentos.

Sem dúvida ele perguntará: Que relação pode haver entre as mesas girantes e os sublimes pensamentos que citastes há pouco? Há, respondemos nós, a mesma relação que existe entre o vosso corpo, quando valsa, e o vosso espírito, que o faz valsar; entre a rã, que dançava no prato de Galvani e o telégrafo transatlântico; entre a maçã que cai e a lei da gravitação que rege o mundo. Se Galvani e Newton não tivessem meditado sobre esse fenômenos tão simples e tão vulgares, hoje não teríamos tudo o que a indústria, as artes e a Ciência deles tiraram. Se cem mil imbecis não tivessem buscado a causa que faz girar as mesas, ainda hoje ignoraríamos a existência e a natureza do mundo invisível que nos rodeia; não saberíamos de onde viemos antes de nascer e para onde iremos ao morrer.

Entre esse cem mil imbecis, muitos talvez acreditassem ainda em demônios cornudos, nas chamas eternas, na magia, nos feiticeiros e nos sortilégios. As mesas girantes são para os pensamentos sublimes sobre o futuro da alma o que o gérmen é para a árvore que dele saiu: são os rudimentos da ciência do homem.

Lia-se no *Écho d'Oran* de 24 de abril de 1866:

"Acaba de se passar em El-Afroun um fato que afetou penosamente a nossa população. Um dos mais antigos habitantes de nossa aldeia, o Sr. Pagès, acaba de morrer. Sabeis que ele estava imbuído das ideias – eu ia dizer das loucuras – do Sr. Allan Kardec e que fazia profissão do Espiritismo. Fora desta extravagância, era um perfeito cavalheiro, estimado por todos os que o conheciam. Assim, ficaram muito admirados ao saber que o senhor cura se havia recusado a enterrá-lo, sob o pretexto que o Espiritismo é contrário ao Cristianismo. Não está no Evangelho: 'Fazei o bem pelo mal', e se esse pobre Sr. Pagès é culpado por ter crido no Espiritismo, não é uma razão a mais para orar por ele?"

O Sr. Pagès, que conhecíamos por correspondência há muito tempo, escrevia-nos o seguinte:

"O Espiritismo fez de mim um outro homem. Antes de conhecê-lo eu era como muitos outros: não acreditava em nada, e contudo, sofria ao pensamento de que, morrendo, tudo está acabado para nós. Por vezes experimentava um profundo desencorajamento, e me perguntava para que serve fazer o bem. O Espiritismo me fez o efeito de uma cortina que se levanta para nos mostrar uma decoração magnífica. Hoje vejo claro; o futuro não é mais duvidoso e por isto estou muito feliz. Dizer-vos da felicidade que experimento me é impossível; parece que estou como um condenado à morte, a quem acabam de dizer que não morrerá e que vai deixar sua prisão para ir a um belo país, viver em liberdade. Não é esse efeito, caro senhor, que isto deve produzir? A coragem me voltou com a certeza de viver para sempre, porque compreendi que o que com isto adquirimos em bem não é pura perda; compreendi a utilidade de fazer o bem; compreendi a fraternidade e a solidariedade que ligam todos os homens. Sob o império deste pensamento me esforcei por melhorar-me. Sim, posso dizer sem vaidade, corrigi-me de muitos defeitos, embora me restem ainda muitos. Agora sinto que morrerei tranquilo, porque sei que não farei senão trocar uma roupa estragada por uma nova, com a qual me sentirei mais à vontade."

Eis, pois, um homem que, aos olhos de certas pessoas, era razoável, sensato, quando não acreditava em nada, e que é taxado de loucura pelo único fato de ter crido na imortalidade da alma pelo Espiritismo. E são essas mesmas pessoas, que não creem nem na alma nem na prece, que lhe atiraram pedras por suas crenças em vida e o perseguem com seus sarcasmos até depois de sua morte, e que invocam o *Evangelho* contra o ato de intolerância e a recusa de preces de que ele foi objeto, ele que só acreditou no Evangelho e na ação da prece graças ao Espiritismo!

SANTO AGOSTINHO ACUSADO DE CRETINISMO

Sob o título de *Cretinismo, a Vedette de Limbourg,* jornal de Tongres, na Bélgica de 1º de setembro de 1866, contém o artigo seguinte, reproduzido pela *Gazette de Huy*:

"Um livro dado como prêmio num pensionato de religiosas, caiu em nossas mãos. Abrimo-lo e o acaso nos fez ler, entre outras curiosas passagens, a seguinte, que nos parece muito digna de ser posta aos olhos do leitor. Trata do papel desempenhado pelos anjos. Quem quer que o percorra certamente não deixará de perguntar como é possível que uma obra contendo semelhantes absurdos possa achar um editor! Em nossa opinião, quem imprime semelhantes asneiras é tão culpado quanto aquele que as escreve. Sim, não temos afirmá-lo, autor e impressor devem ser diplomados mestres em cretinismo por ousarem lançar semelhantes desafios à razão, à Ciência, que dizemos! ao mais vulgar bom senso. Eis a passagem de que se trata:

"Segundo Santo Agostinho, o mundo visível é governado por criaturas invisíveis, por puros Espíritos e há anjos que presidem cada coisa visível, todas as espécies de criaturas que estão no mundo, quer sejam elas animadas, quer inanimadas.

"Os céus e os astros têm seus anjos motores, as águas têm um anjo particular, como é referido no Apocalipse; o ar tem os seus anjos, que governam os ventos, como se vê no mesmo livro, que nos ensina ainda que o elemento do fogo também tem os seus. Os reinos têm os seus anjos; as províncias também têm os que as guardam, como se vê na Gênese, porque os anjos que apareceram a Jacob eram os guardas das províncias por onde ele passava etc."

"Pode-se julgar por esta prova o gênero de leitura que faz a juventude educada nos conventos. É possível conceber – permitam a expressão – qualquer coisa de mais profundamente estúpida?

"Para encher a medida, o editor faz preceder a obra de uma advertência, onde se podem ler estas linhas: 'Em seu livro, que não convém menos aos eclesiásticos do que aos leigos, o autor emprega uma força de raciocínio e de estilo que aclara e submete o espírito; de sua pena flui uma unção que penetra e ganha o coração. É a obra de um homem profundamente versado na espiritualidade.'

"Nós dizemos: é a obra de um homem tornado louco pelo ascetismo, muito mais a lamentar que a censurar."

Até agora Santo Agostinho tinha sido respeitado até mesmo por aqueles que não partilham de suas crenças. A despeito dos erros manifestos devidos ao estado dos conhecimentos científicos de seu tempo, ele é universalmente considerado como um dos gênios, uma das glórias da Humanidade, e eis que com uma penada um obscuro escritor, um desses jovens que se julgam a luz do mundo, atira lama sobre esse renome secular e pronuncia contra ele, na sua alta razão, a acusação de cretinismo, tudo isto porque Santo Agostinho acreditava em criaturas invisíveis, em puros Espíritos presidindo a todas as coisas visíveis. Por conta disto, quantos cretinos não há entre os mais estimados literatos contemporâneos! Não ficaríamos surpreendidos de ver um dia acusarem de cretinismo Chateaubriand, Lamartine, Victor Hugo, George Sand e tantos outros.

Eis a escola que aspira a regenerar a Sociedade pelo materialismo. Assim, pretende ela que a Humanidade volte à demência. Mas podemos ficar tranquilos, porque seu reino, se algum dia chegar, será de curta duração. Ele percebe muito bem sua fraqueza contra a opinião geral que a repele, razão pela qual se agita com uma espécie de frenesi.

NOTÍCIAS BIBLIOGRÁFICAS

NOVOS PRINCÍPIOS DE FILOSOFIA MÉDICA
PELO DR. CHAUVET, DE TOURS[2]

Em nosso número de outubro apenas pudemos anunciar esta obra, lamentando que a extensão dos artigos cuja publicação não podia ser adiada nos impedia de fazer uma apreciação mais cedo.

Embora, por sua especialidade, esse livro pareça estranho às matérias que nos ocupam, não obstante a elas se liga, pelo próprio princípio sobre o qual se apoia, porque o autor faz interferir claramente o princípio espiritualista na ciência mais manchada de materialismo. Ele não faz espiritualidade mística, como alguns a compreendem, mas, se assim se pode dizer, espiritualidade positiva e científica. Ele se aferra em demonstrar a existência do princípio espiritual que há em nós; sua conexão com o organismo, auxiliada pelo laço fluídico que os une; o papel importante que esses dois elementos representam na economia; os erros inevitáveis nos quais caem forçosamente os médiuns que tudo atribuem à matéria, e as luzes de que se privam desprezando o princípio espiritual. A passagem seguinte indica suficientemente o ponto de vista sob o qual ele encara a questão. Diz ele, na pág. 34:

"Em suma, a constituição humana resulta:

1º – de um princípio espiritual independente, ou alma imortal;

2º – de um corpo fluídico permanente;

3º – de um organismo material, dissolúvel, animado durante a vida por um fluido especial.

"A união temporária do primeiro destes elementos constitutivos com o terceiro se opera pela combinação de seus fluidos respectivos (fluido *perispiritual* e fluido vital), de onde resulta

---

[2] Vol. in-12, preço 3 francos. Tours, casa Guilland-verger. – Paris, casa Baillère, Rua Hautefeuille, 19.

um fluido misto que ao mesmo tempo penetra todo o corpo, irradia em torno dele, por vezes a grandes distâncias e através de todos os obstáculos, como o demonstram os fenômenos magnéticos, sonambúlicos e outros, que o materialismo de todas as cores repele com um desdém soberbo, sob o pretexto de maravilhoso e charlatanismo, porque eles vêm contestar suas teorias insensatas."

Da ação do elemento fluídico sobre o organismo ele chega à demonstração, de certo modo matemática, do poder de ação das quantidades infinitesimais sobre a economia. Esta demonstração nos pareceu nova e uma das mais claras que já lemos. Deixamos aos especialistas a apreciação da parte técnica, que não discutimos. Mas do ponto de vista filosófico, essa obra é uma das primeiras aplicações na ciência positiva das leis reveladas pelo Espiritismo e, por este motivo, tem seu lugar marcado nas bibliotecas espíritas. Embora o nome do Espiritismo não seja pronunciado, o autor pode ter certeza de não ter a aprovação das pessoas que têm por princípio a negação de tudo o que se refere à espiritualidade.

OS DOGMAS DA IGREJA DO CRISTO
EXPLICADOS PELO ESPIRITISMO

POR APOLON DE BOLTINN[3]

O assunto deste livro apresentava um escolho perigoso que o autor evitou prudentemente, abstendo-se de tratar das questões que não estão na ordem do dia, e sobre as quais o Espiritismo ainda não foi chamado a se pronunciar. O Espiritismo, não admitindo como princípios autorizados senão os que receberam a sanção do ensinamento geral, as soluções que podem ser dadas sobre questões ainda não elaboradas

---

[3] l vol. in-8º, traduzido do russo. Preço 4 francos. Em Paris, no Reinwald, Rua des Saints-Pères, 15.

de opinião pessoal não são senão opiniões dos homens ou dos Espíritos, suscetíveis de receber mais tarde o desmentido da experiência. Essas soluções prematuras não poderiam representar responsabilidade da doutrina, mas poderiam induzir em erro a opinião pública fazendo crer que ela as aceita. Foi o que compreendeu perfeitamente o Sr. Boltinn, pelo que o felicitamos. Assim o seu livro pode ser aceito pelo Espiritismo e posto no rol das obras chamadas a prestar serviço à causa. Ele é escrito com prudência, moderação, método e clareza. Vê-se que o autor fez um estudo aprofundado das Escrituras santas e dos teólogos da Igreja latina e da Igreja grega, cujas palavras comenta e explica como um homem que conhece o terreno que pisa. Seus argumentos têm a força dos fatos, da lógica e da concisão. Que o livro do nosso irmão da Rússia seja bem-vindo entre nós. É assim que, em nome do Espiritismo, todos os povos se dão as mãos.

A UNIÃO ESPÍRITA BORDELESA

Soubemos com viva satisfação que a *Union Spirite Bordelaise* vai retomar o curso de suas publicações momentaneamente interrompidas por longa e grave doença de seu diretor e por circunstâncias independentes de sua vontade.

NO PRELO

Écho poétique d'outre-tombe
Poesias mediúnicas recebidas pelo Sr. Vavasseur.
Esta coletânea formará um volume gr. in-18, de cerca de 200 páginas, no formato de *Que é o Espiritismo?* preço: 2 francos; pelo correio 2,20 francos.

NECROLOGIA

SRA. DOZON; – SR. FOURNIER; – SR. D'AMBEL

O Espiritismo acaba de perder uma de suas mais fervorosas adeptas na pessoa da Sra. Dozon, viúva do Sr. Henri Dozon, autor de várias obras sobre o Espiritismo, falecido a 1º de agosto de 1865. Ela faleceu em Passy, a 23 de novembro de 1866.

A Sra. Dozon, atingida por uma moléstia orgânica incurável, estava há muito tempo num estado de enfraquecimento e de sofrimento extremos, e a cada dia via a morte se aproximar; encarava-a com a serenidade de uma alma pura que tem a consciência de só haver feito o bem, e profundamente convencida de que não era senão a passagem de uma vida de provações a uma vida melhor, no limiar da qual ela ia encontrar, para recebê-la, seu caro marido e aqueles a quem ela havia amado. Suas previsões não foram frustradas; a vida espiritual, na qual ela, que estava iniciada, realizou todas as suas esperanças e ainda mais. Ela aí recolhe os frutos de sua fé, de seu devotamento, de sua caridade para com os que lhe fizeram mal, de sua resignação no sofrimento e da coragem com que sustentou suas crenças contra os que consideravam-na um crime. Se nela o corpo estava enfraquecido, o Espírito tinha conservado toda a sua força, toda a sua lucidez até o último momento. Ela morreu com plena lucidez, como alguém que parte em viagem, não levando consigo nenhum traço de fel contra aqueles dos quais tinha de que se lamentar. Seu desprendimento foi rápido e a perturbação de curta duração. Assim, pôde manifestar-se antes da inumação. Sua morte e seu despertar foram os de uma espírita de coração, que se esforçou para pôr em prática os preceitos da doutrina.

Sua única apreensão era de ser enterrada viva, e esse pensamento a perseguiu até o fim. Ela dizia: "Parece que me vejo na fossa e que sufoco debaixo da terra, que escuto cair sobre mim." Depois de sua morte ela explicou esse medo, dizendo que na sua precedente existência tinha sido morta assim e que a terrível impressão que seu Espírito tinha sentido havia despertado no momento de morrer de novo.

Nenhuma prece espírita foi feita ostensivamente em seu túmulo, para não chocar certas suscetibilidades, mas a Sociedade Espírita de Paris, da qual ela havia feito parte, reuniu-se no lugar de suas sessões, após a cerimônia fúnebre, para renovar-lhe o testemunho de suas simpatias.

O Espiritismo viu partir um outro de seus representantes na pessoa do Sr. Fournier-Duplan, antigo negociante, falecido em Rochefort-sur-Mer, a 22 de outubro de 1866. O Sr. Fournier-Duplan era há muito tempo um adepto sincero e devotado, compreendendo o verdadeiro objetivo da doutrina, cujos ensinos se esforçava para pôr em prática. Era um homem de bem, amado e estimado por todos os que o conheciam, um daqueles que o Espiritismo se honra de contar em suas fileiras. Os infelizes nele perdem um sustentáculo. Ele tinha bebido nas suas crenças o remédio contra a dúvida sobre o futuro, a coragem nas provas da vida e a calma de seus últimos instantes. Como a Sra. Dozon e tantos outros, partiu cheio de confiança em Deus, sem apreensão do desconhecido, porque sabia para onde ia, e sua consciência lhe dava a esperança de aí ser acolhido com simpatia pelos bons Espíritos. Sua esperança também não foi enganada, e as comunicações que deu provam que lá ocupa o lugar reservado aos homens de bem.

Uma morte que nos surpreendeu tanto quanto nos afligiu foi a do Sr. d'Ambel, antigo diretor do jornal *Avenir,* ocorrida a 17 de novembro de 1866. Suas exéquias se realizaram na Igreja de Nôtre-Dame de Lorette, sua paróquia. A malevolência dos jornais que dele falaram revelou-se, nesta circunstância, de maneira lamentável, por sua afetação em ressaltar, exagerar, envenenar, como se tivessem prazer em revolver o ferro na ferida, tudo quanto esta morte poderia ter de penoso, sem consideração pelas suscetibilidades de família, esquecendo até o respeito que se deve aos mortos, sejam quais forem suas opiniões e suas crenças em vida. Esses mesmos jornais teriam gritado escândalo e profanação contra quem quer que dessa maneira tivesse falado de um dos seus. Mas nós vimos, pela citação que fizemos acima, a propósito da morte do Sr. Pagès, que o túmulo não é respeitado pelos adversários do Espiritismo.

Os homens imparciais, contudo, prestarão aos espíritas a justiça de reconhecer que *jamais* estes se afastaram do respeito, das conveniências e das leis da caridade, na morte dos que tinham sido seus maiores inimigos e que os tinham atacado sem o mínimo de consideração. Contentam-se em orar por eles.

Vimos com prazer o jornal *le Pays,* de 25 de novembro, embora num artigo pouco simpático à doutrina, responder com energia a essa falta de consideração de alguns confrades, e censurar, como ela merece, a mistura de publicidade nas coisas íntimas da família. O *Siècle* de 19 de novembro também tinha noticiado o acontecimento com todas as conveniências desejáveis. Acrescentaremos que o morto não deixa filhos e que sua viúva retirou-se para a sua família.

AVISO

A *Revista Espírita* iniciará a 1º de janeiro próximo seu décimo ano. Os Srs. assinantes que não quiserem sofrer atraso, queiram renovar suas assinaturas antes de 31 de dezembro.

O número de janeiro será, como de hábito, remetido a todos os antigos assinantes. Os números seguintes só o serão à medida das renovações.

ALLAN KARDEC

SUMÁRIO

JANEIRO

As mulheres têm alma? 7
Considerações sobre a prece no Espiritismo 11
Necrologia: Morte do Sr. Didier, livreiro, editor 16
Correspondência: Carta do Sr. Jaubert........................21
A jovem cataléptica da Suábia. Estudo psicológico....24
Poesias espíritas: Alfred de Musset.............................33
O Espiritismo toma posição na Filosofia e nos conhecimentos usuais
....38

FEVEREIRO

O Espiritismo segundo os espíritas. Extraído do jornal *La Discussion*
....43
Como ouvimos falar do Espiritismo 47
Curas de obsessões...49
O naufrágio do Borysthène 53
Antropofagia..57
A espineta de Henrique III 61
Os ratos de Équihen 68
Novo e infinito enterro do Espiritismo 71
Os quiproquós 74
Notícia bibliográfica 78

MARÇO

Introdução ao estudo dos fluidos espirituais 80
O Espiritismo e a Magistratura. Perseguições judiciais contra os espíritas. Cartas de um Juiz 92
A lei humana. Instrução do Espírito do Sr. Bonnamy, pai............100
Mediunidade mental 103
Notícias bibliográficas
   Espírita, por Théophile Gutier 108
   A mulher do espírita, por Ange de Kéraniou 112
   Forças naturais desconhecidas, por Hermès............114

ABRIL

Da revelação 116
O Espiritismo sem os Espíritos.......................................125
O Espiritismo independente..131
O dia de São Carlos Magno no Colégio de Chartres 136
Uma visão de Paulo I..140
O despertar do Senhor de Cosnac 144
Pensamentos espíritas: Poesia do Sr. Eugène Nus.....................146
Carta do Sr. F. Blanchard ao Jornal *La Liberté*.............148
Notícias bibliográficas:
    Sou espírita? Por Sylvain Alquié
    Carta aos Srs. Diretores e redatores dos jornais antiespíritas, por A. Grelez..149
    Filosofia Espírita, por Agustin Babin
    O Guia da Felicidade ou *Deveres gerais do homem por amor a Deus*, pelo mesmo.......................................150
    Noções de Astronomia científica, psicológica e moral, pelo mesmo 151

MAIO

Deus está em toda parte 152
A visão de Deus 155
Uma ressurreição..158
Conversas de Além-Túmulo:
    O Padre Laverdet 161
    Um pai descuidado com os filhos..............................164
Lembranças retrospectivas de um Espírito. Baluze........167
Necrologia: Morte do Doutor Cailleux..............................170
Dissertações espíritas:
    Instruções para o Sr. Allan Kardec 178
    Aquiescência à prece 181
    O Espiritismo obriga 185

JUNHO

Monomania incendiária precoce. Estudo moral 189
Tentativa de assassinato do Imperador da Rússia. Estudo psicológico
....196

Um sonho instrutivo 201
Visão retrospectiva das várias encarnações de um Espírito:
    Sono dos Espíritos 204
    Estudo 207
Questões e problemas. Está no ar 208
Poesias espíritas:
    Para o teu livro 210
    A lagarta e a borboleta 213
Dissertações espíritas:
    Ocupações dos Espíritos 214
    Suspensão da assistência dos Espíritos 218
    O trabalho 220
Notícias bibliográficas:
    Os Evangelhos explicados, pelo Sr. Roustaing 222
    La Voce di Dio, jornal espírita italiano 225

JULHO

Do projeto de Caixa Geral de Socorro e outras Instituições para os espíritas 226
Estatística da loucura 239
Morte de Joseph Méry 247
Questões e problemas:
    Identidade dos Espíritos nas comunicações particulares 253
    Qualificação de santo aplicada a certos Espíritos 257
    Visão retrospectiva das existências do Espírito 259
Poesia espírita: A prece pelos Espíritos 261

AGOSTO

Maomé e o Islamismo 263
Os profetas do passado 274
Criações fantásticas da imaginação. As visões da senhora Cantianille 279
Questões e problemas:
    Crianças, guias espirituais dos pais 285
    Comunicação com os seres que nos são caros 287
    Perfectibilidade dos Espíritos 289
Variedades: A Rainha Vitória e o Espiritismo 291
Poesias espíritas:

Méry, o sonhador 292
A prece da morte pelos mortos 294
Notícia bibliográfica: Cantata espírita 298

SETEMBRO

Os Irmãos Davenport em Bruxelas 299
O Espiritismo só pede para ser conhecido 312
Extrato do *Progrès Colonial* da Ilha Maurícia. Comunicação espírita
.... 317
Os fenômenos apócrifos 318
Cabelos embranquecidos sob a impressão de um sonho 327
Variedades: Mediunidade de vidência nas crianças 331

OUTUBRO

Os tempos são chegados 334
Instruções dos Espíritos sobre a regeneração da Humanidade .348
O Zuavo curador do Campo de Châlons 360

NOVEMBRO

Maomé e o Islamismo 371
Sonambulismo mediúnico espontâneo 390
Considerações sobre a propagação da mediunidade curadora.401
Subscrição em favor dos inundados 411

DEZEMBRO

O trabalhador Thomas Martin e Luís XVIII 412
O Príncipe de Hohenlohe, médium curador 430
Variedades:
    Senhorita Dumesnil, jovem atraente 439
    O que diz a imprensa sobre o Espiritismo 443
Santo Agostinho acusado de cretinismo 451
Notícias bibliográficas:
    Novos princípios de Filosofia Médica 453

Os dogmas da Igreja do Cristo explicados pelo Espiritismo....... 454
    A União Espírita Bordelesa..455
    No prelo: Écho poétique d'autre-tombe............................455
Necrologia – Sra. Dozon; – Sr. Founier; – Sr. D'Ambel................456

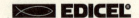

Editora Cultural Espírita Edicel
Instituto Beneficente Boa Nova
Entidade coligada à Sociedade Espírita Boa Nova
Av. Porto Ferreira, 1.031 | Parque Iracema
Catanduva/SP | CEP 15809-020
www.boanova.net | boanova@boanova.net
Fone 17.3531-4444